アラビア語
エルサレム方言
文法研究

依田 純和　著

溪水社

巻頭言

大阪大学世界言語研究センターでは、文科省特別教育研究経費「民族紛争の背景に関する地政学的研究―中央アジア、アフリカ、パレスチナ、旧ユーゴの言語・文化の研究―」プロジェクトを平成19年度－23年度（2007-2011年度）に行ってきた。その中のパレスチナ地域研究班は、言語を基底とした文化・社会についての研究という本センター設置の目的に沿い、国内外の研究者（国内16名、国外11名）と連携して、当該地域の精緻な言語研究と共に広義の文化や社会に関する基礎的研究を進め、我が国における研究の空白を埋め、今後の研究の基礎を構築することに努めてきた。

この5年間、国内で研究会を13回、公開セミナーを3回、他の地域研究班と共同の国際シンポジウムを5回、現地でもシンポジウムを1回行ってきた。また、国内の研究者による現地調査は8名、延25回に及んだ。

言語領域では、アラビア語のエルサレム方言、中部パレスチナの村落方言（イーサーウィーヤ方言）、ガリラヤ地方の諸方言の調査・研究、文化領域では、イスラーム、キリスト教、ユダヤ教間で共有される聖者アル＝ハディル崇敬の調査や、現地の研究者の協力による3宗教に共通する口承文芸のモチーフの分析など、複合領域では、主に政治・経済面からの日常生活に根差したパレスチナ社会の研究が行われた。

その結果、パレスチナ地域のアラビア語方言はアラビア語圏の大半の方言と異なり、宗教コミュニティー間で大きな差がないことを明らかにし、パレスチナの住民が3宗教の違いを越えて、少なくとも生活圏レベルでは相互に交流し、共通の文化を創り出してきた事実などを浮かび上がらせた。この過程で、公刊された著書は5点、論文は12点、研究ノートは13点を数えた。かくして、パレスチナという地域の本質を我々独自の視点から明らかにすることができたと考える。

なお、パレスチナ地域研究班は、本プロジェクトにおいて最も力を注いできたパレスチナ方言研究の成果である本書をもって、班の最終報告書とする。

パレスチナ地域研究班リーダー　竹田　新

はじめに

本書は、大阪大学世界言語研究センターで2007年10月から2012年3月まで4年半にわたって行われた研究プロジェクト「民族紛争の背景に関する地政学的研究」の成果として出版されたものである。

本プロジェクトでは中央アジア、西アフリカ、パレスチナ、旧ユーゴスラビア4つの紛争地域が研究対象となっており、「パレスチナ班」では同地域の言語や文化に関わる研究を中心に行ってきた。

現在多くの日本人がパレスチナ地域に関心を寄せているが、それはその地域にパレスチナ問題が存在するが故である。実際、パレスチナ人の実情を考えればそのような関心の持ち方は当然あるべきであろう。一方、そのパレスチナ人とて紛争を離れた本来の自分たちの生活があるのだが、こちらの方はそれほど関心を持たれていないようである。特にパレスチナ人の生活そのものともいえる言語（アラビア語パレスチナ方言）についての研究は日本では殆ど行われてこなかった。

筆者は本プロジェクトでパレスチナ方言の研究に携わり、現地でフィールドワークを行ってきた。本書はそこで得られた材料を利用して書かれたエルサレム方言の記述文法である。

本書を執筆するに当たり、特に次の方々に篤く御礼を申し上げたい：エルサレムで協力して下さったインフォーマント：サーミー・バルスーム氏、アミーナ・サイヤード氏、シリーン・カッシース氏、H.Kh. 氏、T.N. 氏、エリザベト・ムナツァガリヤン氏、アルシャルーズ・ザカリア氏、ケヴォルク・カハヴェジアン氏、アムーン・スレーム氏、ハドラ・スレーム氏。資料の分析に協力して下さったムーサ・シャワールバ氏。イスラエル・パレスチナ自治区で調査に協力して下さったイブラヒム・バサル博士（アラブ教育アカデミーカレッジ）、アドワーン・アドワーン博士（ベツレヘム大学）、パクラド氏、コンスタンチン・レルネル先生（ヘブライ大学）、モイーン・ハッルーン先生（ベツレヘム大学）、ターヘル・アンナメリ氏、ハイファ・ハーリディー氏、アブダッラ・ハムダーン氏。

また、研究協力者としてパレスチナの民間信仰という興味深いテーマについて示唆を頂いた菅瀬晶子氏（国立民族学博物館）をはじめ、高坂誠先生（兵庫県立大学）、菊池忠純先生（四天王寺大学）、岡崎英樹氏（四天王寺大学）、宮崎祐氏（大阪 YWCA）にはプロジェクト推進において多くの力を得ることができた。

現地調査では特に研究、生活の両面から支援していただいたサイモン・ホプキンス先生（ヘブライ大学）と奥様イェフディット・ホプキンス氏、それから調査旅行の為しばしば家を空け不便をかけた妻・雅美、いつも研究やその他諸々のことについて相談に乗って下さったプロジェクトの同僚諸氏、吉村大樹氏、塩田勝彦氏、百瀬亮司氏、西田悦子氏には格別の感謝を送りたい。

また、アラビア語全般に関して貴重な助言を下さった池田修先生（大阪外国語大学名誉教授）、現地での貴重な協力者を御紹介下さった板垣雄三先生（東京大学名誉教授）に御礼申し上げる。

最後に、パレスチナ地域研究班リーダーである竹田新先生（大阪大学）、そしてプロジェクト責任者としてしばしば方向を見失いがちだった筆者の研究について広く助言・指南して下さった高階美行先生（大阪大学）にはどのような言葉をもって御礼を申し上げればよいだろうか。

本書はこのように多くの人々の助けによって完成した書籍である。関係諸氏に改めて篤く御礼申し上げる。

目　　次

巻頭言 …… i

はじめに …… iii

0. 序　章 …… 1

0.1. 本書の研究対象 …… 1

0.2. JA の話者人口 …… 2

0.3. アラビア語方言における JA の位置づけ …… 2

　0.3.1. シリア・パレスチナ方言 …… 2

　　0.3.1.1. 下位分類 …… 3

　　0.3.1.2. 言語的特徴 …… 4

　0.3.2. パレスチナ地域での方言分布 …… 5

　　0.3.2.1. Palva, *Classification* の分類 …… 5

　　0.3.2.2. Talmon, *Preparation* の分類 …… 7

0.4. 転写方法 …… 8

　0.4.1. 音素表記 …… 8

　0.4.2. 転写文字 …… 8

0.5. グロス …… 8

0.6. 略語 …… 9

1. 音韻論 …… 12

1.1. 子音 …… 12

　1.1.1. 音素 …… 12

　1.1.2. 最少対立 …… 13

　　1.1.2.1. 両唇音・歯唇音：*b (p), (ḅ), m, (ṃ), f* …… 13

　　1.1.2.2. 歯茎破裂音：*t, ṭ, d, ḍ* …… 14

　　1.1.2.3. 歯茎摩擦音：*s, ṣ, z, ẓ, š, ž* …… 16

　　1.1.2.4. 流音：*n, r, ṛ, l, ḷ* …… 18

　　1.1.2.5. 軟口蓋音・口蓋垂音：*k, g, x, ġ, ʠ* …… 19

　　1.1.2.6. 咽頭音・声門音：*ḥ, ˁ, ˀ (q), h* …… 21

　　1.1.2.7. 接近音：*y, w* …… 22

　1.1.3. 異音 …… 22

1.2. 母音 …… 24
1.2.1. 音素 …… 24
1.2.1. 最少対立 …… 24
1.2.2. 異音 …… 24
1.2.3. 語境界の長母音 …… 26
1.3. 通時的・共時的音変化 …… 28
1.3.1. 子音の起源 …… 28
1.3.1.1. *b* …… 28
1.3.1.2. *ḅ* …… 28
1.3.1.3. *m* …… 28
1.3.1.4. *ṃ* …… 29
1.3.1.5. *f* …… 29
1.3.1.6. *t* …… 29
1.3.1.7. *ṭ* …… 30
1.3.1.8. *d* …… 30
1.3.1.9. *ḍ* …… 31
1.3.1.10. *s* …… 31
1.3.1.11. *ṣ* …… 31
1.3.1.12. *z* …… 32
1.3.1.13. *ẓ* …… 32
1.3.1.14. *š* …… 32
1.3.1.15. *ž* …… 33
1.3.1.16. *l* …… 33
1.3.1.17. *ḷ* …… 33
1.3.1.18. *n* …… 33
1.3.1.19. *r* …… 34
1.3.1.20. *ṛ* …… 34
1.3.1.21. *k* …… 34
1.3.1.22. *g* …… 35
1.3.1.23. *x* …… 35
1.3.1.24. *ġ* …… 35
1.3.1.25. *ḥ* …… 35

1.3.1.26. ᶜ …… 36
1.3.1.27. ˀ / *q* …… 36
1.3.1.28. *h* …… 37
1.3.1.29. *w* …… 38
1.3.1.30. *y* …… 38
1.3.2. 子音の音変化 …… 38
1.3.2.1. 同化 …… 39
1.3.2.1.1. 部分同化 …… 39
1.3.2.1.2. 完全同化 …… 39
1.3.2.1.3. 相互同化 …… 40
1.3.2.1.4. 強勢音化・平音化 …… 40
1.3.2.2. 異化 …… 42
1.3.2.3. 音節脱落 …… 42
1.3.3. 母音の起源 …… 42
1.3.3.1. *a* …… 42
1.3.3.2. *i* …… 43
1.3.3.3. *u* …… 43
1.3.3.4. *ā* …… 43
1.3.3.5. *ē* …… 44
1.3.3.6. *ī* …… 44
1.3.3.7. *ō* …… 44
1.3.3.8. *ū* …… 45
1.3.4. 母音の音変化 …… 45
1.3.4.1. 短母音の脱落 …… 45
1.3.4.2. 長母音の短母音化と音質変化 …… 46
1.3.4.2.1. 長母音の短母音化 …… 46
1.3.4.2.2. 短母音の長母音化 …… 47
1.4. 音節構造とアクセント …… 48
1.4.1. 音節構造 …… 48
1.4.1.1. 音節のパターン …… 48
1.4.2. アクセント …… 48
1.4.3. 補助母音 …… 49

2. 形態論 …… 51
2.1. 代名詞 …… 51
2.1.1. 指示代名詞 …… 51
2.1.2. 人称代名詞 …… 52
2.1.2.1. 独立人称代名詞 …… 52
2.1.2.2. 接尾人称代名詞 …… 53
2.1.3. 指示詞 …… 56
2.1.4. 関係代名詞 …… 56
2.1.5. 不定代名詞 …… 57
2.1.6. 疑問代名詞 …… 57
2.1.6.1. 物に関する疑問詞「何？」 …… 57
2.1.6.2. 人に関する疑問詞「誰？」 …… 58
2.1.6.3.「どの？」 …… 58
2.2. 動詞 …… 60
2.2.1. 動詞の構成 …… 60
2.2.2. 動詞の種類 …… 60
2.2.3. 活用形式 …… 61
2.2.4. 基本形と派生形 …… 61
2.2.5. 活用接辞 …… 63
2.2.5.1. 接尾辞活用形 …… 63
2.2.5.2. 接頭辞活用形 …… 64
2.2.6. 命令形 …… 66
2.2.7. 分詞 …… 66
2.2.8. 動名詞 …… 68
2.2.9. 活用 …… 69
2.2.9.1. 3語根動詞 …… 69
2.2.9.1.1. 基本形 …… 69
2.2.9.1.2. 第II型 …… 75
2.2.9.1.3. 第III型 …… 77
2.2.9.1.4. 第IV型 …… 79
2.2.9.1.5. 第V型 …… 81
2.2.9.1.6. 第VI型 …… 82

2.2.9.1.7. 第 VII 型 …… 83
2.2.9.1.8. 第 VIII 型 …… 85
2.2.9.1.9. 第 IX 型 …… 88
2.2.9.1.10. 第 X 型 …… 88
2.2.9.2. 4 語根動詞 …… 90
2.2.9.2.1. 基本形 …… 90
2.2.9.2.2. 第 II 型 …… 92
2.2.9.3. 不規則動詞 …… 93
2.2.10. 疑似動詞 …… 97
2.2.11. 動詞前辞 …… 101
2.3. 名詞 …… 102
2.3.1. 定冠詞 …… 102
2.3.2. 名詞の曲用 …… 103
2.3.2.1. 文法性 …… 103
2.3.2.1.1. 女性名詞の指標 …… 103
2.3.2.1.1.1. 女性を表す語 …… 103
2.3.2.1.1.2. 形態による女性名詞 …… 103
2.3.2.1.1.3. 習慣的な女性名詞 …… 104
2.3.2.1.2. 女性形の形成 …… 104
2.3.2.2. 数 …… 105
2.3.2.2.1. 双数形 …… 105
2.3.2.2.2. 複数形 …… 107
2.3.2.2.3. 集合名詞 …… 109
2.3.2.3. イダーファ …… 109
2.3.2.4. ニスバ形容詞 …… 111
2.3.2.5. 比較級・最上級 …… 112
2.3.3. 名詞パターン …… 113
2.3.3.1. *CvCA* …… 113
2.3.3.2. *CvCC, CvCCA, CvCCi* …… 113
2.3.3.2.1. *CaCC, CaCCA, CaCCi* …… 113
2.3.3.2.2. *CiCC, CiCCA, CiCCi* …… 114
2.3.3.2.3. *CuCC, CuCCA, CuCCi* …… 115

2.3.3.2.4. *Cv̄C, Cv̄CA* …… 115
2.3.3.3. *CvCvC, CvCvCA, CvCvCi, CvCvCiyye* …… 116
2.3.3.4. *CvCv̄C, CvCv̄CA, CvCv̄Ci* …… 117
2.3.3.4.1. *CaCv̄C, CaCv̄CA* …… 117
2.3.3.4.2. *CiCv̄C, CiCv̄CA* …… 118
2.3.3.4.3. *CuCv̄C, CuCv̄CA* …… 118
2.3.3.5. *CCv̄C, CCv̄CA, CCv̄Ci* …… 118
2.3.3.6. *Cv̄CvC* …… 119
2.3.3.6.1. *CāCaC* …… 119
2.3.3.6.2. *CāCiC, CāCCA, CāCCi, CāCCīye* …… 119
2.3.3.7. *Cv̄Cv̄C* …… 120
2.3.3.8. *CvCCvC* …… 120
2.3.3.9. *CvCCv̄C, CvCCv̄CA, CvCCv̄Ci* …… 121
2.3.3.10. 接頭辞付名詞 …… 122
2.3.3.11. 接尾辞付名詞 …… 122
2.3.3.12. *aCCaC* …… 123
2.3.3.13. 定形外の名詞 …… 123
2.3.3.14. 縮小形 …… 124
2.3.4. 複数形のパターン …… 124
2.3.4.1. 複数語尾によるもの …… 124
2.3.4.2. 語幹が変わるもの …… 125
2.4. 数詞 …… 127
2.4.1. 基数詞 …… 127
2.4.1.1.「1」…… 127
2.4.1.2.「2」…… 128
2.4.1.3.「3～10」…… 128
2.4.1.4.「11～19」…… 129
2.4.1.5.「20～99」…… 130
2.4.1.6.「100以上」…… 131
2.4.2. 序数詞 …… 132
2.4.3. 分数 …… 132
2.4.4. 数詞の限定 …… 133

2.4.5. 時間・曜日・月の表現 …… 133
2.4.5.1. 時間の表現 …… 133
2.4.5.2. 曜日の名称 …… 134
2.4.5.3. 月の名称 …… 134
2.5. 前置詞 …… 136
2.5.1. 1語からなる前置詞 …… 136
2.5.2. 複合前置詞 …… 142
2.6. 副詞 …… 144
2.6.1. 時を表す副詞 …… 144
2.6.2. 場所を表す副詞 …… 146
2.6.3. 方法・様態を表す副詞 …… 146
2.6.4. 量・程度を表す副詞 …… 148
2.6.5. その他 …… 149
2.7. 接続詞 …… 152
2.8. 間投詞 …… 157
3. テキスト …… 160
3.1. テキスト 1 …… 160
3.2. テキスト 2 …… 167
3.3. テキスト 3 …… 169
3.4. テキスト 4 …… 191
3.5. テキスト 5 …… 198
3.6. テキスト 6 …… 201
3.7. テキスト 7 …… 208
3.8. テキスト 8 …… 210
3.9. テキスト 9 …… 212
3.10. テキスト 10 …… 214
4. 引用文献 …… 231
5. 語彙集 …… 235

アラビア語エルサレム方言文法研究

0. 序　章

0.1. 本書の研究対象

本書はエルサレムで話されているアラビア語現代方言（＝エルサレム方言、本書では略語 JA を用いる）の記述文法である。JA はシリア・パレスチナ方言というより大きな方言群の下位方言に位置する（詳細は後述)。このシリア・パレスチナ地域のアラビア語方言は既に18世紀にはドイツ・フランスの研究者が関心を持ち始めたが、JA の言語学的な記述は1913年の Bauer, *Palästinische* を待たなければならない[1]。

第二次世界大戦後はエルサレムという地域の政治事情の複雑さからかアラビア語方言論の立場からの JA に関する言語研究は意外と少ない。自らも JA を母語とする Moshe Piamenta の、特に統語論に関する研究[2]、Levin, *Dikqduq* が代表的なものである[3]。

Encyclopedia of Arabic Language and Linguistic の Jerusalem Arabic の項で JA は「Jerusalem Arabic is the colloquial Arabic dialect spoken in Jerusalem」と定義されている。エルサレムのような大きな都市では常に人口の流動—他方言の話者の流入と伝統的方言の話者の流出—が見られ、現在では周辺の村落や特にハリール（ヘブロン）出身者がエルサレム旧市街とその周辺の村落に移住しており、また伝統的には村落方言（後述）を話す周辺の村落の住民もエルサレム方言を話すようになっている。その一方で、ハーリディー家、ナシャーシービ家、フセイニー家など伝統的なエルサレム方言の話者たちの多くが旧市街を離れている。

Halloun は、このような様々な出自の人たちがエルサレム（とその周辺で)

---

[1] 但し学習書としては Löhr, *Jerusalem* の方が早い。

[2] Piamenta, *Use*, Piamenta, *Studies*, Piamenta, *Lexicon*, Piamenta, *Sub-Standard*, Piamenta, *Syntactic*, Piamenta, *Hypothetical*, Piamenta *Jewish*.

[3] シリア・パレスチナ方言の代表的な研究については依田『現状と課題』を参照。

話す平均的な都市方言を「Jerusalem Standard Arabic（標準エルサレム方言）」と定義した[4]。筆者はこれに基づき、必ずしも代々のエルサレム旧市街の住人ではなくても、本人がエルサレムで生まれるか、母語がエルサレム方言である者―ここには非アラブ人も含まれる[5]―を対象として調査を行った。

0.2. JAの話者人口

2010年現在、エルサレム市にはおそよ29万人のムスリムとキリスト教徒が居住している[6]。この数字は、おおよそアラビア語の話者数と同等と考えられる。

0.3. アラビア語方言におけるJAの位置づけ

アラビア語方言はアラビア半島方言、メソポタミア方言、シリア・パレスチナ方言、エジプト方言、マグリブ方言に分類され、JAはシリア・パレスチナ方言に属する。

0.3.1. シリア・パレスチナ方言

シリア・レバノン方言、レバント方言等と呼ばれることもあるこのシリア・パレスチナ方言は[7]、現在主にシリア、レバノン、イスラエル、パレスチナ、ヨルダンに分布している。但し、この地域で用いられている全ての方言がシリア・パレスチナ方言に属しているわけではなく、シリア領内でもDēr iz-Zōr周辺ではメソポタミア方言が分布しているし、また周囲を他の言語に

---

4 Moin, *Spoken* を参照。

5 具体的にはシリア正教徒、アルメニア人、ジプシーである。依田『テキスト』を参照。

6 Israeli Central Bureau of Statistics ホームページ内、http://www1.cbs.gov.il/reader/newhodaot /hodaa_template_eng.html?hodaa= 201111124 より。また Talmon, *Arabic,* p. 200 は “The 100.000 Arab citizens of Jerusalem are Palestinians, who carry Palestinian passports” と述べている。

7 この地域の方言地図としては、戦前に Bergsträsser, *Sprachatlas* が公刊された。この地図では当該地域の67地点について主に音韻論と形態論についての43の項目の調査がなされている。Cantineau, *Hōrân* は主に遊牧民方言の調査に基づくもので前者を補完するものである。近年ではシリアの言語地図として Behnstedt, *Sprachatlas* が出版されている。

囲まれた言語島である Hatay 方言（トルコ南西部）[8] やキプロスの Kormakiti 方言[9] もシリア・パレスチナ方言に属する。またこの方言群は村落方言を含む定住民方言のみによって構成されているということが特徴的であり、シリア・パレスチナ地域の遊牧民方言は全て半島方言に属している。

0.3.1.1. 下位分類

シリア・パレスチナ方言は大きく次のように分類される。

(1) 北シリア方言

(2) レバノン・中央シリア方言

(3) パレスチナ方言

レバノン・中央シリア方言は動詞の接頭辞活用形の形態で他の 2 つと区別される。この方言では接頭辞活用形は 3 人称男性単数で *byəktub*、1 人称単数で *bəktub* であるが、他の 2 つではそれぞれ *biktub* / *baktub* となる。

北シリア方言では古アラビア語（以下 OA）の長母音 *ā* に対応する母音が *i* の周辺でイマーラ化[10] した *ē*（< *ā*）で現れる。このイマーラはメソポタミア定住民方言に見られるものと同様のもので Sībawayhi が指摘しているものと同質のものである[11]。

パレスチナ方言は *a, i, u* が対立する 3 母音体系を持つ[12]。他の方言群では *i* と *u* の対立が相当程度中和し、大部分 2 母音体系 *a* : *ə* (< *i, u*) となっている。

またパレスチナ方言では動詞の否定には接尾辞 *-š* が用いられ、時に接頭辞 *ma-* が併用される。一方中央シリア・北シリアでは *mā-* のみである。

	接頭辞活用	イマーラ	短母音音素	動詞否定辞
北シリア	*biktub* / *baktub*	*ṭēleb*	*a* : *ə* (< *i, u*)	*mā-*
レバノン・中央シリア	*byəktub* / *bəktub*	*ṭāləb*	*a* : *ə* (< *i, u*)	*mā-*
パレスチナ	*biktub* / *baktub*	*ṭālib*	*a* : *i* : *u*	*(mā-)* ...*-š*

8 Arnold, *Antiochiens* を参照。

9 Borg, *Cypriot* を参照。

10 *EALL* vol. II, 311 ff. を参照。

11 Sîbawayhi, *Kitāb* II, 293 ff. を参照。

12 詳細は 1.2.1. を参照。

Cantineau, *Remarques*, 80–88 は OA の *qāf* の対応の違いによる分類を行い、*q* で対応する方言を parlers S1、ˀ で対応する方言を parlers S1'、*k* で対応する方言を parlers S2 としている。これによるとトリポリからダマスカスにかけての地域は parler S1' の地域である。これ以外のシリア・レバノン領内とハイファからティベリアを結ぶ線の北側の定住民方言は parler S1 である。一方この線の南側の定住民方言は parler S2 である。ただし、これは村落方言に限り、同地域の都市方言は全て parler S1' に属している。

OA *q* > parlers S1 [q]
> parlers S1' [ˀ]
> parlers S2 [k]

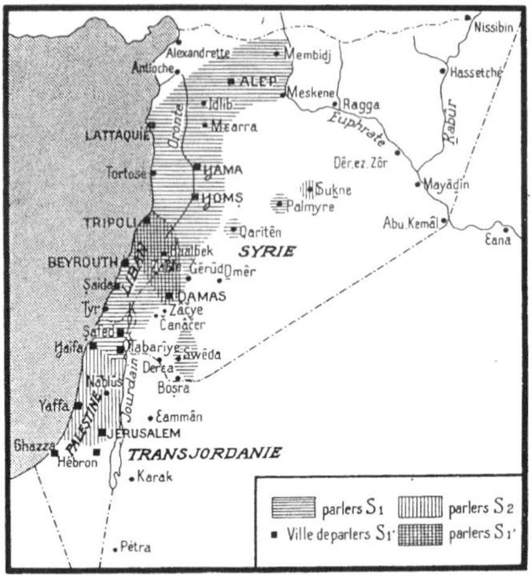

図 1
（Cantineau, *Remarques* より）

0.3.1.2. 言語的特徴

シリア・パレスチナ方言の一般的な音韻論的・形態論的特徴は次のようなものがある。

(1) 女性名詞語尾（*-a* か *-e*）の直前の子音環境に応じた選択。
(2) 動詞未完了形における「B 未完了」と「Y 未完了」の共存[13]。
(3) 直接目的語を表示する前置詞 *iyyā* の存在。
(4) 擬似動詞 *bidd-* の存在。
(5) 基層言語であるアラム語からの借用語が多い[14]。

---

[13] 本書ではそれぞれ「B 接頭辞活用形」「Y 接頭辞活用形」という用語を用いる。2.2.3. を参照。この区別はエジプトの方言にもみられるが、用法は異なる。
[14] パレスチナ地域では現代ヘブライ語からの借用語が見られる。

0.3.2. パレスチナ地域での方言分布

0.3.2.1. Palva, *Classification* の分類

以下ではパレスチナ地域で使われているアラビア語方言がどのように分布しているかを考察する[15]。これについては Palva, *Classification* が最も包括的で、11の分類基準を設けている。

(1) OA の歯間摩擦音の対応

(2) OA の *qāf* の対応

(3) OA の *kāf* の対応

(4) OA の *ǧīm* の対応

(5) *CVCaCV-* の対応（*CVCaCV-* という音の組み合わせが生じたときに最初の *V* が脱落するかどうか）

(6) -*aXC*- の対応（*X* = *ġ, x, ʿ, ḥ, h*）（*gawaha-syndrome*[16]）

(7) 2・3 人称の人称代名詞の性の区別

(8) 接頭辞活用形動詞の 3 人称男性複数形

(9)「ここ」を表す語

(10)「今」を表す語

(11) 否定表現

Palva の結論によると、パレスチナ地域の定住民方言、村落方言、遊牧民方言は次のように分類される。

(1) 都市方言はハイファ、サフェド、ティベリアス、ヤファ、エルサレム、ヘブロン、ガザなどで用いられており、それぞれ異なった方言ではあるが、一つのまとまったグループを形成するとしている。

(2) 村落方言についてはガリラヤ村落方言は古い大シリアの定住民方言を代表するもので、レバノン方言と中央パレスチナ方言の中間に位置して、言語的にも両地域の方言の特徴を持つ。中央パレスチナ村落方言は間接的にシリア・メソポタミア遊牧民方言から影響を受けている。南部パレスチナ村落方言は中央パレスチナ村落方言と近い関係にあるが、むしろネゲブ方

[15] ここでは主に定住民方言の分布状況を観察する。パレスチナの遊牧民方言については Rosenhouse *Beduin*, Rosenhouse, *Classification,* Rosenhouse & Katz, *Texts* を参照。

[16] Blanc, *Negev*, 125–127 を参照。

SELECTED DISTINCTIVE FEATURES IN THE ARABIC DIALECTS SPOKEN IN PALESTINE AND TRANSJORDAN

	(a) reflexes of older inter-dentals	(b) reflex of *qāf*	(c) reflex of *kāf*	(d) reflex of *ǧīm*	(e) reflex of the sequence *CVCaCV-*	(f) reflex of the sequence *-aXC-* *X=ġ,x,ᶜ, ḥ,* or *h*	(g) gender distinction in 2nd & 3rd p. pl. in pron. & verbs	(h) imperfect indicat. non-past 3rd p.pl.m.	(i) 'here'	(j) 'now'	(k) negation 'it does not matter'
1. URBAN DIALECTS	*t d ḍ*	'	*k*	*ž*	*CV́CaCV-*	*-aXC-*	no distinction	*bi'ūlu*	*hōn*	*halla', hal'ēt*	*mā bihimm(iš)*
2. RURAL DIALECTS											
1. Galilee	*ṯ ḏ ḏ̣*	*q*	*k*	*ž*	*CV́CaCV-*	*-aXC-*	no distinction	*biqūlu*	*hōn*	*'issa*	*(mā) bihimmiš*
2. Central Palestine	*ṯ ḏ ḏ̣*	*ḳ*	*(k)/č dīč dyūč*	*ǧ*	*CV́CaCV-*	*-aXC-*	distinction	*biḳūlu*	*hān, hēn*	*halḳēt, hallọḳēt*	*(mā) bihimmiš*
3. South Palestine	*ṯ ḏ ḏ̣*	*g*	*(k)/č dīč dyūč*	*ǧ*	*CV́CaCV-*	*-aXC-*	distinction	*bigūlu*	*hān*	*halgēt, (h)alḥīn*	*(mā) bihimmiš*
4. North and Central Transjordan	*ṯ ḏ ḏ̣*	*g*	*k/č dīč dyūk*	*ǧ*	*CV́CaCV-*	*-aXC-*	distinction	*bigūlu*	*hōn*	*hassāᶜ*	*mā bihimmiš*
5. South Transjordan	*ṯ ḏ ḏ̣*	*g*	*k*	*ǧ*	*CV́CaCV-*	*-aXC-*	distinction	*bigūlu*	*hān*	*hassāᶜ*	*mā bihimm*
3. BEDOUIN DIALECTS											
1. The Negev Bedouins	*ṯ ḏ ḏ̣*	*g*	*k*	*ǧ*	*CV́CaCV-, CVCáCV-*	*-XaC-, -aXaC-*	distinction	*bigūlu*	*hniy(yih) fihāḏa*	*(h)alḥīn*	*mā bihimm (?)*
2. Bedouins of Arabia Petraea	*ṯ ḏ ḏ̣*	*g*	*k*	*ǧ*	*CV́CaCV-, CCə́CV-*	*-XaC- -aXaC-*	distinction	*yigūlu*	*hān, bhāḏa, fihāḏa*	*hassāᶜ, halḥīn*	*mā yxālif*
3. Syro-Mesopotamian sheep-rearers	*ṯ ḏ ḏ̣*	*g/ǧ šarg šarǧi*	*k/č dīč dyūk*	*ǧ*	*CCə́CV-*	*-XaC-*	distinction	*yigūlūn*	*hān*	*hassāᶜ*	*mā yxālif*
4. North Arabian Bedouins	*ṯ ḏ ḏ̣*	*g/ǵ šarg šarǵi*	*k/ć dīć dyūk*	*ǧ*	*CCə́CV-*	*-XaC-*	distinction	*yigūlūn*	*hān, bhāḏa*	*halḥīn, ḏilwān*	*mā yxālif*

図 2 （Palva, *Classification* より）

言の影響を受けている。

(3) 遊牧民方言について。ネゲブ方言は接頭辞活用形で *b-* を用いるなど定住民方言の影響を受けている。イスラエル北部の遊牧民方言については Rosenhouse, *Bedouin* が詳しいが、この研究に見られる情報を上の Cantineau, *Nomades* の分類に照合するとイスラエル北部の遊牧民方言は C、即ち北東アラビア方言の中のシリア・メソポタミア方言に属することになる。

この分類の目的は個々の定住民方言の差ではなく、都市方言・村落方言・遊牧民方言の対比に重点が置かれているので地域内に点在する各定住民方言の特徴は考慮されておらず、またガリラヤ方言の内部の地域的差異（上ガリラヤ・下ガリラヤ）、宗教的差異（ドルーズ・キリスト教徒・ムスリム）も考慮されていない[17]。

0.3.2.2. Talmon, *Preparation* の分類

Talmon, *Preparation* はイスラエル領内の方言、特に定住民方言をより細かく分類している。しかし全ての方言を同一の基準で比較しているわけではなく、それぞれの方言群の特徴を述べているにとどめている。分類の基準は概ね Palva と同様だが、Talmon は都市方言を北部と中部に分けている。また、Palva はイスラエル領内の村落方言をガリラヤ・中央パレスチナ・南部パレスチナの 3 つに分けているのに対して Talmon は北部村落方言と南部村落方言の 2 つに分けている。

(1) 北部都市方言（ハイファ、サフェド、ティベリアス）：OA の *ǧīm* は *ž* に対応している。大部分の北部村落方言では OA の歯間摩擦音を保持している。一方、都市方言とその周辺の地域、特にキリスト教徒の方言ではこれらは閉鎖音で対応している。OA の *qāf* は概ね *ʾ* に対応するが、多くの村やドルーズ教徒の方言では *q* が保持されている。

(2) 大部分の北部村落方言：2 人称複数及び 3 人称複数で性の区別がある。

(3) 中部村落方言：OA の *kāf* および *qāf* がそれぞれ *č*, *k* で対応する。

(4) 中部都市方言（ヤファ、ラムラ、リッダ、エルサレム）：大体北部都市方言と同様の特徴を持つが、OA の *ǧīm* が破擦音 *ǧ* に対応する。

[17] Shawarbah, *Remarks*, p. 78 の Palva と Cleveland, *Classification* をまとめた表も参照。

(5) 北部遊牧民方言（ガリラヤ地方）：OA の *qāf* が *g* で対応。*gahawa-syndrome* が観察される。*tāˀ marbūṭah* に対応する語尾は *-a*。
(6) 南部遊牧民方言（ネゲブ地方）：OA の *qāf* が *g* で対応。*gahawa-syndrome* が観察される。*tāˀ marbūṭah* に対応する語尾は *-ah, -ih*。

パレスチナ地域の方言は以上のように分類され、エルサレム方言は「パレスチナ方言の中部都市方言の一つ」として位置付けることができる。

0.4. 転写方法

0.4.1. 音素表記

本研究では、一部の音声表記を必要とする箇所を除いては原則として音素表記を用いる。音素表記ではイタリック体を用いる：*il-quds*「エルサレム」。

0.4.2. 転写文字

音素表記では、現代アラビア語方言論で広く用いられている以下のような転写文字を用いる（転写文字と IPA が同一の文字でない場合は後に IPA を付す）。なお、複数の IPA 記号が対応している場合は、異音があることを示す。
a [a, ɑ], *ā* [aː, ɑː], *b, ḅ* [bˠ], *č* [ʧ], *ć* [ʦ], *d, ḍ* [dˠ], *ḍ̬* = ض, *ḏ̣* = ظ, *e, ē* [ɛː, ɛ], *f, g, ġ* [ɣ], *ǧ* [ʤ], *h, ḥ* [ħ], *i* [i, e], *ī* [iː, ɪː], *k, l, ḷ* [lˠ], *m, ṃ* [mˠ], *n, ō* [ɔː, ɔ], *p, q* [ʔ], *ꝗ* [q], *r, ṛ* [rˠ], *s, ṣ* [sˠ], *š* [ʃ], *t, ṭ* [tˠ], *u* [u, o], *ū*, [uː, oː], *w, x, y* [j], *z, ẓ* [zˠ], *ž* [ʒ], *ź* [ʥ], ˀ [ʔ], ᶜ [ʕ]

これらのうち、*č, ḍ̬, ḏ̣, ǧ* は JA には現れない要素である。

長母音には長母音記号 *v̄* が付される。アクセント記号 *v́* は必要がある時にのみ付す。

0.5. グロス

グロスは「」内に日本語で示す。
特に動詞に付けるグロスについては以下の点に注意。

(1) 単独で現れる動詞・分詞に対する日本語の意味は全て動詞の終止形を用いる。このときJAの動詞が接尾辞活用形3人称男性単数形で現れない場合は活用形・人称等を以下の要領で添える。略語については0.6. を参照せよ。

katab「書く」

katabti「書く（Sc.2.f.sg.）」

imḍi「署名する（Imp.m.sg.）」

midžawwiz「結婚する（a.p.m.sg.）」

(2) 否定形や接尾代名詞が付いた形の場合は全ての情報をグロスで表す。

katabnā-š「私たちは書かなかった」

ḥakā-l-i「彼は私に語った」

(3) 動詞・代名詞の2人称単数には男性・女性の区別があるので、日本語のグロスでは「貴男」を男性形、「貴女」を女性形として用いる。

katabt-iš「貴男は書かなかった」

katabtī-l-i「貴女は私に書いた」

abū-k「貴男の父」

abū-ki「貴女の父」

0.6. 略語

本書では以下のような略語を用いる。

[bɛ:t]	音声表記
~	又は
1.	1人称
2.	2人称
3.	3人称
a.p.	能動分詞
bēt	音素表記
B-Pc.	B接頭辞活用形
C	任意の子音
col.	集合名詞
du.	双数形

elat.	形容詞強調形（比較級・最上級）
En.	英語
f.	女性形
Fr.	フランス語
G, Gem.	重子音語根
He.	ヘブライ語
II-w	第 2 根素 W 語根
II-y	第 2 根素 Y 語根
III-y	第 3 根素 Y 語根
Imp.	命令形
It.	イタリア語
JA	エルサレム方言
La.	ラテン語
m.	男性形
OA	古アラビア語
Pc.	接頭辞活用形
Pe.	ペルシャ語
pl.	複数形
ps.v.	疑似動詞
Q	4 語根
Sc.	接尾辞活用形
sg.	単数形
st.cs.	*muḍāf* の位置にある語形
Str.	強語根
Sy.	シリア語
Tu.	トルコ語
v́	任意のアクセントを持つ短母音
v̄́	任意のアクセントを持つ長母音
v̄	任意の長母音
vn.	動名詞
Y-Pc.	Y 接頭辞活用形

☞　～を見よ

なお、テキスト中に外国語の単語・句が入る場合、その本来の言語の綴りのままイタリックを外して掲載し、語頭と語末（句頭と句末）にその言語を表す以下のような略号を置く。

[E]：英語（例：[E]made in Japan[E]）

[A]：アラム語（例：[A]ʔūkōmo[A]）

[D]：ドマリ語（例：[D]ṭabbilka[D]）

1. 音韻論

ここでは共時的な観点からエルサレム方言の音韻について記述する。歴史的な現象について1.3. で改めて論じる。

1.1. 子音

1.1.1. 音素

JA には以下のような子音音素が存在する。転写はアラビア語方言論で一般的に用いられる方式を用いる。

両唇音・歯唇音	*b, (p), (ḅ), m, (ṃ), f*
歯茎音（破裂音）	*t, ṭ, d, ḍ*
歯茎音（摩擦音）	*s, ṣ, z, ẓ*
後部歯茎音	*š, ž*
流音	*l, ḷ, n, r, ṛ*
軟口蓋音	*k, (g), x, ġ*
口蓋垂音	*q̌*
咽頭音	*ḥ, ᶜ*
声門音	*h, ʔ / q*
接近音	*w, y*
外来音	*v, ṯ, ḏ*

【注意】

(1) 丸カッコ内の音素、*p, ḅ, ṃ, g* は、特定の語にしか現れないが音素として認定したものである。これらについては各項で説明する。

(2) *q̌* は専ら近代以降に OA から借用された文化語に現れる。

(3) *q* は *ʔ* と全く同じ音を示す（1.3.1.27. を参照）。

(4) *v, ṯ, ḏ* は外来語（OA からの借用語を含む）にのみ現れ、最少対立が確認できないもの。

1.1.2. 最少対立

1.1.2.1. 両唇音・歯唇音：*b (p), (ḅ), m, (ṃ), f*

(1) 音素 *b*

b : ḅ　　*bab-a*「彼女のドア」：*ḅāḅa*「パパ」

b : m　　*bāt*「夜を過す」：*māt*「死ぬ」

　　　　ṭabaᶜ「印刷する」：*ṭamaᶜ*「切望する」

　　　　xayyab「失望させる」：*xayyam*「テントを張る」

b : ṃ　　確認されず。

b : f　　*bāt*「夜を過ごす」：*fāt*「過ぎる」

　　　　ḥarb「戦争」：*ḥarf*「文字」

b : w　　*baᶜid*「〜の後に」：*waᶜid*「約束」

　　　　žabbāle「コンクリートミキサー」：*žawwāle*「携帯電話」

(2) 音素 *p*

この音素は外来語にのみ現れる。外来語の *p* は多くの場合 *b* で置き換えられるが、少数の語では *p* が保持されるので音素と認定する：*grupp*「グループ」 *gripp*「インフルエンザ」

p : b　　*žīp*「ジープ」：*žīb*「持って来る（Imp.m.sg.）」

(3) 音素 *ḅ*

[ḅ] は *b* の周辺にある別の強勢音によって強勢音化した結果現れることが多いが、少数の語ではそのような環境外でも現れるので *ḅ* を音素と認定する。

ḅ : b　　上記 *b : ḅ* を見よ。

ḅ : m　　確認されず。

ḅ : ṃ　　*ḅāḅa*「パパ」：*ṃāṃa*「ママ」

ḅ : f　　確認されず。

(4) 音素 *m*

m : *ṃ*　　*mayy*（固有名詞）：*ṃayy*「水」

m : *b*　　上記 *b* : *m* を見よ。

m : *f*　　*māt*「死ぬ」：*fāt*「過ぎる」

　　　　ḥāmi「暑い」：*ḥāfi*「裸足の」

m : *n*　　*imm*「母」：*inn*「〜ということ（接続詞）」

m : *w*　　*maddēt*「伸ばす（Sc.1.sg.）」：*waddēt*「持って来る（Sc.1.sg.）」

　　　　samma　「名付ける」：*sawwa*「する」

(5) 音素 *ṃ*

ḅ と同様、[ṃ] は *m* の周辺にある別の強勢音によってが強勢音化した結果現れることが多いが、少数の語ではそのような環境外でも現れるので *ṃ* を音素と認定する。

ṃ : *m*　　上記 *m* : *ṃ* を見よ。

ṃ : *b*　　上記 *b* : *ṃ* を見よ。

ṃ : *ḅ*　　上記 *ḅ* : *ṃ* を見よ。

(6) 音素 *f*

f : *b*　　上記 *b*: *f* を見よ。

f : *m*　　上記 *m*: *f* を見よ。

f : *w*　　*fard*「拳銃」：*ward*「バラ」

　　　　xaffaf「軽くする」：*xawwaf*「怖がらせる」

1.1.2.2. 歯茎破裂音：*t, ṭ, d, ḍ*

(1) 音素 *t*

t : *ṭ*　　*tīn*「イチジク」：*ṭīn*「泥」

　　　　tāb「悔やむ」：*ṭāb*「(病気が) 治る」

　　　　saqat「水を与える（Sc.3.f.sg.）」：*saqaṭ*「落ちる」

t : *d*　　*tall*「丘」：*dall*「案内する」

　　　　tāb「悔やむ」：*dāb*「溶ける」

　　　　tīn「イチジク」：*dīn*「宗教」

t : *ḍ* *tall*「丘」: *ḍall*「居残る」
nfataḥ「開く」: *nfaḍaḥ*「名誉を傷つけられる」
bayyat「一晩置いておく」: *bayyaḍ*「白くする」
t : *n* *bayyat*「一晩置いておく」: *bayyan*「明らかにする」
tāb「悔やむ」: *nām*「寝る」
bitšūf「見る（Pc.3.f./2.m.sg.）」: *binšūf*「見る（Pc.1.pl.）」
t : *s* *bāt*「夜を過ごす」: *bās*「キスする」
tammēt「～し続ける（Sc.1.sg.）」: *sammēt*「名付ける（Sc.1.sg.）」
t : *ṣ* *tamm*「～し続けける」: *ṣamm*「聾」
t : *š* *tammēt*「～し続ける（Sc.1.sg.）」: *šammēt*「匂いを嗅ぐ（Sc.1.sg.）」

(2) 音素 *ṭ*

ṭ : *t* 上記 *t* : *ṭ* を見よ。
ṭ : *d* *ḥaṭṭ*「置く」: *ḥadd*「悼む」
waṭṭa「低くする」: *wadda*「持ってくる」
ṭ : *ḍ* *ṭall*「面する」: *ḍall*「居る」
qaṛaṭ「齧る」: *qaṛaḍ*「借りる」
ṭ : *n* *ṭaba*ᶜ「印刷する」: *naba*ᶜ「芽吹く」
šaṭab「消す」: *šanab*「口髭」
ṭ : *s* *ṭābi*ᶜ「切手」: *sābi*ᶜ「第 7 の」
ḥaṭṭ「置く」: *ḥass*「感じる」
ṭ : *ṣ* *ṭabb*「落ちる」: *ṣabb*「注ぐ」
qaṭṭaṛ「したたる」: *qaṣṣaṛ*「短くする」

(3) 音素 *d*

d : *t* 上記 *t* : *d* を見よ。
d : *ṭ* 上記 *ṭ* : *d* を見よ。
d : *ḍ* *dall*「案内する」: *ḍall*「居る」
*ba*ᶜ*id*「～の後に」: *ba*ᶜ*iḍ*「いくつか」
ᶜ*add*「数える」: ᶜ*aḍḍ*「噛む」
d : *n* *dāfi*ᶜ「守る（Imp.m.sg.）」: *nāfi*ᶜ「効果的な」

daᶜam「支える」: *naᶜam*「はい」

d : *s*　*ḥadd*「境界」: *ḥass*「感じる」

nādi「クラブ」: *nāsi*「忘れる（a.p.m.sg.）」

d : *ṣ*　*madd*「伸ばす」: *ṃaṣṣ*「吸う」

qadd「サイズ」: *qaṣṣ*「切ること」

d : *z*　*zrāᶜa*「農業」: *drāᶜa*「腕」

bidūr「回る（Pc.3.m.sg.）」: *bizūr*「訪れる（Pc.3.m.sg.）」

rudd「返答する（Imp.m.sg.）」: *ruzz*「米」

d : *ẓ*　*ḥadd*「悼む」: *ḥaẓẓ*「運」

d : *ž*　*dāb*「溶ける」: *žāb*「持って来る」

(4) 音素 *ḍ*

ḍ : *t*　上記 *t* : *ḍ* を見よ。

ḍ : *ṭ*　上記 *ṭ* : *ḍ* を見よ。

ḍ : *d*　上記 *d* : *ḍ* を見よ。

ḍ : *ṣ*　*ḍāṛ*「家」: *ṣāṛ*「〜になる」

ḍ : *ẓ*　*ḍāṛ*「家」: *ẓāṛ*「訪れる」

ḍahir「背中」: *ẓahaṛ*「現れる」

1.1.2.3. 歯茎摩擦音：*s, ṣ, z, ẓ, š, ž*

(1) 音素 *s*

s : *t*　上記 *t* : *s* を見よ。

s : *ṭ*　上記 *ṭ* : *s* を見よ。

s : *d*　上記 *d* : *s* を見よ。

s : *ṣ*　*sabb*「罵る」: *ṣabb*「注ぐ」

sēf「刀」: *ṣēf*「夏」

nasīb「義兄弟」: *naṣīb*「割合」

s : *š*　*sabb*「罵る」: *šabb*「少年」

saqqa「水をやる」: *šaqqa*「アパート」

s : *z*　*ḥassan*「改善する」: *ḥazzan*「悲しませる」

biss「猫」: *bizz*「乳首」

s : *ẓ*　*ḥass*「感じる」: *ḥaẓẓ*「運」
s : *ž*　*wassa*ᶜ「広げる」: *wažža*ᶜ「痛める」
　ḥass「感じる」: *ḥažž*「巡礼する」

(2) 音素 *ṣ*
ṣ : *t*　上記 *t* : *ṣ* を見よ。
ṣ : *d*　上記 *d* : *ṣ* を見よ。
ṣ : *s*　上記 *s* : *ṣ* を見よ。
ṣ : *š*　ᶜ*aṣa*「杖」: ᶜ*aša*「夕食」
　ṣabb「注ぐ」: *šabb*「少年」
ṣ : *z*　*biṣīd*「狩りをする（Pc.3.m.sg.）」: *bizīd*「加える（Pc.3.m.sg.）」
　ġāṣ「潜水する」: *ġāz*「ガス」
ṣ : *ẓ*　*ṣāṛ*「～になる」: *ẓāṛ*「訪れる」
　ṣaḥṛa「砂漠」: *ẓahṛa*「カリフラワー」
ṣ : *ž*　*maṣāri*「お金」: *mažāri*「水路」
　ṣaḅaṛ「忍耐強い」: *žaḅaṛ*「強いる」

(3) 音素 *z*
z : *d*　上記 *d* : *z* を見よ。
z : *ḍ*　上記 *ḍ* : *z* を見よ。
z : *s*　上記 *s* : *z* を見よ。
z : *ṣ*　上記 *ṣ* : *z* を見よ。
z : *š*　*zēt*「油」: *šēt*「～の」
　*za*ᶜᶜ*al*「怒らせる」: *ša*ᶜᶜ*al*「点灯する」
z : *ẓ*　*zann*「ぶんぶん言う」: *ẓann*「考える」
　ᶜ*azīme*「招待」: ᶜ*aẓīme*「偉大な (f.)」
z : *ž*　*zaxx*「降り注ぐ」: *žaxx*「めかしこむ」

(4) 音素 *ẓ*
ẓ : *d*　上記 *d* : *ẓ* を見よ。
ẓ : *ḍ*　上記 *ḍ* : *ẓ* を見よ。

ẓ : *s*　　上記 *s* : *ẓ* を見よ

ẓ : *z*　　上記 *z* : *ẓ* を見よ。

(5) 音素 *š*

š : *s*　　上記 *s* : *š* を見よ。

š : *t*　　上記 *t* : *š* を見よ。

š : *ž*　　*šaddad*「厳格である」: *žaddad*「新しくする」

　　　　ḥašaṛ「押す」: *ḥažaṛ*「石」

(6) 音素 *ž*

Hopkins, *History* は、エルサレムにおける *ž* の発音に関して伝統的にムスリムは [ʤ]、キリスト教徒は [ʒ] という区別があったが、現在では大部分 [ʒ] で統一される傾向にあることを指摘している。

ž : *z*　　上記 *z* : *ž* を見よ。

ž : *š*　　上記 *š* : *ž* を見よ。

1.1.2.4. 流音：*n, r, ṛ, l, ḷ*

(1) 音素 *n*

n : *m*　　*naṭṭ*「飛び跳ねる」: *maṭṭ*「伸ばす」

　　　　ᶜana「意味する」: *ᶜama*「見えなくする」

n : *r*　　*namil*「蟻 (coll.)」: *ramil*「砂」

　　　　sinn「歯」: *sirr*「秘密」

n : *ṛ*　　確認されず。

n : *l*　　*namma*「発展させる」: *lamma*「〜する時」

　　　　daxxan「喫煙する」: *daxxal*「入れる」

n : *ḷ*　　確認されず。

n : *t*　　上記 *n* : *t* を見よ。

n : *d*　　上記 *d* : *n* を見よ。

(2) 音素 *r*

r : *ṛ*[18] *žāri*「流れる（a.p.m.sg.）」: *žāṛ-i*「私の隣人」

ġarrat「接着する（Pc.3.f.sg.）」: *ġaṛṛat*「だます（Pc.3.f.sg.）」

r : *n* 上記 *r* : *n* を見よ。

r : *l* *rawwaḥ*「帰宅する」: *lawwaḥ*「振る」

r : *ḷ* 確認されず。

(3) 音素 *ṛ*[19]

ṛ : *r* 上記 *r* : *ṛ* を見よ。

(4) 音素 *l*

l : *ḷ* *qalla*「揚げる」: *ˀaḷḷa*「神」

l : *n* 上記 *n* : *l* を見よ。

l : *r* 上記 *r* : *l* を見よ。

l : *ṛ* *qallal*「減らす」: *qaṛṛaṛ*「決める」

(5) 音素 *ḷ*

ḅ, ṃ, ẓ と同様、[ḷ] は *l* の周辺にある別の強勢音によってが強勢音化した結果現れることが多いが、少数の語ではそのような環境外でも現れるので *ḷ* を音素と認定する。

ḷ : *l* 上記 *l* : *ḷ* を見よ。

ḷ : *r* 上記 *r* : *ḷ* を見よ。

ḷ : *n* 上記 *n* : *ḷ* を見よ。

1.1.2.5. 軟口蓋音・口蓋垂音：*k, g, x, ġ, q*

(1) 音素 *k*

k : *g* *kull*「全て」: *gulle*「ビー玉」

---

18 但し、この対立は自由変異の場合もある：*faraš* ~ *faṛaš*「広げる」。

19 他の方言における強勢音の *ṛ* については次の文献を参照せよ：Cantineau, *Palmyre* p. 54–57, Cantineau, *Horan* p. 111–114, Naïm-Sanbar, *Rās-Beyrouth* 69–79, Mattsson, *Beyrouth* p. 68–71, Féghali, *Kfarᶜabida* p. 69, Bauer, *Arabisch* p. 3, Cowell, *Syrian* p. 8, Arnold, *Antiochiens* p. 44–45, El-Hajjé, *Tripoli* p. 14ff., Grotzfeld, *Laut* p. 18–19. また、1.3.2.1.4.(3) を参照せよ。

k : *x*　*kabba*「前のめりになる」: *xabba*「隠す」
fakk「解く」: *faxx*「罠」
k : *ġ*　*šakle*「花飾り」: *šaġle*「事」
zakkaṛ「思い出す」: *zaġġaṛ*「小さくする」
k : *q́*　*kābil*「ケーブル」: *q́ābil*「面接する（Imp.m.sg.)」
kāfye「十分な (f.)」: *q́āfye*「脚韻」
k : *q*　*kaṛṛ*「解く」: *qaṛṛ*「告白する」

(2) 音素 *g*

g : *k*　上記 *k* : *g* を見よ。
g : *ġ*　確認されず。
g : ˀ/*q*　*gulle*「ビー玉」: *qul-l-i*「私に言え」

(3) 音素 *x*

x : *ġ*　*ġēme*「雲」: *xēme*「テント」
xalla「放っておく」: *ġalla*「値上げする」
x : *ḥ*　*xalla*「放っておく」: *ḥalla*「甘くする」
baxx「噴霧する」: *baḥḥ*「ゆすぐ」
x : ᶜ　*xalla*「放っておく」: ᶜ*alla*「上げる」
kūx「小屋」: *kū*ᶜ「ひじ」
x : ˀ/*q*　*xalla*「放っておく」: *qalla*「揚げる」
xāl「父方のおじ」: *qāl*「言う」
xāle「父方のおば」: ˀ*āle*「機械」

(4) 音素 *ġ*

ġ : *ḥ*　*ġalla*「値上げする」: *ḥalla*「甘くする」
ġaṭṭ「浸す」: *ḥaṭṭ*「置く」
ġ : ᶜ　*ġaḅḅaṛ*「ほこりまみれにする」: ᶜ*aḅḅaṛ*「表現する」
ġala「沸く」: ᶜ*ala*「〜の上に」
ġ : ˀ/*q*　*ġāb*「不在である」: ˀ*āb*「8 月」

(5) 音素 *q́*

主に OA からの借用語に含まれる。*q* の異音として、より高位のレジスターにおいて *q́* で発音される場合も多い（*qīme* ~ *q́īme*「価値」）が、以下のような最少対立の例もあるので独立した音素として認定する。

q́ : *q*　　*q́arn*「世紀」: *qarn*「角」

1.1.2.6. 咽頭音・声門音：*ḥ*, *ᶜ*, *ˀ (q)*, *h*

(1) 音素 *ḥ*

ḥ : *ᶜ*　　*ḥēn*「破滅」: *ᶜēn*「目」
ḥāl-i「私の状態」: *ᶜāli*「高い」

ḥ : *ˀ / q*　　*ḥāl*「状態」: *qāl*「言う」
fāḥ「匂いが広がる」: *fāq*「目覚める」

ḥ : *h*　　*ḥadd*「限界」: *hadd*「破壊する」

ḥ : *x*　　*ḥadd*「限界」: *xadd*「頬」

(2) 音素 *ᶜ*

ᶜ : *ḥ*　　上記 *ḥ* : *ᶜ* を見よ。

ᶜ : *h*　　*ᶜallaq*「吊るす」: *hallaq*「今」
wažžaᶜ「痛める」: *wažžah*「向ける」
ᶜtazz「誇る」: *htazz*「ショックを受ける」

ᶜ : *ˀ / q*　　*ᶜažžal*「急ぐ」: *ˀažžal*「延期する」
žurᶜa「がぶ飲み」: *žurˀa*「勇気」
ᶜaṣir「午後」: *qaṣir*「宮殿」

ᶜ : *x*　　*ᶜažal*「タイヤ」: *xažal*「恥」

(3) 音素 *ˀ / q*

ˀ / q : *ḥ*　　上記 *ḥ* : *ˀ / q* を見よ。

ˀ / q : *ᶜ*　　上記 *ᶜ* : *ˀ / q* を見よ。

ˀ / q : *h*　　*qadd*「サイズ」: *hadd*「破壊する」

1.1.2.7. 接近音：*y, w*

(1) 音素 *w*

w : *y*　*waḷḷa*「神にかけて」: *yaḷḷa*「さあ！」
　xawwaf「怖がらせる」: *xayyab*「失望させる」

w : *b*　*waᶜid*「約束」: *baᶜid*「〜の後に」

w : *m*　*wallaᶜ*「火をつける」: *mallaḥ*「塩漬けにする」
　waṛa「〜の後ろに」: *maṛa*「女性」

w : *f*　*wāṣle*「到着する（a.p.f.sg.)」: *fāṣle*「読点」
　xawwaf「怖がらせる」: *xaffaf*「軽くする」

(2) 音素 *y*

y : *w*　上記 *w* : *y* を見よ。

y : *ˀ*　*yaḷḷa*「さあ！」: *ˀaḷḷa*「神」

1.1.3. 異音

本研究の転写は語源的・形態論的な考慮をせず、純粋に音素主義による。従ってある子音音素が別の子音音素の異音である場合も前者が音素である以上はそのまま表記する。例えば *daxal*「入る」という動詞（接尾辞活用形）はB接頭辞辞活用形で *butxul*「入る（Pc.3.m.sg.)」のように *d* が後続の無声音 *x* に同化し *t* となることがあり、このような場合 *t* はJAの音素なので *t* で表記する。一方 *baḥaṛ*「海」の縮小形（2.3.3.15. を参照）*bḥēṛa*「小さな海」は音声レベルでは [pħɛːrˠɑ] で、*b* は [p] で実現している（1.3.2.1.1.(2) を参照)。本書では *p* は外来音としてのみ音素として認められるので（1.1.2.1.(2) を参照）これは *b* の異音と考える。

(1) *b* [b, p]

[p]: 無声摩擦音・無声破裂音の直前で現れうる（必須ではない)。

bḥēṛa [pħɛ́ːrˠɑ]「小さな海」　*tabširiyye* [tapʃiríjje]「宣教師会」

[b]: [p] が現れる環境以外で現れる。

bāb [baːb]「ドア」　*kibir* [kíber]「大きくなる」

(2) *f* [f, fˠ]

[fˠ]: 周囲に強勢音がある場合に現れる。

ḷafiẓ [lˠáfˠezˠ]「発音」 *taṣaṛṛuf* [tˠɑsˠɑ́rˠrˠofˠ]「振る舞い」

(3) *n* [n, ŋ, nˠ]

[nˠ]: 周囲に強勢音がある場合に現れる。

ḅuṛnēṭa [bˠorˠnˠɛ́:tˠɑ]「帽子」 *ḅaṭin* [bˠɑ́tˠenˠ]「腹」

[ŋ]: *k* の直前で現れる。

binkir [bíŋker]「拒否する（Pc.3.m.sg.）」 *ᶜankabūt* [ʕaŋkabú:t]「蜘蛛」

[n]: [nˠ, ŋ] が現れる環境以外で現れる。

nasīm [nasí:m]「そよ風」 *tīn* [ti:n]「イチジク」 *mukunse* [múkonse]「箒」

(4) *k* [k, kˠ]

[kˠ]: 周囲に強勢音がある場合に現れる。

akḅaṛ [ɑ́kˠbˠɑrˠ]「より大きい」

[k]: [kˠ] が現れる環境以外で現れる。

kbīr [kbi:r]「大きい」 *mukunse* [múkonse]「箒」

1.2. 母音

1.2.1. 音素

短母音：*a, i, u*

長母音：*ā, ē, ī, ō, ū*

1.2.1. 最少対立

a : *ā*　*qaṃaṛ*「月」：*qāṃaṛ*「ギャンブルをする」

a : *i*　*šadd*「掴む」：*šidd*「掴む（Imp.m.sg.）」

a : *u*　*ḥaṭṭ*「置く」：*ḥuṭṭ*「置く（Imp.m.sg.）」

i : *ī*　*žibna*「持って来る（Sc.1.pl.）」：*žīb-na*「私たちを連れていけ。」

i : *u*　*qimt*「取り外す（Sc.2.m./1.sg.）」：*qumt*「起きる（Sc.2.m./1.sg.）」

u : *ū*　*zurna*「訪れる（Sc.1.pl.）」：*zūr-na*「私たちを訪れよ。」

ā : *ē*　*bā*^{c}「売る」：*bē*^{c}「販売」

ā : *ī*　*bā*^{c}「売る」：*bī*^{c}「売る（Imp.m.sg.）」

ā : *ō*　*māt*「死ぬ」：*mōt*「死」

ā : *ū*　*dāb*「溶ける」：*dūb*「溶ける（Imp.m.sg.）」

ē : *ī*　*bē*^{c}「販売」：*bī*^{c}「売る（Imp.m.sg.）」

ē : *ō*　*dēr*「修道院」：*dōr*「役割」

ē : *ū*　*dēr*「修道院」：*dūr*「回る（Imp.m.sg.）」

ī : *ō*　*bidžibī-š*「貴女は連れて来ない」：*bidžib-ō-š*「貴男は彼を連れて来ない」

ī : *ū*　*qīm*「取り外す（Imp.m.sg.）」：*qūm*「起きる（Imp.m.sg.）」

ō : *ū*　*mōt*「死」：*mūt*「死ぬ（Imp.m.sg.）」

1.2.2. 異音

各母音音素には次のような異音が認められる。

a: [a] [ɑ]

[ɑ]: 強勢音の周辺で現れる。

ṃaṛaḍ [mˠárˠɑdˠ]「病気」　*ṭanžaṛa* [tˠánˠʒˠarˠɑ]「鍋」

[a]: [ɑ] が現れる環境以外で現れる。

dahab [dáhab]「金」 *madrase* [mádrase]「学校」

i: [i] [e]

[e]: アクセントのない閉音節および語末の CiC_iC_i、強勢音・咽頭音の周囲で現れる。

širib [ʃíreb]「飲む」 *žāmid* [ʒá:med]「凍る（a.p.m.sg.）」 *bišidd* [biʃedd]「掴む（Pc.3.m.sg.）」 *ṣiḥḥa* [sˠeħħɑ]「健康」

また、3 人称複数の人称代名詞 *hinnin*「彼ら」は [hinnen] と発音される。

[i]: [e] が現れる環境以外で現れる。

bišrab [bíʃrˠɑb]「飲む（Pc.3.m.sg.）」 *bižīb* [biʒí:b]「持って来る（Pc.3.m.sg.）」 *kitbe* [kítbe]「書くこと」

u: [u] [o]

[o]: アクセントのない閉音節および語末の CuC_iC_i、強勢音・咽頭音の周囲で現れる。

mukunse [múkonse]「箒」 *ḅuḍṛuḅ* [bˠódˠrˠobˠ]「殴る（Pc.3.m.sg.）」 *birudd* [birodd]「返答する（Pc.3.m.sg.）」 *quṭṭēn* [ʔotˠtˠɛ́:n]「乾燥イチジク」

また、3 人称複数の人称代名詞 *hinnun*「彼ら」、3 人称複数の接尾人称代名詞 *-hun, -un*「彼らの・彼らを」、2 人称複数の接尾人称代名詞 *-kun* はそれぞれ [hinnon], [-hon, -on], [-kon] と発音される。

[u]: [o] が現れる環境以外で現れる。

mukunse [múkonse]「箒」 *turki* [túrki]「トルコ人」

ā: [a:] [ɑ:]

[ɑ:]: 強勢音の周辺で現れる。

ṭālib [tˠɑ́:leb]「学生」 *ḥaṛāṃ* [ħarˠɑ́:mˠ]「禁忌」

[a:]: [ɑ:] が現れる環境以外で現れる。

žāmid [ʒá:med]「凍る（a.p.m.sg.）」 *kabāb* [kabá:b]「カバブ」

ē: [ɛ:] [ɛ]

[ɛ]: アクセントが無い開音節に現れる。

amērkāni [amɛrká:ni]「アメリカ人」 *hēlamū-ʰ* [hɛlamű]「彼らは彼を丸め込んだ」

[ɛ:]: [ɛ] が現れる環境以外で現れる。

bēt [bɛ:t]「家」 *quṭṭēn* [ʔotˠtˠɛ́:nˠ]「乾燥イチジク」

ī: [iː] [ɪː] [i] [ɪ]

[ɪː]: 強勢音・咽頭音 (*ḥ, ʿ, h*) の周辺（語末以外）で現れる。

ṭīn [tˠɪːn]「泥」 *ḅaṣīṭ* [bˠɑsˠíːtˠ]「単純な」 *ṣaḥīḥ* [sˠɑħíːħ]「正しい」

[ɪ]: 上記の条件で語末に現れる[20]。

íṃḍi [émˠdˠɪ]「署名する（Imp.m.sg.）」

[i]: 強勢音・咽頭音以外の子音の後でアクセントの無い語末音節にある時。

ímši [ímʃi]「行く（Imp.m.sg.）」

[iː]: [ɪː, ɪ, i] が現れる環境以外で現れる。

tīn [tiːn]「イチジク」 *qadīm* [ʔadíːm]「古い」

ō: [ɔː] [ɔ]

[ɔ]: アクセントが無い開音節に現れる。

mōdēl [mɔdɛ́ːl]「モデル」 *katab-o* [kátabɔ]「彼はそれを書いた」

[ɔː]: [ɔ] が現れる環境以外で現れる。

mōt [mɔːt]「死」 *žardōn* [ʒardɔːn]「ラット」

ū: [uː] [oː] [u] [o]

[oː]: 強勢音・咽頭音・*h* の周辺で現れる。

ṭāḥūne [tˠɑħóːne]「風車」 *žahžahūn*[21] [ʒahʒahóːn]「（*ʿa-ž-žahžahūn* という表現で）無意味に」 *ḅaḅḅūṛ* [bˠɑbˠbˠóːrˠ]「ケロシンランタン・蒸気船」

[o]: 上記の条件で語末に現れる。

ḍaṛaḅu [dˠárˠɑbˠo]「殴る（Sc.3.pl.）」

[u]: 強勢音・咽頭音以外の子音の後でアクセントの無い語末音節にある時。

katabu [kátabu]「書く（Sc.3.m.pl.）」

[uː]: [oː, o, u] が現れる環境以外で現れる。

kutur [kútor]「多さ」 *qarqūše* [ʔarʔúːʃe]「齧ること」

1.2.3. 語境界の長母音

語末の母音は音韻論的には長母音だが、音声的には短母音で発音される。本書ではこのような実質的に短母音で発音される語境界の長母音は短母音で

---

[20] 音素表記では語末の長母音は短母音として表記される。下記 1.2.3. を参照。

[21] Barthélemy, *Dictionnaire,* p. 125 を参照。

表記する[22]。

bana [bána]「建てる」 *mukunse* [múkonse]「箒」 *íṃḍi* [émˠdˠɪ]「署名する(Imp.m.sg.)」 *katab-o* [kátabo]「彼はそれを書いた」 *ábu* [ábu]「父」

しかし、何らかの語が接尾されることで当該母音がアクセントの来る位置に来ると長母音で発音され、また長母音として表記する（1.3.4.2.2. を参照）[23]。

katabū-š [katabú:ʃ]「彼らは書かなかった」 *abū-ha* [abú:ha]「彼女の父」

imḍī-l-i [emˠdˠí:li]「私に署名せよ (m.sg.)」 *katab-ō-š* [katabó:ʃ]「彼はそれを書かなかった」

接辞の付加があってもアクセントが来る位置になければ短母音として発音される。

katabu-hō-š [katabuhó:ʃ]「彼らはそれを書かなかった」

---

[22] *ō* と *ē* は対応する短母音が音素として存在しないのでそのまま *ō, ē* と表記するべきだが、これまでのパレスチナ方言研究での習慣に基づき、例外的に *o, e* を用いる。

[23] OA の *tāʾ marbūṭah* に由来する語尾 *-e*（および *-a*）はその後に接尾代名詞が付く時、または名詞が後続して構成位相の位置に来るとこれら語尾は *-it* や *-t* と交代する：*mukunse* + *imm-i*「私の母」> *mukunsit imm-i*「私の母の箒」*xāle*「父方のおば」+ *-i*「私の」> *xālt-i*「私のおば」。

1.3. 通時的・共時的音変化

この節では古アラビア語を基準として JA に現れる音素の通時的および共時的な音変化を扱う。

1.3.1. 子音の起源

以下では JA の子音の起源を示す。

1.3.1.1. *b*

JA *b* は次のような要素の反映である。

(1) OA の要素

b: OA *bāb* > *bāb*「ドア」 OA *kabīr* > *kbīr*「大きい」 OA *sabb* > *sabb*「罵る」

f: OA *fūlāḏ* > *būlād*「鋼鉄」

(2) 外来語の要素

b: It. *bar* > *bār*「バー」 Fr. *bourse* > Tu. *borsa* > *būrṣa*「証券取引所」

v: It. *curva* > *kōṛḅa*「カーブ」

p[24]*:* En. *pedal* > *baddāle*「ペダル」

1.3.1.2. *ḅ*

JA *ḅ* は次のような要素の反映である。

(1) OA の要素

b: OA *yābāniyy* > *yaḅāni*「日本人」

(2) 外来語の要素

b: Tu. *baba* > *ḅāḅa*「パパ」

p: Fr. *pantalon* > *ḅanṭalōn*「ズボン」

1.3.1.3. *m*

JA *m* は次のような要素の反映である。

---

[24] ただし *žīp*「ジープ」のように *p* が保持されている例も見られる。

⑴ OA の要素

m: OA *madīnah* > *madīne*「都市」 OA *xamsah* > *xamse*「5」 OA *fahima* > *fihim*「理解する」

n: OA *nabīḏ* > *mbīd*「ワイン」

l: OA *al-bāriḥ* > *mbēriḥ*「昨日」

⑵ 外来語の要素

m: It. *macchina* > *mākina*「機械」 It. *crema* > *krēma*「クリーム」

1.3.1.4. *ṃ*

JA *ṃ* は次のような要素の反映である。

⑴ OA の要素

m: OA *māʔ* > *ṃayy*「水」 OA *almāniyy* > *aḷṃāni*「ドイツ人」

⑵ 外来語の要素

m: It. *mamma* > *ṃāṃa*「ママ」

1.3.1.5. *f*

JA *f* は次のような要素の反映である。

⑴ OA の要素

f: OA *fahima* > *fihim*「理解する」 OA *tuffāḥ* > *tuffāḥ*「リンゴ」 OA *ṣaff* > *ṣaff*「教室」

⑵ 外来語の要素

f: It. *fabbrica* > *fabrika*「工場」

v: It. *cravatta* > *krafatta (~ kravatta)*「ネクタイ」

1.3.1.6. *t*

JA *t* は次のような要素の反映である。

⑴ OA の要素

t: OA *tall* > *tall*「丘」 OA *kitf* > *kitif*「肩」 OA *bayt* > *bēt*「家」

d: OA *udxul* > *utxul*「入る（Imp.m.sg.）」

f: OA *fam* > *tumm*「口」

OA *f* から JA *t* への変化は、ある時期に *f* が *ṯ* と混同され、後に閉鎖音化し

て *t* となった、と考えられる。但しこの変化はこの語にのみ確認される。

(2) 外来語の要素

t: En. *cement* > *simant*「セメント」

1.3.1.7. *ṭ*

JA *ṭ* は次のような要素の反映である。

(1) OA の要素

ṭ: OA *ṭawīl* > *ṭawīl*「長い」 OA *baṭn* > *ḅaṭin*「腹」 OA *ḥaṭṭa* > *ḥaṭṭ*「置く」

t: OA *muxtār* > *muxṭāṛ*「ムフタール」 OA *taṭalla*^{c} > *ṭṭaḷḷa*^{c}「見る（Imp. m.sg.）」

この対応は数詞（13～19）で現れる：OA *xamsat* ^{c}*ašar* > *xamasṭa*^{c}*š*「15」 OA *ṯamāniyat* ^{c}*ašar* > *tamanṭa*^{c}*š*「18」等。

ṯ: *ṯawr* > *ṭōr*「雄牛」

ḍ: *faraḍtum* > **faraḍtu* > *faraṭṭu*「仮定する（Sc.2.pl.）」

ḏ̣: OA *ḏ̣ufr* > *uṭfaṛ*「爪」

(2) 外来語の要素

t: Fr. *tonne* > *ṭun*「トン（重さ）」 Fr. *guitar* > *giṭāṛ*「ギター」 Tu. *tatlı* > *ṭaṭli*「ジャム」 It. *berretta* > **bernetta* > *ḅuṛnēṭa*「帽子」 Fr. *pantalon* > *ḅanṭalōn*「ズボン」

1.3.1.8. *d*

JA *d* は次のような要素の反映である。

(1) OA の要素

d: OA *dalla* > *dall*「案内する」 OA *muddah* > *mudde*「期間」 OA ˀ*aswad* > *aswad*「黒い」

t: *tadaffa* > *ddaffa*「温まる」 *yatazawwağ* > *bidžawwaz*「結婚する（Pc.3.m.sg.）」

ḏ: OA *ḏahab* > *dahab*「金(きん)」 OA ˀ*uḏun* > *dān*「耳」 OA *nabīḏ* > *mbīd*「ワイン」

(2) 外来語の要素

d: En. *model* > *mōdēl*「モデル」 Fr. *docteur* > *duktōr*「医師」

1.3.1.9. *ḍ*

JA *ḍ* は次のような要素の反映である。

(1) OA の要素

ḏ̣: OA *ḏ̣ahar* > *ḍahir*「背中」 OA *ḥanḏ̣al* > *ḥanḍal*「コロシント（植物）」 OA *aḏ̣āfir* > *aḍāfir*「爪（pl.）」

ḏ: OA *ḏalla* > *ḍall*「居る」 OA *waḏ*ᶜ > *waḍi*ᶜ「状況」 OA ʾ*arḏ* > *aṛḍ*「地面」

d: OA *dār* > *ḍāṛ*「家」 OA *darb* > *ḍaṛḅ*「道」

t: OA *taḏallu* > **tḍall* > *biḍḍall*「居る（Pc.3.f./2.m.sg.）」

(2) 外来語の要素

d: Tu. *oda* > *ōḍa*「部屋」

1.3.1.10. *s*

JA *s* は次のような要素の反映である。

(1) OA の要素

s: OA *saqf* > *saqif*「屋根」 OA *nasīb* > *nasīb*「義兄弟」 OA *nāmūs* > *namūs*「蚊」

ṣ: OA *ṣidr* > *sidir*「胸」 OA *ṣaddaq* > *saddaq*「信じる」

š: OA *šağarah* > *sažara* (~ *šažara*)「木」

ṯ: OA *maṯal* > *masal*「諺」

(2) 外来語の要素

s: En. *cement* > *simant*「セメント」

1.3.1.11. *ṣ*

JA *ṣ* は次のような要素の反映である。

(1) OA の要素

ṣ: OA *ṣaḥn* > *ṣaḥin*「皿」 OA *qaṣīr* > *qaṣīr*「短い」 OA *maġṣ* > *maġiṣ*「腹痛」

s: OA *sufrah* > *ṣufṛa*「食卓」 OA *inbasaṭa* > *mbaṣaṭ*「楽しむ」 *ra*ʾ*s* > *ṛāṣ*「頭」

f: OA *niṣf* > *nuṣṣ*「半分」

(2) 外来語の要素

s: Tu. *osmanlı* > ᶜ*uṣmalli*「オスマン朝の」

1.3.1.12. *z*

JA *z* は次のような要素の反映である。

(1) OA の要素

z: OA *zirāᶜa* > *zrāᶜa*「農業」

ǧ: OA *yatazawwaǧ* > *bidžawwaz*「結婚する（Pc.3.m.sg.）」

ḏ: OA *kaḏaba* > *kazab*「嘘をつく」 OA *ʾustāḏ* > *ustāz*「教師」

ṣ: OA *ṣaġīr* > *zġīr*「小さい」 OA *qaṣd* > *qazd*「意図」

s: OA *saᶜtar* > *zaᶜṭar*「コリアンダー」

t: OA *tazakkar* > *tzakkar* > *zzakkaṛ*「思い出す」

(2) 外来語の要素

確認されず。

1.3.1.13. *ẓ*

JA *ẓ* は次のような要素の反映である。

(1) OA の要素

ḏ̣: OA *muḏ̣āharah* > *muẓāhaṛa*「デモ」 *ḏ̣arīf* > *ẓarīf*「優雅な」 OA *lafḏ̣* > *ḷafiẓ*「発音」

ḍ: OA の語根 √ḍ-b-ṭ から派生した語：OA *ḍābiṭ* > *ẓābiṭ*「将校」 OA *maḍbūṭ* > *maẓḅūṭ*「正しい」 OA *ḍabaṭa* > *ẓaḅaṭ*「制御する」

(2) 外来語の要素

確認されず。

1.3.1.14. *š*

JA *š* は次のような要素の反映である。

(1) OA Aの要素

š: OA *šams* > *šams*「太陽」 OA *kašafa* > *kašaf*「明らかにする」 OA *qumāš* > *qmāš*「布地」

ǧ: OA *waǧh* > *wišš*「顔」

h: OA *waǧh* > *wišš*「顔」

(2) 外来語の要素

č: Pe. *čāder* > *šādir*「ブルーシート（現地では緑色）」 En. *launch* > *lanš*「ラ

ンチ（船舶）」

1.3.1.15. *ž*

JA *ž* は次のような要素の反映である。

(1) OA の要素

ğ: OA *ğild* > *žild*「皮」 OA *ṭanğarah* > *ṭanžaṛa*「鍋」 OA *dağāğ* > *žāž*「雌鶏」

z: OA *yatazawwağ* > *bidžawwaz*「結婚する（Pc.3.m.sg.）」

(2) 外来語の要素

ğ: En. *jeep* > *žīp*「ジープ」 En. *jack* > *žakk*「ジャッキ」

ž: Fr. *régime* > *rēžīm*「食事療法」 Fr. *garage* > *kaṛāž*「ガレージ」

1.3.1.16. *l*

JA *l* は次のような要素の反映である。

(1) OA の要素

l: OA *lahğah* > *lahže*「方言」 OA *ğild* > *žild*「皮」 OA *qāla* > *qāl*「言う」

(2) 外来語の要素

l: Fr. *journal* > *žurnāl*「雑誌」 Tu. *tatlı* > *ṭaṭli*「ジャム」

1.3.1.17. *ḷ*

JA *ḷ* は次のような要素の反映である。

(1) OA の要素

l: OA *ʾalmāniyy* > *aḷṃāni*「ドイツ人」

(2) 外来語の要素

l: It. *lampa* > *ḷaṃḅa*「ランプ」

1.3.1.18. *n*

JA *n* は次のような要素の反映である。

(1) OA の要素

n: OA *nāmūs* > *namūs*「蚊」 OA *dunyā* > *dinya*「現世」 OA *wazn* > *wazin*「重さ」

l[25]*:* OA *luqqābiyyah* > *nuqqabiyye*「通称」

d: OA *ᶜinda-nā* > **ᶜind-nā* > **ᶜinn-nā* > *ᶜin-na*[26]「私たちの所で」

(2) 外来語の要素

(nasal vowels): Fr. *pantalon* > *ḅanṭalōn*「ズボン」

n: It. *macchina* > *mākina*「機械」

1.3.1.19. *r*

JA *r* は次のような要素の反映である。

(1) OA の要素

r: OA *rabīᶜ* > *rabīᶜ*「春」 OA *ḥaraka* > *ḥarake*「運動」 OA *qaṣīr* > *qaṣīr*「短い」

l: *yā layta* > *yarēt*「〜だったらなあ！」

(2) 外来語の要素

l: It. *salsiccia* > *sarsīsyo*「ソーセージ」

r: It. *fabbrica* > *fabrika*「工場」 Fr. *docteur* > *duktōr*「医師」

1.3.1.20. *ṛ*

JA *ṛ* は次のような要素の反映である。

(1) OA の要素

r: OA *raʾs* > *ṛāṣ*「頭」 OA *ǧār* > *žāṛ*「隣人」 OA *ḥarām* > *ḥaṛām*「禁忌」

(2) 外来語の要素

l: La. *hospitale* > *sbiṭāṛ*「病院」 Fr. *garage* > *kaṛāž*「ガレージ」

1.3.1.21. *k*

JA *k* は次のような要素の反映である。

(1) OA の要素

k: OA *kalb* > *kalb*「犬」 *ʾakala* > *akal*「食べる」 OA *dīk* > *dīk*「雄鶏」

---

[25] Bauer, *Palästinische*, p. 7 を参照： *ismaᶜīn* (< OA *ʾismāᶜīl*)「イスマイル」 *bētīn* (< OA *bētīl*)「ベテル」 *mixāʾīn* (< OA *mixāʾīl*)「ミカエル」。

[26] 歴史的なプロセスによって *n* が 3 つ重なるが、実際には *-nn-* となる。1.3.2.1.2.(2) を参照。

(2) 外来語の要素

g: Fr. *gaz* > *kāz*「石油」 Fr. *garage* > *kaṛāž*「ガレージ」

k: En. *jack* > *žakk*「ジャッキ」 It. *fabbrica* > *fabrika*「工場」

1.3.1.22. *g*

JA *g* は次のような要素の反映である。

(1) OA の要素

q: OA *ᶜiqāl* > *ᶜagāl*[27]「頭巾止め」

(2) 外来語の要素

Sp. *guitar* > *giṭār*「ギター」 Pe. *lagan* > *lagan*「盥」

1.3.1.23. *x*

JA *x* は次のような要素の反映である。

(1) OA の要素

x: OA *xabar* > *xaḅaṛ*「ニュース」 OA *šaxṣ* > *šaxiṣ*「人物」 OA *muxx* > *muxx*「脳」

(2) 外来語の要素

x: Pe. *taxt* > *taxit*「ベッド」 Pe. *xāğeh* > *xawāža*「〜氏」

1.3.1.24. *ġ*

JA *ġ* は次のような要素の反映である。

(1) OA の要素

ġ: OA *ġasala* > *ġasal*「洗う」 OA *ištaġala* > *štaġal*「働く」 OA *mablaġ* > *mablaġ*「金額」

(2) 外来語の要素

g: Fr. *gas* > *ġāz*「ガス」 Tu. *burgi* > *burġi*「ねじ」

1.3.1.25. *ḥ*

JA *ḥ* は次のような要素の反映である。

---

[27] 遊牧民方言からの借用。

(1) OA の要素

ḥ: *ḥarām* > *ḥaṛām*「禁忌」 OA *ṣaḥīḥ* > *ṣaḥīḥ*「本当の」 OA *rūḥ* > *rūḥ*「精神」

(2) 外来語の要素

確認されず。

1.3.1.26. *ᶜ*

JA *ᶜ* は次のような要素の反映である。

(1) OA の要素

ᶜ: OA *ᶜayn* > *ᶜēn*「目」 OA *ḍaᶜīf* > *ḍᶜīf*「痩せた」 OA *naᶜnaᶜ* > *naᶜnaᶜ*「ミント」

(2) 外来語の要素

確認されず。

1.3.1.27. *ˀ / q*

ˀ と *q* は同一の音 [ʔ] を表す。*ˀ* は OA の *hamzah* に、*q* は OA の *qāf* に由来する。この 2 つを区別しない研究も多いが、本研究では語源を明らかにするため区別した。

JA *ˀ / q* は次のような要素の反映である。

(1) OA の要素

ˀ: OA *saˀala* > *saˀal*「尋ねる」 OA *fažˀatan* > *fažˀa*「突然」 OA *taˀtaˀa* > *taˀtaˀ*「口ごもりながら話す」 OA *buṭˀ* > *buṭˀ*「遅さ」

q: *qāla* > *qāl*「言う」 OA *milqaṭ* > *malqaṭ*「洗濯バサミ」 OA *ˀibrīq* > *brīq*「水差し」

(2) 外来語の要素

k: Tu. *kazan* > *qazan*「やかん」

語中および語末の *ˀ* は常に発音されるが、語頭の *ˀ* はその起源（*hamzat al-qaṭᶜ*・*hamzat al-waṣl*）にかかわりなく発音されないこともある。

il-ˀaxu ~ *il-axu*「その兄弟」 *il-ˀittižāh* ~ *il-ittižāh*「その方向」 *twaffa-abū-y*「父が亡くなった」

1.3.1.28. *h*

JA *h* は次のような要素の反映である。

(1) OA の要素

h: OA *haraba* > *harab*「逃げる」 OA *ḏahr* > *ḏahir*「背中」 OA *ittiğāh* > *ttižāh*「方向」

ˀ: OA *ˀuqˁud* > *huˀˁud*「座る（Imp.m.sg.）」 OA *ˀaqall* > *haˀall*「より少ない」 *ˀiqlib* > *hiqlib*「ひっくり返す（Imp.m.sg.）」（1.3.2.2. を参照）

(2) 外来語の要素

確認されず。

(3) 語末に現れる ^{h} について

本書では音素表記で上付きの *h* が用いられる。これは次の 2 つの要素の反映である。

(a) 接尾代名詞 3 人称男性単数形 OA *-hu* > **-h* > *-*^{h}

長母音で終わる語にこの代名詞が付くと、アクセント規則によりその母音はアクセントを持つ（1.4.2. を参照）。

kátabu「彼らは書いた」＋*-h*「それを」>**katabū́-h*「彼らはそれを書いた」

現代の JA では OA の *-hu* に由来する代名詞は *-h* を経て無音となるが、アクセントの位置はそのままとどまる：*katabū́*「彼らはそれを書いた」。本書の表記法では通常アクセントは表示しないので、*katabū* という表記ではアクセント規則により *kátabū* のようなアクセント位置が導かれる。これを回避するため仮想の子音として上付きの ^{h} を用いる：*katabū-*^{h}「彼はそれを書いた」。なお、「在る」を意味する *fī*^{h} は、前置詞 *fī*「〜の中に」＋ **-hu*「それ (m.sg.)」が、**fī-h* を経て得られる *fī-*^{h} と同じものだが、「その中に」を意味する前置詞句 *fī-h* と区別するために前置詞と代名詞を分離するハイフンを用いず *fī*^{h} とする。なお、発音は *fī-h* も *fī*^{h} も [fī] で同じである。

(b) OA ـاة に由来する JA *-ā́#*

JA には OA ـاة に由来する *-ā́#* を語末に持つ語がいくつか存在する：*ḥayā́*「人生」、*zakā́*「喜捨」等。これらは語末の母音にアクセントがあり、これを保持するため仮想子音である ^{h} を置く：*ḥayā*^{h}*, zakā*^{h}。

1.3.1.29. *w*

JA *w* は次のような要素の反映である。

(1) OA の要素

w: OA *waqt* > *waqt*「時間」 OA *qahwah* > *qahwe*「コーヒー」 OA *ḍaww* > *ḍaww*「明かり」

ʔ: OA *ʔadda* > *wadda*「持って来る」

(2) 外来語の要素

確認されず。

(3) 語末の *-uww#* について

語末に *-uww#* を含む語（*ʕaduww*「敵」）は、形態論的には *-ūw#* として扱う。従って *ʕaduww* は *CaCūC* という語形パターンの語である。

1.3.1.30. *y*

JA *y* は次のような要素の反映である。

(1) OA の要素

y: OA *yawm* > *yōm*「日」 OA *qiyās* > *qyās*「寸法」 OA *mašy* > *mašy*「歩き」

ʔ: OA *xāʔif* > *xāyif*「怖い (a.p.m.sg.)」 *fayʔ* > *fayy*「影」 OA *ʔimḍāʔ* > *imḍāy(e)*「署名」 OA *nīʔ* > *niyy*「生の」

(2) 外来語の要素

i: It. *salsiccia* > *sarsīsyo*「ソーセージ」

(3) 語末の *-iyy#, -iyye#* について

語末に *-iyye#*（*y* は語根）を含む語（*wqiyye*「(重さの単位＝約250g)」*ṭaqiyye*「つばなしの帽子」等）は、形態論的には *-īye#* として扱う。従ってこれらの語は以下のような語形パターンの語として扱う。

wqiyye = *CCīCA* *ṭaqiyye* = *CaCīCA*

1.3.2. 子音の音変化

この節では歴史的・共時的な同化・咽頭音化・異化などの現象を取り扱う。

1.3.2.1. 同化

1.3.2.1.1. 部分同化

(1) 有声化

無声摩擦音＋有声破裂音又は無声破裂音＋有声摩擦音の組み合わせで無声子音の有声化が生じることがある。

OA *qaṣd* > *qazd*「意図」 OA *ˀaṣdar* > *aẓdaṛ*「出版する」 OA *tağawwaz* > **tžawwaz* > *džawwaz*「結婚する」

OA の √ṣ-ġ-r の語根に由来する語は JA で √z-ġ-r の語根を持つ。

OA *ṣaġīr* > *zġīr*「小さい」 OA *ˀaṣġar* > *azġaṛ*「より小さい」 OA *ṣaġġar* > *zaġġaṛ*「小さくする」

また、共時的には次のような有声化現象がみられる。

š > *z: miš*「〜ではない」＋ *zīne*「飾り」> *miz zīne*「飾りではない」

ḥ > *ᶜ: rāyiḥ*「行く」＋ *ᶜala*「〜へ」> *rāyiᶜ ᶜala*「〜へ行く」

k > *g: akzib* > *agzib*「私は嘘をつく」

(2) 無声化

有声破裂音＋無声破裂音の組み合わせで無声化が生じる。

biḍḥak > *biṭḥak*「笑う（Pc.3.m.sg.）」 *udxul* > *utxul*「入る（Imp.m.sg.）」 **uḏfaṛ* > *uṯfaṛ*「爪」（複数形では *aḏāfir*）

異音レベルの無声化（1.1.3. を参照）。

bḥēṛa [pħɛ́:rˠɑ]「小さな海」 *tabširiyye* [tapširíyye]「宣教師会」

(3) その他

OA *n* > JA *m:* OA *nabīḏ* > *mbīd*「ワイン」 OA *inbāᶜ* > *mbāᶜ*「売られる」 OA *inbasaṭ* > *mbaṣaṭ*「楽しむ」

共時的な同化

b > *m: ᶜam bākul* > *ᶜam mākul*「私は食べている」

n > *r: min rīš-un* > *mir rīš-un*「彼らの羽から」

l > *n: tḥammalna* > *tḥammanna*「私たちは負った」

1.3.2.1.2. 完全同化

(1) OA *taḏakkar* > **tzakkaṛ* > *zzakkaṛ*「思い出す」

OA *taḏāyaq* > **tḏāyaq* > *ḏḏāyaq*「うんざりする」

OA *taṭallaᶜ* > **ṭṭaḷḷaᶜ* > *ṭṭaḷḷaᶜ*「見る」

OA *tadaffā* > **tdaffa* > *ddaffa*「温まる」

派生形第 V 型、第 VI 型で第 1 根素が *d, ḍ, ṭ, z* の場合、接頭辞 *t-* がこれらに同化する。

(2) OA *ᶜinda-nā* > *ᶜind-na* > *ᶜin-na*「私たちの所で」

ᶜind-na > *ᶜin-na* は *d* の脱落ではなく、*d* が *n* に同化し **ᶜinn-na* となった後に 3 連続の *n* の 1 つが消滅したと考える。

以下は共時的な同化の例である。

(3) *īd*「手」+ *-tēn*「(双数語尾)」> **īdtēn* > *ittēn*「2 本の手」

(4) *ᶜam bākul* > *ᶜam mākul*「食べている (Pc.1.sg.)」

1.3.2.1.3. 相互同化

(1) *maᶜ*「〜と共に」+ *-ha*「彼女の」> *maᶜ-ha* ~ *maḥ-ḥa*「彼女と共に」

(2) *ōḍa*「部屋」+ *-ēn*「(双数語尾 (2.3.2.2.1. 参照)」> **ōḍtēn* > *oṭṭēn*「2 つの部屋」

(3) OA *wağh* > **wižh* > *wišš*「顔」

ž が無声化し、*h* が前方化した結果 *šš* が生じる。

(4) *fī*「〜に」+ *-h*「(接尾代名詞・3.m.sg.)」+ *-š*「(否定辞)」> **fī-h-š* > **fi-h-š* > *fi-š-š*「無い」

疑似動詞 *fīh* (2.2.10.(1) を参照) の否定形である。3 つの要素を組み合わせると *fīhš* は *Cv̄CC* という JA では許容されない音節が形成されるので *ī* は短母音化し (1.3.4.2.1.(3) を参照)、*hš* は上記 OA *wağh* > JA *wišš* と同様に *šš* となる。

(5) OA *iḍtahada* > *iṭṭahad*「迫害する」(下記 1.3.2.1.4. を参照)

1.3.2.1.4. 強勢音化・平音化

(1) 強勢音化

JA では強勢音音素として *ḅ, ḍ, ḷ, ṃ, ṛ, ṣ, ṭ, ẓ* が認められる (1.1.1. を参照)。しかしながら、実際の発話に置いては 1 語中に強勢音が含まれると他の子音も強勢音化することがある。音素として強勢音がない子音 (*f, k, n*) も強勢音化した異音で実現する。但し咽頭音 (*ˀ, ḥ, ᶜ, x, ġ*) や *š, ž, w, y* には強勢音化が生じない。

OA *baṭn* > *ḅaṭin* [bˠátˠenˠ]「腹」

OA *ḏarab* > *ḍaṛaḅ* [dˠárˠɑbˠ]「殴る」

OA *lafḏ̣* > *ḷafiẓ* [lˠáfˠezˠ]「発音」

OA *taṭallaᶜ* > **ṭṭallaᶜ* > *ṭṭaḷḷaᶜ* [tˠtˠálˠlˠɑʕ]「見る」

OA *taḏammar* > **tḍammar* > *ḍḍaṃṃaṛ* [dˠdˠámˠmˠɑrˠ]「破壊される」

OA *taṣallaq* > **tṣaḷḷaq* > *ṭṣaḷḷaq* [tˠsˠálˠlˠɑʔ]「登る」

It. *berretta* > **bernetta* > *ḅuṛnēṭa* [bˠorˠnˠɛ́ːtˠɑ]「帽子」

強勢音化は、語の構造によってその及ぶ範囲が異なり、次のような傾向が見られる。

(a) *i* を含む音節の子音（本来の強勢音でない場合）は、強勢音化しない。

stinkāṛ [stin-kˠɑ́ːrˠ]「反感」 *aṣli* [ásˠ-li]「オリジナルの」 *muḍāriᶜ* [mˠo-dˠɑ́ː-reʕ]「現在」 *šāṭir* [ʃɑ́ː-tˠer]「賢い」

(b) 直前の音節が閉音節の場合、強勢音化しない。

sakkaṛ [sák-kˠɑrˠ]「閉める」

この場合実際には [sákˠ-kˠɑrˠ] であると考えられるが、第 1 音節の母音が [a] であることから、強勢音化が音節の境界を越えていないとする。

(2) 平音化

一方、歴史的な強勢音が平音で実現する場合がある。

OA *ṣaġīr* > *zġīr*「小さい」 OA *qaṣd* > *qazd*「意図」 OA *ṣadr* > *sidir*「胸」 OA *ṣaddaq* > *saddaq*「信じる」

(3) *ṛ* について

JA の *ṛ* は、1.1.2.4.(2, 3) で見たように独立した音素として認定することができるが、その出現が形態音韻論的に条件付けられる場合がある。OA の *tāˀ marbūṭah* で終わる語の第 3 根素が OA *r* に由来する場合で、多くの場合強勢音の *ṛ* で実現するが（*sayyāṛa*「自動車」 *maṛṛa*「回」）、直前の母音が *i, ī* の場合は平音の *r* で実現する（*ibre*「針」 *qišre*「（果物などの）皮」 *kbīre*「大きい（f.)」）。形容詞などで男性単数形の時に語末が *-ir#*（平音の *r*）の語で、女性形になった時に *i* が脱落しても平音が保持される：*msāfir*「旅する（m.)」 + *-A*（女性語尾、2.3.2.1.1.2. を参照）> *msāfre*「旅する（pl.)」但しこの結果、直前が強勢音となると強勢音として実現する場合もある：*šāṭir*「賢い（m.)」：*šāṭre* ~ *šāṭṛa*「賢い (f.)」[28]。

また、語末の *ṛ* は *i, ī* を含む接尾辞が添加されると平音になる。

muxṭāṛ「ムフタール」+ *-īn*「(複数語尾)」> *muxṭarīn*「ムフタール (pl.)」

1.3.2.2. 異化

語頭に *ˀvˀ* 又は *ˀvq* の組み合わせが生じると、*hvˀ* となることがある[29]。

OA *ˀuˀmur*「命令する（Imp.m.sg.)」> *huˀmur*

OA *ˀaqwa*「より強い」> *haqwa*

OA *ˀuqˁud*「座る（Imp.m.sg.)」> *huqˁud*

OA *ˀaqlām*「ペン (pl.)」> *ˀiqlām* > *hiqlām*

1.3.2.3. 音節脱落

音節脱落は次の例にみられる。

OA *dağāğ* > *žāž*「雌鶏」

1.3.3. 母音の起源

1.3.3.1. *a*

JA *a* は次のような要素の反映である。

(1) OA の要素

a: OA *madrasah* > *madrase*「学校」 OA *kataba* > *katab*「書く」

u: OA *muškilah* > *maškile*「問題」 OA *mawqif* > *mawqaf*「バス停」

ā: OA *yābāniyy* > *yaḅāni*「日本人」

āˀ, ā(t): OA *samāˀ* > *sama*「空」 OA *wafāˀ* > *wafa*「履行」 OA *wafā(t)* > *wafa*「死」

ay: OA *zaytūn* > *zatūn*「オリーブ」

(2) 外来語の要素

Fr. *pantalon* > *ḅanṭalōn*「ズボン」 It. *fabbrica* > *fabrika*「工場」：En. *cement* > *simant*「セメント」 En. *pedal* > *baddāle*「ペダル」 Sy. *guhgahā (+ -ūn)* >

---

[28] Levin, *Diqduq*, p. 44. 但し *fikṛa*「考え」のような例もある。

[29] Levin, *Diqduq*, p. 22.

žahžahūn「(*ᶜa-žahžahūn* という表現で）無意味に」

1.3.3.2. *i*

JA *i* は次のような要素の反映である。

(1) OA の要素

i: OA *bint* > *binit*「娘」 OA *šariba* > *širib*「飲む」 OA *ṭālib* > *ṭālib*「学生」

a: OA *ᶜaraf* > *ᶜirif*「知っている」 OA *ḍafḏaᶜ* > *ḍifḏaᶜ*「蛙」

u: OA *mutazawwiǧ* > *midžawwiz*「結婚する (a.p.m.sg.)」 OA *ʔumm* > *imm*「母」 OA *dunyā* > *dinya*「現世」

(2) 外来語の要素

Fr. *guitar* > *giṭāṛ*「ギター」 Fr. *mètre* > *mitir*「メートル」

1.3.3.3. *u*

JA *u* は次のような要素の反映である。

(1) OA の要素

u: OA *xubz* > *xubiz*「パン」 OA *yaktubu* > *buktub*「書く（Pc.3.m.sg.）」

i: OA *yaḍribu* > *yuḍṛuḅ*「殴る（Pc.3.m.sg.）」 OA *miknasah* > *mukunse*「箒」

ū: OA *yūnāniyy* > *yunāni*「ギリシャ人」

(2) 外来語の要素

En. *jersey* > *žurzāy(e)*「ジャージ」 Fr. *docteur* > *duktōr*「医師」

1.3.3.4. *ā*

JA *ā* は次のような要素の反映である。

(1) OA の要素

ā: OA *ṭālib* > *ṭālib*「学生」 OA *sāᶜada* > *sāᶜad*「助ける」

aʔ: OA *raʔy* > *ṛāy*「意見」 OA *raʔs* > *ṛāṣ*「頭」

(2) 外来語の要素

Sy. *mār* > *mār*「(聖人に付ける称号)」 Fr. *gas* > *ġāz*「ガス」 En. *pedal* > *baddāle*「ペダル」 He. *rabi* > *rābi*「ラビ」

1.3.3.5. *ē*

JA *ē* は次のような要素の反映である。

(1) OA の要素

ay: OA *bayt* > *bēt*「家」 OA *buḥayrah* > *bḥēṛa*「小さな海」

āʔi: OA *ḥāʔiṭ* > *ḥēṭ*「壁」[30]

ā: OA *sāʕah* > *sēʕa (~ sāʕa)*「時間」

iʔ: OA *ziʔbaq* > *zēbaq*「水銀」

(2) 外来語の要素

Tu. *bek* > *bēk*「ベイ」 It. *berretta* > **bernetta* > *ḅuṛnēṭa*「帽子」 En. *American* > *amērkāni*「アメリカ人」 It. *piselli* > *bazēlla*「えんどう豆」

1.3.3.6. *ī*

JA *ī* は次のような要素の反映である。

(1) OA の要素

ī: OA *dīn*「宗教」 OA *faqīr* > *faqīr*「貧しい」

āʔi: OA *rāʔiḥah* > *rīḥa*「匂い」

その他：OA *sayyid* > *sīd*「祖父」 OA *yad* > *īd*「手」

(2) 外来語の要素

En. *visa* > *vīza*「ビザ」 En. *jeep* > *žīp*「ジープ」

1.3.3.7. *ō*

JA *ō* は次のような要素の反映である。

(1) OA の要素

aw: OA *fawqa* > *fōq*「上に」 OA *yawm* > *yōm*「日」 OA *kawmah* > *kōme*「堆積」

u: OA *furṣa* > *fōṛṣa*「休暇」

その他：OA *tawʔam* > *tōm*「双子」

(2) 外来語の要素

En. *model* > *mōdēl*「モデル」 Tu. *oda* > *ōḍa*「部屋」 He. *arnona* > *arnōna*「地方固定資産税」Fr. *docteur* > *duktōr*「医師」 Sy. *šawbā* > *šōb*「暑い」

---

[30] Hopkins, *History* を参照。

1.3.3.8. *ū*

JA *ū* は次のような要素の反映である。

(1) OA の要素

ū: OA *ʿaṣfūr* > *ʿaṣfūr*「鳥」 OA *maḏbūṭ* > *maẓbūṭ*「正しい」 OA *mūsā* > *mūs*「ナイフ」

(2) 外来語の要素

Fr. *vapeur* > *ḅaḅḅūṛ*「ケロシンランタン・蒸気船」

1.3.4. 母音の音変化

ここでは母音に関する通時的・共時的な音変化を観察する。

1.3.4.1. 短母音の脱落

(1) 原則として形態論的な操作により生じたアクセントの無い開音節の *i* または *u* は脱落する。これによって音節の組み換えが生じる。

(a) *ṭā́-lib*「男子学生」+ *-e*（女性語尾）> **ṭā́libe (ṭā-li-be)* > *ṭā́lbe*「女子学生」

(b) *ḅúḍṛuḅ*「殴る（Pc.3.m.sg.)」+ *-u*（動詞複数語尾）> *(*)ḅúḍṛuḅu (ḅuḍ-ṛu-ḅu)* > **ḅúḍṛḅu* > *ḅúḍuṛḅu*「殴る（Pc.3.pl.)」

(c) *tížbil*「混ぜる（Pc.2.m.sg.)」+ *-o*「それを」> *(*)tižbil-o* > **tižbl-o* > *tížibl-o*「貴男はそれを混ぜる」

(b), (c) のような場合では当該の母音が脱落しない場合（*ḅúḍṛuḅu, tížbil-o*）と、音節の組み換えが行われる場合（*ḅúḍuṛḅu, tížibl-o*）とがある（1.4.3. を参照)。

(2) 以下のような場合にはアクセントのない開音節の *i*, *u* の脱落は生じない。

(a) 近世 OA から借用した派生形動詞第 V 型、第 VI 型動名詞の語幹母音 *u*：*ṭaṣáṛṛuf*「振る舞い」+ *-o*「彼の」> *ṭaṣáṛṛufo*「彼の振る舞い」(**ṭaṣaṛṛf-o*)

(b) 重子音語根の第 2 根素・第 3 根素の間に現れる *i*：*biḥállil*「分析する（Pc.3.m.sg.)」+ *-u*（動詞複数語尾）> *biḥállilu*「分析する（Pc.3.pl.)」

(c) 重子音動詞第 IV 型の分詞、近世以降 OA から借用した 3 語根動詞派生形第 II, III, V, VI 型動詞、4 語根動詞基本形の分詞の接頭辞 *mu-* の母音 *u* は保持される：*muhímm*「重要な」 *muʾánnaṯ*「女性形」 *munā́fiq*「偽善者」 *mutadáyyin*「宗教的な」 *mutarā́dif*「同義語」

1.3.4.2. 長母音の短母音化と音質変化

通時的にも共時的にも次のような変化を観察することができる。

1.3.4.2.1. 長母音の短母音化

(1) 開音節の長母音は形態的な操作によってアクセントを失うと短母音で実現する。

yaḅā́ni「日本人」+ *-yye*（女性語尾）> *yaḅaníyye*「日本人女性」

kānat「それは〜だった」+ *-li*「私に」> *kanátli*「それは私のもとにあった」

閉音節の長母音は同様の状況で長母音性を保持する（半長母音になることもある）。

šā́ṭir「賢い」＋ *-īn*（複数語尾）> *šāṭrī́n*「賢い（pl.）」

また外来語では長母音が保持される。

En. *model* > *mōdēl* [mɔdɛ́:l]「モデル」

(2) 2語がまとまって1つの発話単位として扱われる場合にも1.4.2. のアクセント規則が適用され、その結果短母音が生じることがある。

minqū́l「言う（Pc.1.pl.）」+ *lámma*「〜する時」> **minqūl-lámma* > *minqul-lámma*「〜する時、と私たちは言った」

(3) JAで生起しえない音節パターン（1.4.1.1. を参照）が生じるとこれを回避するために短母音化する。

naᶜṭī́-k「私たちは貴男に与える」+ *-š*（否定辞）> **naᶜṭī́-k-š* (*CvC-*Cv̄CC*) > *naᶜṭí-k-š* (*CvC-CvCC*)「私たちは貴男に与えない」

rāḥ「行く」+ *ma-...-š*（否定辞）> **mā-rā́ḥš* (*Cv̄-*Cv̄CC*) > *mā-ráḥš* (*Cv̄-CvCC*)「彼は行かなかった」

(4) 本来閉音節にあっても形態的な操作の結果開音節に位置する場合も短母音化傾向を示す。

ᶜaṭṭāṛ「香辛料商人」+ *-īn*（複数語尾）> *ᶜaṭṭarīn*「香辛料商人達」

(5) *ō, ē* はアクセントを失うと *u, i* となることがある[31]。

yōm「日」+ *-ēn*（双数語尾）> *yumḗn*「2日」

kōfalu「おむつを付ける（Sc.3.pl.）」+ *-h*「彼に」> *kufalū́-ʰ*「彼らは彼にお

[31] Levin, *Diqduq*, p. 27を参照。

　むつを付けた」

fōq「上に」+ *-āni*（形容詞を作る語尾）> *fuqā́ni*「上の」

bēt「家」+ *-ēn*（双数語尾）> *bitēn*「2 軒の家」

(6) 通時的にもアクセントの無い長母音は JA では短母音で実現する。

OA *yābāniyy* > *yaḅā́ni*「日本人」

OA *nāmūs* > *namūs*「蚊」

短母音化した *a, i, u* は長母音 *ā, ī, ū* の異音と解釈できるが、本研究では短母音音素として扱う。これは短母音化した長母音と本来的な短母音と間に形態音韻論的なふるまいに関して差異がないからである。一方 *ē, ō* もアクセントを失うと短母音化するが、これらは音質的に対応する短母音音素が存在しないので語末に位置するときを除き長母音のまま表記する：*mōdēl* [mɔdɛ́:l]「モデル」(1.2.3. を参照)。

1.3.4.2.2. 短母音の長母音化

語末の母音は形態音韻論的には長母音であるが、この位置にはアクセントが来ない（1.4.2. を参照）ので、1.2.3. で言及したように音声的には短母音で実現する。しかし、何らかの接尾辞が付くことによってその母音にアクセントが来る場合、本来の長さを回復する。

nā́da「呼ぶ」+ *-hum*「彼らを」> *nadā́-hum*「彼は彼らを呼んだ」

1.4. 音節構造とアクセント

1.4.1. 音節構造

1.4.1.1. 音節のパターン

JA には以下のような音節が観察される。

Cv: *ka-tab*「書く」 *wa-ṛa-qa*「紙」

CvC: *ka-tab*「書く」 *sak-kaṛ*「閉める」

Cv̄: *ṭā-lib*「学生」 *ya-ḅā-ni*「日本人」

Cv̄C: *šāṭ-rīn*「賢い（pl.)」 *xay-yāṭ*「仕立て屋」 *ba-zēl-la*「えんどう豆」

CCv: *xti-lāf*「差異」 *nža-ṛaḥ*「負傷する」

CCvC: *mᶜal-lim*「教師」 *stin-kāṛ*「反感」

CCv̄: *msā-ᶜid*「助ける（a.p.m.sg.)」 *flā-ni*「何某の」

CCv̄C: *ktāb*「本」 *wsīᶜ*「広い」

母音で終わる語の場合、語末の音節は形式的に *Cv̄* とする：*yaḅāni* = *Cv-Cv̄-Cv̄*, *širbu* = *CvC-Cv̄*。しかし、古典語の *tāʔ marbūṭah* に対応する *-a, -e* で終わる語は、イダーファ（2.3.2.3. を参照）の位置で *-it, -t* となるので、語末の音節は形式的に *CvC* であるとする。

1.4.2. アクセント

語中のアクセントは以下の規則によって決まる。

(1) 語末に最も近い *v̄C* または *vCC* の母音。

šā́ṭir「賢い」 *yaḅā́ni*「日本人」 *ᶜaṭṭā́ṛ*「香辛料商人」 *ḥkā́ye*「話」
bíštġil「働く（Pc.3.m.sg.)」 *bištíġlu*「働く（Pc.3.pl.)」 *kálb-o*「彼の犬」
šírbu「飲む（Sc.3.pl.)」

ただし、該当する母音が補助母音（1.4.3. を参照）の場合はアクセントを担わない。

bíkitbu (< **bíktbu*)「書く（Pc.3.pl.)」 *bínižriḥ* (< **bínžriḥ*)「負傷する（Pc.3.m.sg.)」

(2) (1) に該当する母音がなければ第 1 音節の母音。

kátab「書く」 *fúqaṛa*「貧しい (pl.)」

1.4.3. 補助母音

JAでは次のような場合に補助母音が挿入される。補助母音は通常 *i*、前後の母音が *u* の場合は *u*[32]、ʿ, *ḥ* の後では *a* になる。

(1) 定冠詞＋名詞

これについては2.3.1. を参照。

(2) 形態論的な操作により3子音連続が生じると、補助母音 *i* または *u* が1番目と2番目の子音の間に挿入されることによって回避される（1.3.4.1.(c) も参照せよ）。

ḅúḍṛuḅ「殴る（Pc.3.m.sg.)」+ *-u*（動詞複数語尾）> **ḅúḍṛuḅu* > **ḅúḍṛḅu* > *ḅúḍuṛḅu*「殴る（Pc.3.pl.)」

mislim「ムスリム」+ *-īn*（複数語尾）> **mislimīn* > **mislmīn* > *misilmīn*「ムスリム達」

(3) 語末の -*CC#*

(a) OA -*CC#* の音型を持つ語の多くはJAで補助母音が挿入され -*CvC#* となっている。

OA *šahr* > *šahir*「月（間)」 OA *bint* > *binit*「娘」 OA *xubz* > *xubiz*「パン」

但し、次の場合には補助母音は挿入されない。

(i) -C_1C_2# のうち -C_1 が *l, r* の場合。

OA *ʾarḍ* > *arḍ*「土地」 OA *baḥr* > *baḥaṛ*「海」 OA *bard* > *bard*「寒さ」 OA *dars*> *dars*「課」 OA *darb* > *ḍaṛḅ*「道」 OA *fard* > *fard*「拳銃」 OA *ḥarb* > *ḥarb*「戦争」 OA *ḥarf* > *ḥarf*「文字」 OA *kalb* > *kalb*「犬」 Fr. *carte* > *kart*「絵葉書」 OA *mulk* > *mulk*「所有物」 OA *qalb* > *qalb*「心臓」 OA *qurb* > *qurb*「近さ」 OA *waʿd* > *waʿad* ~ *waʿd*「約束」 OA *ward* > *ward*「ばら」 OA *qirš* > *qirš*「(通貨単位)」 OA *ḥulw* > *ḥilw*「甘い」 OA *ǧild* > *žild*「皮」等

(ii) -C_1 = *m, n* + -*C2* = *s, š* の場合。

OA *šams* > *šams*「太陽」 Eng. *launch* > *lanš*「ランチ（船舶)」

(iii) 歯茎摩擦音＋破裂音（破裂音＋歯茎摩擦音）の組み合わせの場合。

ʿaks「逆」 *waqt*「時」 *qazd*「意図」 *žuzʾ*「部分」 *uxt*「姉妹」 *suds*「6

---

[32] Kenstowicz, *Vowel Harmony* を参照。

分の 1 」

(iv) 次の様な例外もある。

(*α*) OA *ḥarq* > *ḥariq*「燃焼」 OA *šaris* > *širis*「乱暴な」 OA *sarğ* > *sariž*「鞍」

(*β*) 強動詞接尾辞活用形 2 人称男性単数形および 1 人称単数形に子音で始まる接尾代名詞が付加されたとき：*qatalt-ha*「私は／貴男は彼女を殺した」 ^{c}*allamt-ni*「貴男は私に教えた」 *qatalt-hum*「私は／貴男は彼らを殺した」 ^{c}*allamt-kum*「私はあなた達を教えた」 ^{c}*allamt-na*「貴男は私達に教えた」

(b) 共時的には動詞接尾辞活用形 2 人称男性単数・1 人称単数での *-Ct* > *-Cit*。

この場合も補助母音の挿入は (a) と同様の条件である。

補助母音が挿入される場合：*xaffafit*「軽くする（Sc.2.m./1.sg.）」 *wa*^{c}*adit*「約束する（Sc.2.m./1.sg.）」 *tubit*「悔む（Sc.2.m./1.sg.）」

補助母音が挿入されない場合：*ṭurt*「飛ぶ（Sc.2.m./1.sg.）」

なお、補助母音は上記の条件が解消されると消滅する。

wa^{c}*adit*「約束する（Sc.2.m./1.sg.）」+ *-o*「彼を」> *wa*^{c}*adt-o*「私／貴男は彼と約束した」

補助母音は1.4.2. のアクセント規則に影響しない。

wa^{c}*ádit*「約束する（Sc.2.m./1.sg.）」 *ḅúḍuṛḅu*「殴る（Pc.3.pl.）」

本書では補助母音と本来の母音を表記上区別しないので、アクセントの位置を決定する際に不都合が生じる場合に限り補助母音を上付文字で表記する：*wa*^{c}*aḍ*^{i}*t*, *ḅuḍ*^{u}*ṛḅu*。

2. 形態論

2.1. 代名詞

2.1.1. 指示代名詞

	近称		遠称	
	m.	f.	m.	f.
sg.	*hāda*	*hādi, hāy*	*hadāk*	*hadīk*
pl.	*hadōl*		*hadulāk(e)*	

(1) 名詞的用法

指示代名詞は単独で用いることができ、人または物を表す。この場合、代名詞の性・数に応じて「この人」「あれ」などの意味を表す。

w-hādi xams-miyye qabil il-milād.「そしてこれ（この話）は紀元前500年前のことだ。」 *fa-hadāk simiᶜ ˀinn-o fīʰ wāḥad ˀaža...*「それでそいつは、ある人が来たということを聞いた。」

hādi の代わりに *hāy* も観察される。

hāy il-ibdāᶜa lāzim titwadda.「この品物は持って行ってもらわなければならない。」

変異として *hād* があり、これは通常近称の単数形（性の区別無し）として用いられる。

hād b-il-ᶜāmmīye.「これは方言によるものだ。」

(2) 形容詞的用法

指示代名詞は限定名詞と共に用いると指示形容詞として機能する。この時代名詞は関係する名詞の性・数と一致し、次のような位置で用いられる。

(a) 代名詞＋定冠詞のついた名詞

fa-hāda l-malik...「そしてこの王は…」 *w-qal-l-o la-hāda iz-zalame.*「そして彼

はこの男に言った。」 *hādi l-imḍāy maẓbūṭa.*「この署名は本物だ。」 *hadōl iž-žanazīr yḥuṭṭū-l-o yyā-ʰ.* (sic.)「この鎖は彼に付けられる。」

(b) 限定名詞＋代名詞

ux ux ux, yibzuq balġam b-il-kēle hādi.「ゴホ・ゴホ・ゴホと言って痰をこのカンに吐く。」

(c) 非限定名詞＋代名詞

ma-kunnā-š niqdar nuqʿud fī-ha, yaʿni fī sāḥa hādi.「私はそこ、つまりこの広場にはいられなかった。」 *siṭṭaʿš iš-šahar kan-ʿīd il-ḥaḍir b-il-lidd, šahar hāda.*「今月16日はリッダでハデルのお祭りだった、今月だよ。」

(d) *ha-*（性・数の区別なし）＋定冠詞付の名詞

daqq ha-l-watad.「彼は楔を打ち込んだ。」 *niṭlaʿ min ha-l-warṭa.*「我々はこの困難から抜け出す。」 *ʾaxadu ha-l-ʾawāʿi.*「彼らはこの服を持って行った。」

2.1.2. 人称代名詞

2.1.2.1. 独立人称代名詞

	sg.	pl.
3.m.	*huwwe, hū*	*humme, hunne, hinne, hinnun* [hinnon], *hinnin* [hinnen][33]
3.f.	*hiyye, hī*	
2.m.	*inte*	*intu*
2.f.	*inti*	
1.	*ana*	*aḥna, iḥna, niḥna*

3人称の代名詞は分離代名詞としても用いられる。

w-hāda huwwe l-maʿna b-iẓ-ẓabṭ.「これがまさにその意味だよ。」 *mār žiryis huwwe šahīd masīḥi.*「セント・ジョージはキリスト教の殉教者だ。」 *kānat il-luġa l-ʾāṛamiyye hiyye li mawžūda fi-l-manṭaqa.*「アラム語はその地域に存在していたものだ。」 *ōsaka, hiyye l-*ᴱcapitalᴱ *šēt-ku?*「大阪はあなた達の首都ですか？」

33 1.2.2. を参照せよ。

2.1.2.2. 接尾人称代名詞

	sg.		pl.
	子音の後	母音の後	
3.m.	*-o*	アクセント＋長母音化	*-hum, -hun* [-hon], *-un* [-on][34]
3.f.	*-ha, -a*		
2.m.	*-ak*	*-k*	*-kum, -ku, -kun* [-kon][35]
2.f.	*-ik*	*-ki*	
1.c.	*-i (-ni)*	*-y (-ni)*	*-na*

単数形では 3.f. を除いて接尾される語が母音で終わるか子音で終わるかで変種が見られる。

(1) 3 人称男性単数

子音で終わる語の後：*ktāb-o*「彼の本」 *nadīt-o*「私は彼を呼んだ」[36]

quddām-o「彼の前で」

母音で終わる語に付く時：母音が長母音で発音されアクセントをもつ。この母音は音韻論的に長母音だが、語末では短母音として実現し、本書では短母音として表記する（1.2.3. を参照）：*katabu*。これに 3.m.sg. の接尾代名詞（cf. OA **-hu*）が付くと語末の位置でなくなるので本来の長母音が復活し、かつ 1.4.2. のアクセント規則によりアクセントを担う。

katabu「書く（Sc.3.pl.）」＋**-hu* > **katabū́hu.*「彼らはそれを書いた。」

---

[34] 1.2.2. を参照せよ。

[35] 1.2.2. を参照せよ。

[36] 動詞接尾辞活用形 3 人称女性単数形に 3 人称男性単数形の接尾代名詞が付加される場合、多くの方言で動詞の語形態が変化するが、JA では変化は見られない：*fatḥat*（強動詞）「開く（Sc.3.f.sg.）」＋ *-o*「それを」> *fatḥat-o*「彼女はそれを開いた」 *žaṛṛat*（重子音動詞）「引く（Sc.3.f.sg.）」＋*-o*「それを」>*žaṛṛat-o*「彼女はそれを引いた」 *bāsat*（第 2 根素弱動詞）「キスする（Sc.3.f.sg.）」＋ *-o*「それを」> *bāsat-o*「彼女は彼にキスをした」 *šawat*（第 3 根素弱動詞）「炙る（Sc.3.f.sg.）」＋ *-o*「それを」> *šawat-o*「彼女はそれを炙った」 *nisyat*（第 3 根素弱動詞）「忘れる（Sc.3.f.sg.）」＋*-o*「彼を」>*nisyat-o*「彼女は彼を忘れた」 *ʿallamat*（第 II 型強動詞）「教える（Sc.3.f.sg.）」＋ *-o*「彼を」> *ʿallamat-o*「彼女は彼を教えた」 *ḥtamlat*（第 VIII 型強動詞）「運ぶ（Sc.3.f.sg.）」＋*-o*「それを」> *ḥatamlat-o*「彼女はそれを運んだ」等

この後 *-hu は *-h を経て消滅するが、アクセントは保持され、その結果「アクセント＋長母音」が3.m.sg. の接尾代名詞が付いた形式となった。本研究では語末にアクセントを持つ長母音が来ることを形態音韻論上矛盾なく示すために、消失した h を上付き文字 ^{h} で表示する（1.3.1.28.(3) を参照）。

axū-^{h}「彼の兄弟」 *binadī-*^{h}「彼は彼を呼ぶ」 *waṛā-*^{h}「彼の後に」

(2) 3 人称女性単数

子音で終わる語の後：*ktāb-ha*「彼女の本」 *nadīt-ha*「私は彼女を呼んだ」 *quddām-ha*「彼女の前で」

母音で終わる語の後：*axū-ha*「彼女の兄弟」 *binadī-ha*「彼は彼女を呼ぶ」 *waṛā-ha*「彼女の後に」

(3) 2 人称男性単数

子音で終わる語の後：*ktāb-ak*「貴男の本」 *nadīt-ak*「私は貴男を呼んだ」 *quddām-ak*「貴男の前で」

母音で終わる語の後：*axū-k*「貴男の兄弟」 *binadī-k*「彼は貴男を呼ぶ」 *waṛā-k*「貴男の後に」

(4) 2 人称女性単数

子音で終わる語の後：*ktāb-ik*「貴女の本」 *nadīt-ik*「私は貴女を呼んだ」 *quddām-ik*「貴女の前で」

母音で終わる語の後：*axū-ki*「貴女の兄弟」 *binadī-ki*「彼は貴女を呼ぶ」 *waṛā-ki*「貴女の後に」

(5) 1 人称単数

-i, -y は名詞・前置詞に付く。*-ni* は動詞の後にのみ付く。

子音で終わる語の後：*ktāb-i*「私の本」 *nadīt-ni*「貴男は私を呼んだ」 *quddām-i*「私の前で」

母音で終わる語の後：*axū-y*「私の兄弟」 *binadī-ni*「彼は私を呼ぶ」 *waṛā-y*「私の後に」

(6) 3 人称複数

子音で終わる語の後：*ktāb-hum*「彼らの本」 *nadīt-hum*「私は彼らを呼んだ」 *quddām-hum*「彼らの前で」

母音で終わる語の後：*axū-hum*「彼らの兄弟」 *binadī-hum*「彼は彼らを呼ぶ」 *waṛā-hum*「彼らの後に」

(7) 2 人称複数

子音で終わる語の後：*ktāb-kum*「あなた達の本」 *nadīt-kum*「私はあなた達を呼んだ」 *quddām-kum*「あなた達の前で」

母音で終わる語の後：*axū-kum*「あなた達の兄弟」 *binadī-kum*「彼はあなた達を呼ぶ」 *waṛā-kum*「あなた達の後に」

(8) 1 人称複数

子音で終わる語の後：*ktāb-na*「私たちの本」 *nadīt-na*「貴男は私たちを呼んだ」 *quddām-na*「私たちの前で」

母音で終わる語の後：*axū-na*「私たちの兄弟」 *binadī-na*「彼は私たちを呼ぶ」 *waṛā-na*「私たちの後に」

なお、動詞＋母音で終わる接尾人称代名詞（*-o, -ha, -ki, -ni, -na*）の場合、その後に否定辞 *-š* が付加された場合、その母音は長母音化する。

nadū-ha「彼らは彼女を呼んだ」+ *-š*（否定辞）> *nadu-hā-š*「彼らは彼女を呼ばなかった」 *nadū-ki*「彼らは貴女を呼んだ」+ *-š*（否定辞）> *nadu-kī-š*「彼らは貴女を呼ばなかった」 *nadū-ni*「彼らは私を呼んだ」+ *-š*（否定辞）> *nadu-nī-š*「彼らは私を呼ばなかった」*nadū-na*「彼らは私達を呼んだ」+ *-š* > *nadu-nā-š*「彼らは私達を呼ばなかった」

ただし、3 人称男性単数の接尾人称代名詞 *-o* および *-*^{h} は、上記の場合 *-hō-* となる。

nadū-^{h}「彼らは彼を呼んだ」+ *-š*（否定辞）> *nadu-hō-š*「彼らは彼を呼ばなかった」 *qataltī-*^{h}「貴女は彼を殺した」+ *-š*（否定辞）> *qatalti-hō-š*「貴女は彼を殺さなかった」 *qatalnā-*^{h}「私達は彼を殺した」+ *-š*（否定辞）> *qatalna-hō-š*「私達は彼を殺さなかった」

2.1.3. 指示詞

(1) *hayy*「ほら」

この代名詞は、ある人物の存在を提示する、またはその人物がなんらかの行為を現在まさに行っていることを強調する。

hayy-ni žīt.「ほら、来たよ。」 *hayy-o aža.*「ほら、彼が来た。」 *hayy-na minfattiš w-minšūf mīn illi ᶜāmil ha-l-ᶜamle.*「いやこうして私たちが誰がこの悪事を働いたのか探して見ているんだ。」

(2) *illa*「すると見よ！」

ˀilla ybayyin b-il-ˀāxir.「するととうとう彼が現れた。」 *illa baqul-l-hum ma yarīd ˀaḷḷa ṭabᶜan.*「そこで『勿論神の望むようになる』と言ってやったのよ。」 *hallaq ˀilla ᶜind-ak, ᶜāyšīn fi-ġazze…?*「ええと、ほら、ガザに住んでいる人たちがいるでしょう?!」

(3) *āw*「ほら！」

āw hayya mašāḷḷa btištġil w-bitkāfiḥ.「ほら、彼女はすごいのよ、働いて闘っているの。」

2.1.4. 関係代名詞

illi ~ *li*

先行詞の性・数に関わりなく常に *illi* ~ *li* が用いられる。

fa-ana ˀabū-y min in-nās illi harabu min turkiyya.「それで私の父はトルコから逃れてきた人の一人なのです。」 *kull illi il-un kull-o ḍall fi turkiya.*「彼らの物は全てトルコに置き去りです。」*ˀabū-y kān min il-grupp illi žābū-ʰ ᶜa-l-quds.*「私の父はエルサレムに連れて来られたグループの中の一人でした。」 *yaᶜni hāda l-ism illi ana baᶜṭī-k-iyyā-ʰ.*「つまりこれが私が貴男に与える名前です。」

先行詞がない場合は「〜である（〜する）者」「〜である（〜する）こと」を表し、通常男性単数扱いである。

illi biniqriṣ b-il-ḥayye, min bāb it-tafāˀul buqūlu "salīm".「ヘビにかまれた人には、気休めに「安全」と言います。」 *w-sawwa ˀilli qidir ᶜalē-ʰ.*「彼はできることをした。」 *bidd-i ˀaštġil illi bidd-i yyā-ʰ.*「私は好きな仕事をした。」 *illi fi-n-nuṣṣ, sūq il-ᶜaṭṭarīn.*「中間にあるのがスーク・アル・アッターリーンです。」

2.1.5. 不定代名詞

wāḥad「ある人」

fa-hadāk simiᶜ inn-o fīh wāḥad aža...「それでそいつは、ある人が来たということを聞いた。」

2.1.6. 疑問代名詞

2.1.6.1. 物に関する疑問詞「何？」

(1) *šū*

šū は主語・目的語・補語・等位文の述語として用いられる。

主語：*šū ṣāṛ b-iz-zēt šēt-ik?*「貴女の油に何があったんですか？」 *šū fīʰ ᶜind-kum?*「何を持っているのですか？」

目的語：*šū bidd-ak addī-k ihdiyye?*「どんなプレゼントが欲しいですか？」 *šū ˀafṭart il-yōm?*「今朝何を食べましたか？」

補語：*šū ana zaᶜlān minn-o?*「私は彼の何に怒っているのだろう？」 *šū bidd-ak itkūn lamma tikḅaṛ?*「大きくなったら何になる？」

等位文の述語：*šū ism-o?*「彼の名前は何？」 *šū hāda?*「これは何ですか？」

(2) *ēš?*

šū と同様主語・目的語・補語・等位文の述語で用いることができるが、特に前置詞と共に用いられることが多い（*šū* は前置詞と共に用いられない）。

主語：*ˀēš ṣāṛ?*「何が起きたんですか？」 *ēš kamān lāzm-ak?*「まだ何が必要ですか？」

目的語：*ˀēš insawwi?*「何をしようか？」 *ēš raḥ yišrab?*「彼は何を飲むのか？」

補語：*b-ēš fakkaṛ iṭ-ṭālib?*「その学生は何について考えたか？」 *wēn mūsa? – quddām il-barīd. – quddām ēš? – quddām il-barīd!*「ムーサはどこ？―郵便局の前だ―何の前だって？―郵便局の前！」

等位文の述語：*ˀēš hāda?*「これは何ですか？」 *ˀēš b-iẓ-ẓabṭ kānt ˀism il-ˀāliha?*「その神の正しい名前は何でしたっけ？」 *ēš il-quṣṣa?*「その話とは何ですか？」

(3) *ma*

専ら前置詞 *l-* と組み合わせ *mā-l-* という形で「〜はどうしたのか？〜に何が起きたのか？」を表す。

(šū) mā-l-ak?「一体どうしました？」 *mā-l-o ha-l-kumbyūtaṛ?*「このコンピューターどうなってるんだ？」 *mā-l-kum w-mā-l-i?*「お前たちには関係ない。」 *mā-l-ik sākte hēk?*「何だってそんなに黙っているんだ？」

2.1.6.2. 人に関する疑問詞「誰？」

mīn

主語：*qulna ubṣar mīn ʔaža saraq-hun.*「さて、一体誰が盗みに来るのだろう、と私たちは言った。」 *kān mīn maᶜā-kum?*「誰が一緒にいたのですか？」 *bidd-ak tiᶜraf mīn illi qatal hadōl?*「この人たちを殺したのが誰かを知りたいですか？」

目的語：*mīn šufit?*「誰を見たのですか？」 *mīn ḥabbēt inte w-izġīr?*「子供の頃誰が好きでしたか？」

前置詞と共に：*maᶜ mīn kunt?*「誰と一緒にいましたか？」 *la-mīn hāda l-kumbyūtaṛ?*「このコンピューターは誰のですか？」

等位文の述語：*mīn sāmi?*「サーミーって誰ですか？」 *mīn hādi?*「この女性はどなたですか？」

2.1.6.3.「どの？」

(1) *anūʰ* (m.), *anīʰ* (f.)

名詞と組み合わせて用いる。後続する名詞の性に一致する（厳密ではない）。

anūʰ lōn bidd-ak?「どの色が好きですか？」 *wēn bīr-zēt, b-anūʰ ittžāh?*「ビールゼートはどの方角ですか？」 *inte min anūʰ (~ anīʰ) balad žāy?*「あなたはどちらの御出身ですか？」 *min anīʰ ᶜašīre intu?*「どの部族の出身ですか？」

単独で用いることもできる。

anūʰ bidd-ak?「どちらが好きですか？」

(2) *ayy(a)*

ayy balad šuft aḥla?「どの町が素晴らしいと思いましたか？」

2.2. 動詞

JA の動詞形態は以下の点で基本的に他のシリア・パレスチナ方言の都市方言と同様である。

(1) 2人称・3人称複数で性の区別がない。

(2) B 接頭辞活用形と Y 接頭辞活用形の区別がある。

(3) 内的受動態が非生産的。

なお、形態論的には名詞に属するが、分詞（能動分詞・受動分詞）、動名詞も動詞に関連する項目としてこの節で言及する。

2.2.1. 動詞の構成

動詞は3語根または4語根から成る[37]。

3語根：*katab*「書く」（√k-t-b）

4語根：*taržam*「翻訳する」（√t-r-ž-m）

アラビア語には動詞の不定詞が存在しないので、動詞の代表形として「接尾辞活用形3人称男性単数形」を用いる習慣となっている。*katab* と *taržam* は実際にはそれぞれ「彼は書いた」「彼は翻訳した」という具体的な意味を持つ形式だが、動詞の代表形として「書く」「翻訳する」という意味を与えられる。本書でもこの様式を踏襲する（0.5. を参照）。

2.2.2. 動詞の種類

語根に含まれる子音の種類や組み合わせによって、動詞は次のように分類される：

(1) 重子音動詞：第2根素と第3根素が同一である語根を「重子音語根」と呼び、そのような語根から成る動詞を「重子音動詞」と呼ぶ（√ḥ-ṭ-ṭ *ḥaṭṭ*「置く」）。

---

[37] アラビア語において語根とは、3つないしは4つの（場合によっては5つの）子音の一定の組み合わせ自体をいうもので、本研究ではそれを構成する個々の子音を「根素」という用語を用いて表す。例えば *katab*「書く」という動詞の語根は √k-t-b であり、第1根素は k、第2根素は b…のように表現する。

(2) 弱動詞：弱子音（＝ *y, w*）を含む語根から成る動詞を「弱動詞」と呼ぶ。第 1 根素に弱子音がある場合は「第 1 根素弱子音動詞（√w-ṣ-l *wiṣil*「到着する」）」、以下「第 2 根素弱子音動詞（√z-w-r *zāṛ*「訪問する」）」「第 3 根素弱子音動詞（√b-n-y *bana*「建てる」）」などと呼ぶ。
(3) 強動詞：重子音動詞・弱動詞以外のもの（√k-t-b *katab*「書く」）。

2.2.3. 活用形式

JA の動詞には「接尾辞活用形（Sc.）」「接頭辞活用形（Pc.）」「命令形（Imp.）」の 3 つの活用形式がある。接尾辞活用形と命令形は接尾辞によって、接頭辞活用形は接頭辞と接尾辞によって活用する。「接尾辞活用形」「接頭辞活用形」は形式的にはそれぞれ OA の完了形と未完了形に対応するが、JA を含む現代方言ではアスペクトのみならず時制も表現することから、本書では「接尾辞活用形（2.2.5.1. を参照）」「接頭辞活用形（2.2.5.2. を参照）」と呼ぶこととする。通常、接尾辞活用形、接頭辞活用形ではそれぞれ異なった語幹が用いられる。命令形は接頭辞活用形の人称接頭辞を取り去ったものなので接頭辞活用形と共通の語幹が用いられる。

接頭辞活用形には、接頭辞に *b-* を含むものと含まないものがある。後者は接続法的な用法で用いられることが多い。本書ではこれらを区別する場合には前者を「B 接頭辞活用形（＝B-Pc.）」、後者を「Y 接頭辞活用形（＝Y-Pc.）」と呼ぶ。

2.2.4. 基本形と派生形

動詞形態（3 語根動詞を例にとる）で最も単純なのは「基本形」と呼ばれるもので、$C_1aC_2aC_3$ または $C_1iC_2iC_3$ という語形パターンを持つ[38]（いずれも接尾辞活用形語幹）。

OA や他の口語アラビア語と同様、JA には「派生形」動詞が存在する。派生形には 9 つのパターンがあり（詳細は各項を参照）、第 II 型（上記の「基本形」を第 I 型とする場合もある）〜第 X 型のような名称を持つ。

以下では接尾辞活用形の語幹を例に派生形の形態を示す。

---

[38] *C* は根素を表す。

(1) 3語根動詞

(a) 基本形：$C_1aC_2aC_3$, $C_1iC_2iC_3$

3つの根素とそれに挟まれた2つの短母音によって構成される。C_2に付く短母音を「語幹母音」と呼ぶ。C_1とC_2の間の母音は通常語幹母音と同一である。語幹母音は*a*の場合と*i*の場合とがある：*katab*「書く」 *širib*「飲む」[39]

(b) 派生形

派生形動詞の語幹母音は常に*a*である。

第II型： $C_1aC_2C_2aC_3$

第2根素が重子音となっている：*ᶜallam*「教える」

第III型： $C_1\bar{a}C_2aC_3$

第1根素と第2根素の間の母音が長母音*ā*である：*sāᶜad*「助ける」

第IV型： $(^{ʔ})aC_1C_2aC_3$

第1根素の前に短母音 *(ʔ)a-* が接頭される。第1根素と第2根素の間には母音は現れない：*ʔaᶜžab*「喜ばせる」

第V型： $tC_1aC_2C_2aC_3$

第II型に*t-*が接頭される：*tᶜallam*「習う」

第VI型： $tC_1\bar{a}C_2aC_3$

第III型に*t-*が接頭される：*tbādal*「交換する」

第VII型： $nC_1aC_2aC_3$

基本形に*n-*が接頭される：*nžaraḥ*「負傷する」

第VIII型：$C_1taC_2aC_3$

基本形の第1根素の後に*-t-*が置かれる：*štaġal*「働く」

第IX型： $C_1C_2aC_3C_3$

第3根素が重子音化する。また第1根素と第2根素の間には母音は現れない：*ḥṃaṛṛ*「赤くなる」

第X型： $staC_1C_2aC_3$

接頭辞*sta-*が付加される。また第1根素と第2根素の間には母音は現れない：*staʔžaṛ*「賃借りする」

---

[39] *ṭuwil*「長くなる」のようにC_1とC_2の間の母音と語幹音素が異なる場合がまれにある。

(2) 4語根動詞

(a) 基本形：$C_1aC_2C_3aC_4$

母音と子音の組み合わせは3語根動詞第II型と同じであるが、重子音の代わりに異なった子音（第2根素と第3根素）が現れる：*taržam*「訳す」

(b) 派生形第II型：$tC_1aC_2C_3aC_4$

基本形に *t-* が接頭される：*tkahṛab*「感電する」

それぞれの派生形は特定のニュアンスを与える機能（他動詞化・自動詞化・強調等）を持つが、実際の動詞ではそのニュアンスが必ずしも厳密に反映されるわけではない。また、個々の語根に全ての派生形動詞があるわけでもない。

2.2.5. 活用接辞

以下では接尾辞活用形、接頭辞活用形および命令形の活用接辞について説明する。

2.2.5.1. 接尾辞活用形

接尾辞活用形語幹には人称に応じて以下のような活用語尾が付けられる。

	sg.	pl.
3.m.	...-	...-*u*
3.f.	...-*at*	
2.m.	...-*t*	...-*tu*
2.f.	...-*ti*	
1.	...-*t*	...-*na*

活用接尾辞には母音で始まるもの（*-at, -u*：以下「母音接尾辞」と呼ぶ）と子音で始まるもの（*-t, -ti, -tu, -na*：以下「子音接尾辞」と呼ぶ）とがあり、この違いに応じて重子音動詞・第2根素弱動詞・第3根素弱動詞では異なった語幹が用いられる。詳細は各項目を参照。

例：*katab*「書く」

	sg.	pl.
3.m.	*katab*	*katabu*
3.f.	*katbat*[40]	
2.m.	*katabt*	*katabtu*
2.f.	*katabti*	
1.	*katabt*	*katabna*

2人称男性単数と1人称単数では多くの場合、動詞語幹と活用接尾辞の間に補助母音（1.4.3. を参照）が挿入され、実際には：*kababit* のようになることが多い。

2.2.5.2. 接頭辞活用形

接頭辞活用形語幹には、人称に応じて以下のような活用接辞が付けられる。基本的に人称は接頭辞によって示される（Y接頭辞活用形の例：3人称：*yi-*、2人称：*t-*、1人称単数：*ˀa-*、1人称複数：*n-*）が、2人称単数女性形および2・3人称複数形では接尾辞（それぞれ *-i, -u*）も用いられる。

接頭辞活用の接頭辞は動詞語幹の形態によって以下の2種類が使い分けられる。

1：接尾辞活用形語幹が *CC-* で始まる動詞語幹

	B接頭辞活用形		Y接頭辞活用形	
	sg.	pl.	sg.	pl.
3.m.	*bi-…*	*bi-…-u*	*yi-…*	*yi-…-u*
3.f.	*bti-…*		*ti-…*	
2.m.	*bti-…*	*bti-…-u*	*ti-…*	*ti-…-u*
2.f.	*bti-…-i*		*ti-…-i*	
1.	*ba…*	*mni-…*	*ˀa…*	*ni…*

[40] この動詞では3人称女性単数のみ語幹が *katb-* となる。

例：*bimsik*「掴む」

	sg.	pl.	sg.	pl.
3.m.	*bimsik*	*bimisku*	*yimsik*	*yimisku*
3.f.	*btimsik*		*timsik*	
2.m.	*btimsik*	*btimisku*	*timsik*	*timisku*
2.f.	*btimiski*[41]		*timiski*	
1.	*bamsik*	*mnimsik*	*ˀamsik*	*nimsik*

基本形動詞の場合に限り、語幹母音が *u* の場合は接頭辞の母音も *u* になる[42]：*buktub, btuktub, btuktub, btukutbi, baktub; bukutbu, btukutbu, mnuktub*「書く」

2：接尾辞活用形語幹が *Cv-* で始まる動詞語幹

	B 接頭辞活用形		Y 接頭辞活用形	
	sg.	pl.	sg.	pl.
3.m.	*bi-…*	*bi-…-u*	*y-…*	*y-…-u*
3.f.	*bit-…*		*t-…*	
2.m.	*bit-…*	*bit-…-u*	*t-…*	*t-…-u*
2.f.	*bit-…-i*		*t-…-i*	
1.	*ba…*	*min-…*	*ˀa…*	*n-…*

例：*bisāᶜid*「助ける」

	B 接頭辞活用形		Y 接頭辞活用形	
	sg.	pl.	sg.	pl.
3.m.	*bisāᶜid*	*bisāᶜdu*	*ysāᶜid*	*ysāᶜdu*
3.f.	*bitsāᶜid*		*tsāᶜid*	
2.m.	*bitsāᶜid*	*bitsāᶜdu*	*tsāᶜid*	*tsāᶜdu*
2.f.	*bitsāᶜdi*		*tsāᶜdi*	
1.	*basāᶜid*	*minsāᶜid*	*ˀasāᶜid*	*nsāᶜid*

41 2人称女性単数、2・3人称複数で語幹が *-misk-* となる。

42 Kenstowicz, *Vowel Harmony* を参照。

2.2.6. 命令形

命令形は原則としてY接頭辞活用形の2人称から活用接頭辞の一部分である *t-* を取り除いたものである。この時、活用接辞がアクセントの無い *ti-* の場合（第VII, VIII型の女性単数形・複数形）は、*t* だけでなく *ti-* 全体が取り除かれる。

	Y接頭辞活用形	命令形
基本形	*tíftaḥ* (2.m.sg.)「開く」 *tíftaḥi* (2.f.sg.) *tíftaḥu* (2.pl.)	*t-íftaḥ* > *íftaḥ* *t-íftaḥi* > *íftaḥi* *t-íftaḥu* > *íftaḥu*
第II型	*tᶜállim* (2.m.sg.)「学ぶ」	*t-ᶜállim* > *ᶜállim*
第VII型	*tínžriḥ* (2.m.sg.)「負傷する」 *tinžirḥi* (2.f.sg.)	*t-ínžriḥ* > *ínžriḥ* *ti-nžírḥi* > *nžírḥi*
第VIII型	*tíštġil* (2.m.sg.)「働く」 *tištíġlu* (2.pl.)	*t-íštġil* > *íštġil* *ti-štíġlu* > *štíġlu*
第X型	*tistáᶜimlu* (2.pl.)「使う」	*ti-stáᶜimlu* > *stáᶜimlu*

2.2.7. 分詞

分詞は特定の語形パターンを用いて形成することができる。OAでは論理的にはすべての動詞の能動分詞と受動分詞を作ることができるが、JAでは、特に派生形の受動分詞はあまり生産的ではなく、多くはOAからの借用語である。

以下では接尾辞活用形の語幹を例に派生形の形態を示す。それぞれ左側は能動分詞（a.p.)、右側は受動分詞（p.p.）である。

(1) 3語根動詞

(a) 基本形：*katab*「書く」：a.p. $C_1\bar{a}C_2iC_3$ (*kātib*), p.p. $maC_1C_2\bar{u}C_3$ (*maktūb*)

(b) 派生形

派生形では能動分詞・受動分詞共に接頭辞 *m-* を持つ。また能動分詞の語幹母音は *i*、受動分詞の語幹母音は *a* である。

第II型：*naḍḍaf*「掃除する」；a.p. $mC_1aC_2C_2iC_3$ (*mnaḍḍif*), p.p. $mC_1aC_2C_2aC_3$ (*mnaḍḍaf*)

第 III 型：*sāᶜad*「助ける」; a.p. $mC_1\bar{a}C_2iC_3$ (*msāᶜid*), p.p. $mC_1\bar{a}C_2aC_3$ (*msāᶜad*)
第 IV 型：*ˀaᶜžab*「喜ばす」; a.p. $muC_1C_2iC_3$ (*muᶜžib*), p.p. $muC_1C_2aC_3$ (*muᶜžab*)
　この派生形では接頭辞が *mu-* となる。
第 V 型：*tᶜallam*「習う」; a.p. $mitC_1aC_2iC_3$ (*mitᶜallim*)
　受動分詞は専ら OA からの借用語で用いられ、この場合は $mutaC_1aC_2C_2aC_3$ という語形パターンとなる。方言の要素としては生産的ではない。
第 VI 型：*tᶜāwan*「助けあう」; a.p. $mitC_1\bar{a}C_2iC_3$ (*mitᶜāwin*)
　受動分詞は専ら OA からの借用語で用いられ、この場合は $mutaC_1\bar{a}C_2aC_3$ という語形パターンとなる。方言の要素としては生産的ではない。
第 VII 型：*nžaraḥ*「負傷する」; a.p. $minC_1C_2iC_3$ (*minžriḥ*)
　JA ではこの派生形は全て自動詞なので、受動分詞は用いられない。
第 VIII 型：*štaġal*「働く」; a.p. $miC_1tC_2iC_3$
　受動分詞は専ら OA からの借用語で用いられ、この場合は $muC_1taC_2aC_3$ という語形パターンとなる。方言の要素としては生産的ではない。
第 IX 型：*ḥṃaṛṛ*「赤くなる」; a.p. $miC_1C_2aC_3C_3$ (*miḥṃaṛṛ*)
　JA ではこの派生形は全て自動詞なので、受動分詞は用いられない。
第 X 型：*staᶜmal*「使う」; a.p. $mistaC_1C_2iC_3$ (*mistaᶜmil*)
　受動分詞は専ら OA からの借用語で用いられ、この場合は $mustaC_1C_2aC_3$ という語形パターンとなる。方言の要素としては生産的ではない。

(2) 4 語根動詞
(a) 基本形：*taržam*「訳す」; a.p. $mC_1aC_2C_3iC_4$ (*mtaržim*)
　受動分詞は専ら OA からの借用語で用いられ、この場合は $muC_1aC_2C_3aC_4$ という語形パターンとなる。方言の要素としては生産的ではない。
(b) 派生形第 II 型：*tmasxaṛ*「バカにする」; a.p. $mitC_1aC_2C_3iC_4$ (*mitmasxir*)
　JA ではこの派生形は全て自動詞なので、受動分詞は用いられない。

　分詞は形容詞と同様、関係する名詞の性・数で変化する。

	強動詞 第 1 ／ 2 根素弱動詞	第 3 根素弱動詞
sg.m.	*šāyif*	*nāsi*
sg.f.	*šāyfe*	*nāsye*
pl.	*šāyfīn*	*nāsyīn*

他動詞の分詞は直接目的語を取ることができる。接尾人称代名詞が付く場合、f.sg. で語尾 *-e* が *-tī-* となる点に注意。

	強動詞 第 1 ／ 2 根素弱動詞	第 3 根素弱動詞
sg.m.	*šāyf-o, šāyif-ha*	*nasī-h, nasī-ha*
sg.f.	*šāyiftī-h, šāyftī-ha*	*nasitī-h, nasitī-ha*
pl.	*šāyfīn-o, šāyfīn-ha*	*nasyīn-o, nasyīn-ha*

2.2.8. 動名詞

基本形動詞の動名詞には特定の語形パターンがない一方で、派生形動詞の動名詞は派生形毎に一定のパターンによって形成される。以下では派生形動詞の動名詞およびそこからの派生語を挙げる。第IV型～第X型の動名詞の多くはOAからの借用語である。

第 II 型

Str.（*taCCīC*）：*taʿrīf*「特定」 *taʾkīd*「強調」 *taʾmīn*「保険」 *tadlīl*「甘やかし」 *taḥrīk*「動かすこと」 *taḥrīr*「編集」 *tanqīḥ*「校正」 *taqdīr*「評価」 *taṣmīm*「デザイン」 *taxṭīṭ*「計画」

III-y（*tiCCāC*）：*tismāy*「命名」

第 III 型（*m(u)CāCaCe*）：*msāʿade*「援助」 *mukālame*「通話」 *munāsabe*「機会」 *mwāṣafe*「描写」

第 IV 型（*iCCāC*）：*imḍāy* (f.)「署名」 *imkān*「可能性」 *išāṛa*「印」

（派生語）：*imkanīye*「可能性」 *islāmi*「イスラームの」

第 V 型（*taCaCCuC*）：*taḥassun*「改善」 *taṣaṛṛuf*「振る舞い」

第 VI 型（*taCāCuC*）：*tafāʾul*「悲観主義」

第 VI 型（*nCiCāC*）：*nfižār*「爆発」 *nqilāb*「クーデター」

第 VIII 型（*CtiCāC*）：*ʿtizāz*「誇り」 *ntibāh*「注意」 *ḥtirām*「尊敬」 *ttižāh*

「方向」 *mtiḥān*「試験」 *xtilāf*「差異」:（派生語）: *ʿtirāḍi*「反対の」 *ttifaqiyye*「合意」

第 IX 型（*CCiCāC*）:*ḥmiṛāṛ*「赤くなること」

第 X 型（*stiCCāC*）: *stifhām*「疑問」 *stiġṛāb*「驚愕」 *stinkāṛ*「反感」

2.2.9. 活用

以下では JA の動詞の活用形を示す。

2.2.9.1. ３語根動詞

2.2.9.1.1. 基本形

(1) 強動詞（接尾辞活用形—接頭辞活用形（B 型））

katab - *buktub*「書く」 *širib* - *bišrab*「飲む」 *kazab* - *bikzib*「嘘をつく」

Sc.:

(a) *CaCaC: katab, katbat, katabt, katabti, katabt; katabu, katabtu, katabna*

3 人称女性単数形で語幹が母音が脱落する。

(b) *CiCiC: širib, širbat, šribt, šribti, šribt; širbu, šribtu, šribna*

動詞語幹の母音 *i* は、接尾辞が付きアクセントの無い開音節が生じると脱落し、その結果音節構造が変わる。母音接尾辞が付く時は *CiCC*-、子音接尾辞が付く時は *CCiC*- である。

Pc.（B 型のみ示す）:

(a) *biCCaC: bíšrab, btišrab, btišrab, btíšrabi, bašrab; bíšrabu, btišrabu, mnišrab*

(b) *biCCiC: bíkzib, btikzib, btikzib, btíkizbi, bakzib; bíkizbu, btikizbu, mnikzib*

(c) *buCCuC: búktub, btuktub, btuktub, btúkutbi, baktub; búkutbu, btúkutbu, mnuktub*

活用接尾辞が付く人称ではアクセントの無い開音節が生じる。(b), (c) のようにその母音が *i, u* の場合は脱落し（1.3.4.1. を参照）、その結果音節構造が変わり、活用接尾辞が付く時は *-CíCiCC-* / *-CúCuCC-* という語幹に、付かないときは *-CCiC-* / *-CCuC-* という語幹になる。

Imp.:

(a) *íšrab, íšrabi; íšrabu*

(b) *íkzib, íkizbi; íkizbu*

(c) *úktub, úkutbi; úkutbu*

A.p.: *kātib, kātbe; kātbīn*

P.p.: *maktūb, maktūbe; maktubīn*

例

このカテゴリーの動詞では接尾辞活用形の語幹母音と接頭辞活用形の語幹母音の関係には絶対的な規則性はない。但し接尾辞活用形の語幹母音が *i* の場合は接頭辞活用形の語幹が *a* になる傾向や第2根素、第3根素が咽頭音（*ḥ, ᶜ, ʔ, x, ġ* 等）の動詞は接頭辞活用形で語幹母音が *a* となる傾向が見られる。

以下では動詞を両活用形の語幹母音の組み合わせ別に分類した。

CaCaC-biCCaC; baᶜat「送る」 *daᶜas*「踏む」 *dabaḥ*「虐殺する」 *faḥaṣ*「検査する」 *faraḥ*「喜ぶ」 *fataḥ*「開ける」 *maġaṭ*「伸ばす」 *nafaᶜ*「役立つ」 *ḍaraʔ*「読む」 *saʔal*「尋ねる」 *saḥab*「引く」 *tabaᶜ*「追う」 *ṭabaᶜ*「印刷する」 *ṭaḥan*「挽く」 *ṭamaᶜ*「切望する」 *ẓahaṛ*「現れる」

CaCaC-biCCiC; ᶜabad「崇拝する」 *faṛaž*「解放する」 *ġamaṛ*「浸す」 *kabas*「押す」 *xalaq*「創造する」 *žabal*「（コンクリートを）混ぜる」等

CaCaC-buCCuC; ᶜaḅaṭ「抱きつく」 *ᶜaṭaṣ*「くしゃみする」 *amar*「命じる」 *barad*「寒くなる」 *daras*「学ぶ」 *ḍaṛaḅ*「殴る」 *haṛab*「逃げる」 *maraq*「通る」 *qaᶜad*「座る」 *qaḅaḍ*「受け取る」 *qaṛaḍ*「借りる」 *qaṛaṣ*「つまむ」 *qaṛaṭ*「バリバリ噛む」 *qatal*「殺す」 *ṛaḅaṭ*「結ぶ」 *ṛafaṣ*「蹴る」 *ṛakaḍ*「走る」 *ṛaqaṣ*「踊る」 *ṣaḷaḅ*「十字架にかける」 *ṭaṛaš*「耳を聞こえないようにする」 *zakaṛ*「言及する」 *ẓaḅaṭ*「制御する」

CaCaC-biCCi/uC; faṛaḍ「仮定する」 *hažam*「攻撃する」 *qalab*「ひっくり返す」 *qasam*「分ける」 *ṣabaġ*「染める」

CiCiC-biCCaC; ᶜimil「する」 *ᶜirif*「知る」 *ḍiᶜif*「弱る」 *ḍiḥik*「笑う」 *ġiliṭ*「誤る」 *kibir*「大きくなる」 *liᶜib*「遊ぶ」 *liḥiq*「追いつく」 *misik*「掴む」 *niḥif*「痩せる」 *niṣiḥ*「太る」 *nišif*「乾く」 *nizil*「降りる」 *nižiḥ*「成功する」 *qidir*「可能である」 *riḍiᶜ*「乳を飲む」 *rikib*「乗る」 *rižiᶜ*「帰る」 *sikir*「酔う」 *simiᶜ*「聞く」 **šibih*「似ている（Pc. は用いられない）」 *ṭiliᶜ*「上る」 *ṭuwil*[43]「長くなる」 *xiliṣ*「終わる」 *xisir*「失う」 *ziᶜil*「怒る」

---

[43] C_1 と C_2 の間の母音は C_2（$=w$）の影響で *u* となっている。

(2) 重子音動詞

接尾辞活用形では活用パターンは1つだけ（語幹母音 *a*）だが、接頭辞活用形では語幹母音（*a, i, u*）に応じて3種類の活用パターンがある。

daqq「叩く」 *tamm*「続く」 *dall*「案内する」

Sc.: *daqq, daqqat, daqqēt, daqqēti, daqqēt; daqqu, daqqētu, daqqēna*

1・2人称で語幹と活用接辞の間に *ē* が挿入される。この *ē* は歴史的な根拠のないものだが、第3根素弱動詞の活用からの類推により生じたものと考えられる[44]。

Pc.:

(a) *biCCaC: bitamm, bittamm, bittamm, bittammi, batamm; bitammu, bittammu, mintamm*

(b) *biCCiC: bidill, biddill, biddill, biddilli, badill; bidillu, biddillu, mindill*

(c) *buCCuC: biduqq, bidduqq, bidduqq, bidduqqi, baduqq; biduqqu, bidduqqu, minduqq*

Imp.:

(a) *tamm, tammi; tammu*

(b) *dill, dilli; dillu*

(c) *duqq, duqqi; duqqu*

A.p.: *dāqiq, dāqqa; dāqqīn*

P.p. : *matqūq, matqūqa; matquqīn*

例

CaCC-biCaCC: ḍall「残る」[45] *tamm*「続く」

CaCC-biCiCC: ḥadd「悼む」 *laff*「歩き回る」 *laḥḥ*「せがむ」 *madd*「伸ばす」 *qall*「少なくなる」 *ražž*「震える」 *šadd*「掴む」 *šamm*「匂いを嗅ぐ」 *zann*「ぶんぶん言う」 *ẓann*「考える」

CaCC-biCuCC: ʿaḍḍ「噛む」 *ḍabb*「荷造りする」 *fakk*「解ける」 *ġaṭṭ*「浸す」 *ḥaṭṭ*「置く」 *ṃaṣṣ*「吸う」 *ṃaṭṭ*「伸ばす」 *naṭṭ*「飛び跳ねる」 *radd*「返答する」 *šaqq*「切る」 *ṭabb*「落ちる」 *ṭall*「面する」 *ṭaxx*「撃

[44] Grand'henry, *Verbes*, p. 101 を参照。

[45] *ḍall*「居る」は能動分詞として *ḍāyil* が用いられる。Hopkins, *History* を参照せよ。

つ」 *xašš*「入る」 *žaxx*「めかしこむ」

(3) 弱動詞

(3.1) 第 1 根素弱動詞

(3.1.1) 第 1 根素 W 動詞

接尾辞活用形では強動詞と同様、2 種類の語幹母音があるが、接頭辞活用形の語幹は *a, i* の 2 種類のみ用いられる。

wa^{c}*ad - biw*^{c}*id*「約束する」 *wiṣil - biwṣal*「到着する」

Sc.:

(a) *waCaC: wa*^{c}*ad, wa*^{c}*dat, wa*^{c}*adt, wa*^{c}*adti, wa*^{c}*adt; wa*^{c}*du, wa*^{c}*adtu, wa*^{c}*adna*

(b) *wiCiC: wiṣil, wiṣlat, wṣilt, wṣilti, wṣilt; wiṣlu, wṣiltu, wṣilna*

Pc.:

(a) *biwCaC: biwṣal ~ būṣal, btiwṣal ~ btūṣal, btiwṣal ~ btūṣal, btiwṣali ~ btūṣali, bawṣal; biwṣalu ~ būṣalu, btiwṣalu ~ btūṣalu, mniwṣal ~ mnūṣal*

(b) *biCCiC: biw*^{c}*id, btiw*^{c}*id, btiw*^{c}*id, btiwi*^{c}*di, baw*^{c}*id; biwi*^{c}*du, btiwi*^{c}*du, mniw*^{c}*id*

第 1 根素の *w* が活用接頭辞と融合する場合としない場合とがある。融合すると *ū* となる。また活用接尾辞の性質による語幹の変化は強動詞に準じる。

Imp.:

(a) *iwṣal ~ ūṣal, iwṣali ~ ūṣali; iwṣalu ~ ūṣalu*

(b) *iw*^{c}*id, íwi*^{c}*di; íwi*^{c}*du*

A.p.: *wāṣil, wāṣle; wāṣlīn*

P.p.: *maw*^{c}*ūd, maw*^{c}*ūde; maw*^{c}*udīn*

例

waCaC-biwCiC: wa^{c}*ad*「約束する」

wiCiC-biwCaC: wiqi^{c}「落ちる」 *wiqif*「止まる」 *wiṣil*「到着する」

(3.1.2.) 第 1 根素 Y 動詞

このカテゴリーには 2 つの動詞が確認される。接頭辞活用形では活用接頭辞の母音 *i* と第 1 根素の *y* が融合し、長母音 *ī* として実現する場合と融合せず *iy* のままの場合とがある。第 1 根素 W 動詞とは異なり、弱動詞的なふるまいは限定的である。

yiˀis「絶望する」 *yibis*「乾燥する」

Sc.: *yiˀis, yiˀsat, yˀist, yˀisti, yˀist; yiˀsu, yˀistu, yˀisna*

Pc.: *biyˀas ~ bīˀas, btiyˀas ~ btīˀas, btiyˀas ~ btīˀas, btiyˀasi ~ btīˀasi, bayˀas; biyˀasu ~ bīˀasu, btiyˀasu ~ btīˀasu, mniyˀas ~ mnīˀas*

Imp.: *iyˀas ~ īˀas, iyˀasi ~ īˀasi; iyˀasu ~ īˀasu*

A.p.: *yābis, yābse; yābsīn*

P.p.: *mayˀūs, mayˀūse; mayˀusīn*

(3.2) 第 2 根素弱動詞

接尾辞活用形の語幹母音は母音接尾辞の前で常に長母音 *ā* 、子音接尾辞の前では短母音 *i*（第 2 根素 Y 動詞)、または *u*（第 2 根素 W 動詞）である。通常、第 2 根素 W 動詞は接頭辞活用形で長母音 *ū* が現れ、第 2 根素 Y 動詞は接頭辞活用形で長母音 *ī* が現れる。しかし、少数の動詞では第 2 根素の種類に関わらず接頭辞活用形の語幹母音が *ā* になる。

qāl「言う」 *fāq*「起きる」 *xāf*「恐れる」

Sc.:

(a) *CāC(CuC-c): qāl, qālat, qult, qulti, qult; qālu, qultu, qulna*

(b) *CāC (CiC-c): fāq, fāqat, fiqt, fiqti, fiqt; fāqu, fiqtu, fiqna*

Pc.:

(a) *biCūC: biqūl, bitqūl, bitqūl, bitqūli, baqūl; biqūlu, bitqūlu, minqūl*

(b) *biCīC: bifīq, bitfīq, bitfīq, bitfīqi, bafīq; bifīqu, bitfīqu, minfīq*

(c) *biCāC: bixāf, bitxāf, bitxāf, bitxāfi, baxāf; bixāfu, bitxāfu, minxāf*

Imp.:

(a) *CūC: qūl, qūli; qūlu*

(b) *CīC: fīq, fīqi; fīqu*

(c) *CāC: xāf, xāfi; xāfu*

A.p.: *xāyif, xāyfe; xāyfīn*

P.p.: *mabyūᶜ, mabyūᶜa; mabyuᶜīn*

例

CāC (CiCt)-biCīC; bāḍ「卵を産む」 *fāq*「起きる」 *ġāb*「不在である」 *ġāẓ*「怒らせる」 *hān*「無視する」 *qām*「取り除く」 *sāx*「溶ける」 *ṣād*「狩

る」 *ṣāḥ*「叫ぶ」 *ṣāṛ*「〜に成る」 *šāx*「老いる」 *ṭāḅ*「良くなる」 *ṭāṛ*「飛ぶ」 *xāb*「がっかりする」

CāC (CiCt)-biCāC; bāt「夜を過ごす」 *ġāṛ*「嫉妬する」 *nām*「寝る」

CāC (CuCt)-biCūC; dāb「とける」 *bās*「キスする」 *fāḥ*「(匂いが) 広がる」 *fāt*「過ぎる」 *kān*「〜である」 *māt*「死ぬ」 *qāl*「言う」 *qām*「立つ」 *rāḥ* (*ruḥut* ~ *riḥit*)「行く」 *šāf*「見る」 *tāb*「悔いる」 *ṭāl*「達する」 *ẓāṛ*「訪れる」

CāC (CuCt)-biCāC; xāf「恐れる」

(3.3) 第3根素弱動詞（＝第3根素Y動詞）

強動詞と同様、接尾辞活用形・接頭辞活用形共に2種類の語幹（*a* 語幹・*i* 語幹）がある。例外はあるが、多くの場合、接尾辞活用形で *a* 語幹の場合は接頭辞活用形で *i* 語幹に、接尾辞活用形で *i* 語幹の場合は接頭辞活用形で *a* 語幹となる。

ḥaka「語る」 *nisi*「忘れる」

Sc.:

(a) *ḥaka, ḥakat, ḥakēt, ḥakēti, ḥakēt; ḥaku, ḥakētu, ḥakēna*

3人称女性単数形・3人称複数形では語幹と活用語尾が融合しそれぞれ *-at, -u* となり、それ以外の人称では語幹語尾が *-ē-* となる。

(b) *nisi, nisyat, nsīt, nsīti, nsīt; nisyu, nsītu, nsīna*

3人称女性単数形・3人称複数形では第3根素 *y* が現れ、活用語尾はそれぞれ *-yat, -yu* となる。それ以外の人称では語幹語尾が *-ī-* となる。

Pc.:

(a) *biḥki, btiḥki, btiḥki, btiḥki, baḥki; biḥku, btiḥku, mniḥki*

単数形では語幹母音が常に *-i* なので、2人称で性の区別がない。また、2・3人称複数形では語幹と活用語尾が融合し、*-u* となる。

(b) *binsa, btinsa, btinsa, btinsi, bansa; binsu, btinsu, mninsa*

2人称女性単数形、2・3人称複数形では語幹と活用語尾が融合し、それぞれ *-i, -u* となる。

命令形

(a) *iḥki, iḥki; iḥku*

(b) *insa, insi; insu*

能動分詞：*ḥāki, ḥākye, ḥākyīn, ḥākyāt*

受動分詞：*maḥki, maḥkiyye, maḥkiyyīn, maḥkiyyāt*

例

(a) *CaCa-biCCa; baqa*「残る」 *laqa*「見つける」 *raᶜa*「放牧する」

(b) *CaCa-biCCi; ᶜada*「伝染させる」 *ᶜama*「目を見えなくする」 *daᶜa*「呪う（～を *ᶜala*）」 *ḥaka*「語る」 *laġa*「取り消す」 *maḍa*「署名する」 *nawa*「意図する」 *raka*「寄りかかる」 *rama*「投げる」 *rawa*「語る」 *saqa*「水をやる」 *šaka*「不平を言う」 *šawa*「炙る」 *ṭafa*「消す」

(c) *CiCi-biCCa; bidi*「始める」 *liqi*「見つける」 *miši*「歩く」 *riḍi*「満足する」 *siwi*「等しい」

(3.4.)　重弱動詞

重弱動詞は重子音を 2 つ以上含む語根から成る動詞である。実際には次のような第 1 根素 W ＋第 3 根素 Y 動詞が確認できる[46]。

wiᶜi - biwᶜa ~ būᶜa「覚醒する」 *wafa - biwfi ~ būfi*「（約束を）守る」 *wiṭi - biwṭa ~ būṭa*「低くなる」

2.2.9.1.2. 第 II 型

第 II 型では接尾辞活用形の語幹母音は *a*（強動詞：*CaCCaC-*、第 3 根素弱動詞：*CaCCa*）、接頭辞活用形の語幹母音は *i*（強動詞：*-CaCCiC*、第 3 根素弱動詞：*-CaCCi*）である。強動詞では語幹母音 *i* はアクセントの無い開音節に位置すると脱落する（1.3.4.1. を参照）。

(1) 強動詞

ᶜallam「教える」

Sc.:　*ᶜallam, ᶜallamat, ᶜallamt, ᶜallamti, ᶜallamt; ᶜallamu, ᶜallamtu, ᶜallamna*

Pc.:　*biᶜallim, bitᶜallim, bitᶜallim, bitᶜallmi, baᶜallim; biᶜallmu, bitᶜallmu, minᶜallim*

---

[46] 第 2 根素W＋第 3 根素Y動詞も存在するが、実質的には単純な第 3 根素Y動詞の形態を持つ。上記 *nawa - binwi*「意図する」 *rawa - birwi*「語る」 *šawa - bišwi*「炙る」 *siwi - biswa*「等しい」を参照せよ。

Imp.: *ᶜallim, ᶜallmi; ᶜallmu*

A.p.: *mᶜallim, mᶜallme; mᶜallmīn*

P.p.: *mᶜallam, mᶜallame; mᶜallamīn*

Vn.: *tiᶜlīm*

例：*ᶜannad*「頑固である」 *ᶜayyad*「祭りを祝う」 *ᶜažžal*「急ぐ」 *ballaš*「始める」 *baṭṭal*「やめる」 *bawwal*「小便をさせる」 *bayyan*「見せる」 *dawwab*「溶かす」 *daxxal*「入れる」 *daxxan*「喫煙する」 *dayyaṛ*「運営する」 *ḍawwaᶜ*「失う」 *fayyaq*「起す」 *ḥarrak*「動かす」 *ḥazzan*「悲しませる」 *kammal*「続ける」 *kattaf*「腕を組む」 *laqqam*「コーヒーの粉・砂糖を入れる」 *lawwad*「カーブを曲がる」 *naqqaṣ*「減らす」 *nazzal*「降ろす」 *qaṭṭaᶜ*「切る」 *qaṭṭaṛ*「滴らせる」 *ražžaᶜ*「返す」 *sabbat*「固定する」 *sakkaṛ*「閉める」 *sallaf*「借りる」 *sallam*「挨拶する」 *sawwas*「虫歯になる」 *saxxan*「温める」 *sayyax*「溶かす」 *ṣaffaṭ*「積み上げる」 *šažžaᶜ*「勇気づける」 *tayyas*「愚か者のふりをする」 *ṭannaš*「知らんぷりをする」 *waḍḍaḥ*「説明する」 *wallaᶜ*「火をつける」 *waqqaf*「止める」 *wassaᶜ*「広げる」 *wassax*「汚す」 *xallaf*「産む」

(2) 重子音動詞

JAでは原則としてアクセントのない開音節の *i* は脱落するが、第II型重子音動詞ではこのようなケースがあっても例外的に脱落しない（1.3.4.1. を参照）。

ḥallal「分析する」

Sc.: *ḥallal, ḥallalat, ḥallalt, ḥallalti, ḥallalt; ḥallalu, ḥallaltu, ḥallalna*

Pc.: *biḥallil, bitḥallil, bitḥallil, bitḥallili, baḥallil; biḥallilu, bitḥallilu, minḥallil*

Imp.: *ḥallil, ḥallili; ḥallilu*

A.p.: *mḥallil, mḥallile; mḥallilīn, mḥallilāt*

P.p.: *mḥallal, mḥallale; mḥallalīn, mḥallalāt*

Vn.: *taḥlīl*

例：*dallal*「甘やかす」 *ḥaddad*「限定する」 *ḥallal*「分析する」 *qallal*「減らす」 *ṣammam*「計画する」 *xaffaf*「軽くする」 *žaffaf*「乾かす」

(3) 弱動詞（第 3 根素 Y 動詞）

samma「名付ける」

Sc.: *samma, sammat, sammēt, sammēti, sammēt; sammu, sammētu, sammēna*

Pc: *bisammi, bitsammi, bitsammi, bitsammi, basammi; bisammu, bitsammu, minammi*

Imp.: *sammi, sammi; sammu*

A.p.: *msammi, msammye; msammyīn*

P.p.: *msamma, msammāye; msammayīn*

Vn.: *tismāy(e)*

例：*^{c}abba*「満たす」 *^{c}awwa*「遠吠えする」 *ġanna*「歌う」 *ġaṭṭa*「覆う」 *hanna*「祝う」 *ḥalla*「甘くする」 *kaffa*「十分である」 *qawwa*「強化する」 *ṛaḅḅa*「育てる」 *samma*「名付ける」 *sawwa*「する」 *ṣalla*「礼拝する」 *šatta*「雨が降る」 *xabba*「隠す」 *xalla*「放置する」 *wadda*「持って来る」 *waṭṭa*「低くする」

2.2.9.1.3. 第 III 型

第 III 型では接尾辞活用形の語幹母音は *a*（強動詞：*CāCaC-*、第 3 根素弱動詞：*CāCa*）、接頭辞活用形の語幹母音は *i*（強動詞：*-CāCiC-*、第 3 根素弱動詞：*-CāCi*）である。強動詞では語幹母音 *i* はアクセントの無い開音節に位置すると脱落する（1.3.4.1. を参照）。

(1) 強動詞

sā^{c}ad「助ける」

Sc.: *sā^{c}ad, sā^{c}adat, sā^{c}adt, sā^{c}adti, sā^{c}adt; sā^{c}adu, sā^{c}adtu, sā^{c}adna*

Pc.: *bisā^{c}id, bitsā^{c}id, bitsā^{c}id, bitsā^{c}di, basā^{c}id; bisā^{c}du, bitsā^{c}du, minsā^{c}id*

Imp.: *sā^{c}id, sā^{c}di; sā^{c}du*

A.p.: *msā^{c}id, msā^{c}de; msā^{c}dīn*

P.p.: *msā^{c}ad, msā^{c}ade; msā^{c}adīn*

Vn.: *msā^{c}ade*

例：*^{c}āhad*「約束する」 *^{c}āmal*「扱う」 *^{c}āwad*「繰り返す」 *^{c}āwan*「助ける」 *bālaġ*「誇張する」 *ġāmaṛ*「危険を冒す」 *ḥāfaẓ*「保持する」 *ḥārab*「戦う」

ḥāwal「試す」 *kāfaḥ*「戦う」 *māras*「営む」 *qāṃaṛ*「ギャンブルをする」
sāfaṛ「旅する」 *šārak*「参加する」 *wāfaq*「同意する」 *žāwab*「答える」

(2) 重子音動詞

第 III 型重子音動詞ではアクセントのない開音節の *i* は脱落しない (1.3.4.1. を参照)。

qāṣaṣ「罰する」

Sc.: *qāṣaṣ, qāṣaṣat, qāṣaṣt, qāṣaṣti, qāṣaṣt; qāṣaṣu, qāṣaṣtu, qāṣaṣna*

Pc.: *biqāṣiṣ, bitqāṣiṣ, bitqāṣiṣ, bitqāṣiṣi, baqāṣiṣ; biqāṣiṣu, bitqāṣiṣu, minqāṣiṣ*

Imp.: *qāṣiṣ, qāṣiṣi; qāṣiṣu*

A.p.: *mqāṣiṣ, mqāṣiṣe; mqāṣiṣīn*

P.p.: *mqāṣaṣ, mqāṣaṣe; mqāṣaṣīn*

Vn.: *mqāṣaṣe*

例：*ḥāṭaṭ*「金を出し合う」

(3) 弱動詞

(3.1.) 第 1 根素弱動詞

強動詞を見よ。

(3.2.) 第 2 根素弱動詞

強動詞を見よ。

(3.3.) 第 3 根素弱動詞

nāda「呼ぶ」

Sc.: *nāda, nādat, nādēt, nādēti, nādēt; nādu, nādētu, nādēna*

Pc.: *binādi, bitnādi bitnādi bitnādi, banādi; binādu, bitnādu, minnādi*

Imp.: *nādi, nādi; nādu*

A.p.: *mnādi, mnādye; mnādyīn*

P.p.: *mnāda, mnadāye; mnadayīn*

Vn.: *munādā(h)*

例：*ʿāda*「敵意を持つ」 *dāra*「隠す」 *lāqa*「見つける」 *nāda*「呼ぶ」

2.2.9.1.4. 第 IV 型

第 IV 型では接尾辞活用形の語幹母音は *a*（強動詞：*ˀaCCaC-*、第 3 根素弱動詞：*ˀaCCa*)、接頭辞活用形の語幹母音は *i*（強動詞：*-CCiC-*、第 3 根素弱動詞：*-CCi*）である。強動詞では語幹母音 *i* はアクセントの無い開音節に位置すると脱落する（1.3.4.1. を参照)。

(1) 強動詞

aᶜžab「喜ばせる」

Sc.: *aᶜžab, aᶜžabat, aᶜžabt, aᶜžabti, aᶜžabt; aᶜžabu, aᶜžabtu, aᶜžabna*

Pc.: *biᶜžib, btiᶜžib, btiᶜžib, btiᶜižbi, baᶜžib; biᶜižbu, btiᶜižbu, mniᶜžib*

Imp.: *aᶜžib, aᶜižbi; aᶜižbu*

A.p.: *muᶜžib, muᶜižbe; muᶜižbīn*

P.p.: *muᶜžab, muᶜžabe; muᶜžabīn*

Vn.: *ˀiᶜžāb*

例：*aᶜdam*「破壊する」 *aᶜlan*「告知する」 *abᶜad*「遠ざける」 *absaṭ*「喜ばせる」 *adhaš*「驚かす」 *aḍrab*「ストライキをする」 *aflas*「破産する」 *afraž*「解放する」 *afṭar*「朝食をとる」 *ahmal*「無視する」 *aḥṛaž*「混乱させる」 *akṛam*「称賛する」 *ankaṛ*「否定する」 *arkan*「依存する」 *aṣbaḥ*「朝になる」 *aṣdaṛ*「出版する」 *aṣlaḥ*「仲直りする」 *ašrak*「多神教徒である」 *atᶜab*「疲れさせる」 *atlaž*「雪が降る」 *axraž*「大便をする」

(2) 重子音動詞

aṣaṛṛ「固執する」

Sc.: *aṣaṛṛ, aṣaṛṛat, aṣaṛṛēt, aṣaṛṛēti, aṣaṛṛēt; aṣaṛṛu, aṣaṛṛētu, aṣaṛṛēna*

Pc.: *biṣiṛṛ, bitṣiṛṛ, bitṣiṛṛ, bitṣiṛṛi, baṣiṛṛ; biṣiṛṛu, bitṣiṛṛu, minṣiṛṛ*

Imp.: *aṣiṛṛ, aṣiṛṛi; aṣiṛṛu*

A.p.: *muṣiṛṛ, muṣiṛṛa; muṣiṛṛīn*

P.p.: *muṣaṛṛ, muṣaṛṛa; muṣaṛṛīn*

Vn.: *iṣṛāṛ*

例：*alaḥḥ*「固執する」

(3) 弱動詞

(3.1.) 第 1 根素弱動詞

āman「信仰する」

Sc.: *āman, āmanat, āmant, āmanti, āmant; āmanu, āmantu, āmanna*

Pc.: *biʾāmin, bitʾāmin, bitʾāmin, bitʾāmni, baʾāmin; biʾāmnu, bitʾāmnu, binʾāmin*

Imp.: *āmin, āmni; āmnu*

A.p.: *muʾmin, muʾimne; muʾimnīn*

P.p.: *muʾman, muʾmane; muʾmanīn*

Vn.: *īmān*

(3.2.) 第 2 根素弱動詞

ahān「無視する」

Sc.: *ahān, ahānat, ahant, ahanti, ahant; ahānu, ahantu, ahanna*

Pc.: *bihīn, bithīn, bithīn, bithīni, bahān; bihīnu, bithīnu, minhīn*

Imp.: *ahīn, ahīni; ahīnu*

A.p.: *muhīn, muhīne; muhīnīn*

P.p.: *muhān, muhāne; muhanīn*

Vn.: *ihāne*

例：*adāṛ*「運営する」 *aḍāf*「加える」 *(afād)-bifīd*「便利である」

(3.3.) 第 3 根素弱動詞

axfa「隠す」

Sc.: *axfa, axfat, axfēt, axfēti, axfēt; axfu, axfētu, axfēna*

Pc.: *bixfi, btixfi, btixfi, btixfi, baxfi; bixfu, btixfu, mnixfi*

Imp.: *axfi, axfi; axfu*

A.p.: *muxfi, muxfye; muxfyīn*

P.p.: *muxfa, muxfāye; muxfayīn*

Vn.: *ixfāʾ*

例：*aᶜfa*「免除する」 *aᶜna*「意味する」 *aġna*「裕福にする」 *aġṛa*「誘惑する」 *ahda*「献ずる」 *alġa*「取り消す」 *anha*「終わりにする」 *aṛḍa*「満足させる」 *ašta*「雨が降る」

2.2.9.1.5. 第 V 型

第 V 型では接尾辞活用形・接頭辞活用形、共に語幹母音は *a* である（強動詞：*tCaCCaC* - *yitCaCCaC*、第 3 根素弱動詞：*tCaCCa* - *yitCaCCa*）。

(1) 強動詞

tᶜallam「習う」

Sc.: *tᶜallam, tᶜallamat, tᶜallamt, tᶜallamti, tᶜallamt; tᶜallamu, tᶜallamtu, tᶜallamna*

Pc.: *bitᶜallam, btitᶜallam, btitᶜallam, btitᶜallami, batᶜallam; bitᶜallamu, btitᶜallamu, mnitᶜallam*

Imp.: *tᶜallam, tᶜallami; tᶜallamu*

A.p.: *mitᶜallim, mitᶜallme; mitᶜallmīn*

P.p.: 確認されず。

Vn.: (*taᶜallum*)

例：*tˀammal*「希望する」 *tᶜammad*「洗礼を受ける」 *tᶜaṭṭal*「故障する」 *tᶜažžab*「驚く」 *tˀaxxaṛ*「遅れる」 *ḍḍaṃṃaṛ*「破壊される」 *tfarraᶜ*「分化する」 *tġayyar*「変わる」 *tḥakkam*「医者にかかる」 *tḥammal*「耐える」 *tḥayyaṛ*「困惑する」 *tnaffas*「呼吸する」 *tqattal*「けんかする」 *trayyaḥ*「休憩する」 *tṣaḷḷaq*「のぼる」 *tṣawwaṛ*「想像する」 *tšaqqaq*「裂ける」 *tšattat*「分散する」 *ṭṭaḷḷaᶜ*「見る」 *twaḍḍaḥ*「明らかになる」 *twaḥḥal*「泥まみれになる」 *twaqqaᶜ*「期待する」 *twassax*「汚れる」 *twaṛṛaṭ*「災難に巻き込まれる」 *tyattam*「孤児になる」 *zzakkaṛ*「思い出す」 *džannab*「避ける」 *džawwaz*「結婚する」

(2) 重子音動詞

強動詞と同様

(3) 弱動詞

(3.1.) 第 1 根素弱動詞

強動詞と同様。

(3.2.) 第 2 根素弱動詞
強動詞と同様。

(3.3.) 第 3 根素弱動詞
t^{c}ašša「夕食をとる」
Sc.: *t^{c}ašša, t^{c}aššat, t^{c}aššēt, t^{c}aššēti, t^{c}aššēt; t^{c}aššu, t^{c}aššētu, ṭ^{c}aššēna*
Pc.: *bit^{c}ašša, btit^{c}ašša, btit^{c}ašša, btit^{c}ašši, bat^{c}ašša; bit^{c}aššu, btit^{c}aššu, mnit^{c}ašša*
Imp.: *t^{c}ašša, t^{c}ašši; t^{c}aššu*
A.p.: *mit^{c}ašši, mit^{c}aššye; mit^{c}aššyīn*
P.p.: 確認されず。
Vn.: *taḥaddi*
例：*tballa*「問題を起す」 *ddaffa*「温まる」 *tġadda*「昼食をとる」 *tġaṭṭa*「覆われる」 *tḥadda*「挑戦する」 *tmanna*「願う」 *trabba*「育てられる」 *tražža*「希望する」 *tsalla*「楽しむ」 *txabba*「隠れる」 *twaffa*「死ぬ」

2.2.9.1.6. 第 VI 型
(1) 強動詞
tbādal「交換する」
Sc.: *tbādal, tbādalat, tbādalt, tbādalti, tbādalt; tbādalu, tbādaltu, tbādalna*
Pc.: *bitbādal, btitbādal, btitbādal, btitbādali, batbādal; bitbādalu, btitbādalu, mnitbādal*
Imp.: *tbādal, tbādali; tbādalu*
A.p.: *mitbādil, mitbādle; mitbādlīn*
P.p.: 確認されず。
Vn.: *tabādul*
例：*t^{c}ālaž*「扱われる」 *t^{c}āmal*「共同作業をする」 *t^{c}āwan*「協力し合う」 *t^{c}āyaš*「共存する」 *ḍḍāyaq*「うんざりする」 *tfāham*「理解しあう」 *tfāžaˀ*「驚く」 *ṭṣādaf*「出くわす」 *ṭṣāwab*「撃たれる」 *tšāˀam*「悲観的になる」 *tšābah*「似ている」 *tšāwaṛ*「相談する」

(2) 重子音動詞

tqāṣaṣ「罰せられる」

Sc.: *tqāṣaṣ, tqāṣaṣat, tqāṣaṣt, tqāṣaṣti, tqāṣaṣt; tqāṣaṣu, tqāṣaṣtu, tqāṣaṣna*

Pc.: *bitqāṣaṣ, btitqāṣaṣ, btitqāṣaṣ, btitqāṣaṣi, batqāṣaṣ; bitqāṣaṣu, btitqāṣaṣu, mnitqāṣaṣ*

Imp.: *tqāṣaṣ, tqāṣaṣi; tqāṣaṣu*

A.p.: *mitqāṣiṣ, mitqāṣiṣe; mitqāṣiṣīn*

P.p.: 確認されず。

Vn.: *taqāṣuṣ*

例：*tḥāṭaṭ*「金を出し合う」

(3) 弱動詞

(3.1.) 第 1 根素弱動詞

強動詞と同様。

(3.2.) 第 2 根素弱動詞

強動詞と同様。

(3.3.) 第 3 根素弱動詞

tlāqa「会う」

Sc.: *tlāqa, tlāqat, tlaqēt, tlaqēti, tlaqēt; tlāqu, tlaqētu, tlaqēna*

Pc.: *bitlāqa, btitlāqa, btitlāqa, btitlāqi, batlāqa; bitlāqu, btitlāqu, mnitlāqa*

Imp.: *tlāqa, tlāqi; tlāqu*

A.p.: *mitlāqi, mitlāqye; mitlāqyīn*

P.p.: 確認されず。

Vn.: 確認されず。

例：*tsāwa*「等しい」

2.2.9.1.7. 第 VII 型

(1) 強動詞

nžaraḥ「負傷する」

Sc.: *nžaṛaḥ, nžaṛḥat, nžaṛaḥt, nžaṛaḥti, nžaṛaḥt; nžaṛaḥu, nžaṛaḥtu, nžaṛaḥna*

Pc.: *bin^{i}žriḥ, btin^{i}žriḥ, btin^{i}žriḥ, btinžirḥi, ban^{i}žriḥ; binžirḥu, btinžirḥu, mninžriḥ*

Imp.: *in^{i}žriḥ, nžirḥi; nžirḥu*

A.p.: *min^{i}žriḥ, minžirḥa; minžirḥīn*

P.p.: 確認されず。

Vn.: *nžiṛāḥ*

例：*n^{c}awaṛ*「片目になる」 *mbaṣaṭ*「楽しむ」 *ndafan*「埋葬される」 *ndawaš*「狼狽する」 *nfaḍaḥ*「恥をかく」 *nfaham*「理解される」 *nḥabas*「投獄される」 *nḥaraq*「燃える」 *nqaṛaṣ*「噛まれる」 *nqatal*「殺される」 *nqaṭa^{c}*「切られる」 *nṣaḍaṃ*「攻撃を受ける」 *nxalaq*「創造される」 *nwalad*「生まれる」 *nžabar*「強要される」

(2) 重子音動詞

nžann「狂う」

Sc.: *nžann, nžannat, nžannēt, nžannēti, nžannēt; nžannu, nžannētu, nžannēna*

Pc.: *binžann, btinžann, btinžann, btinžanni, banžann; binžannu, btinžannu, mninžann*

Imp.: *nžann, nžanni; nžannu*

A.p.: *minžann, minžanne; minžannīn*

P.p.: 確認されず。

Va.: *nžinān*

例：*n^{c}add*「数えられる」 *mball*「濡れる」 *mbaḥḥ*「声がかれる」 *ndabb*「落ちる」 *nḍaṃṃ*「加わる」 *nfakk*「解ける」 *nhazz*「震える」 *nḥabb*「愛される」 *nḥaṭṭ*「置かれる」 *nkabb*「こぼれる」 *ntaxx*「撃たれる」 *nžaṛṛ*「引かれる」

(3) 弱動詞

(3.1.) 第1根素弱動詞

強動詞と同様。

(3.2.) 第 2 根素弱動詞

nḥāz「肩を持つ」

Sc.:　*nḥāz, nḥāzat, nḥazt, nḥazti, nḥazt; nḥāzu, nḥaztu, nḥazna*

Pc.:　*binḥāz, btinḥāz, btinḥāz, btinḥāzi, banḥāz; binḥāzu, btinḥāzu, mninḥāz*

Imp.:　*nḥāz, nḥāzi; nḥāzu*

A.p.:　*minḥāz, minḥāze; minḥazīn*

P.p.:　確認されず。

Vn.:　*nḥiyāz*

例：*mbāᶜ*「売れる」 *nġāṛ*「妬まれる」 *nġāẓ*「怒る」 *nhāṛ*「崩壊する」 *nḥāz*「肩を持つ」 *mmaša*[47]「歩ける」 *nsāq*「運転される」 *nšāf*「見える」

(3.3.) 第 3 根素弱動詞

nᶜada「感染する」

Sc.:　*nᶜada, nᶜadat, nᶜadēt, nᶜadēti, nᶜadēt; nᶜadu, nᶜadētu, nᶜadēna*

Pc.:　*binⁱᶜdi, btinⁱᶜdi, btinⁱᶜdi, btinⁱᶜdi, banⁱᶜdi; binⁱᶜdu, btinⁱᶜdu, mninⁱᶜdi*

A.p.:　*minⁱᶜdi, miniᶜdiyye; miniᶜdiyyīn*

P.p.:　確認されず。

Vn.:　確認されず。

例：*nᶜama*「盲目になる」 *mbana*[48]「建てられる」 *nḍawa*「点灯される」 *nḥaka*「語られる」 *mmaḥa*「消される」 *mmala*「満たされる」 *nqaṛa*「読まれる」 *nšafa*「治る」

2.2.9.1.8. 第 VIII 型

(1) 強動詞

štaġal「働く」

Sc.:　*štaġal, štaġlat, štaġalt, štaġalti, štaġalt; štaġlu, štaġaltu, štaġalna*

Pc.:　*bištġil, btištġil, btištġil, btištiġli, baštġil; bištiġlu, btištiġlu, mništġil*

Imp.:　*ištġil, štíġli; štíġlu*

A.p.:　*mištġil, mištiġle; mištiġlīn*

---

[47] *mmaša* < **nmaša*（1.3.2.1.1(3) を参照）

[48] *mbana* < **nbana*（1.3.2.1.1(3) を参照。以下 *mmaḥa* < **nmaḥa*, *mmala* < **nmala* も同様）

P.p.: (*muštaġal, muštaġale, muštaġalīn*)

Vn.: *ištiġāl*

例：*ᶜtaḅaṛ*「みなす」 *ftakaṛ*「考える」 *ftaxar*「誇る」 *ftaqad*「失くす」 *ḥtafal*「祝う」 *ktašaf*「発見する」 *ltahab*「炎症を起こす」 *ntaᶜaš*「回復する」 *ntabah*「注意する」 *ntafax*「ふくらむ」 *ntasab*「属する」 *ntaxab*「投票する」 *rtafaᶜ*「上がる」 *xtalaf*「異なる」 *xtaṣaṛ*「要約する」

(2) 重子音動詞

htamm「興味を持つ」

Sc.: *htamm, htammat, htammēt, htammēti, htammēt; htammu, htammētu, htammēna*

Pc.: *bihtamm, btihtamm, btihtamm, btihtammi, bahtamm; bihtammu, btihtammu, mnihtamm*

Imp.: *htamm, htammi; htammu*

A.p.: *mihtamm, mihtamme; mihtammīn*

P.p.: 確認されず。

Vn.: *htimām*

例：*ᶜtazz*「誇る」 *htazz*「ショックを受ける」 *ḥtadd*「より深刻になる」

(3) 弱動詞

(3.1.) 第 1 根素弱動詞

ttaṣal「連絡を取る」

Sc.: *ttaṣal, ttaṣlat, ttaṣalt, ttaṣalti, ttaṣalt; ttaṣalu, ttaṣaltu, ttaṣalna*

Pc.: *bittṣil, btittṣil, btittṣil, btittiṣli, battṣil; bittiṣlu, btittiṣlu, mnittṣil*

Imp.: *íttṣil, ttiṣli; ttiṣlu*

A.p.: *mittṣil, mittiṣle; mittiṣlīn, mittiṣlāt*

P.p.: 確認されず。

Vn.: *ttiṣāl*

例：*ttafaq*「合意する」 *ttaham*「文句を言う」 *ttakal*「依存する」

(3.2.) 第 2 根素弱動詞

ixṭāṛ「選ぶ」

Sc.: *xṭāṛ, xṭāṛat, xṭaṛt, xṭaṛti, xṭaṛt; xṭāṛu, xṭaṛtu, xṭaṛna*

Pc.: *bixṭāṛ, btixṭāṛ, btixṭāṛ, btixāṛi, baxṭāṛ; bixṭāṛu, btixṭāṛu, mnixṭāṛ*

Imp.: *xṭāṛ, xṭāṛi; xṭāṛu*

A.p.: *mixṭāṛ, mixṭāṛa; mixṭarīn*

P.p.: *muxṭāṛ, muxṭāṛa; muxṭarīn*

Vn.: *xtiyāṛ*

例：*rtāḥ*「休む」 *štāq*「恋しい」

(3.3.) 第 3 根素弱動詞

štara「買う」

Sc.: *štara, štarat, štarēt, štarēti, štarēt; štaru, štarētu, štarēna*

Pc.: *bištri, btištri, btištri, btištri, baštri; bištru, btištru, mništri*

Imp.: *ištri, ištri; ištru*

A.p.: *mištri, mištriyye; mištriyyīn*

P.p.: *muštara, muštarāye; muštarayīn*

動名詞：*xtilāf*

例：*ktafa*「満足する」 *ltawa*「ねじれる」 *stawa*「(料理が) 火が通っている」 *xtafa*「消える」 *xtalaf*「異なる」

(3.4.) 重弱動詞（Iw + IIIy）

ttaka「よりかかる」

Sc.: *ttaka, ttakat, ttakēt, ttakēti, ttakēt; ttaku, ttakētu, ttakēna*

Pc.: *bittki, btittki, btittki, btittki, battki; bittku, btittku, mnittki*

Imp. *íttki, íttki; íttku*

A.p.: *mittki, mittkiyye; mittkiyyīn*

P.p.: *muttaka, muttakāye; muttakayīn*

Vn.: *ttikāˀ*

2.2.9.1.9. 第 IX 型

(1) 強動詞

ḥṃaṛṛ「赤くなる」

Sc.: *ḥṃaṛṛ, ḥṃaṛṛat, ḥṃaṛṛēt, ḥṃaṛṛēti, ḥṃaṛṛēt; ḥṃaṛṛu, ḥṃaṛṛētu, ḥṃaṛṛēna*

Pc.: *biḥṃaṛṛ, btiḥṃaṛṛ, btiḥṃaṛṛ, btiḥṃaṛṛi, baḥṃaṛṛ; biḥṃaṛṛu, btiḥṃaṛṛu, mniḥṃaṛṛ*

Imp.: *ḥṃaṛṛ, ḥṃaṛṛi; ḥṃaṛṛu*

A.p.: *miḥṃaṛṛ, miḥṃaṛṛa miḥṃaṛṛīn*

P.p.: 確認されず。

Vn.: *ḥmiṛāṛ*

例：*byaḍḍ*「白くなる」 *ṣṃaṛṛ*「茶色になる」 *swadd*「黒くなる」 *ṣfaṛṛ*「黄色くなる」 *zraqq*「青くなる」

(2) 重子音動詞

確認されず。

(3) 弱動詞

確認されず。

2.2.9.1.10. 第 X 型

(1) 強動詞

staˀžaṛ「賃借りする」

Sc.: *staˀžaṛ, staˀžaṛat, staˀžaṛt, staˀžaṛti, staˀžaṛt; staˀžaṛu, staˀžaṛtu, staˀžaṛna*

Pc.: *bistaˀžir, btistaˀžir, btistaˀžir, btistaˀižri, bastaˀžir; bistaˀižru, btistaˀižru, mnistaˀžir*

Imp.: *staˀžir, staˀižri; staˀižru*

A.p.: *mistaˀžir, mistaˀižre; mistaˀižrīn*

P.p.: *mustaˀžaṛ, mustaˀžaṛa; mustaˀžarīn*

Vn.: *stiˀžāṛ*

例：*staˁmal*「使う」 *staˁmaṛ*「植民地にする」 *stahwan*「簡単だと思う」 *stahzaq*「バカにする」 *staḥmaṛ*「ロバ扱いする」 *statyas*「ヤギ扱いする」

staxdam「使う」 *stazġaṛ*「過小評価する」

(2) 重子音動詞

staḥaqq「ふさわしい」・*staġall*「利用する」

Sc.: *staḥaqq, staḥaqqat, staḥaqqēt, staḥaqqēti, staḥaqqēt; staḥaqqu, staḥaqqētu, staḥaqqēna*

Pc.: (1) *bistaḥiqq, btistaḥiqq, btistaḥiqq, btistaḥiqqi, bastaḥiqq; bistaḥiqqu, btistaḥiqqu, mnistaḥiqq*

(2) *bistḥiqq, btistḥiqq, btistḥiqq, btistḥiqqi, bastḥiqq; bistḥiqqu, btistḥiqqu, mnistḥiqq*

Imp.: (1) *staḥiqq, staḥiqqi; staḥiqqu*

(2) *stḥiqq, stḥiqqi; stḥiqqu*

A.p.: (1) *mistaḥiqq, mistaḥiqqa; mistaḥiqqīn*

(2) *mistḥiqq, mistḥiqqa, mistaḥiqqīn*

Pc., Imp. および A.p. では語幹の前に母音 *a* が入る場合と入らない場合とがある。

P.p.: 確認されず。

Vn.: *stiġlāl*

例：*staᶜaṛṛ*「辱める」 *stafazz*「挑発する」 *staṃaṛṛ*「続く」 *staxaff*「軽視する」

(3) 弱動詞

(3.1.) 第 1 根素弱動詞

強動詞と同様。

(3.2.) 第 2 根素弱動詞[49]

stafād「利益を得る」

Sc.: *stafād, stafādat, stafatt*[50], *stafatti, stafatt; stafādu, stafattu, stafadna*

[49] *stahwan*「簡単だと思う」 *statyas*「ヤギ扱いする」は第 2 根が *w* だが、強動詞として活用する（2.2.9.1.10.(1) を参照）。

[50] *stafatt* < **stafadt*（1.3.2.1.1.(3) を参照）。ただし、補助母音が入ると *stafadit*。

Pc.: *bistfīd, btistfīd, btistfīd, btistfīdi, bastfīd; bistfīdu, btistfīdu, mnistfīd*

Imp.: *stfīd, stfīdi; stfīdu*

A.p.: *mistfīd, mistfīde; mistfidīn*

P.p.: 確認されず。

Vn.: 確認されず。

例：*staᶜāṛ*「借りる」 *stahān*「軽蔑する」

(3.3.) 第 3 根素弱動詞

staġna「裕福になる」

Sc.: *staġna, staġnat, staġnēt, staġnēti, staġnēt; staġnu, staġnētu, staġnēna*

Pc.: *bistaġni, btistaġni, btistaġni, btistaġni, bastaġni; bistaġnu, btistaġnu, mnistaġni*

Imp.: *staġni, staġni; staġnu*

A.p.: *mistaġni, mistaġnye; mistaġnyīn*

P.p.: 確認されず。

Vn.: 確認されず。

例：*stahwa*「魅了する」 *staḥla*「素敵だと思う」 *starža*「あえてする」

2.2.9.2. ４語根動詞

2.2.9.2.1. 基本形

(1) 強動詞

taržam「訳す」

Sc.: *taržam, taržamat, taržamt, taržamti, taržamt; taržamu, taržamtu, taržamna*

Pc.: *bitaržim, bittaržim, bittaržim, bittarižmi, bataržim; bitarižmu, bittarižmu, mintaržim*

Imp.: *taržim, tarižmi; tarižmu*

A.p.: *mtaržim, mtarižme; mtarižmīn*

P.p.: *mutaržam, mutaržame; mutaržamīn*

Vn.: *taržame*

例：*baqbaš*「水ぶくれを作る」 *barbaš*「バリバリ齧る」 *bašbaš*「バリバリ齧る」 *dardaš*「おしゃべりする」 *fawdas*「休暇を取る」 *ġarġar*「くすぐる」

karkaᶜ「カリカリという音をさせる」 *laḥwaṣ*「なめる」 *marmaġ*「ほこりまみれにさせる」 *narfaz*「腹が立つ」 *naṭnaṭ*「飛び上がる」 *qarqaš*「バリバリ齧る」 *qarqaṭ*「バリバリ齧る」 *sayṭaṛ*「支配する」 *ṣaḥlal*「音楽を楽しむ」 *šaḥṭaṭ*「どっちつかずにさせる」 *šaqlab*「ひっくり返す」 *taˀtaˀ*「口ごもりながら言う」 *taftaf*「しどろもどろに話す」 *talfan*「電話する」 *xazbal*「失望させる」 *xarxar*「ブンブン言う音を立てる」

(2) 弱動詞

(2.1.) 第 2 根素 W 動詞

dōzan「調弦する」

Sc.: *dōzan, dōzanat, dōzant, dōzanti, dōzant; dōzanu, dōzantu, dōzanna*

Pc.: *bidōzin, bitdōzin, bitdōzin, bitdōzni, badōzin; bidōznu, bitdōznu, mindōzin*

Imp.: *dōzin, dōzni; dōznu*

A.p.: *mdōzin, mdōzne; mdōznīn*

P.p.: 確認されず。

Vn.: *dōzane*

例：*bōbaz*「しゃがみ込む」 *fōdas*[51]「休暇を取る」 *fōras*[52]「休暇を取る」 *kōfal*「おむつをつける」 *kōrab*「カーブを切る」 *ṣōban*「石鹸で洗う」 *ṭōḅaṛ*「コンクリート枠を作る」

(2.2.) 第 2 根素 Y 動詞

hēlam「(人を) 丸め込む」

Sc.: *hēlam, hēlamat, hēlamt, hēlamti, hēlamt; hēlamu, hēlamtu, hēlamna*

Pc.: *bihēlim, bithēlim, bithēlim, bithēlmi, bahēlim; bihēlmu, bihēlmu, minhēlim*

Imp.: *hēlim, hēlmi; hēlmu*

A.p.: *mhēlim, mhēlme; mhēlmīn, mhēlmāt*

P.p.: 確認されず。

Vn.: *hēlame*

---

[51] OA *furṣa* > *fōṛṣa* > *fōras* > *fawras* (2.2.9.2.1. (2.1.) を参照) > *fawdas*.

[52] *fawdas* (2.2.9.2.1.(1) を参照) > *fōdas*。

(2.3.) 第 4 根素弱動詞

farža「見せる」

Sc.: *farža, faržat, faržēt, faržēti, faržēt; faržu, faržētu, faržēna*

Pc.: *bifarži, bitfarži, bitfarži, bitfarži, bafarži; bifaržu, bitfaržu, minfarži*

Imp.: *farži, farži; faržu*

A.p.: *mfarži, mfaržye; mfaržyīn*

P.p.: *mfarža, mfaržāye; mfaržāyīn*

Vn.: 確認されず。

例：*ṣōṣa*「腹がグーと鳴る」 *ṭaʿma*「食事を与える」 *warža*「見せる」

2.2.9.2.2. 第 II 型

(1) 強動詞

tḥarkaš「挑発する」

Sc.: *tḥarkaš, tḥarkašat, tḥarkašt, tḥarkašti, tḥarkašt; tḥarkašu, tḥarkaštu, tḥarkašna*

Pc.: *bitḥarkiš, btitḥarkiš, btitḥarkiš, btitḥarikši, batḥarkiš; bitḥarikšu, btitḥarikšu, mnitḥarkiš*

Imp.: *tḥarkiš, tḥarikši; tḥarikšu*

A.p.: *mitḥarkiš, mitḥarikše; mitḥarikšīn*

P.p.: *mitḥarkaš, mitḥarkaše; mitḥarkašīn*

Vn.: 確認されず。

例：*tʾafʾaf*「ためいきをつく」 *tʿarbaš*「登る」 *tbahdal*「軽蔑される」 *tbaḥbaḥ*「良い暮らしをする」 *tbarṭal*「収賄する」 *tdaḥṛaž*「転がる」 *tdarwax*「よろめく」 *tfaʿfal*「泥だらけになる」 *tfarkaš*「つまずく」 *tḥarkaš*「挑発する」 *tkaḥṛab*「感電する」 *tlaqlaq*「よろめく」 *tmasxaṛ*「バカにする」 *traġraġ*「うがいする」 *tsaḥsal*「滑る」 *tsalsal*「連続する」 *tšaʿbaṭ*「登る」 *tšaḥṭaṭ*「どっちつかずである」 *tšaqlab*「ひっくり返る」 *tšardaq*「飲み込む」 *twaldan*「子供っぽくふるまう」 *twažhan*「偽善者になる」 *txazbal*「失望させられる」 *tzaḥlaq*「滑る」

(2) 弱動詞

第 2 根素弱動詞のみ確認された。

ṭṭōṭaḥ「ふらふらする」

Sc.: *ṭṭōṭaḥ*[53], *ṭṭōṭaḥat, ṭṭōṭaḥt, ṭṭōṭaḥti, ṭṭōṭaḥt; ṭṭōṭaḥu, ṭṭōṭaḥtu, ṭṭōṭaḥna*

Pc.: *biṭṭōṭaḥ, btiṭṭōṭaḥ, btiṭṭōṭaḥ, btiṭṭōṭaḥi, baṭṭōṭaḥ; biṭṭōṭaḥu, btiṭṭōṭaḥu, mniṭṭōṭaḥ*

Imp.: *ṭṭōṭaḥ, ṭṭōṭaḥi; ṭṭōṭaḥu*

A.p.: *miṭṭōṭiḥ, miṭṭōṭḥe; miṭṭōṭḥīn*

P.p.: *miṭṭōṭaḥ, miṭṭōṭaḥe; miṭṭōṭaḥīn*

Vn.: 確認されず。

例：*ṭṭōṭaḥ*「ふらふらする」

2.2.9.3. 不規則動詞

ここで言う不規則動詞とは、上記のどの派生形のパターンにも当てはまらないもの、活用形が部分的に欠けているものを言う。

(1) *axad*「取る」・*akal*「食べる」

この 2 つの動詞は接頭辞活用形、命令形および能動分詞で不規則性が見られる。

(a) *axad*「取る」

Sc.: *axad, axdat, axatt*[54]*, axatti, axatt; axadu, axattu, axadna*

Pc.: (a) *byāxud, btāxud, btāxud, btāxdi, bāxud; byāxdu, btāxdu, mnāxud*

(b) *byōxud, btōxud, btōxud, btōxdi, bōxud; byōxdu, btōxdu, mnōxud*

(c) *byōxid, btōxid, btōxid, btōxdi, bōxid; byōxdu, btōxdu, mnōxid*

Imp.: *xōd*[55]*, xudi; xudu*

A.p.: (a) *māxid, māxde; māxdīn*

(b) *mēxid, mēxdi; mēxdīn*

---

53 *ṭṭōṭaḥ* < **tṭōṭaḥ* (1.3.2.1.4.(1) を参照)

54 *axatt* < **axadt* (1.3.2.1.1.(3) を参照)。ただし補助母音が入ると *axadit*。

55 男性単数に対する命令形も接尾代名詞が付くと語幹が *xud-* になる：*xud-ha*「それを取れ (m.sg.)」。

P.p.:　確認されず[56]。

Vn.:　確認されず。

(b) *akal*「食べる」

Sc.:　*akal, aklat, akalt, akalti, akalt; akalu, akaltu, akalna*

Pc.:　(a) *byākul, btākul, btākul, btākli, bākul; byāklu, btāklu, mnākul*

(b) *byōkul, btōkul, btōkul, btōkli, bōkul; byōklu, btōklu, mnōkul*

(c) *byōkil, btōkil, btōkil, btōkli, bōkil; byōklu, btōklu, mnōkil*

Imp.:　*kōl*[57]*, kuli; kulu*

A.p.:　(a) *mākil, mākle; māklīn*

(b) *mēkil, mēkli; mēklīn*

P.p.:　確認されず[58]。

Vn.:　*akil*

(2) *aža ~ iža*「来る」

接頭辞活用形の活用接頭辞に長母音 *ī* を含む。また命令形は別の動詞による補充である。

Sc.:　*aža ~ iža, ažat ~ ižat, žīt, žīti, žīt; ažu ~ ižu, žītu, žīna*

Pc.:　*bīži, btīži, btīži, btīži, bāži; bīžu, btīžu, mnīži*

Imp.:　*taᶜāl, taᶜāli; taᶜālu*

A.p.:　*žāy, žāye; žāyīn*

P.p.:　確認されず。

Vn.:　*žēne*

(3) *aᶜṭa*「与える」

接頭辞活用形で第 1 根素に先行する *a* が残り *byaᶜṭi* となる（通常の第 3 根素弱動詞第 IV 型では *biCCi* となる）。

---

[56] 第 VIII 型 *ttāxad* (2.2.9.3.(4a)) の能動分詞が *axad* の受動分詞として用いられる。

[57] 男性単数に対する命令形も接尾代名詞が付くと語幹が *kul-* になる：*kul-ha*「それを食べろ (m.sg.)」。

[58] 第 VIII 型 *ttākal* (2.2.9.3.(4b)) の能動分詞が *akal* の受動分詞として用いられる。

Sc.: *aʿṭa, aʿṭat, aʿṭēt, aʿṭēti, aʿṭēt; aʿṭu, aʿṭētu, aʿṭēna*

Pc.: *byaʿṭi, btaʿṭi, btaʿṭi, btaʿṭi, baʿṭi; byaʿṭu, btaʿṭiu, mnaʿṭi*

Imp.: *aʿṭi, aʿṭi; aʿṭu*

A.p.: *muʿṭi, muʿṭye; muʿṭyīn*

P.p.: *muʿṭa, muʿṭāye; muʿṭayīn*

Vn.: *iʿṭāʾ*

(4) *ttāxad*「取られる」・*ttākal*「食べられる」

(1) でみた *axad, akal* の受動態と言えるものである。能動分詞は *axad, akal* の受動分詞として用いられる。

(a) *ttāxad*「取られる」

Sc.: *ttāxad, ttāxdat,-, -, -; ttāxadu, -, -*

Pc.: *bittāxad, btittāxad, -, -, -; bittāxdu, -, -*

Imp.: なし。

A.p.: *mittāxid, mittāxde; mittāxdīn*

P.p.: 確認されず。

Vn.: 確認されず。

(b) *ttākal*「食べられる」

Sc.: *ttākal, ttāklat,-, -, -; ttākalu, -, -*

Pc.: *bittākal, btittākal, -, -, -; bittāklu, -, -*

Imp.: なし。

A.p.: *mittākil, mittākle; mittāklīn*

P.p.: 確認されず。

Vn.: 確認されず。

(5) *stanna*「待つ」

同様の動詞は現代口語アラビア語の多くで確認される。語根 √ʾ-n-y の第 V 型と第 X 型の混合したものと考えられる[59]。

[59] Yoda, *Tripoli*, p. 192 を参照。

Sc.: *stanna, stannat, stannēt, stannēti, stannēt; stannu, stannētu, stannēna*

Pc.: *bistanna, btistanna, btistanna, btistanni, bastanna; bistannu, btistannu, mnistanna*

Imp.: *stanna, stanni; stannu*

A.p.: *mistanni, mistannye; mistannyīn*

P.p.: 確認されず。

Vn.: 確認されず。

(6) *stāhal*「ふさわしい」

この動詞は語根　の第 X 型と考えられるが、接頭辞活用形で語幹母音が *a* である点が不規則性を示す。

Sc.: *stāhal, stāhalat, stāhalt, stāhalti, stāhalt; stāhalu, stāhaltu, stāhalna*

Pc.: *bistāhal, btistāhal, btistāhal, btistāhali, bastāhal; bistāhalu, btistāhalu, mnistāhal*

Imp.: *stāhal, stāhali; stāhalu*

A.p.: *mistāhil, mistāhle; mistāhlīn*

P.p.: *mustāhal, mustāhale; mustāhalīn*

(7) *staḥa*「恥ずかしい」

OA でも見られる動詞で、語根 √ḥ-y-y の第 X 型と考えられるが、*staḥa* では根素が 2 つしか現れない。

Sc.: *staḥa, staḥat, staḥēt, staḥēti, staḥēt; staḥu, staḥētu, staḥēna*

Pc.: *bistḥi, btistḥi, btistḥi, btistḥi, bastḥi; bistḥu, btistḥu, mnistḥi*

Imp.: *istḥi, istḥi; istḥu*

A.p.: *mistḥi, mistḥiyye; mistḥiyyīn*

P.p.: 確認されず。

Vn.: 確認されず。

(8) *strayyaḥ*「休む」

語根 √r-y-ḥ の第 X 型と第 II 型の語幹を併せ持つ動詞である。但し OA での語根は √r-w-ḥ である。

Sc.: *strayyaḥ, strayyaḥat, strayyaḥt, strayyaḥti, strayyaḥt; strayyaḥu, strayyaḥtu, strayyaḥna*

Pc.: *bistrayyiḥ, btistrayyiḥ, btistrayyiḥ, btistrayyḥi, bastrayyiḥ, bistrayyḥu, btistrayyḥu, mnistrayyiḥ*

Imp.: *strayyiḥ, strayyḥi, strayyḥu*

A.p.: *mistrayyiḥ, mistrayyḥa; mistrayyḥīn*

P.p.: 確認されず。

Vn.: 確認されず。

(9) *hāt*「持って来い！」

この動詞は命令形でのみ用いられる。

Imp.: *hāt, hāti; hātu*

2.2.10. 疑似動詞

形態的には動詞ではないが、統語論的に動詞と同様の振る舞いをするものがある。このようなものを疑似動詞と呼ぶ。

(1) *fīʰ*[60]「在る」

通常、非限定の名詞が意味上の主語となる場合に用いられる。主語の性・数に応じて変化しない。

ʿallam in-nās, ʔinn-o fīʰ ʔiši ʔism-o ʔaḷḷa.「彼は、神という名のものがある、と人々に教えた。」 *fīʰ fiššit il-ʿižil.*「子牛の肺がある。」 *fīʰ hōni talat aswāq.*「ここには 3 つの市場がある。」

否定は動詞と同様 *ma-...-š* ではさむ（*ma-fišš*）か *-š* を後置する（*fīšš*）。*fišš* は **fīh-š > fih-š > fišš* という過程を経ている（1.3.2.1.3.(4) を参照）。

fišš diyāne muʿayyane.「特定の宗教はない。」 *lākin žuwwāt-a mā-fīʰ zēt.*「しかし内部には油がない。」

(2) *ʿind- ~ ʿand-*[61], *ʔil-, maʿ-*

それぞれ本来「〜のもとに」、「〜のために」、「〜と共に」という意味を表

60 1.3.1.28.(3) を参照。

61 Yoda, *Tripoli*, p. 192 を参照。

す前置詞だが（2.5.1. を参照）、*fi^{h}* と同様、主に主語が非限定の名詞の場合「〜が〜にある」という意味で用いられる。文脈によっては「〜を持っている」という意味となり、JA の話者にとっても論理上の主語が目的語として解釈されることがある。この用法では *^{c}ind-, $^{?}$il-, ma^{c}-* は部分的に動詞的なふるまいをする。この用法では必ず「前置詞＋接尾代名詞」の組み合わせになる。

^{c}ind- ~ *^{c}and-*（下表は *^{c}ind-* による）

	肯定		否定	
	単数	単数	単数	単数
3.m.	*^{c}ind-o*	*^{c}ind-hum*	*(ma-)^{c}ind-ō-š*	*(ma-)^{c}ind-hum-š*
3.f.	*^{c}ind-ha*		*(ma-)^{c}ind-hā-š*	
2.m.	*^{c}ind-ak*	*^{c}ind-kum*	*(ma-)^{c}ind-ak-š*	*(ma-)^{c}ind-kum-š*
2.f.	*^{c}ind-ik*		*(ma-)^{c}ind-ik-š*	
1.	*^{c}ind-i*	*^{c}ind-na*	*(ma-)^{c}ind-ī-š*	*(ma-)^{c}ind-nā-š*

ma^{c} / ma^{c}a（２種類の形がある）

	単数	単数
3.m.	*ma^{c}-o* ~ *ma^{c}ā-^{h}*	*ma^{c}-hum* ~ *ma^{c}ā-hum*
3.f.	*ma^{c}-ha* ~ *ma^{c}ā-ha*	
2.m.	*ma^{c}-ak* ~ *ma^{c}ā-k*	*ma^{c}-kum* ~ *ma^{c}ā-kum*
2.f.	*ma^{c}-ik* ~ *ma^{c}ā-ki*	
1.	*ma^{c}-i* ~ *ma^{c}ā-y*	*ma^{c}-na* ~ *ma^{c}ā-na*

否定

	単数	単数
3.m.	*(ma-)ma^{c}-ō-š* ~ *(ma-)ma^{c}a-hō-š*	*(ma-)ma^{c}-hum-š* ~ *(ma-)ma^{c}a-hum-š*
3.f.	*(ma-)ma^{c}-hā-š* ~ *(ma-)ma^{c}a-hā-š*	
2.m.	*(ma-)ma^{c}-ak-iš* ~ *(ma-)ma^{c}ā-k-iš*	*(ma-)ma^{c}-kum-š* ~ *(ma-)ma^{c}a-kum-š*
2.f.	*(ma-)ma^{c}-ik-iš* ~ *(ma-)ma^{c}a-kī-š*	
1.	*(ma-)ma^{c}-ī-š* ~ *(ma-)ma^{c}ā-y-iš*	*(ma-)ma^{c}-nā-š* ~ *(ma-)ma^{c}a-nā-š*

il-

	肯定		否定	
	単数	単数	単数	単数
3.m.	*il-o*	*il-hum*	*(ma-)il-ō-š*	*(ma-)il-hum-š*
3.f.	*il-ha*		*(ma-)il-hā-š*	
2.m.	*il-ak*	*il-kum*	*(ma-)il-ak-š*	*(ma-)il-kum-š*
2.f.	*il-ik*		*(ma-)il-ik-š*	
1.	*il-i*	*il-na*	*(ma-)il-ī-š*	*(ma-)il-nā-š*

ʿind-i walad ana.「私には息子がいる。」 *fa-biṣīr ʿind-ak ḍīq nafas.*「あなたは呼吸困難になるよ。」 *ʿind-ak sayyāṛa.*「貴男には車があります。」 *maʿ-i maṣāri.*「私には金があります。」 *il-o ixwe.*「彼には兄弟がいます。」

fīh と組み合わせて使う場合もある：*fīh ʿinna (< ʿind-na) knīse f-il-quds, ism-a sant mār marquṣ.*「我々にはエルサレムに『聖マルコス』という教会がある。」 *fīh ʿind-ak ṭaybe? – aywa, fīh ʿind-i. / laʔ, fišš ʿind-i.*「タイベはありますか？―はい、あります／いいえ、ありません。」 *fīh maʿ-i ṣurtēn.*「私には写真が 2 枚あります。」

「*šū (fīh) ʿind-ak* ＋名詞」の組み合わせは「〜は何がありますか？」を意味する：*šū fīh ʿind-ak fawākih?*「果物は何がありますか？」 *šū fīh ʿind-ak iʿtirāḍ?*「どんな反論がありますか？」 *šū fīh ʿind-ak lōn tāni?*「ほかにどんな色がありますか？」 *šū fīh maʿ-ak fōq?*「君は上の階に何を持っているのだ？」

否定は動詞と同様 *ma-...-š* ではさむか、*-š* を後置する（接尾代名詞が母音で終わる場合は *-š* の前で長母音となる）：*ma-ʿand-īš ʔirāde.*「私にはその気がない。」 *(ma-)ʿind-ī-š kumbyūtaṛ.*「コンピュータは持ってません。」 *il-ak ixwe? – laʔ, (ma-)il-ī-š.*「ご兄弟は？―いいえ、いません。」 *l-imwaẓẓaf (ma-) maʿ-ō-š maṣāri.*「その事務員には金がありません。」

fīh と組み合わせる場合は *fīh* の部分が否定形になる（*fišš ʿand- ~ ʿind-* 等）：*fišš ʿind-i sayyāṛa.*「私には車がない。」

ʿind, maʿ, il- は一般的に次のように使い分けられるとされているが、実際にはそれ程厳密ではない[62]。

[62] Rosenhouse, *Ilo* を参照。

(a) *ᶜind-* ~ *ᶜand-*：一般的な所有

ᶜind-ak kumbyūtaṛ? – aywa, ᶜind-i.「コンピューター持ってますか？―はい、持ってます。」 *ᶜind-i ktīr šuġul.*「私は仕事がたくさんある。」 *ma-ᶜind-ī-š šakk.*「疑いない。」

(b) *maᶜ, maᶜa-*：その場に持ち合わせているもの・その場にいるもの。

maᶜ-ak maṣāṛi? – aywa.「お金持ってる？―はい。」 *il-bawwāb maᶜ-o mafatīḥ.*「門番がカギを持っている。」 *šū kān maᶜ-hum?*「彼らは何を持っていた？」 *kān maᶜ-o slāḥ?*「彼は武器を持っていたのか？」

(c) *ʔil-*：所有者と不可分のもの（親族など）

ʔil-ak ixwe? – ʔaywa, ʔil-i axu kbīr.「ご兄弟は？―兄がいます。」

しかし次のような例もある。

kull wāḥad ʔil-o ṣaḥin w-maᶜlaqa.「めいめいに皿とスプーンがある。」 *ʔil-o mēl la-l-fann.*「彼には芸術への傾倒がある。」 *ma-kan-š ʔil-i ʔayya ᶜalāqa maᶜ-hum.*「私は彼とは何の関係もなかった。」 *kull ʔisim dāyman ʔil-o maᶜna.*「どんな名前にも意味がある。」

ma と組み合わせ *mā-l-* という形で「～はどうしたのか？～に何が起きたのか？」：*(šū) mā-l-ak?*「（あなた）どうしました？」 *mā-l-o ha-l-kumbyūtaṛ?*「このパソコンどうなっているんだ?!」 *mā-l-kum w-mā-l-i?*「お前には関係ないだろう！」 *mā-l-ik sākte hēk?*「何だってそんなに黙っているんだ？」

ᶜind- ~ *ᶜand-, maᶜ, ʔil-* 以外にも疑似動詞的に用いられる前置詞がある：*ma-quddam-ī-š ʔilla l-maḥkame.*「私の前には法廷しかない（＝裁判をするしかない）。」

(3) *bidd-*

語源的にはOAの يودّي に対応する。Y接頭辞活用形を従え「～したい」「～すべきだ」のような意味になる。

bidd-ak tišrab ūzo aw wiski, išrab šwayy.「ウゾやウイスキーを飲みたければ少し飲んでみろ。」 *kīf ana bidd-i ašrab sigaṛāt?*「どうして煙草を吸わなければならない？」 *ʔiza šuft ʔinn-o hādi š-šaġle bidd-ak itṣīr mudmin ᶜalē-ha, la tiᶜmal.*「このことが癖になるようだったらやめておけ。」 *ana bidd-i ʔašūf-hun qabil.*「まず彼らに会いたい。」

bidd- の意味上の主語と動詞の主語が異なることもある。

bidd-ī-š tmūt.「あなたには死んでほしくない。」

動詞を含まない場合もあり、この場合は「〜に必要である」の意味になる。なお、意味上の目的語が代名詞の場合は *iyyā-* が用いられる。

inte bidd-ak minn-i ᶜašaṛ šēkil, tinsā-š.「あなたは私に10シェケル借りてるから忘れるなよ。」 *yaᶜni bidd-i-yyā-k.*「つまり私にはお前が必要なんだ。」

2.2.11. 動詞前辞

接頭辞活用形の動詞には行為の現在進行性を示す動詞前辞がつくことがある。動詞前辞は B 接頭辞活用形にも Y 接頭辞活用形にもつく。

(1) *ᶜammāl*

fa-hadāk simiᶜ ˀinno fīʰ wāḥad ˀaža w-ᶜammāl bišfi.「それでこの人は、ある人がやってきて治療をしていると聞いた」 *ᶜammāl bafṭaṛ*「(今) 朝食を食べているところです。」

(2) *ᶜam*

inte ᶜam-tqul-l-i šū l-ˀaxbāṛ, ˀana baqul-l-ak l-axbāṛ ikwayyise.「あなたは私に元気かどうか聞いているが、私は元気だと言おう。」

ᶜam が *b-* 接頭辞活用形に付く場合、*b* が *m* に同化することがある (1.3.2.1.1(3) を参照)。

ᶜam bākul > *ᶜam mākul*「私は食べているところです。」

2.3. 名詞

JA では名詞と形容詞は品詞としては区別されるが、形態的には区別がない。大部分の形容詞は名詞として用いることができる（ただしその逆は真ではない）。例えば *kbīr*「大きい」は名詞を修飾する位置（例：*bēt ikbīr*「大きい家」）や述語の位置（例：*bēt-o kbīr*「彼の家は大きい」）にあれば形容詞と見ることができる。一方、単独で、特に定冠詞が付いた状態では名詞として機能することが多い：*hadāk l-ikbīr*「あの大きいもの」。従って本書では名詞と形容詞を同一の形態カテゴリーに属すると考え、名詞・形容詞とも「名詞」として扱う。

2.3.1. 定冠詞

JA の定冠詞は *l-* である。定冠詞は名詞・形容詞の両方に付くことができる。これは性・数で変化しない。ただし定冠詞が付く語の音韻条件に応じて補助母音が挿入される。

(1) *Cv-* で始まる語で *C* が *d, ḍ, l, n, r, ṛ, s, ṣ, š, t, ṭ, z, ẓ, (ž*[63]*)* の場合、*l* はその子音に同化する[64]。この時同化した定冠詞の前に補助母音として *i-* が挿入される。

l- + *ḍāṛ*「家」> **il-ḍāṛ* > *iḍ-ḍāṛ*「その家」

l- + *sayyāṛa*「自動車」> **il-sayyāṛa* > *is-sayyāṛa*「その自動車」

ただし、実際の発話で言いよどみなどが原因でこれらの音の前で定冠詞が *l-* の場合も観察される。

(2) *Cv-* で始まる語で *C* が (1) で見た同化する子音以外の場合、定冠詞は *il-* となる。

l- + *bāb*「ドア」> *il-bāb*「そのドア」

l- + *madrase*「学校」> *il-madrase*「その学校」

母音で始まる名詞には声門閉鎖音が付くことが多いが恣意的である。

l- + *imm*「母」> *il-(ˀ)imm*「その母」

---

[63] *ž* については同化する話者と同化しない話者がいる：*il-žāmᶜa* ~ *iž-žāmᶜa*「大学」。

[64] OA でも定冠詞が同化する子音（文字）があり（*d, ḏ, ḍ, ḏ̣, l, n, r, s, ṣ, š, t, ṭ, ṯ, z*）、「太陽文字」と呼ばれる。

(3) *CCv-* で始まる語は *l-iCCv-* となる。最初の *C* が (1) で示した同化する子音の場合でも同化は生じない。

l- + *ktāb*「本」> *l-iktāb*「その本」

l- + *ṣḥāb*「友人たち」> *l-iṣḥāb (*iṣ-ṣḥāb)*「その友人たち」

l- + *ḍyūf*「客たち」> *l-iḍyūf (*iḍ-ḍyūf)*「その客たち」

ただし、語頭の *C* が *l, n, r, ṛ* の場合、定冠詞は同化する。

l- + *lḥāf*「敷布」> *il-lḥaf (*l-ilḥīf)*「その敷布」

l- + *nhāṛ*「昼間」> *in-nhāṛ (*l-inhāṛ)*「その昼間」

l- + *rġīf*「一切れ（パン）」> *ir-rġīf (*l-irġīf)*「その一切れ」

また同化が自由な場合もある。

l- + *zġīr*「小さい」> *iz-zġīr* ~ *l-izġīr*「その小さいもの」

なお、*bani-ʾādam*「人」は OA の *ibn ʾādam* に由来する語で、2つの名詞の組み合わせによるが、JA では 1 語として扱われ、定冠詞は語頭に付く：*il-bani-ʾādam*。

2.3.2. 名詞の曲用

2.3.2.1. 文法性

JA の名詞には男性名詞と女性名詞の区別がある。男性名詞にはそれと区別できる形態的、意味的な特徴はないが、女性名詞は以下のような特徴的な形態、意味を持つことが多い。

2.3.2.1.1. 女性名詞の指標

2.3.2.1.1.1. 女性を表す語

imm「母」 *ʿažūz*「老婆」 *uxt*「姉妹」など

2.3.2.1.1.2. 形態による女性名詞

(1) *-a, -e* で終わる語の大部分。

JA では *-a, -e* で終わる語には以下のようなものがある。

(a) 古典語の *tāʾ marbūṭah* に由来するもの

madrase「学校」(< OA *madrasah*), *ustāze*「女性教師」(< OA *ʾustāḏah*)

-a / *-e* の区別はその語尾の直前の子音の性質により、その子音が咽頭音・口蓋垂音・強制音の場合（*ᶜ, (ḅ), ḍ, ġ, h, ḥ, (ḷ), (ṃ), q, ḍ̣, ṛ, ṣ, ṭ, x, ẓ*）は *-a*、それ以外では *-e* となる。今後語形パターンで示す場合、実際には *-a* または *-e* で現れる女性語尾は原音素として *A* を用いる。例えば *žāmᶜa*「大学」 *ṭālbe*「女子学生」はいずれも *CāCCA* のパターンの語である。

žāmᶜa「大学」 *marīḍa*「病気の（f.)」 *luġa*「言語」 *muwāžaha*「対決」 *ṣiḥḥa*「健康」 *waraqa*「紙」 *ṭāḍ̣a*「エネルギー」 *ṃaṛṛa*「回」 *quṣṣa*「物語」

(b) OA の *ˀalif maqṣūrah, ˀalif mamdūdah* に由来するもの[65]。

ᶜaṣa「杖」(< OA *ᶜaṣā* عصًا) *dinya*「現世」(< OA *ᶜdunyā* دنيا) *sama*「空」(< OA *samāˀ* سماء)

(2) *-āy* で終わるもの

これは *-āye* という語尾が **-āye* > **-āyi* > *-āy* と変化したものである。

tirbāy「教育」 *imḍāy*「署名」 *ᶜabāy (~ ᶜaba)*「マント」 *ᶜaṣāy (~ ᶜaṣa)*「杖」

2.3.2.1.1.3. 習慣的な女性名詞

(1) 身体で対をなすものを表す語の一部

ižir「足」 *īd*「手」 *dān*「耳」など

(2) 地名の大部分

il-quds「エルサレム」 *nāblis*「ナブルス」 *sūrya*「シリア」など

(3) その他

aṛḍ「土地」 *dukkān*「店」 *ṭarīq*「道」など

2.3.2.1.2. 女性形の形成

人を表す名詞（国籍、職業、宗教)・一部の動物を表す名詞・形容詞の女性形は次のような原則で生成される。

(1) 原則的に男性形に *-e* または *-a* を付加する（以下左側が男性形：右側が女性形)。

kbīr : *kbīre*「大きい」 *ustāz* : *ustāze*「教師」

(2) *-CvC#* (*v* = *i* ~ *u*) で終わる語は *v* 脱落する（> *-CCA*)。

---

[65] OA では男性名詞だったものが JA では女性名詞となるものが多い。ただし、*dawa*「薬」(< OA *dawāˀ* دواء) は男性名詞。

ṭālib : *ṭālbe*「学生」 *mᶜallim* : *mᶜallme*「教師」 *mislim* : *misilme*「ムスリム」

(3) ニスバ形容詞（2.3.2.4. を参照）または *-ži* でおわる語には *-yye* を付加する。*falasṭīni* : *falasṭiniyye*「パレスチナの・パレスチナ人」 *kunḍarži* : *kunḍaržiyye*「靴屋」

(4) 第 3 根素弱動詞に由来する *-i* で終わる能動分詞は派生形によって女性形の作り方が 2 種類ある。

(a) *-i* > *-ye*： 3 語根動詞基本形（*māši* : *māšye* < *miši*「歩く」）・第 II 型（*mṛaḅḅi* : *mṛaḅḅye* < *ṛaḅḅa*「育てる」）・第 III 型（*mnādi* : *mnādye* < *nāda*「呼ぶ」）・第 V 型（*mitᶜašši* : *mitᶜaššye* < *tᶜašša*「夕食をとる」）・第 VI 型（*mitlāqi* : *mitlāqye* < *tlāqa*「会う」）・第 X 型（*mistaḥli* : *mistaḥlye* < *staḥla*「素敵だと思う」）・ 4 語根動詞基本形（*mfarži* : *mfaržye* < *farža*「見せる」）

(b) *-i* > *-iyye*： 3 語根動詞第 IV 型（*muṛḍi* : *muṛḍiyye* < *aṛḍa*「満足させる」）・第 VII 型（*miniᶜdi* : *miniᶜdiyye* < *nᶜada*「感染する」）・第 VIII 型（*mištri* : *mištriyye* < *štara*「買う」）

2.3.2.2. 数

2.3.2.2.1. 双数形

双数形は「2 つの〜」を表す形態で、単数形に語尾 *-ēn* を付けて作られる。この語尾は単数形の形態に応じて次のようにして付けられる。

(1) *-C* で終わる語

(1a) *-CaC#, -Cv̄C#* + *-ēn* > *-CaCēn, -Cv̄Cēn*: *daftaṛēn*（< sg. *daftaṛ*「ノート」） *xaḅaṛēn*（< sg. *xaḅaṛ*「ニュース」） *talfizyunēn* <（sg. *talfizyōn*「テレビ」）

(1b) *-CiC#, -CuC#, -CC#* + *-ēn* > *-CCēn*: *šuġlēn*（< sg. *šuġul*「仕事」） *bintēn*（< sg. *binit*「娘」） *ṭālbēn*（< sg. *ṭālib*「学生」） *uxtēn*（< sg. *uxt*「姉妹」）

(1c) *-āye* に由来する *-āy* で終わる語（2.3.2.1.1.2(2) を参照）は *-āytēn* となる：*imḍāytēn*（< sg. *imḍāy*「署名」）

(2) *-CA* で終わる語

(2a) *-vCA* + *-ēn* > *-vCtēn*: *luġtēn*（< sg. *luġa*「言語」） *žihtēn*（< sg. *žiha*「側」）

(2b) *-v̄CA* + *-ēn* > *v̄Ctēn*: *fāṛtēn*（< sg. *fāṛa*「雌ネズミ」） *lēltēn*（< sg. *lēle*「夜」） ōṭṭēn（< *ōḍṭēn < *ōḍtēn < ōḍa「部屋」）

(2c) *-vCCA* + *-ēn* > *-vCiCtēn* ~ *vCCitēn: kalibtēn*（< sg. *kalbe*「雌犬」） *kilimtēn* ~ *kilmitēn*（< sg. *kilme*「単語」）

(2d) *-v̄CCA* + *-ēn* > *-v̄CiCtēn: ṭālibtēn*（< sg. *ṭālbe*「女子学生」）

(2e) *-Cte, -Cṭa, -Cde, -Cḍa* + *-ēn* > *-titēn, -ṭitēn, -ditēn, -ḍitēn: šantitēn*（< sg. *šanta*「かばん」） *maḥaṭṭitēn*（< sg. *maḥaṭṭa*「駅」） *mxadditēn*（< sg. *mxadde*「枕」）

(2f) *-iyye* + *-ēn* > *-iyytēn*: *ḥanafiyytēn*（< sg. *ḥanafiyye*「蛇口」）

(3) *-v* で終わる語

(3a) *-Ci* + *-ēn* > *-Ciyyēn: kursiyyēn*（< sg. *kursi*「イス」） *yaḅaniyyēn*（< sg. *yaḅāni*「日本の・日本人」）

(3b) *-Co* + *-ēn* > *-Cowēn: kīlowēn*（< sg. *kīlo*「キロ」） *rādyowēn*（< sg. *rādyo*「ラジオ」）

(3c) *-Ca*（*-A* ではない）+ *-ēn* > *-ayēn: maᶜnayēn*（< sg. *maᶜna*「意味」） *mažṛayēn*（< sg. *mažṛa*「水路」）

(4) その他

(a) 次のような身体で対をなすものを表す語では *-tēn* を付加する（語幹が変化する場合もある）：*ižirtēn*（< sg. *ižir*「足」） *ittēn*（< **īdtēn* < sg. *īd*「手」） *ᶜēntēn*（< sg. *ᶜēn*「目」） *dēntēn*（< sg. *dān*「耳」）

(b) *axu*「兄弟」 *abu*「父」はそれぞれ *axxēn, abbēn* となる。

度量衡を表わす語および身体で対をなすものを表す語では、「２」を表わす場合に双数形が用いられるが、それ以外の名詞は「複数形＋数詞２」で表現されることが多い。数詞「２」は名詞が男性名詞の場合は *tnēn* を、女性名詞の場合は *tintēn* を用いる（2.4.1.2. を参照）。

waladēn = *wlād itnēn*「二人の男の子」

sayyaṛtēn = *sayyaṛāt tintēn*「二台の自動車」

双数形の名詞には接尾代名詞を付けることができないので、「〜の２つの〜」という場合は前置詞 *tabaᶜ, šēt* などを用いて分析的に表現する。

is-sayyāṛtēn šēt-i (**sayyaṛtēni*)「私の２台の自動車」

il-bintēn tabaᶜ-o (**bintēn-o*)「彼の二人の娘」

ただし *wāldēn*「両親」は双数形だが、接尾代名詞を付けることができる。この時語末の *n* が脱落する場合と（OA からの借用表現）しない場合とがある。

waldē-ha (waldēn-ha) fuqaṛa ktīr.「彼女の両親はとても貧しい。」

2.3.2.2.2. 複数形

複数形の形成は次の方法による。

(1) 語幹が変化する。

kutub（< sg. *ktāb*「本」） *madāris*（< sg. *madrase*「学校」） *maᶜāni*（< sg. *maᶜna*「意味」）

語幹が変化する名詞・形容詞の語形パターンは 2.3.4.2. を参照。

(2) 複数語尾を付ける。

複数語尾には次の 3 種類がある。

(2.1.) *-īn*

人を表す男性名詞の複数形の多くにこの語尾が付く。

mᶜallmīn（< sg. *mᶜallim*「教師」） *muḏiᶜīn*（< sg. *muḏīᶜ*「アナウンサー」）
rassamīn（< sg. *rassām*「画家」） *mitqāᶜdīn*（< sg. *mitqāᶜid*「年金生活者」）
mbarimžīn ~ *mbarmižīn*（< sg. *mbarmiž*「プログラマー」）

単数形の語尾が *-i* で終わる場合は次のようにして語尾を付け加える。

(a) *-yyīn* を加える（ニスバ語尾）。

falasṭiniyyīn（< sg. *falasṭīni*「パレスチナの・パレスチナ人」）

(b) *-i* を *-īn* に変える（ニスバ語尾以外）。

muḥamīn（< sg. *muḥāmi*「弁護士」）

(2.2.) *-āt*

kumbyūtaṛāt（< sg. *kumbyūtaṛ*「コンピューター」） *maqalāt*（< sg. *maqāl*「記事」）

女性語尾 *-e, -a* で終わる名詞の場合は、語尾を除去してから *-āt* を付ける。

sayyaṛāt（< sg. *sayyāṛa*「自動車」） *ṭālbāt*（< sg. *ṭālbe*「女子学生」） *ustazāt*（< sg. *ustāze*「女性教師」） *falasṭiniyyāt*（< sg. *falasṭiniyye*「パレスチナの

(f.)・女性パレスチナ人」) *mbarimžāt* ~ *mbarmižāt*（< sg. *mbarimže* ~ *mbarmiže*「女性プログラマー」）

(2.3.) *-yye*

単数形の語尾が *-ži* で終わる名詞には語尾 *-yye* を付け加える。

kundaržiyye（< sg. *kundarži*「靴屋」） *qahwažiyye*（< sg. *qahwaži*「喫茶店主」）

また *-i* で終わる国籍を表わす名詞は上で見たように、通常は *-yyīn* を付加して複数形を作るが、*-yye* を付けて複数形とすることもある。この場合は集合名詞的な意味を持つ。

pl. *falasṭiniyye*（< sg. *falasṭīni*「パレスチナ人」） pl. *yaḅaniyye*（< sg. *yaḅāni*「日本人」）

(2.4.) *-ēn*

次のような身体で対をなすものを表す語では *-ēn* を付加する。

ižrēn（< sg. *ižir*「足」） *idēn*（< sg. *īd*「手」） *ᶜinēn*（< sg. *ᶜēn*「目」） *dinēn*（< sg. *dān*「耳」）

これらの形は2.3.2.2.1. で見た双数形と類似しているので注意を要する。これらは数詞と共に用いることができる。

arbaᶜ ižrēn「４本の足」 *ha-l-kursi il-o sitt ižrēn.*「この椅子には足が６本ある。」

この語尾による複数形は接尾代名詞を伴うことができる。その場合は語末の *-n* が脱落する。

ižrē-ʰ, ižrē-ha, ižrē-k, ižrē-ki, ižrayy; ižrē-hum, ižrē-kum, ižrē-na「彼の足・彼女の足…」 *ižray-y maksūṛa*「(両) 足が折れた」(cf. *ižr-i maksūṛa*「(片) 足が折れた」)

(3) 数詞「３〜９」が先行する場合に限り、接頭辞 *t-* が付いた複数形が用いられる名詞がある。

yōm「日」pl. *yyām, tiyyām*（*arbaᶜ tiyyām*「４日」）

alf「1000」pl. *alāf, talāf*（*xamas talāf*「５千」）

šahir「月（間）」pl. *šhūr, tušhur*（*sabaᶜ tušhur*「７か月」）

nafs「魂」pl. *anfus, tunfus*

raġīf「パン切れ」pl. *irġife, tirġife*

ṛaṭil　「3 キロ」pl. *rṭāl, tirṭāl*

この接頭辞は歴史的には数詞の語尾に付いた *tāʾ marbūṭah* なので、例えば *xamas talāf*「5 千」は *xamast alāf* と分析することもできるが、話者の意識では *xa-mas-ta-lāf* と文節することから *alf* は数詞「3～9」が先行する場合は *talāf* と言う形態を持つと考える[66]。

2.3.2.2.3. 集合名詞

動物や植物を表す名詞の一部には個別名詞と集合名詞の区別がある。通常、個別名詞は集合名詞に *tāʾ marbūṭah* を付けて作られる。

集合名詞	個別名詞	意味
ward	*warde* (pl. *wardāt*)	ばら
tuffāḥ	*tuffāḥa* (pl. *tuffaḥāt*)	りんご

個別名詞は数の概念を持ち、数詞を伴うことができる。従って複数形（・双数形）が存在する。但し、特に植物に関する語では「数詞＋助数詞（多くの場合 *ḥabbe*「つぶ」が用いられる）＋集合名詞」で表現されることが多い。

xamse tuffaḥāt ~ *xamse ḥabbāt tuffāḥ*「5 個のリンゴ」

ʿašaṛa ḥabbāt tīn「10個のイチジク」

また集合名詞はその種を一般的に表現するもので数の概念をもたない。文法的には男性単数扱いだが、話者は複数の内容を表すものとして意識する。

baḥibb tuffāḥ「私はリンゴが好きだ。」

2.3.2.3. イダーファ

イダーファ構造において、後行する形態素（*muḍāf ʾilay-hī*）に応じて先行する語（*muḍāf*）の語形が変化することがある。これは主に *muḍāf ʾilay-hī* が母音で終わる接尾代名詞（以下では (a)）かそれ以外（以下では (b)）かによる。

[66] Levin, *Prefix* を参照。

(1) *-Cv̄CA* で終わる語（*sayyāṛa*「自動車」）

(a) *-Cv̄Ct-:* *sayyāṛa* + *-o*「彼の」> *sayyāṛt-o*「彼の自動車」

(b) *-Cv̄Cit-:* *sayyāṛa* + *-ha*「彼女の」> *sayyaṛít-ha*「彼女の自動車」

sayyāṛa + *bint-i*「私の娘」> *sayyā́ṛit bint-i*「私の娘の自動車」

sayyāṛa + *iṭ-ṭālib*「その学生」> *sayyā́ṛit iṭ-ṭālib*「その学生の自動車」

(2) *CaCaCA* の語形を持つ語（*waraqa*「紙」・*tanake*「缶」）

(a) *CaCCat-:* *waraqa* + *-o*「彼の」> *wárqat-o*「彼の紙」

(b) *CaCCit-:* *waraqa* + *-ha*「彼女の」> *warqít-ha*「彼女の紙」

waraqa + *bint-i*「私の娘」> *wáraqit bint-i*「私の娘の紙」

waraqa + *iṭ-ṭālib*「その学生」> *wáraqit iṭ-ṭālib*「その学生の紙」

(3) *-Cte, -Cṭa, -Cde, -Cḍa* で終わる語（*šanta*「かばん」）

語尾 *-A* は常に *-it* になる。

(a) *šanta* + *-o*「彼の」> *šántit-o*「彼のかばん」

(b) *šanta* + *-ha*「彼女の」> *šantít-ha*「彼女のかばん」

šanta + *bint-i*「私の娘」> *šántit bint-i*「私の娘のかばん」

šanta + *iṭ-ṭālib*「その学生」> *šántit iṭ-ṭālib*「その学生のかばん」

(4) *-CCA* で終わる語（*ʿilbe*「箱」）

(a) *-CiCt-:* *ʿilbe* + *-o*「彼の」> *ʿilibt-o*「彼の箱」

(b) *-CCit:* *ʿilbe* + *-ha*「彼女の」> *ʿilbit-ha*「彼女の箱」

ʿilbe + *bint-i*「私の娘」> *ʿilbit bint-i*「私の娘の箱」

ʿilbe + *iṭ-ṭālib*「その学生」> *ʿilbit iṭ-ṭālib*「その学生の箱」

(5) *-āye* に由来する *-āy* で終わる語（*imḍāy*「署名」）

(a) *-āyt:* *imḍāy* + *-o*「彼の」> *imḍāyt-o*「彼の署名」

(b) *-āyit:* *imḍāy* + *-ha*「彼女の」> *imḍayít-ha*「彼女の署名」

imḍāy + *bint-i*「私の娘」> *imḍā́yit bint-i*「私の娘の署名」

imḍāy + *iṭ-ṭālib*「その学生」> *imḍā́yit iṭ-ṭālib*「その学生の署名」

なお、*ḥamāy*「義理の母」は変異として *ḥamā^h* もあり、イダーファでは *ḥamāt-* が用いられる（*ḥamāt-ha*「彼女の義理の母」等）

(6) 注意を要する語

(6.1.) *wižih*「顔」は *muḍāf* の位置で *wišš-* となる[67]。

wišš-o「彼の顔」 *wišš-ha*「彼女の顔」

(6.2.) *-ā^h* で終わる語（*ḥayā^h*「人生」（< OA حياة） *ṣalā^h*「礼拝」（< OA صلاة））は *muḍāf* の位置で *-āt* となる。

ḥayāt-o「彼の人生」 *ḥayāt-ha*「彼女の人生」

ṣalāt il-maġrib「夕方の礼拝」

(6.3.) *tāʾ marbūṭah* に由来しない *-a* で終わる語。

(6.3.1.) 構成位相が *-āt* になる語（*ᶜaša*「夕食」（< OA عشاء） 例：*ᶜaṣa*「杖」（< OA عصًا） *sama*「空」（< OA سماء） *ġaṭa*「毛布」（< OA غطاء） *wafa*「死」（< OA وفاة））

ᶜašāt-o「彼の夕食」 *ᶜašāt-ha*「彼女の夕食」

(6.3.2.) 構成位相が *-a* になる語（*ġada*「昼食」（< OA غداء） 例：*maᶜna*「意味」（< OA معنى） *dawa*「薬」（< OA دواء） *ḥaya*「恥」（< OA حياء） *masa*「夕方」（< OA مساء） *buka*「泣くこと」（< OA بكاء） *šita*「冬」（< OA شتاء） *wafa*「（約束の）実行」（< OA وفاء）

ġadā-^h「彼の昼食」 *ġadā-ha*「彼女の昼食」

wafa には「死」「（約束の）実行」の 2 つの意味があるが、それぞれ歴史的に異なる語に由来している。このため構成位相でも異なった形態になる。

wafāt-o biḥazzin.「彼の死は悲しい。」

wafa l-waᶜid muhimm.「約束を守るのは大事なことだ。」

2.3.2.4. ニスバ形容詞

ニスバ形容詞とは名詞などについて形容詞を作る語尾 *-i* である。

binn「コーヒー豆」: *binni*「茶色い」

banafsaž「すみれ」: *banafsaži*「すみれ色の」

---

[67] 1.3.2.1.3. を参照。

国籍、地域に関わる語や職業を表す場合は名詞としても用いることができる。
falasṭīn「パレスチナ」：*falasṭīni*「パレスチナの・パレスチナ人」
形容詞として：*hāda akil falasṭīni.*「これはパレスチナ料理だ。」
名詞として：*huwwe falasṭīni šāṭir.*「かれは賢いパレスチナ人だ。」

この語尾は以下のような曲用をする。

	sg.	pl.
m.	*-i: masīḥi*「キリスト教徒」	*-iyyīn: masiḥiyyīn*
f.	*-iyye: masiḥiyye*	*-iyyāt: masiḥiyyāt*

但し、名詞化した語では複数形が語幹変化によるものもある。
yahūdi (pl. *yahūd*)「ユダヤ人・ユダヤ教徒」 *maṣri* (pl. *maṣāṛwa, maṣriyyīn*)「エジプト人」

2.3.2.5. 比較級・最上級

比較級・最上級は *aCCaC* の語形パターンによって形成される。

原級	比較級・最上級
zġīr「小さい」	*azġaṛ*
kbīr「大きい」	*akḅaṛ*
wsī^{c}「広い」	*awsa*^{c}
ṭawīl「長い」	*aṭwal*

重子音語根の場合は $aCaC_iC_i$ となる。

原級	比較級・最上級
ždīd「新しい」	*ažadd*
xafīf「軽い」	*axaff*

第 3 根素弱子音語根の場合は *aCCa* となる。

原級	比較級・最上級
qawi「強い」	*haqwa*[68]
ġani「裕福な」	*aġna*

---

[68] 1.3.2.2. を参照。

原級と比較級・最上級が別の語からなる場合がある。

原級　　　　　比較級・最上級

mnīḥ「良い」　　　*aḥsan*

2.3.3. 名詞パターン

以下では JA の名詞をパターン別に分類した。語幹複数形、動名詞、分詞に由来する名詞および縮小形は別項目を立てた。補助母音のために実際のパターンと異なるように見える場合がある。

2.3.3.1. *CvCA*

(1) *CaCA: sane*「年」

(2) *CuCA: luġa*「言語」

2.3.3.2. *CvCC, CvCCA, CvCCi*

2.3.3.2.1. *CaCC, CaCCA, CaCCi*

(1) *CaCC*

Str.: *ᶜabid*「奴隷」 *ᶜaks*「逆」 *akil*「食べもの」 *aṛḍ*「地面」 *badir*「満月」 *bard*「寒さ」 *dabiḥ*「虐殺」 *dars*「課」 *ḍahir*「背中」 *ḍaṛḅ*「道」 *faḥim*「炭」 *fard*「ピストル・家族のメンバー」 *ḥabil*「ロープ」 *ḥarf*「文字」 *kalb*「犬」*kart*「絵葉書」 *ḷafiẓ*「発音」 *lanš*「ランチ（船舶）」 *maġiṣ*「腹痛」 *maṣir*「エジプト」 *nafis*「魂」 *qalb*「心臓」 *qamiḥ*「小麦」 *ramil*「砂」 *ṛaṭil*「(重さの単位＝約 3 kg)」 *saqif*「屋根」 *ṣaḥin*「皿」 *šahir*「月（間）」 *šams*「太陽」 *ṭaᶜim*「味」 *ṭabiᶜ*「性格」 *ṭaqs*「天気」 *waᶜid*「約束」 *waqt*「時間」

Gem.: *ᶜamm*「父方のおじ」 *damm*「血」 *ḍaww*「明かり」 *ḥadd*「誰か」 *ḥall*「解決」 *ṃayy* (~ *ṃayye*)「水」 *samm*「毒」 *ṣaff*「クラス」 *šabb*「若者」 *šaṛṛ*「悪」 *tall*「丘」 *xadd*「頬」 *žakk*「ジャッキ」 *žaww*「空気」

III-y: *ᶜafw*「許し」 *dalw*「バケツ」 *ḥaky*「話し」 *mašy*「歩き」 *nafy*「否定」 *žarw*「子犬」

⑵ *CaCCA, CaCCā*

(a) *CaCCA*

Str.: *ᶜamle*「悪事」 *ᶜaṭṣa*「くしゃみ」 *baṣṣa*「燠」 *faḥme*「炭」 *faxde*「太腿」 *lahže*「方言」 *laḥme*「肉」 *lamḅa*「ランプ」 *maᶜde*「胃」 *qahwe*「コーヒー・喫茶店」 *ṣanᶜa*「職」 *šaġle*「事」 *šanta*「かばん」 *šaqfe*「一片」 *waṛṭa*「面倒事」

Gem.: *ḍažže*「雑音」 *ḥabbe*「粒」 *ḥayye*「ヘビ」 *ṃaṛṛa*「回」 *ṃayye* (~ *ṃayy*) 「水」 *šaqqa*「側」

(b) *CaCCā: fawḍa*「無秩序」 *ṣaḥṛa*「砂漠」

⑶ *CaCCi*

(a) *CaCCi: šaᶜbi*「民衆の」 *šaṛṭi*「条件付きの」 *ṭaṭli*「ジャム」

(b) *CaCCiyye: barriyye*「荒野」 *farqiyye*「差異」

2.3.3.2.2. *CiCC, CiCCA, CiCCi*

⑴ *CiCC*

Str.: *ᶜilim*「学問」 *ᶜinib* (~*ᶜunub*)「葡萄」 *ᶜitim*「闇」 *binit*「娘」 *fiᶜil*「動詞」 *fiṣiḥ*「過越の祭」 *ḥibir*「インク」 *ḥilw*「素敵な」 *ibin*「息子」 *isim*「名前」 *ižir*「足」 *kitif*「肩」 *mitir*「メートル」 *qirš*「(通貨単位)」 *qisim*「分割」 *sidir*「胸」 *šikil*「形」 *sižin*「監獄」 *širis*「乱暴な」 *tiniḥ*「頑固さ」 *wiqiḥ*「醜い」 *xišin*「粗い」 *žild*「革・皮」 *žisim*「体」

Gem.: *imm*「母」 *sinn*「歯」

III-y: *niyy*「生の」 *židy*「子山羊」

⑵ *CiCCA, CiCCā*

(a) *CiCCA*

Str.: *ᶜilbe* (~ *ᶜulbe*)「箱」 *fikṛa*「考え」 *fižle*「蕪」 *ibre*「針」 *kitbe*「書くこと」 *mihne*「職業」 *širke*「会社」 *xirqa*「台拭き」

Gem.: *fiḍḍa*「銀」

III-y: *diyye*「賠償金」

(b) *CiCCā*

Str.: *dinya*「現世」

Gem.: *ṣiḥḥa*「健康」 *šiffe*「唇」

(c) *CiCCi: ṣiḥḥi*「健康的な」

2.3.3.2.3. *CuCC, CuCCA, CuCCi*

(1) *CuCC*

Str.: *ᶜuḍw*「メンバー」 *ᶜumur*「年齢」 *ᶜunub* (~ *ᶜinib*)「葡萄」 *ᶜušur*「10分の１」 *dunum*「(面積の単位) ＝１0a」 *ḍuhur*「昼」 *ḥukum*「判決」 *kutur*「多さ」 *luᶜub*「遊び」 *luṭuf*「優しさ」 *qurb*「近さ」 *quṭun*「綿」 *rubuᶜ*「４分の１」 *subuᶜ*「７分の１」 *suxun*「熱い」 *ṣubuḥ*「朝」 *šukur*「感謝」 *šurub*「飲むこと」 *tulut*「３分の１」 *tumun*「８分の１」 *tuqul*「重さ」 *tusuᶜ*「９分の１」 *xubiz*「パン」 *xumus*「５分の１」 *ẓuḷum*「不正」 *žuruḥ*「怪我」

Gem.: *kull*「すべて」 *muxx*「脳」 *nuṣṣ*「半分」 *tumm*「口」

(2) *CuCCA*

Str. *ᶜulbe* (~ *ᶜilbe*)「箱」 *kurbe*「心配」 *muhle*「遅延」 *nusxa*「複写」 *nukte*「ジョーク」 *šuᶜle*「炎」 *žumle*「文」 *žurʾa*「大胆不敵さ」

Gem. *mudde*「期間」 *qubbe*「ドーム」 *quṣṣa*「物語」 *žuwwa*「内部」

(3) *CuCCi: burġi*「ねじ」 *turki*「トルコの・トルコ人」

2.3.3.2.4. *Cv̄C, Cv̄CA*

(1) *Cv̄C*

(a) *CāC: bāb*「ドア」 *dān*「耳」 *ḍāṛ*「家」 *ġāz*「ガス」 *ḥāl*「状態」 *kāz*「石油」 *māl*「財産」 *māṛ*「(聖人に付ける称号)」 *nāb*「犬歯」 *nāṛ*「火」 *ṛāṣ*「頭」 *ṛāy*「意見」 *šāy*「茶」 *wād*「渓谷」 *žāṛ*「隣人」 *žāž*「雌鶏」

(b) *CēC: ᶜēn*「目」 *bēᶜ*「販売」 *bēk*「ベイ」 *bēt*「家」 *dēr*「修道院」 *ḥēn*「破滅」 *ḥēṭ*「塀」 *lēl*「夜間」 *šē*「物」 *xēr*「善」 *zēt*「油」

(c) *CīC:* *ᶜīd*「祭日」 *dīk*「雄鶏」 *dīn*「宗教」 *sīd*「祖父」 *šīd*「漆喰」 *tīn*「イチジク」 *ṭīn*「泥」 *žīp*「ジープ」

(d) *CōC:* *bōl*「切手・小便」 *dōr*「役割」 *lōn*「色」 *nōᶜ*「種類」 *nōm*「睡眠」 *ṣōt*「声」 *šōb*「暑い」 *tōm*「双子」 *ṭōq*「首輪」 *xōf*「恐れ」 *yōm*「日」

(e) *CūC:* *ġūl*「グール」 *mūs* (m.)「ナイフ」 *rūḥ*「魂」 *tūt*「桑の実」 *ṭūl*「長さ」

(2) *CvCA*

(a) *CāCA:* *ᶜāde*「習慣」 *ḥāle*「状態」 *sāᶜa* (~ *sēᶜa*)「時間（＝60分）」 *sāḥa*「広場」 *ṭābe*「ボール」 *žāže*「雌鶏」

(b) *CēCA:* *ġēme*「雲」 *ḥēṭa*「塀」 *lēle*「夜」 *sēᶜa* (~ *sāᶜa*)「時間（＝60分）」 *xēme*「テント」 *žēne*「来ること」

(c) *CīCA:* *ḥīre*「狼狽」 *mīna*「港」 *nīre*「歯茎」 *qīme*「価値」 *rīḥa*「匂い」 *sīre*「話」 *tīne*「イチジク」 *vīza*「ビザ」

(d) *CōCA:* *bōle*「切手」 *ḍōṛa*「回り道」 *dōše*「騒動」 *ġōġa*「無秩序」 *kōme*「堆積」 *ōḍa*「部屋」 *šōfe*「見ること」

(e) *CūCA:* *būẓa*「アイスクリーム」 *ṣūṛa*「写真」

2.3.3.3. *CvCvC, CvCvCA, CvCvCi, CvCvCiyye*

(1) *CaCaC, CaCaCA, CaCaCi*

(a) *CaCaC:*

Str.: *amal*「希望」 *ᶜaraq*「アラク」 *ᶜažal*「タイヤ」 *balad*「街」 *baṭal*「英雄」 *dahab*「金」 *ġalaṭ*「間違い」 *ġanam*「羊」 *ġaṛaḍ*「品物」 *ḥažaṛ*「石」 *maṛaḍ*「病気」 *safaṛ*「旅」 *samak*「魚」 *šažaṛ*「木」 *walad*「少年」 *waṣaṭ*「中央」 *xaḅaṛ*「ニュース」 *xaṭaˀ*「過ち」 *žabal*「山」 *žamal*「ラクダ」

III-y: (st.cs. *CaCāt-*) *ᶜaša*「夕食」 *ᶜaṣa*「杖」 *sama*「空」 *ġaṭa*「毛布」 *wafa*「死」; (st.cs. *CaCa-*) *ġada*「昼食」 *dawa*「薬」 *ḥaya*「恥」 *masa*「夕方」 *wafa*「約束の実行」 *ḥada*「誰か」

(b) *CaCaCA:* *ᶜažale*「急ぎ」 *daraže*「階級」 *ġaname*「羊」 *ḥarake*「運動」

šažaṛa「木」 *tanake*「缶」 *waḥade*「1（f.）」 *waraqa*「紙」 *xašabe*「木片」 *zalame*「男の人」

(c) *CaCaCi: šalabi*「ハンサムな・別嬪な」 *waṭani*「国家的な」

(d) *CaCaCiyye: ḥanafiyye*「蛇口」 *xabariyye*「ニュース」

(2) *CaCiC: malik*「王」

2.3.3.4. *CvCv̄C, CvCv̄CA, CvCv̄Ci*

2.3.3.4.1. *CaCv̄C, CaCv̄CA*

(1) *CaCāC*

(a) *CaCāC: ḥaṛām*「禁忌」 *žawāb*「答え」 *kabāb*「カバブ」 *kalām*「言葉」 *malān*「一杯の」 *qarār*「決定」 *qaṣāṣ*「罰」 *qazān*「やかん」 *qazāz*「ガラス（材料）」 *xayāl*「想像」 *zamān*「時間」 *žamād*「固体」 *ḥayā*^{h}「生活・人生」

(b) *CaCāCA: ᶜalāme*「印」 *ᶜamāṛa*「ビル」 *ḥalāwe*「甘さ」 *ḥamāy*「義母」（2.3.2.1.1.2.(2) 参照） *ḥaṛāṛa*「熱」 *qazāze*「ガラス（一枚の）」 *razāle*「下劣さ」 *xawāža*[69]「～氏」 *xazāne*「洋服ダンス」 *zakāwe*「賢さ」 *žanāze*「葬列」

(c) *CaCāCi: xayāli*「想像の」

(2) *CaCīC*

(a) *CaCīC*

Str. *akīd*「確信した」 *ᶜarīs*「花婿」 *ḅaṣīṭ*「単純な」 *faqīr*「貧しい」 *ġasīl*「洗濯物」 *ḥadīd*「鉄」 *ḥašīš*「草」 *marīḍ*「病人」 *il-masīḥ*「キリスト」 *nasīb*「義兄弟」 *nasīm*「そよ風」 *naṣīb*「分け前」 *qadīm*「古い」 *qaḍīb*「梁」 *qalīl*「少ない」 *qarīb*「近い」 *qaṣīr*「短い」 *rabīᶜ*「春」 *salīm*「安全な」 *ṣaḥīḥ*「正しい」 *ṣalīb*「十字架」 *ṭabīx*「料理」 *ṭarīq*「道」 *ṭawīl*「長い」 *wazīr*「大臣」 *xabīs*「悪い」 *xafīf*「軽い」 *yatīm*「孤児」

---

[69] al-Barġūṯi, *Qāmūs*, p. 417 には لقب يطلق العرب الفلسطينيون على اليهودي「パレスチナ・アラブ人がユダヤ人に付ける敬称」とある。

III-y: *ġani*「裕福な」 *qawi*「強い」 *ṣabi*「若者」

(b) *CaCīCA*

Str.: *ᶜažībe*「奇跡」 *ḥarīqa*「火事」 *natīže*「結果」 *ṭarīqa*「方法」 *qaḍiyye*「件」 *waẓīfe*「職務」

III-y: *qaḍiyye*「訴訟事件」 *ṣabiyye*「若い娘」

(c) *CaCīCi: masīḥi*「キリスト教徒」 *mažīdi*「(オスマン帝国時代の硬貨の名称)」 *yamīni*「右の」

(3) *CaCūC: laḥūḥ*「頑固な」 *ᶜaduww*「敵」(1.3.1.29.(3) を参照)

2.3.3.4.2. *CiCv̄C, CiCv̄CA*

(1) *CiCāC:*

Str. *liqāʾ*「会うこと」 *ṭiṛāz*「様式」

III-y. *bika (~ buka)*「泣く事」 *bina (~ buna)*「建設」 *šira*「購入」 *šita*「冬」

(2) *CiCāCA: ᶜibāṛa*「表現」 *diyāne*「宗教」 *qiṛāʾa*「読むこと」 *siyāḥa*「観光」 *ziyāde*「追加」

2.3.3.4.3. *CuCv̄C, CuCv̄CA*

(1) *CuCāC:* III-y; *buka ~ (bika)*「泣くこと」 *buna (~ bina)*「建設」

(2) *CuCūC*

(a) *CuCūC: xumūl*「無力感」

(b) *CuCūCA: ḥukūme*「政府」

2.3.3.5. *CCv̄C, CCv̄CA, CCv̄Ci*

(1) *CCāC*

(a) *CCāC: flān*「何某」 *hiqṃāṛ*「ギャンブル」[70] *ḥdād*「哀悼」 *ḥmāṛ*「ロバ」 *ḥṛām*「ブランケット」 *ḥsāb*「計算」 *ḥṣān*「馬」 *lsān*「舌」 *nhāṛ*「昼間」 *qmāš*「布」 *qyās*「寸法」 *ṣbāġ*「染色」 *ṣyāḥ*「叫び」 *ṭṛāb*「泥」

---

[70] OA *qiṃāṛ* > **qṃāṛ* > **iqṃāṛ* > *hiqṃāṛ*(1.3.2.2. を参照)

(b) *CCāCA:*

Str. *qrāye*「読むこと」 *swāqa*「運転」 *xsāṛa*「損害」 *zbāle*「ゴミ」 *zrāʿa*「耕作」

III-y: *ḥkāye*「話」

(c) *CCāCi: flani*「何某の」 *sbāṭi*「スペード」

(2) *CCīC*

(a) *CCīC: brīq*「水差し」 *brīz*「コンセントプラグ」 *ḍʿīf*「痩せた」 *kbīr*「大きい」 *mnīḥ*「良い」 *mbīd*「ワイン」 *rġīf*「一切れ（パン）」 *ṣḥīḥ*「全部」 *wsīʿ*「広い」 *zġīr*「小さい」

(b) *CCīCA: knīse*「教会」 *šrīʿa*「ヨルダン川」 *wqiyye*「(重さの単位＝約250g)」

(3) *CCūC: dhūn*「軟膏」 *zʿūṭ*「かぎ煙草」

2.3.3.6. *CvCvC*

2.3.3.6.1. *CāCaC*

wāḥad「1」

2.3.3.6.2. *CāCiC, CāCCA, CāCCi, CāCCīye*

(1) *CāCiC*

Str.: *āxir*「最後の」 *ġāmiq*「暗い」 *ḥāmiḍ*「酸っぱい」 *ḥāris*「守衛」 *lāžiʾ*「難民」 *mārid*「巨人」 *māyil*「傾いた」 *nāʿim*「柔らかい」 *nāṣiḥ*「太った」 *nāšif*「干からびた」 *nāzik*「優雅な」 *qādir*「可能な」 *rābiʿ*「第4の」 *sāxin*「熱い」 *šāʔiʿ*「広まった」 *šādir*「ブルーシート（現地では緑色）」 *šāṭir*「賢い」 *tālit*「第3の」 *ṭālib*「学生」 *xāmil*「無気力な」 *xāṭir*「精神」 *yābis*「乾いた」 *žāmid*「固い」

III-y: *dāfi*「温かい」 *hādi*「静かな」 *fāḍi*「暇な」 *ḥāfi*「裸足の」 *ḥāmi*「暑い」 *māḍi*「切れ味のよい」 *rāʿi*「羊飼い」 *tāni*「第2の」 *wāṭi*「低い」 *zāki*「おいしい」

⑵ *CāCCA*

Str.: *dāyre*「部局」

Gem.: *dābbe*「動物」 *mādde*「材料」

III-y: *ᶜāfye*「健康」 *zāwye*「角度」

⑶ *CāCiCi:* Str. *wāqiᶜi*「現実的な」

⑷ *CāCCiyye*: Gem.: *ᶜāmmiyye*「口語」

⑸ *CēCaCA*

⒜ *CēCaC: zēbaq*「水銀」

⒝ *CēCaCA: hēlame*「丸め込み」

⑹ *CōCaC*

⒜ *CōCaCA*: *dōzane*「調弦」

⒝ *CuCaCiyye*: *kufaliyye*「おむつ」

⑺ *CōCCA*: *fōṛṣa*「休日」 *kōṛḅa*「カーブ」

2.3.3.7. *CvCvC*

⑴ *CāCīC (CaCīC): ṭaqiyye*「つばなしの帽子」

⑵ *CāCūC (CaCūC): namūs*「蚊」 *qāmūs*「辞書」 *ṭaḥūne*「風車」

⑶ *CīCāC (CiCāC): diwān*「大客間」 *giṭāṛ*「ギター」 *hilāne*「(人名)」 *sigāṛa*「タバコ」

⑷ *CōCāC: ṭobāṛ*「コンクリート型枠」

⑸ *CōCēC: mōdēl*「モデル」

⑹ *CūCāC*

⒜ *CuCāC: būlād*「鋼鉄」 *dulāb*「引出」

⒝ *CuCāCi: fulāni*「何某の」 *yunāni*「ギリシャの・ギリシャ人」

2.3.3.8. *CvCCvC*

⑴ *CaCCaC*

⒜ *CaCCaC: ᶜaqrab*「サソリ」 *naᶜnaᶜ*「ミント」

⒝ *CaCCaCA: qanṭaṛa*「アーチ」 *ṣaṛṣabe*「神経質」 *taᶜlab*「狐」 *ṭanžaṛa*「鍋」 *xanfaše*「(カサカサいう音)」 *xarxaše*「(カサカサいう音)」

⒞ *CaCCaCi: armani*「アルメニア人」

(2) *CaCCiC: sayyid*「主人」

(3) *CiCCiC: filfil*「胡椒」

(4) *CuCCaC: sukkaṛ*「砂糖」 *dummale*「できもの」 *ḍufḍaᶜ*「カエル」 *kunḍaṛa*「靴」 *kurkaᶜ*「カメ」：Q *uṣbaᶜ*「指」 *uṭfaṛ*「爪」

(5) *CuCCuC: ḥummuṣ*「ヒヨコマメ」

2.3.3.9. *CvCCv̄C, CvCCv̄CA, CvCCv̄Ci*

(1) *CaCCāC*

(a) *dallāl*「呼び売りする人」 *ġaššāš*「詐欺師」 *qaṃṃāṛ*「博徒」 *sammān*「雑貨屋店主」 *xayyāṭ*「仕立て屋」 *žaṛṛāṛ*「引出」：Q *baqlāwa*「(菓子の一種)」 *simsāṛ*「仲介業者」

(b) *CaCCāCA: baddāle*「ペダル」 *qaddāḥa*「ライター」 *žabbāle*「コンクリートミキサー」 *maṣṣāṣa*「おしゃぶり」

(2) *CaCCōC*

(a) *CaCCōC: ballōn*「風船」 *bandōṛa*「トマト」 *žardōn*「ラット」

(b) *CaCCōCA: arnōna*「地方固定資産税」

(3) *CaCCīC: qassīs*「聖職者」 *šarrīb*「大酒飲み」：Q *ṭabṭīḅ*「医療行為」 *žanzīr*「鎖」

(4) *CaCCūC*

(a) *CaCCūC: ᶜaṣfūr*「鳥」 *ḅaḅḅūṛ*「ケロシンランタン・蒸気船」 *bannūṛ*「ガラス」：Q *ḥarbūq*「頭が切れる」[71]

(b) *CaCCūCA: bannūṛa*「(1枚の)板ガラス」 *ḥaddūte*「物語」：Q *baqbūše*「バリバリ食べること」 *qarqūše*「バリバリ食べること」

(5) *CiCCāC: sinsāl*「鎖」

(6) *CuCCāC*

(a) *CuCCāC: bustān*「庭園」 *ᶜuṣmāni (~ ᶜuṣmalli)*「オスマン朝の」

(b) *CuCCāCA: dukkāne*「店」

(c) *CuCCāCiyye: nuqqabiyye*「通称」

(7) *CiCCīC(A): sikkīne*「ナイフ」

---

[71] al-Barġūṯi, *Qāmūs*, p. 319 では حربوك とある。

(8) *CuCCāC*

(a) *CuCCāC: dubbān*「ハエ（col.)」

(b) *CuCCāCA: dubbāne*「ハエ」 *kubbāye*「カップ」 *žurzāy(e)*「ジャージ」

(9) *CuCCēC*

(a) *CuCCēC: quṭṭēn*「乾燥イチジク」

(b) *CuCCēCA: ḅuṛnēṭa*「帽子」 *xurxēša*「ガサガサいう音」

(10) *CuCCōC: duktōr*「医師」

2.3.3.10. 接頭辞付名詞

(1) *maCCaC*

Str.: *maʔzaq*「重大な局面」 *mablaġ*「金額」 *malqaṭ*「洗濯バサミ」 *manṣaf*「(料理名)」 *manẓaṛ*「光景」 *maṭᶜam*「食堂」 *maṭraḥ*「場所」 *mawqaf*「バス停」

Gem.: *mḟakk*「ねじ回し」 *maḥall*「店」

II-y: *maqās*「計測」

III-y: *maᶜna*「意味」 *mažṛa*「水路」

(2) *maCCaCA*

Str.: *maᶜlaqa*「スプーン」 *maᶜrake*「争い」 *madrase*「学校」 *maqmaṛa*「賭博場」 *masʔale*「問題」 *maṣlaḥa*「利益」

(3) *maCCaCiyye: maqᶜadiyye*「ズボンの尻の部分」

(4) *maCCiCA: maškile* (~ *muškile*)「問題」

(5) *maCCiCi: maqdisi*「エルサレムの・エルサレム出身者」

(6) *mi/uCCāC(A):*

Str.: *munxāṛ*「鼻」 *musmāṛ*「釘」 *mišwāṛ*「散歩」

I-w: *miᶜād*「約束の時間」

III-y: *miṣfāy*「ざる」

(7) *mi/uCCiC(A): mukunse*「箒」

2.3.3.11. 接尾辞付名詞

(1) *-ān: ᶜayyān*「病人」 *fahmān*「知性のある」 *ġayṛān*「嫉妬深い」 *ḥaywān*「動物」 *insān*「人」 *kaslān*「怠け者」 *maṛḍān*「病気がちな」 *maržān*「サ

ンゴ」 *raḍyān*「満足した」 *saxnān*「熱のある」 *taᶜbān*「疲れた」 *turžumān*「通訳」 *ṭaḅaḅān*「襲撃」 *ṭayaṛān*「飛行」 *xarbān*「壊れた」 *yaˀsān*「絶望した」 *zaᶜlān*「怒った」

(2) *-ane:* *taysane*「愚かさ」 *waldane*「子供っぽさ」 *wažhane*「偽善」

(3) *-āni*: *amērkāni*「アメリカ人」 *ᶜibrāni*「ヘブライ語の」 *quddamāni*「前方の」 *siryāni*「シリア語の」 *waṛṛāni*「後部の」

(4) *-ži:* *awanṭaži*「詐欺師」 *kunḍaṛži*「靴屋」 *ṭobarži*「コンクリート型枠職人」

(5) *-li:* *ᶜuṣmalli (~ ᶜuṣmāni)*「オスマン朝の」

2.3.3.12. *aCCaC*

(1) 形容詞の比較級・最上級（カッコ内は原級）（2.3.2.5. を参照）

Str. *aḥmaṛ*「よりロバのような（＝愚かな）」(< *ḥmāṛ*), *anqaṣ* (< *nāqiṣ*), *aġlab*「大部分の」, *aḥsan* (< *mnīḥ*), *akḅaṛ* (< *kbīr*), *aktaṛ* (< *ktīr* [adv.]), *aslam* (< *salīm*), *aṣᶜab* (< *ṣaᶜib*), *ašlab* (< *šalabi*), *atyas*「よりヤギのような（＝愚かな）」(< *tēs*), *awwal*「第 1 の」, *azġaṛ* (< *zġīr*), *aẓbaṭ* (< *maẓbūṭ*)

Gem: *haqall ~aqall* (< *qalīl*), *axaff* (< *xafīf*)

III-y: *haqwa ~ aqwa* (< *qawi*), *awṭa* (< *wāṭi*)

(2) 色および身体的ハンディキャップを表す形容詞

このパターンの名詞は次のような女性形・複数形を持つ。

ˀaCCaC (m.sg.), *CaCCa* (f.sg.), *CuCuC* (pl.)

aᶜwaṛ「片目の」 *aᶜwaž*「体が曲がった」 *aḥmaṛ*「赤い」 *aqṭaᶜ*「片腕の」 *asṃaṛ*「茶色い・黒い」 *aswad*「黒い」 *aṭraš*「聴覚障害者」

2.3.3.13. 定形外の名詞

ᶜankabūt「蜘蛛」 *abu*「父」 *alṃāni*「ドイツ人」 *argīle*「水パイプ」 *arnōna*「地方固定資産税」 *awanṭa*「策略を用いること」 *axu*「兄弟」 *babūniž*「カモミール」 *banafsaž*「すみれ」 *banafsaži*「すみれ色の」 *bani-ādam*「人」 *ḅanṭalōn*「ズボン」 *ḅaṭāṭa*「じゃがいも」 *bazēlla*「えんどう豆」 *bitinžān*「ナス」 *fabrika*「工場」 *falasṭīn*「パレスチナ」 *farmašāni*「薬剤師」

farmašiyye「薬局」 *faṣūlya*「インゲン豆」 *galagala*「いかさま」 *ġunniyye*「歌」 *garsōn*「ウエイター」 *ḥalqūm*「(菓子の一種)」 *iši*「物」 *kaki*「糞」 *kaṛāž*「ガレージ」 *karkadān*「サイ」 *karkazān*「サイ」 *kīlo*「キログラム」 *kravatta*「ネクタイ」 *krēma*「クリーム」 *kumbyūtaṛ*「コンピューター」 *latīni*「カトリックの」 *lēlaki*「ライラック色の」 *mākine*「機械」 *martadēlla*「(ソーセージの一種)」 *matōr*「エンジン」 *musīqa*「音楽」 *otēl*「ホテル」 *pálifon*「携帯電話」 *qarnabīṭ*「カリフラワー」 *rābi*「ラビ」 *rādyo*「ラジオ」 *santwāri*「土産物屋」 *ṣaṛaṭān*「癌」 *sarsīsyo*「(ソーセージの一種)」 *simant*「セメント」 *šamandaṛ*「ビーツ」 *sbiṭāṛ*「病院」 *šamᶜadān*「燭台」 *talfizyōn*「テレビ」 *taralalli*「(*muxx-o taralalli*『頭が弱い』という表現で)」 *turžumān*「通訳」 *ṭāẓa*「新鮮な」 *ṭruṃḅa*「井戸のポンプ」 *yaḅāni*「日本人」 *yansūn*「アニス」 *zumbarak*「バネ」 *zanžabīl*「生姜」 *žahžahūn*「(*ᶜa-žahžahūn*『無意味に』という表現で)」 *žurnāl*「雑誌」

2.3.3.14. 縮小形

ᶜabbūd (< *ᶜabid*), *bḥēṛa* (< *baḥir*), *hallūn* (< *hilāne*), *ṃayy*「水」, *xayy* (< *axu*), *kwayyis*「良い」

2.3.4. 複数形のパターン

2.3.4.1. 複数語尾によるもの

(1) 語尾 *-āt* によるもの：*ᶜaṭṣāt* (< *ᶜaṭṣa*), *ᶜiḅaṛāt* (< *ᶜiḅāṛa*), *aġawāt* (< *āġa*), *baddalāt* (< *baddāle*), *ḅanṭalonāt* (< *ḅanṭalōn*), *bolāt* (< *bōl*), *ḥamawāt* (< *ḥama*), *imḍayāt* (< *imḍāy*), *kōṛḅāt* (< *kōṛḅa*), *kurkaᶜāt* (< *kurkaᶜa*), *luġāt* (< *luġa*), *mᶜallabāt* (< *mᶜallab*), *mfakkāt* (< *mfakk*), *miṣfayāt* (< *miṣfāy*), *modélāt* (< *modēl*), *palifonāt* (< *palifon*), *qazanāt* (< *qazān*), *tināt* (< *tīne*), *taṣarrufāt* (< *taṣarruf*), *zumbarakāt* (< *zumbarak*), *ẓuḷumāt* (< *ẓuḷum*), *žakkāt* (< *žakk*), *žippāt* (< *žīp*) 等

(2) 語尾 *-īn* によるもの：
dažžalīn (< *dažžāl*), *lāžiʔīn* (< *lāžiʔ*), *masiḥiyyīn* (< *masīḥi*) 等

2.3.4.2. 語幹が変わるもの

CCāC: blād「街」[72] (< balad), bwāb (< bāb), kḅāṛ (< kbīr), lgān (< lagan), mwās (< mūs), nyāb (< nāb), ṛṭāḷ (< ṛaṭil), snān (< sinn), šxāṣ (< šaxiṣ), xfāf (< xafīf), wlād (< walad), zlām (< zalame)

CCūC: drūs (< dars), frūd (< fard「拳銃」), ḥrūb (< ḥarb), ḥrūf (< ḥarf), krūt (< kart), qrūš (< qirš), ṣfūf (< ṣaff)

CCūCA: ṃṭūṛa (< mitir)

CaCīC: ḥamīr (< ḥmāṛ)

CuCC: ḥuṣun (< ḥṣān)

CuCaC: žumal (< žumle)

CuCaCa: fuqaṛa (< faqīr), ġunaya (< ġani), wuzara (< wazīr), yutama (< yatīm)

aCCāC: afrād (< fard「家族のメンバー」), haqsām (< qisim), atwām (< tōm), axbāṛ (< xabar), aytām (< yatīm)

aCāCiC: aḍāfir (< uṭfaṛ), akābir「名士」(< kbīr), aṣābi^{c} (< uṣba^{c}), awā^{c}i「服（単数形は用いられない）」, ṭawāqi (< ṭāqiyye)

aCāCīC: abarīq (< brīq), abarīz (< brīz)

aCCuCA: ažwube (< žawāb), adyuṛa (< dēr)

CaCāCiC: ^{c}ažāyiz (< ^{c}ažūz), awāmir (< amir), fabārik (< fabrika), ġanāni (< ġunniyye), kanādir (< kunḍaṛa), kanāyis (< knīse), qanāṭir (< qanṭaṛa), sagāyir (< sigāṛa), šafāyif (< šiffe)

CaCāCīC: balalīn (< ballōn), ḅaṛanīṭ (< ḅuṛnēṭa), bawabīr (< ḅaḅḅūṛ), ḥarabīq (< ḥarbūq), žaradīn (< žardōn), žaranīl (< žurnāl)

CuCCāC: ^{c}ummāl (< ^{c}āmil), ṭullāb (< ṭālib)

maCāCiC: ma^{c}āni (< ma^{c}na), makānis (< mukunse), maṣāfi (< miṣfāy), mažāri (< mažṛa)

maCāCīC: mažanīn (< mažnūn)

maCāCCe: maqādse (< maqdisi)

CuCaC: nukat (< nukte)

-ān: aḷṃān (< aḷṃāni), amērkān (< amērkāni), quḍbān (< qaḍīb), rubbān (< rābi),

---

[72] この語は形態的には複数形だが単数の意味を持つ。

siryān (< *siryāni*)

他の形式：*alsun* (< *lsān*), *arman* (< *armani*), *awāq* (< *wqiyye*), *bakawāt* (< *bēk*), *irġife* (< *rġīf*), *nās*「人々」, *niswān* (< *maṛa*), *rubbān* ~ *rabbāniyyin* (< *rābi*), *ṣubyān* (< *ṣabi*)

2.4. 数詞

2.4.1. 基数詞

2.4.1.1.「1」

男性形：*wāḥad*

女性形：*waḥade*

基数詞「1」は名詞または形容詞として機能する。

(1) 形容詞的用法：名詞の後ろに置かれ、名詞の性に一致する。又、等位文の述語の位置に来ることができる。

kān ʿin-na bēt wāḥad.「私達には家が一つあった。」

ʿand-i hallaq kilwe waḥade.「私には今腎臓が1つある。」

daqīqa waḥde「1分」

ʾana kamān kiliwt-i waḥade.「私も腎臓が一つだ。」

(2) 名詞的用法。形容詞を従えることができる。

(a) 定冠詞を伴わないと「ある人」「あるもの」を表す。

ṣāṛ wāḥad mi-l-mašhurīn fi-l-quds.「彼はエルサレムの有名人の一人になった。」 *wāḥad rāyiʿ*[73] *ʿala ʾirān, wāḥad žāy hōn.*「ある者はイランへ行き、ある者はここへ来た。」 *lamma wāḥad yimraḍ*「ある人が病気になったら」 *fīʰ wāḥad bibīʿ zēt w-zaytūn.*「オリーブと油を売る人がいます。」 *inte aṭyas wāḥad.*「お前は大馬鹿（最も馬鹿者）だ。」 *aʿṭī-ni wāḥad iždīd.*「新しいのをくれ。」

(b) 定冠詞がつくと「一般的な『人』」を意味する。

lāzim il-wāḥad yimši bass ʿa-r-raṣīf.「人は歩道を歩かなければならない。」

(c) 単数形名詞の前におくと「ある〜」を表す。

ʾaža yōqaf la-wāḥad dēr suryān.「彼は或るシリア正教の修道院の所に来て立っている。」 *waḥade ʿažūz kānat māšye fi-s-sūq.*「ある老婆が市場を歩いていた。」 *ṃaṛṛa kān wāḥad zalame faqīr qāʿid.*「ある時、ある貧しい男が座っていた。」

---

[73] *rāyiʿ* < *rāyiḥ*（1.3.2.1.1.(1) を参照）

2.4.1.2.「２」

男性形：*tnēn*

女性形：*tintēn*

基数詞「２」は名詞または形容詞として機能する。

(1) 形容詞的用法：双数形または複数形名詞の後ろに置かれ、名詞の性に一致する。又、等位文の述語の位置に来ることができる。

imḍāytēn tintēn「２つの署名（*imḍāytēn* = 双数形）」 *niswān tintēn*「２人の女性（*niswān* = 複数形）」 *maᶜnayēn itnēn*「２つの意味（*maᶜnayēn* = 双数形）」 *wlād itnēn*「２人の少年（*wlād* = 複数形）」

名詞の双数形はそれ自体「２」の概念を含むので数詞「２」の付加によって「２」が強調される。

(a) 次のような外来語起源の度量衡の場合は、数詞を名詞の前に置く。

tnēn kīlo bandōṛa「トマト２キロ」 *tnēn šēkil*「２シェケル」

(b) 料理や飲み物を数える時、これらは単数形が用いられ、数詞が先行する

tnēn ḥummuṣ「フムスを２人分」 *tintēn qahwe*「コーヒー２杯」

(c) 複数形名詞の前において「２つの～・２人の～」を表す。この時名詞の性に関わりなく男性形が用いられる。

mitzawwiž tnēn niswān.「彼は２人の女性と結婚した。」 *rikbu tnēn ṣayyadīn.*「２人の猟師が乗った。」 *kān fiʰ tnēn ˀixwe.*「２人の兄弟がいた。」

(2) 名詞的用法。形容詞を従えることができる。

žāb-l-i tinēn izġāṛ.「彼は小さいのを２つ持って来た。」 *qatal itnēn min-hum.*「彼は彼らのうち２人を殺した。」 *tintēn bitqattalu.*[74]「２人（女性）が争っている。」

2.4.1.3.「３～10」

	独立形	結合形
3	*talāte*	*talat* ~ *talt*
4	*arbaᶜa*	*arbaᶜ*

[74] OA では非限定名詞の後に動詞があると関係節を形成するが、JA を含む現代方言では、この例のような場合 *tnēn* は主語となる。

5	*xamse*	*xamas ~ xamis ~ xams*
6	*sitte*	*sitt*
7	*sab^{c}a*	*sabi^{c} ~ sab^{c}*
8	*tamānye*	*taman*
9	*tis^{c}a*	*tisa^{c} ~ tis^{c}*
10	*^{c}ašaṛa*	*^{c}ašaṛ*

(1) 独立形は次のような場合に用いられる。

(a) 数え上げる時

(b) 次のような外来語起源の度量衡の前

talāte šēkil「3シェケル」 *arba^{c}a kīlo*「4キロ」 *hallaq bamši xamse kīlo ^{c}ašaṛa kīlo.*「今では5キロ10キロ歩きますよ。」

(c) 料理や飲み物を数える時。後続の名詞は単数形が用いられる。

talāte qahwe「コーヒー3杯」 *talāte ḥummuṣ*「フムス3人分」

(d) 名詞の後に置かれる場合

l-banāt il-xamse「その5人の娘」 *numṛa arba^{c}a*「4番」

(e) 数えられる名詞を伴わないとき。

bidd-i arba^{c} ma^{c}āliq ikḅāṛ w-talāte zġāṛ.「大きいスプーン4つと小さいのを3つ（= *talat ma^{c}āliq*）欲しい。」 *zāṛ-ni ṃaṛṛtēn talāte.*「彼は私を2・3度（= *talat ṃaṛṛāt*）訪れた。」

(2) 結合形は数えられる名詞（通常複数形）を伴う場合に用いられる。なお、5・7・9は後続の名詞が *CCv-* で始まる場合はそれぞれ *xams, sab^{c}, tis^{c}* が用いられる。

xamas banāt「5人の娘」 *xams isnīn*「5年」 *fī^{h} hōni talat aswāq.*「ここには3つの市場がある。」 *lamma ṣāṛ ^{c}umr-i sitt isnīn*「6歳になった時」 *il-hum tis^{c} iwlād w-banāt.*「彼らには9人の息子と娘がいる。」 *talt izlām*「3人の男」

2.4.1.4.「11〜19」

	独立形	結合形
11	*ḥda^{c}iš*	*ḥda^{c}šaṛ*

12	*ṭnaᶜiš*	*ṭnaᶜšaṛ*
13	*tlaṭṭaᶜiš*	*tlaṭṭaᶜšaṛ*
14	*arbaᶜṭaᶜiš*	*arbaᶜṭaᶜšaṛ*
15	*xamaṣṭaᶜiš*	*xamaṣṭaᶜšaṛ*
16	*siṭṭaᶜiš*	*siṭṭaᶜšaṛ*
17	*sabaᶜṭaᶜiš*	*sabaᶜṭaᶜšaṛ*
18	*tamanṭaᶜiš*	*tamanṭaᶜšaṛ*
19	*tisᶜaṭaᶜiš*	*tisᶜaṭaᶜšaṛ*

(1) 独立形は次のような場合に用いられる。

(a) 数え上げる時

(b) 名詞の後に置かれる場合

l-banāt is-sittaᶜiš「その13人の娘」 *numṛa ṭnaᶜiš*「12番」

(c) 数えられる名詞を伴わないとき。

lamma ṣurt ibin sabaᶜṭaᶜiš「17歳になった時」 *lēš bidd-ō-š ybīᶜ-na l-bandōṛa b-haqall min xamaṣṭaᶜiš?*「なぜ彼はトマトを15（シェケル）以下で売ってくれないのだろう？」

(d) *muḍāf* の位置にある時

siṭṭaᶜš iš-šahar「今月の16日」

(2) 結合形は数えられる名詞（単数形）を伴う場合に用いられる。

xamsṭaᶜšaṛ šēkil「15シェケル」 *ṭlaṭṭaᶜšaṛ kīlo*「13キロ」 *ṭlaṭṭaᶜšaṛ sane*「13年」

2.4.1.5.「20〜99」

20	*ᶜišrīn*	60	*sittīn*
30	*talatīn*	70	*sabᶜīn*
40	*arbaᶜīn*	80	*tamanīn*
50	*xamsīn*	90	*tisᶜīn*

1の位は10の位の数詞の前に置き接続詞 *w-* で結ぶ

21	*wāḥad w-ᶜišrīn*	56	*sitte w-xamsīn*
22	*tnēn w-ᶜišrīn*	67	*sabᶜa w-sittīn*
23	*talāte w-ᶜišrīn*	78	*tamānye w-sabᶜīn*
34	*arbaᶜa w-talatīn*	89	*tisᶜa w-tamanīn*
45	*xamse w-arbaᶜīn*		

数えられる名詞には単数形が用いられる。

sittīn sane「60年」 *dabaḥu talatīn xarūf.*「彼らは30頭の羊を屠った。」

2.4.1.6.「100以上」

100	*miyye*	200	*mitēn*
101	*miyye w-wāḥad*	300	*talat-miyye*
102	*miyye w-itnēn*	400	*arbaᶜ-miyye*
103	*miyye w-talāte*	500	*xams-miyye*
110	*miyye w-ᶜašaṛa*	600	*sitt-miyye*
111	*miyye w-iḥdaᶜiš*	700	*sabaᶜ-miyye*
120	*miyye w-ᶜišrīn*	800	*taman-miyye*
		900	*tisaᶜ-miyye*

miyye「100」は数えられる名詞が後続するとき *mīt-* となる。

mīt sane「100年」 *xamis mīt ᶜēle*「500家族」

1000	*alf*	3000	*talat-talāf*
1001	*alf w-wāḥad*	4000	*arbaᶜ-talāf*
1002	*alf w-itnēn*	5000	*xamas-talāf*
1010	*alf w-ᶜašaṛa*	6000	*sit-talāf*
1020	*alf w-ᶜišrīn*	7000	*sabaᶜ-talāf*
1100	*alf w-miyye*	8000	*taman-talāf*
1200	*alf w-mitēn*	9000	*tisaᶜ-talāf*
1300	*alf w-talat miyye*	10000	*ᶜašaṛ-talāf*
2000	*alfēn*	11000	*ḥdaᶜšaṛ alf*
		100,000	*mīt alf*

1,000,000	*malyōn*
2,000,000	*malyunēn* ~ *tnēn malayīn*
3,000,000	*talat malayīn*

「2000」では *alf* の双数形 *alfēn* が用いられる。複数形は *alāf* だが、「3～9」までの数詞が先行すると *talāf* となる[75]。

2.4.2. 序数詞

1～10は序数詞に固有の語形がある。

	m.	f.		m.	f.
1	*awwal*	*ūla*	6	*sādis*	*sātse*
2	*tāni*	*tānye*	7	*sābiᶜ*	*sābᶜa*
3	*tālit*	*tālte*	8	*tāmin*	*tāmne*
4	*rābiᶜ*	*rābᶜa*	9	*tāsiᶜ*	*tāsᶜa*
5	*xāmis*	*xāmse*	10	*ᶜāšir*	*ᶜāšṛa*

11以上は基数詞を形容詞的に用いる。多くの場合、限定された名詞の後に定冠詞を付けて、または定冠詞を付けて単独で用いられる。文法性による区別はない。

11	*l-iḥdaᶜiš*
12	*iṭ-ṭnaᶜiš*
20	*il-ᶜišrīn*
100	*il-miyye*
1000	*il-ˀalf*

2.4.3. 分数

	sg.	pl.
1/2	*nuṣṣ*	*nṣūṣ*
1/3	*tulut*	*tlāt*
1/4	*rubuᶜ*	*rbāᶜ*

---

75 2.3.2.2.2.(3) を参照。

1/5	*xumus*	*xmās*
1/6	*sudus*	*sdās*
1/7	*subu*^{c}	*sbā*^{c}
1/8	*tumun*	*tmān*
1/9	*tusu*^{c}	*tsā*^{c}
1/10	^{c}*ušuṛ*	^{c}*šāṛ*

2.4.4. 数詞の限定

数詞の付いた名詞を限定する場合は次のような方法がある。

(1) 数詞＋名詞の場合は先行する数詞にのみ定冠詞を付ける。

bi-t-talat-talāf sane「この3000年で」 *il-xamas-tiyyaam*「その5日間」 *it-talat kutub hadōl*「これら5冊の本」

(2) 名詞＋数詞の場合は、先行する名詞は定冠詞か接尾代名詞によって限定され、続く数詞は定冠詞によって限定される。

wlād-i t-tnēn fī ˀamērka「アメリカにいある私の2人の息子たち」 *axwāt-ha t-tintēn*「彼女の2人の姉妹たち」 *faržī-ni idē-k it-tintēn.*「お前の2つの手を見せなさい。」 *banāt il-malik it-talāte*「王の3人の娘たち」 *fēn qa*^{c}*adu z-zabāyn il-itnēn?*「その2人の客はどこに座った？」*id-dyanāt it-talāte*「三宗教（イスラーム・キリスト教・ユダヤ教)」

2.4.5. 時間・曜日・月の表現

2.4.5.1. 時間の表現

qaddēš is-sē^{c}*a?*「今何時ですか？」 *is-sē*^{c}*a talāte*「3時です」

1時	*is-sē*^{c}*a waḥade*	7時	*is-sē*^{c}*a sab*^{c}*a*
2時	*is-sē*^{c}*a tintēn*	8時	*is-sē*^{c}*a tamānye*
3時	*is-sē*^{c}*a talāte*	9時	*is-sē*^{c}*a tis*^{c}*a*
4時	*is-sē*^{c}*a arba*^{c}*a*	10時	*is-sē*^{c}*a* ^{c}*ašaṛa*
5時	*is-sē*^{c}*a xamse*	11時	*is-sē*^{c}*a ḥda*^{c}*iš*
6時	*is-sē*^{c}*a sitte*	12時	*is-sē*^{c}*a ṭna*^{c}*iš*

3時1分	*is-sē^{c}a talāte w-daqīqa (waḥade)*
3時2分	*is-sē^{c}a talāte w-daqiqtēn*
3時3分	*is-sē^{c}a talāte w-talāte daqāyiq*
3時10分	*is-sē^{c}a talāte w-^{c}ašaṛa*
3時15分	*is-sē^{c}a talāte w-rubi^{c}*
3時20分	*is-sē^{c}a talāte w-tulit*
3時25分	*is-sē^{c}a talāte w-nuṣṣ illa xamas daqāyiq*
3時30分	*is-sē^{c}a talāte w-nuṣṣ*
3時35分	*is-sē^{c}a talāte w-nuṣṣ w-xamas daqāyiq*
3時40分	*is-sē^{c}a arba^{c}a illa tulit*
3時45分	*is-sē^{c}a arba^{c}a illa rubi^{c}*
3時50分	*is-sē^{c}a arba^{c}a illa ^{c}ašaṛ daqāyiq*
3時55分	*is-sē^{c}a arba^{c}a illa xamas daqāyiq*

2.4.5.2. 曜日の名称

šū l-yōm? / ayya yōm il-yōm?「今日は何曜日ですか？」

il-yōm yōm l-itnēn.「今日は月曜日です。」

日曜日	*(yōm) il-ḥadd*	水曜日	*(yōm) il-arba^{c}a*
月曜日	*(yōm) l-itnēn*	木曜日	*(yōm) il-xamīs*
火曜日	*(yōm) it-talāta*	金曜日	*(yōm) il-žim^{c}a*
		土曜日	*(yōm) is-sabt*

2.4.5.3. 月の名称

月の名前はパレスチナ・メソポタミアで用いられる伝統的な名称と、数字を使った名称とがある。

	伝統的な名称	数詞による名称
1月	*kanūn it-tāni*	*šahir wāḥad*
2月	*šbāṭ*	*šahir itnēn*
3月	*adār*	*šahir talāte*
4月	*nisān*	*šahir arba^{c}a*
5月	*ayyāṛ*	*šahir xamse*

6 月	*ḥziṛān*	*šahir sitte*
7 月	*tammūz*	*šahir sabᶜa*
8 月	*āb*	*šahir tamānye*
9 月	*aylūl*	*šahir tisᶜa*
10 月	*tišrīn il-awwal*	*šahir ᶜašaṛa*
11 月	*tišrīn it-tāni*	*šahr iḥdaᶜiš*
12 月	*kanūn il-awwal*	*šahr iṭnaᶜiš*

2.5. 前置詞

前置詞は名詞、または接尾代名詞を従える。以下では1語から成る前置詞と複合前置詞とに分類し、各範疇ごとにアルファベット順に配列する。また[ ]内に接尾代名詞を伴う形を示す。

2.5.1. 1語からなる前置詞

ᶜala, ᶜa-（前置詞の前では *ᶜala l-* また *ᶜa-l-*）[*ᶜalē-ʰ, ᶜalē-ha, ᶜalē-k, ᶜalē-ki, ᶜalay-y; ᶜalē-hum, ᶜalē-kum, ᶜalē-na*] ①「〜の上に」: *buḥuṭṭū-l-o ᶜalē-ha šwayyit dhūn.*「彼らはその上に少量の軟膏を付けた。」 *ˀibn-i laqa bēḍ, ġēr šikil, ᶜalē-ʰ nuqaṭ asmaṛ.*「息子は卵を見つけたのだけれど、変な形で黒い斑点が付いていた。」 *la-ṭ-ṭabxa l-ikbīre kānat itsawwī-ha ᶜala-n-nāṛ.*「大人数の食事ではそれを火の上にかけて作っていました。」 *yuqᶜudu ᶜala l-ḍiffe.*「彼らは脇に座っている。」 *kān kull iṭ-ṭaxx ᶜalē-na.*「爆撃はみな私たちの上に来ました。」 ②「〜について」: *fīʰ nukta ᶜa-l-xalāyle.*「ハリールの人についてのジョークがあります。」 ③「〜へ」: *wāḥad rāyiᶜ ᶜa-l-hind, wāḥad rāyiᶜ ᶜala ˀirān.*「ある人はインドへ、ある人はイランへ行きます。」 *ˀabū-y kān min il-grupp illi žābū-ʰ ᶜa-l-quds.*「父はエルサレムへ連れて来られたグループの一人でした。」 ④「〜に対して」: *bagzib-iš ᶜalē-k.*「あなたに嘘はつきません。」 *kānu ydīru bāl-hum ᶜalē-na*「彼らは私たちに注意を向けた。」 ⑤「〜による」: *daffāy ᶜala l-kahraba*「電気ストーブ」: ⑥動詞の補語として: *kān zalame ˀaxāf ᶜalē-ʰ.*「彼は私が恐れいている男でした。」 ⑦Y接頭辞活用形を伴い「〜しなければならない」: *ᶜalē-k txalliṣ il-ᶜišrīn badle hadōle.*「あなたはこの20着の背広を仕上げなければならない。」

ᶜan [*ᶜann-o, ᶜan-ha, ᶜann-ak, ᶜann-ik, ᶜann-i; ᶜan-hum, ᶜan-kum, ᶜan-na*]「〜について」: *ḥabb aḥkī-l-ak ᶜan sitt-i.*「私の祖母についてお話ししたい。」

ᶜand ~ ᶜind [*ᶜind-o ~ ᶜand-o, ᶜind-ha ~ ᶜand-ha, ᶜind-ak ~ ᶜand-ak, ᶜind-ik ~ ᶜand-ik, ᶜind-i ~ ᶜand-i; ᶜind-hum ~ ᶜand-hum, ᶜind-kum ~ ᶜand-kum, ᶜind-na ~ ᶜin-na ~ ᶜand-na ~ ᶜan-na*] ①「〜のところに・〜のもとで」: *ᶜind iḍ-ḍuhriyye*「昼ごろ」 *niktšif iṭ-ṭaṛaš ᶜind il-walad minn-o huwwe zġīr.*「息子が小さい頃に耳が聞こえない事が分かった。」②「*ᶜand- ~ ᶜind-* ＋接尾代名詞」は通常非限定

名詞と共に用いて「～がある」を意味する（2.2.10.(2) を参照）：*fī^{h} ᶜand-o xams iwlād.*「彼には息子が 5 人いる。」 *fī^{h} ᶜind-na ṭawāˀif muxtalife.*「私たちの所には様々な宗派がある。」 *biržaᶜ ᶜind ixiwt-o.*「彼は兄弟のもとに戻る。」 *rūḥ ᶜind hāda š-šaxṣ.*「この人物の所へ行け。」 *ᶜind-o waṛaṃ.*「彼には腫瘍がある。」 *baᶜtt-hum ᶜind il-mudīre.*「私は彼らを校長のところへ行かせた。」 *kull wāḥad ᶜind-o zōq.*「人にはそれぞれ好みがある。」

b-（接尾代名詞と共には用いられない。接尾代名詞と共に用いる時には *fī* が用いられる：*ažīt b-is-sayyāṛa.*「私は自動車で来ました。」：*ažīt fī-ha.*「私はそれで来ました。」）①「～で（手段）」：*bi-s-siryāni, b-il-luġa l-ˀāṛamīye buqulū-l-o ˀūkōmo.*「シリア語で、アラム語ではそれを『ウコモ』と呼ぶ。」 *ažīt b-il-bāṣ.*「私はバスで来た。」 ②「～に（場所）」：*wāḥad malik b-il-mamlake l-ˀāṛamīye*「アラム王国のある王」 *ˀaža b-il-quds, bi-falisṭīn.*「彼はパレスチナのエルサレムに来た。」 ③（比較の基準）：*huwwe akḅaṛ minn-i b-santēn.*「彼は私より 2 歳年上だ。」 *huwwe haqṣar b-iṭ-ṭūl.*「彼は身長がより低い。」

baᶜid [*baᶜd-o, baᶜid-ha, baᶜd-ak, baᶜd-ik, baᶜd-i; baᶜid-hum, baᶜid-kum, baᶜid-na*]「～の後で」：*baᶜid akam min sane*「数年後に」 *fī^{h} arman ˀažu baᶜd id-dabḥa šēt il-ˀarman.*「アルメニア人虐殺の後に来たアルメニア人がいる。」 *baᶜid mōtit ˀimm-i*「母の死後に」

bēn [*bēn-o, bēn-ha, bēn-ak, bēn-ik, bēn-i; bināt-hum, bināt-kum, bināt-na*]「～の間に」：*ṣāṛ ḥarb kamān ṃaṛṛa bēn yahūd u-l-ᶜarab.*「ユダヤ人とアラブ人の戦争がまた起こった。」 *kunit ˀaštġil fi-l-mustašfa, bēn mažārīḥ w-imwāt*「私は病院で負傷者と死者が入り混じっている中、働いていました。」「複数の物の間」の意味で接尾代名詞が付加される場合、*bināt-* (~*bēnāt-*) が用いられることがある：*ṣāṛat bināt-un ḥarb.*「彼らの間に戦争が起きた。」 *muš lāzim itkūn bēnāt-na ᶜadāwe.*「我々のあいだに敵対関係があるべきではない。」

bidūn（通常接尾代名詞を伴わない）「～なしで」：*ažu bidūn ˀiši.*「彼らは何も持たずに来た。 *fī^{h} nās buġḍuru nās tānyīn bidūn ṣaḥāwe.*「気づかれないように他人をだます人たちがいる。」 *waqqafū-ha bidūn sabab.*「彼女はわけもなく逮捕された。」

ḍudd ~ *ḍidd* [*ḍudd-o* ~ *ḍidd-o, ḍudd-ha* ~ *ḍidd-ha, ḍudd-ak* ~ *ḍidd-ik, ḍudd-ik, ḍidd-ik, ḍudd-i, ḍidd-i; ḍudd-hum* ~ *ḍidd-hum, ḍudd-kum* ~ *ḍidd-kum, ḍudd-na* ~ *ḍidd-na*]「〜に対して」：*kān ma*ᶜ*-i, ma-kan-š ḍudd-i.*「彼は私の味方だった、私に反対ではなかった。」 *ḥizb isyāsi ḍidd il-ḥukūme*「政府に反対する政治政党」

fi [*fī-*ʰ ~ *fiyy-o, fī-ha, fī-k, fī-ki, fiy-y; fī-hum, fī-kum, fī-na*] ①「〜で（場所）」：*f-il-bēt*「家で」 *f-il-balad*「街で」 *fi žunūb šarq turkiyya*「トルコ南西部で」 *la-wēn bidd-kum trūḥu fi ramaḷḷa?*「ラマッラではどこへ行きたいですか？」 *ˀiḥna kunna sāknīn fi-ḍ-ḍāṛ b-il-ˀažār.*「私たちは賃貸住宅に住んでいました。」 *kunit ˀaštġil fi-l-mustašfa.*「私は病院で働いていました。」 *fīʰ* ᶜ*ēle kbīre fi-l-hind.*「インドに大きな家族がある。」 *il-makān illi ndafan fī-*ʰ *mār žiryis*「セント・ジョージが埋葬された場所」 *ma-kunnā-š niqdar nuq*ᶜ*ud fī-ha.*「私たちはそこにいることができなかった。」：② Y 接頭辞活用形と共に「〜できる」[76]：*ya-rēt fī-na nṭīr.*「ああ、飛べたらなあ。」 *fī-k tiḥki b-is-siryāni?*「シリア語を話せますか？」

fōq [*fōq-o, fōq-ha, fōq-ak, fōq-ik, fōq-i; fōq-hum, fōq-kum, fōq-na*]「〜の上（上空）に」：*yuq*ᶜ*udu fōq-o.*「彼らはその上に座っている。」 *laqū-*ʰ *nāyim fōq il-watad.*「彼らは彼が楔の上で寝ているのを見つけた。」 *ˀišāṛa zġīre fōq-a bitġayyir ma*ᶜ*nāt-a.*「その上の小さい印が意味を変える。」 *ṣirna nuhrub min maḥall la-maḥall w-kanābil fōq ṛāṣ-na.*「頭上に爆弾が降り注ぐ中、私たちはあちこち逃げ回った。」

hiqbāl: qbāl を見よ。

ḥasab「〜によれば」：*il-ha ktīr ma*ᶜ*āni ḥasab kīf inte tistaxdim-ha b-iž-žumle.*「それ（その単語）には文の中でどう使うかによって多くの意味がある。」 *ḥasab usṭūṛa ma*ᶜ*rūfe*「有名な伝説によれば」

ḥāwale- [*ḥāwalē-*ʰ*, ḥāwalē-ha, ḥāwalē-k, ḥāwalē-ki, ḥāwalay-y; ḥāwalē-hum, ḥāwalē-kum, ḥāwalē-na*]「〜の周りに」：*ḥāwalē-na*「私たちの周辺に」 *biḥkī-ha la-n-nās illi ḥāwalē-*ʰ.「彼はそのことを周りの人たちに話している。」

il-, la-（*il-* は常に接尾代名詞と共に、*la-* は名詞と共に用いられる）[*il-o, il-ha, il-ak, il-ik, il-i; il-hum, il-kum, il-na*] ①「〜の・〜のため」：*w-hādi faxir*

---

[76] Hopkins, *History* を参照。

w-iᶜtizāz il-i「これは私の誇りです。」 *fataḥ maḥall ʔil-o.*「彼は自分の店を開いた。」 *ḥāwalat iktīr tsawwi la-ʔabnāʔ il-ᶜašīre.*「彼女は一族の子供たちのために多くのことをした。」 *kānu yistaᶜmilū-ʰ la-ṭabṭīb.*「彼らは医療のためにそれを使っていた。」 *ᶜimlu ʔil-ha ᶜurus b-il-ḍarye.*「彼らは彼女のために村で結婚式を催した。」 *ʔaḥmil-l-o.*「私は彼に持って行く。」 ②「〜へ・〜に」: *tuqᶜud tudrus b-il-lēl, la-tāni yōm.*「彼女は夜通し、翌日まで勉強していた。」 *biqassm-o la-nuṣṣēn.*「彼はそれを半分ずつ分けた。」 *ʔaža l-il-masīḥ.*「彼はイエスの所へ来た。」 *w-la-l-yōm ʔal-luġa l-ʔāṛamīye mawžūde.*「それで今に至るまでアラム語は存在している。」 ③「*ʔil-* ＋接尾代名詞」は、非限定名詞と共に用いて「〜がある」を意味する（2.2.10.(2) を参照）: *ma-ʔil-ō-š ʔaṣil.*「彼にはルーツがない。」 *kull wāḥad ʔil-o wlād.*「それぞれの人に子供たちがいる。」 *fišš ʔil-on xubiz hunāk.*「あそこには彼らのパンはない。」 *ʔil-i ʔuxt-i btištġil.*「私には働いている妹がいる。」

ka-（OA からの借用）「〜として」: *nafs il-waqt kān yištġil ka-mṣawwir.*「同時に彼はカメラマンとして働いていた。」 *bukūn ma-ᶜmil-iš waẓīft-o kwayyis ka-raʔīs wuzara, bwaṭṭū-ʰ.*「首相としての職務をきちんとしなければ降格させられる。」

la-: il- を見よ。

maᶜ [*maᶜ-o ~ maᶜā-ʰ, maḥ-ḥa ~ maᶜā-ha, maᶜ-ak ~ maᶜ-āk, maᶜ-ik ~ maᶜā-ki, maᶜ-i ~ maᶜā-y; maḥ-ḥum ~ maᶜā-hum, maᶜ-kum ~ maᶜā-kum, maᶜ-na ~ maᶜā-na*] ①「〜と共に」: *fa-baᶜat-l-o maᶜ murāsil.*「彼は彼に使者と共に送った。」 *humme biḥku siryāni maᶜ hindi.*「彼らはヒンディー語とシリア語を話す。」 *kull-ma kān yiṭlaᶜ ḅaṛṛa yṣawwir taṣwīr kān yōxud abū-y maᶜ-o.*「彼は出かけるときはいつも私の父を一緒に連れて行った。」 *w-kān mīn maᶜā-na?*「誰が私達と一緒にいたのですか？」 ②「*maᶜ-* ＋接尾代名詞」は、非限定名詞と共に用いて「〜がある」を意味する（2.2.10.(2) を参照）: *maᶜ-ak maṣāṛi? – aywa.*「お金持ってる？－はい。」 *il-bawwāb maᶜ-o mafatīḥ.*「門番がカギを持っている。」 *šū kān maᶜ-hum?*「彼らは何を持っていた？」 *kān maᶜ-o slāḥ?*「彼は武器を持っていたのか？」

min [*minn-o, min-ha, minn-ak, minn-ik, minn-i; min-hum, min-kum, min-na*] ①「〜から」: *min tal-ʔabīb la-ḥēfa*「テル・アビブからハイファへ」 *min il-yōm la-*

bukṛa「今日から明日」 *ballašit ˀatᶜallam ᶜarabi min ᶜašaṛ isnīn.*「10年前に習い始めた（今も習っている）。」 *niktšif iṭ-ṭaṛaš ᶜind il-walad minn-o huwwe zġīr.*「息子が小さい頃に耳が聞こえない事が分かった。」 ②「(〜の一部)」：*nōᶜ mn-it-tahwiye*「一種の換気扇」 *sābiqan kunna min šuᶜūb ˀal-ˀaṛāmiyye.*「以前私たちはアラム人の一部だった。」 *l-ˀāṛamīyīn kānu min ᶜabbadīn il-ˀawṯām.*「アラム人は偶像崇拝者だった。」 *ˀabū-y kān min il-grupp illi žābūˀ ᶜa-l-quds.*「父はエルサレムへ連れて来られたグループの一人でした。」 *ana šofēr falasṭīni w-min sukkān ramaḷḷa.*「私はパレスチナ人運転手でラマッラの住民です。」 ③「〜よりも」：*huwwe azġar minn-i.*「彼は私より若い。」 *balāqi dukkān bitbīᶜ haqall min dukkān itānye.*「私は他の店より安く売る店を見つける。」 ④（動詞の補語）：*ˀana ṭalab minn-i l-malik.*「私に王は要求した。」

mitil [*mitl-o, mitil-ha, mitl-ak, mitl-ik, mitl-i; mitil-hum, mitil-kum, mitil-na*]「〜のように」：*bass fiʰ arman mitil-na.*「しかし私たちと同じようなアルメニア人もいる。」 *ha-l-binit mitl il-badir.*「この娘は満月のようだ。」 *žārit-na ma-tbtuqᶜud-iš fi-l-bēt mitil imm-i.*「お隣さんは私の母のように家にいない。」

qabil [*qabl-o, qabil-ha, qabl-ak, qabl-ik, qabl-i; qabil-hum, qabil-kum, qabil-na*]「〜の前（時間）に」：*qabil talatt-ālāf w-xamis mīt sane*「3500年前」 *tᶜallamit ᶜarabi qabil ᶜašaṛ isnīn.*「私は10年前にアラビア語を習った。」 *qabil ha-l-maṛṛa*「今回の前に」 *šuft-ha qabil žumᶜa.*「私は彼女を1週間前に見た。」

qbāl ~ iqbāl ~ hiqbāl [*qbāl-o, qbāl-ha, qbāl-ak, qbāl-ik, qbāl-i; qbāl-hum, qbāl-kum, qbāl-na*]「〜の向かいに」：*ḥārt il-yahūd w-ḥārt il-ˀarman buwāžih hiqbāl baᶜiḍ.*「ユダヤ人地区とアルメニア人地区は互いに向かい合っている。」 *kull-hum mawžudīn ᶜala žabal iqbāl iž-žāmᶜa.*「全て大学に面した山の上にある。」 *uqᶜud hōn iqbāl-i.*「ここ、私の向かい側に座りなさい。」

quddām [*quddām-o, quddām-ha, quddām-ak, quddām-ik, quddām-i; quddām-hum, quddām-kum, quddām-na*]「〜の前（場所）に」：*wiqiᶜ quddām il-bāb.*「彼はドアの前に転んだ。」 *ma-šufna illa l-baḥaṛ quddām-na.*「すると目の前に海が見えた。」 *šūf it-taxt illi quddām-ak.*「お前の前にあるベッドを見よ。」

šēt [*šēt-o, šēt-ha, šēt-ak, šēt-ik, šēt-i; šēt-hum, šēt-kum, šēt-na*]「〜の」：*hunne rāyḥīn ᶜa-knīse šēt-hun.*「彼らは自分たちの教会に行く。」 *il-baṭrak šēt-na*

「私たちの主教」 *ōsaka, hiyye l-*ᴱcapitalᴱ *šēt-ku?*「大阪はあなたたちの首都ですか？」 *hinnun biḥku ˀarmani šēt il-iktāb il-imqaddas.*「彼らは聖書のアルメニア語を話している。」 *ᶜan-na niḥna b-ir-ramle knīse ˀarmaniyye, ā hādi šēt il-xaḍir šēt il-ˀarman.*「私たちにはラムレにアルメニア教会がある。はい、これはアルメニア人のセント・ジョージのものです。」 *šū ṣāṛ b-iz-zēt šēt-ik?*「あなたの油に何があったのですか？」 *hāy šēt mūsa.*「これはムーサのです。」

tabaᶜ [*tabaᶜ-o, tabaᶜ-ha, tabaᶜ-ak, tabaᶜ-ik, tabaᶜ-i; tabaᶜ-hum, tabaᶜ-kum, tabaᶜ-na*]「～の」（前置詞に先行する名詞の性・数で変化することがある：(f.) *tabaᶜit-,* (pl.) *tabaᶜūn*。また *tāᶜ-, tāᶜt-* のような変異形もある）：*kull iž-žāṛāt tabaᶜūn-ha*「彼女のお隣さん全員」 *il-xazāne tabaᶜit-ha*「彼女のたんす」 *fa-kānat id-duktōṛa fi-l-ᶜašīre tabaᶜit-na.*「彼女は私たち一族の医師だった。」 *illi biᶜmal iši byāxud in-natīža tāᶜt-o.*「何かすればその結果を受ける。」 *ˀāman b-il-ˀilāh tabaᶜ-o.*「彼は自分の神を信じた。」 *iš-šaqqa tabaᶜ-na fī-ha talat ġuraf.*「私たちのアパートには部屋が 3 つある。」 *wēn ir-ruxṣa tabaᶜt-ak?*「お前の免許証はどこだ？」

ṭūl「～の間（時間）」：*ma-tinsu-hā-š ṭūl ᶜumur-kum!*「彼女を一生忘れるな！」 *bāt ṭūl il-lēl ᶜiryān.*「彼は一晩中裸で過ごした。」 *šu kānat itsawwi ṭūl in-nhāṛ?*「彼女は一日中何をしていた？」 *w-ṭūl iṭ-ṭarīq w-ana barawwiq fī-ʰ.*「道すがらずっと彼をなだめていた。」

waṛa [*waṛā-ʰ, waṛā-ha, waṛā-k, waṛā-ki, waṛā-y; waṛā-hum, waṛā-kum, waṛā-na*] ①「～の後（場所）で」：*miši waṛā-y.*「彼は私の後ろを歩いた。」 *rūḥ urkuḍ waṛā-ʰ.*「彼の後をついて行って走れ。」 *ḥaṭṭ īd-o waṛa ḍahr-o.*「彼は背中の後に手を置いた。」 ②（動詞の補語）：*baᶜtit waṛā-k.*「私は貴男を呼んだ。」

yya- [*yyā-ʰ, yyā-ha, yyā-k, yyā-ki, yyā-y; yyā-hum, yyā-kum, yyā-na*] ①「～と」：*yōm m-il-ˀiyyām yṣīr hū w-iyyā-ha mašākil.*「そのうち彼と彼女は問題を起すだろう。」 *lamma ṭiliᶜ hū w-iyyā-ha ᶜa-t-taxit…*「彼と彼女がベッドに上がった時…」 *mništiġil maᶜ baᶜḍ, yaᶜni ˀana w-iyyā-ha.*「私たち、つまり私と彼女は一緒に働いている。」 ②（目的語の表示）：*bidd-i-yyā-k.*「私は貴男を必要としている。」 *inte waṣṣalt-ill-i yyā-ʰ.*「あなたは彼を私のもとに送り届

けてくれた。」 *aᶜṭēt-o yyā-ʰ*.「私は彼にそれをあげた。」 *waržā-ni-yyā-ha.*「彼は私にそれを見せた。」

zayy [*zayy-o, zayy-ha, zayy-ak, zayy-ik, zayy-i; zayy-hum, zayy-kum, zayy-na*]「〜のような」: *miš zayy hallaq*「今のようではなく」 *ᶜin-na baṭrak ikbīr, masˀūl zayy kīf il-ḅāḅa.*「私達には、ローマ教皇のような責任者である大主教がいる。」 *ma-kanū-š muḥāribīn yaᶜni, zayy rūmān.*「彼らはローマ人のように好戦的ではなかった。」 *laqa ˀižrē-ha zayy l-iḥmāṛ.*「彼は彼女の足がロバのようだと思った。」

žamb [*žamb-o, žamb-ha, žamb-ak, žamb-ik, žamb-i; žamb-hum, žamb-kum, žamb-na*]「〜の脇に」: *lamma kān yuqᶜud žamb-ha*「彼が彼女の隣に座った時」 *fa-kānat tḥuṭṭ-ull-o kēle žamb it-taxt.*「そこで彼女はベッドの脇に彼のために缶を置いていた。」 *žamb il-mēdane fīʰ žāmiᶜ.*「ミナレットの脇にはモスクがある。」

žuwwāt [*žuwwāt-o, žuwwāt-ha, žuwwāt-ak, žuwwāt-ik, žuwwāt-i; žuwwāt-hum, žuwwāt-kum, žuwwāt-na*]「〜の内部に」: *bass ˀiḥna b-il-bald il-qadīme, min žuwwāt is-sūr, kunna mistaˀižrīn.*「しかし私たちは旧市街の中、城壁の内部では、家を借りているのです。」 *lākin žuwwāt-ha ma-fīʰ zēt.*「しかしその中には油はありません。」

2.5.2. 複合前置詞

複合前置詞とは前置詞と名詞の組み合わせによる前置詞である。

ᶜala hawa-「〜のおかげで」: *w-ᶜala-hawā-ha baṭṭal waṯani ṣāṛ masīḥi.*「彼女のおかげで彼は偶像崇拝をやめてキリスト教徒になった。」

ᶜan ṭarīq「〜経由で」: *ˀažat-na ṯ-ṯaqāfe w-il-ᶜilm ᶜan ṭarīq is-siryān.*「文化と学問はシリア語を通して到来した。」

b-in-nisbe la-, ˀil-「〜にとって・〜としては・〜と比べれば」: *miš baṭṭāl b-in-nisbe l-aš-šuġul.*「仕事としては悪くない。」 *lissāt-ha qaṣīre b-in-nisbe la-banāt ṣaff-ha.*「彼女はクラスの女の子たちと比べるとまだ背が低い。」 *b-in-nisbe la-aktar-hum kānat hādi awwal izyāṛa fī-ha.*「彼らの大部分にとってこれはそこへの初めての訪問だった。」 *il-quds, b-in-nisbe la-barīz, balad izġīre.*「エルサレムはパリに比べれば小さい都市だ。」 *ana šū b-n-nisbe ˀil-*

ak?「あなたにとって私は何？」

b-žamb- [*b-žamb-o, b-žamb-ha, b-žamb-ak, b-žamb-ik, b-žamb-i; b-žamb-hum, b-žamb-kum, b-žamb-na*]「〜のそばに」: *yaᶜni ᶜand-ak bāb ḥuṭṭa, b-žamb-a bīži ḥārt is-saᶜdiyye.*「つまりバーブ・フッタがあるでしょう、そのそばにサアディーエ地区がある。」

ġaṣban ᶜan-「〜の意に反して」: *axadt-o ᶜa-l-madrase ġaṣban ᶜann-o.*「私は嫌がる彼を学校に連れて行った。」

la-ḥāl- [*la-ḥāl-o, la-ḥāl-ha, la-ḥāl-ak, la-ḥāl-ik, la-ḥāl-i; la-ḥāl-hum, la-ḥāl-kum, la-ḥāl-na*]「〜一人で」: *halqēt ˀana la-ḥāl-i.*「今私は一人です。」 *ḍallēna la-ḥāl-na fī-ha.*「私達だけでそこにとどまりました。」*hiyye btiᶜmal kull ši la-ḥāl-ha.*「彼女は何でも自分でする。」

min fōq「〜の上から」: *ažu šaddū-ʰ min fōq il-watad.*「彼らは来て楔の上から彼を掴んだ。」 *il-maẓhariyye wiqᶜat min fōq il-xazāne.*「花瓶がタンスの上から落ちた。」

min taḥit「〜の下から」: *hadōla min taḥt il-ˀarḍ biṭlaᶜu.*「これらは地面の下から上がってきた。」

2.6. 副詞

JA の副詞の大部分は、他の現代方言と同様、名詞・形容詞の流用（*awwal*「初めに」 *laḥẓa*「しばらく」）や前置詞句（*ᶜa-l-ˀaġlab*「大抵は」 *b-il-lēl*「晩に」）である。また OA の名詞・形容詞の非限定対格に由来する語尾が *-an* で終わるもの：*dāyman*「常に」 *ḥāliyyan*「目下」 *raˀsan*「すぐに」、まれに動詞・分詞（*yimkin* ~ *mumkin*「恐らく」 *xāṣṣ*「特に」）も副詞として用いられる。

以下では副詞を意味毎に分類した。

2.6.1. 時を表す副詞

ᶜa-l-ˀaġlab「大抵は」

awwal「はじめに・以前は」：*awwal kunt bamši arbaᶜ xamis daražāt, hhh, bāži bafūt ᶜa-d-dukkān.*「以前は 4 , 5 段上ってハアハア言いながら店に入ったものだ。」 *awwal kān yžīb xuḍṛa min il-ɋarye.*「かつて彼は野菜を村から持ってきていた。」

awwal maṛṛa「初めて」

b-hadāk iz-zamān「その当時」

b-il-āxir「最後に」：*ˀilla ybayyin b-il-ˀāxir.*「すると彼は最後に現れた。」

b-il-ᶜāde「通常は・普段は」

b-il-lēl「晩に」：*ruḥit b-il-lēl ᶜand ḍāṛ xāl-i.*「おじの家に夜行った。」

b-iz-zamanāt「かつては」：*kān ˀism, hōne, l-balad, b-iz-zamanāt kān ˀism-o falasṭīn.*「ここの町の名前はかつてはパレスチナと言った。」

b-nafs il-waqt「同時に」：*fa-ˀaža hāda l-xādim, huwwa kān ib-nafs il-waqt rassām.*「そこでこの召使―彼は同時に絵描きだったのだが―が来た。」

b-qadīm iz-zamān「昔々」

baᶜdēn「それから」：*ḍallēt baᶜdēn ˀaštġil.*「その後働き続けた。」 *baᶜdēn ḥakāt-l-o l-quṣṣa.*「それから彼女は彼にその物語を語った。」 *baᶜdēn rāḥu ᶜala ˀamērka*「その後彼らはアメリカへ行った。」

baᶜdīniš「それから」

badri「（朝）早く」：*iṣ-ṣubuḥ badri*「朝早く」 *lāzim niṭlaᶜ badri.*「私たちは朝

早く出かけなければならない。」

bakkīr「早く」：*nām bakkīr w-fīq bakkīr.*「早寝早起きせよ。」 *ma tinsū-š tīžu bakkīr.*「朝早く来るのを忘れるな！」

dāyman ~ dayman「いつも」：*w-dāyman ˀinn-o tibᶜat-l-o ṣ-ṣaḥin.*「彼女はいつも彼に皿を届けた。」 *awwal kunt bašrab duxxān, dāyman ux ux ux, dayman.*「かつて私は煙草を吸っていた。いつもゲホゲホ言っていた。いつもだ。」

fi-l-mudde l-axīre「最近」

fi-z-zamanāt「以前は」

hadīk is-sēᶜa「その時に」

hallaq「今・さて」：*hallaq, kān fīh ᶜin-na nās ktīr fī turkiyya.*「さて、私たちの仲間の人たちはトルコにたくさんいました。」 *ana kunt adaxxin, bass hallaq ana tarakt il-duxxān.*「私は煙草を吸っていましたが、今はやめました。」

ha-l-yōm「今日」

ḥāliyyan「現在は・目下」

l-yōm「今日」：*l-yōm waṣaṭ, la ḥamm, wa-la bard.*「今日は暑くも寒くも無く、中間的だ。」

laḥẓa「しばらく」

mbēriḥ ~ mbāriḥ「昨日」：*ma-bayyan min imbēriḥ.*「彼は昨日から姿を見せていない。」

min qabil「以前から」

min waqtī-ha「その時から」

min zamān「昔・以前は」

ṃaṛṛāt iktīr「しばしば・しょっちゅう」：*fa-ṃaṛṛāt iktīr kunt ˀamsak iš-šamsiyye.*「私はしょっちょう傘を持っていた。」

qabil「以前は・前もって」：*ana bidd-i ˀašūf-hun qabil.*「まず彼に会いたい。」

ṭūl waqt「ずっと」：*ˀana ṭūl waqt fi-l-ḥarb, kunit ˀaštġil fi-l-mustašfa.*「私は戦争の間中病院で働いていた。」

waqtī-ha「その時」：*kunna ᶜala šamᶜāt nuqᶜud nudrus waqtī-ha.*「私たちはその時蝋燭のところに座り勉強したものだ。」

yōm mi-l-ˀayyām「ある日」

zamān「かつて」：*zamān kān yiġlaṭ fi-l-iḥsāb.*「彼は昔よく計算違いをしたも

のだ」

2.6.2. 場所を表す副詞

ḅaṛṛa「外に」：*ṣāṛu šabāb-na yiṭlaᶜu ḅaṛṛa yitᶜallamu.*「私たちのところの若者は外国に行って勉強するようになった。」 *bass sakanu ḅaṛṛa l-balad, ḅaṛṛa l-balad il-qadīme.*「しかし彼らは街の、旧市街の外に住んだ。」 *ġaslat u-naššat kull il-ġasīl ḅaṛṛa.*「彼女は洗濯をし、全部を外に干した。」

b-iṭ-ṭarīq「途中で」：*ˀabū-ʰ b-iṭ-ṭarīq māt.*「彼の父は途中で死んだ。」

fōq「上に」：*iṭlaᶜ fōq!*「上に上がれ！」 *žāṛ-na lli sākin fōq*「上に住んでいる隣人」 *šū fīʰ maᶜ-ak fōq?*「上に何を持っている？」

ġād「あちらに」：*hī mustašfa ġād.*「それはあちらの病院です。」

hōn, hone, hōni「ここに」：*w-il-yahūd illi kānu hōni*「ここにいたユダヤ人たち」 *hallaq inte trūᶜ ᶜala s-sūq hōn.*「今、あなたはここの市場へ行きます。」 *fīʰ hōni talat aswāq.*「ここには 3 つの市場がある。」

hunāk「あそこに」

la-ḅaṛṛa「外に」：*biḥibbū-š yaᶜṭu banāt-hum la-ḅaṛṛa*「彼らは娘たちをよそにやりたくない。」

la-fōq「上に・上方に」：*irfaᶜ īd-ak la-fōq!*「手を上に挙げろ！」

la-quddām「前に・前方に」：*huwwe miši la-quddām.*「彼は前へ歩いた。」

mnēn, minnēn「どこから？」：*mnēn inte?*「どちらの御出身ですか？」

taḥit「下に」：*ᶜind-un mġāṛa taḥit.*「彼らの所には地下の洞窟がある。」

wēn「どこ？」：*wēn-ak inte?*「貴男は今どこですか？」 *taᶜraf wēn šuᶜfat?*「シュウファトがどこか知ってますか？」

wēn ma kān「どこであろうと」：*baᶜdēn ˀana wēn ma kān yaᶜni baḥibb aᶜtazz fī ḍabilit-na.*「私はどこにいようと、私たちの部族を誇りに思っている。」

žuwwa「内部に」：*bidd-nā-š nutxul žuwwa.*「私達は中に入りたくない。」

2.6.3. 方法・様態を表す副詞

ᶜala asās「基本的に」

ᶜala baᶜiḍ「互いに」：*talat luġāt qarībe ᶜala baᶜiḍ*「相互に類似の 3 つの言語」

ᶜala kullin「とにかく」：*ᶜala kullin, minᶜīš hēkit.*「とにかく私たちはこうして生

活しているのです。」

aḥsan「〜した方がよい」：*aḥsan ma-nḥušš il-balad.*「街に入らない方がいい。」

aṣlan「もともと」：*ʾabū-y ʾaṣlan min l-balad.*「父はもともと旧市街の出身だ。」

b-ha-ṭ-ṭarīqa「このようにして」：*w-b-ha-ṭ-ṭarīqa kbirna.*「こうして私たちは大きくなった。」

b-il-fiʿil「実際」：*b-il-fiʿil mufīd židdan.*「実際それはとても役に立つ。」

b-il-mašy「歩いて」：*liḥiq b-il-mašy.*「彼は歩いてついてきた。」

b-il-ṃaṛṛa「全然（〜しない）」：*ma-biṭbuxu laḥme b-il-bēt b-il-ṃaṛṛa.*「彼らは家では全然肉を料理しない。」

b-il-ʿaks「逆に」：*wa-lākin ṣāṛ b-il-ʿaks.*「しかし逆になった。」 *fī^h nās min žamʿit-na bixžalu yiḥku ʾinn-i ʾana nawaṛiyye, b-il-ʿaks ʾana baḥki ʾana nawaṛiyye.*「私たちのグループの人で自分がジプシーだと言うのを恥じる人がいるが、私は逆に、自分はジプシーだと言います。」

b-iṣʿūbe「困難を伴って」：*bimārsu l-ḥayā^h b-iṣʿūbe.*「彼らは苦労して生活している。」

b-iẓ-ẓabṭ「丁度」：*qabil b-iẓ-ẓabṭ ʾalfēn u-xams-mitt sane*「丁度2500年前に」 *w-hāda huwwe l-maʿna b-iẓ-ẓabṭ.*「これがまさにその意味だ。」

b-surʿa「速く」：*žīt ib-surʿa.*「私は急いで来た。」 *rūḥ min nōn ib-surʿa.*「さっさとここから出ていけ。」

bass「〜だけ」：*ʾana muš bass xayyāṭ, ʾana ʾadīb baktib maqalāt.*「私は仕立て屋であるだけではなく、物書きでもあり、記事を書いている。」 *ʾiza ʿind-o ʾīmān, bass yimsík-a biṭīb.*「もし彼に信仰があれば、それを掴むだけで治る。」

bidūn fāyde「無駄に」：*žaṛṛabit ʾaqnaʿ-o, bass bidūn fāyde.*「彼を説得しようとしたが無駄だった。」

duġri「まっすぐに・直に」：*yuqʿud hēk ṛāṣ-o duġri.*「彼はこうして頭をまっすぐにして座っている。」

ēš ma-kān「なんであろうと」：*hāda bass yšūf aḥmaṛ, ēs ma-kān, buhžum ʿalē-^{h}.*「こいつは、なんであろうと赤いものを見ると攻撃する。」

fažʾa「突然」：*baʿid akam daqīqa wiqfat is-sayyāṛa fažʾa.*「数分後車は突然止まった。」

fiᶜlan「実際」：*bidd-na ᶜalāme, itḥuṭṭ-ín-na-yyā-ʰ ḥatta nʾakkid ʾinn-ak fiᶜlan ruḥit.*「印が欲しいな、お前が実際に行ったことを確認するために印を置いておけ。」 *w-fiᶜlan hiyye ʾāmanat il-masīḥ.*「それで彼女は実際キリストを信じた。」

hēk, hēka, hēke, hēkit, hēkiḏ「そのように」：*ᶜa-šān hēk ana staġrabit.*「それゆえ私は驚いた。」 *ana baṭṣawwaṛ ʾinn-o hēke taḥlīl-ha.*「こんなのがその分析だろうと私は想像する。」

ḥatta「〜さえ・〜も」：*ḥatta l-yahūd kān yiḥku l-luġa l-ʾāṛāmiyye.*「ユダヤ人もアラム語を話していた。」 *ḥatta šawārb-i kānu ṣufur, li-ann-o dāyman is-sigāṛa f-tumm-i.*「私の口にはいつも煙草があったから私の口髭さえ黄色かった。」

maᶜ baᶜiḍ「一緒に」

maẓbūṭ「きちんと」：*kānu ysakkru l-bāb maẓbūṭ.*「彼らはドアをしっかり閉めた。」 *bisawwū-ha maẓbūṭ il-waẓīfe.*「彼らは職務をきちんと勤めている。」

mumkin「おそらく」：*mumkin kanāyis tanyīn tuḏkur ʾinn-o…*「恐らく他の教会は…と言っているのでは」

qawām「直接・直に・すぐに」：*qawām bisaddiqu, qawām biṣaḥḥbu.*「彼らはすぐに信じ、すぐに友達になる。」 *žīb finžān qahwe qawām.*「コーヒーをすぐ持って来い。」

raʾsan「直に」：*bass il-yōm bižīb-ha raʾsan ᶜala s-sūq.*「今では直に市場に持っていく。」

šaxṣiyyan「個人的に」

xāṣṣatan「特に」：*xāṣṣatan fi-l-balad hōni*「特に旧市街の中で」

yimkin「おそらく」

2.6.4. 量・程度を表す副詞

akam「いくつ？」：*akam min ḥarf fīʰ b-ʾisim "sāmi"?*「『サーミー』という名前は何文字ありますか？」 *akam min ṛaṭil ištarēt?*「何ラトル買ったのですか？」

balāš「無料で」

ha-l-qadd「これほど」：*badrus hal-qadd.*「私はこれほどまで勉強している。」

huwwe hal-qadde kān šaxṣ muḥtaram.「彼はこれ程の名士だった。」 *iza fīh ṣaḥin ha-l-qadde, ana bākl-ō-š kull-o.*「こんな大きさの皿があったら、私は全部平らげられない。」

kamān + 時間を表す名詞「更なる…」: *ana bażill kamān išwayy.*「私はもう少しいます。」 *buquᶜdu kamān talat ˀayyām hunāk.*「彼らはあそこにあと 3 日います。」

ktīr「たくさん・とても」: *fīh ᶜēle kbīre fi-l-hind buqūlu ktīr aġniya.*「インドにはとても金持ちであると言われている大家族がいる。」 *biḥubbu l-maṭraḥ ktīr.*「彼らはその場所が大変好きだ。」 *nifhimš iktīr ˀarmanīt-un.*「私たちは彼らのアルメニア語がよくわかりません。」

qaddēš「いくら？」: *b-qaddēš ištarēt?*「いくらで買ったのですか？」 *iḥsib-l-i qaddēš ᶜumr-i?*「何歳だと思いますか？」 *qaddēš il-kīlo?*「1 キロいくらですか？」 *qaddēš ḥaqq il-fusṭān?*「ドレスの値段はいくらですか？」

qadd-ma「～である程度・～なだけ」: *xōd qadd-ma bidd-ak.*「好きなだけ取りなさい。」

qalīl「少し」: *fīh wāḥad qalīl ᶜāqil.*「あまり賢くない人がいた。」

qalīl-ma「ほとんど～ない」: *qalīl-ma nistaᶜmil-ha.*「私は殆どそれを使っていない。」

šwayy「少し」: *hu kān imbayyin šwayy ˀaswad.*「彼は少々黒っぽく見えた。」 *išrab šwayy.*「少し飲め。」

šwayy išway「少しずつ・次第に」: *w-kbirna šwayy šwayy.*「私たちは少しづつ大きくなった。」

taqrīban「およそ・約」: *qāmu min turkiyya taqrīban mīt ˀalf yatīm ˀarman.*「およそ1000人のアルメニア人孤児がトルコを出立した。」 *fi-l-māḍi kunt bašūf-o taqrīban kull yōm.*「昔はほぼ毎日彼に会っていた。」 *hāda kān qabil šahrēn taqrīban.*「それは大体 2 か月前だった。」

židdan「非常に」: *b-il-fiᶜil mufīd židdan.*「実際それはとても役に立つ。」

2.6.5. その他

ā, āy, aywa, ī「ああ・はい」: *fīh ᶜind-ak ṭaybe? - aywa, fīh ᶜind-i.*「タイベはありますか？―はい、あります。」 *ᶜan-na niḥna b-ir-ramle knīse ˀarmaniyye, ā hādi šēt il-xaḍir, šēt il-ˀarman.*「私たちにはラムレにアルメニア教会があります。はい、これはアルメニア人のセント・ジョージのものです。」

bitqul-l-a ī ana xalaṣ.「彼女は『はい、私はもう終わりました。』と言いました。」

abadan「決して〜でない」：*tibqā-š itrūḥ ᶜa-hēk maṭāriḥ la-ḥāl-ak abadan.*「あんなところに一人で行ってはいけない。」

āy: *ā* を見よ。

aywa: *ā* を見よ。

ī: *ā* を見よ。

baᶜiḍ「互いに」：動詞の補語となる前置詞を伴い「互いに」「共に」を意味する：*l-iwlād msaffaṭīn waṛa baᶜiḍ.*「子供たちは1列に並んでいる。」 *iḥna hōn mitēn ᶜēle b-il-quds maᶜ baᶜiḍ.*「私たちはここエルサレムで全部で200家族います。」 *ya-rēt kull ahāli l-quds yifhamu baᶜiḍ.*「エルサレムの住民が相互に理解しあえればいいのに。」 *lāzim nitᶜašša maᶜ baᶜiḍ.*「我々は一緒に夕食を食べるべきだ。」 *hallaq niftriq ᶜan baᶜiḍ.*「今お互いお別れしましょう。」：*baᶜiḍ-hum/-kum/-na l-baᶜiḍ*「彼ら／あなた達／私達同志で・互いに」 *buḍuṛḅu baᶜiḍ-hum il-baᶜiḍ.*「彼らはなぐり合っている。」

balki「恐らく」

ḅaṛḍ-o「〜も」：*fī ḍāṛ il-aytām wāḥad mn-il-mṣawwrīn, ḅaṛḍ-o aṛmani.*「孤児院には写真家の一人がいました、彼もアルメニア人でした。」

kamān「〜も」：*ana ruḥit kamān.*「私も行きました。」 *ahl-i kamān min il-quds*「私の家族もエルサレム出身です。」 *ˀana kamān kiliwt-i waḥade.*「私も腎臓が一つです。」 *ana kamān ištarakit fī-ʰ.*「私もそこの参加した。」

lā, laˀ「いいえ」

lēš「なぜ？」：*lēš axabbi ˀaṣl-i?*「なぜ自分のルーツを隠す？」 *lēš sammū-h hād il-isim?*「なぜこの名前を付けたのだろうか？」

lissa「未だ」：*lissa ᶜam baštġil.*「私は未だ働いているんだ。」 *ana lissa muš mitžawwiz.*「私は未だ結婚していません。」 *lissa ma-qaṛraṛt-iš iši.*「まだ何も決めていない。」 *lissāt-* に接尾代名詞を添加する用法もある；*naḥna ˀaqdam imṣawwrīn illi lissāt-o yaᶜni fi-š-šuġul fī kull ˀisraˀīl.*「私たちはイスラエルで営業している最も古い写真店です。」

masalan「例えば」
naᶜam「はい」
ṭabᶜan「勿論」

2.7. 接続詞

ᶜa-bēn-ma「〜するまで・〜している間に」：*il-muhimm, yaᶜni ktīr tᶜazzabna ᶜa-bēn-ma xalaṣ il-ḥarb.*「結局戦争が終わるまでに私たちは大変苦しみました。」 *ᶜa-bēn-ma ana qāᶜid, w-illa ṣadīq bīži w-bisallim ᶜalay-y.*「私が座っていると友人が来て挨拶していく。」

ᶜala-šān ~ ᶜa-šān ~ min-šān「〜するために」：*min-šān yiᶜmal-l-ak iḥtirām*「彼があなたに敬意を払うように」 *fīʰ šababīk izġīre bitkūn maftūḥa ᶜala-šān ykūn fīʰ nōᶜ mn-it-tahwiye.*「一種の換気扇ができるように、開くようになっている小さい窓がある。」 *kān yōxud abū-y maᶜ-o miš ᶜašān yᶜallm-o, ᶜa-šān ˀabū-y yiḥmil miswaddāt.*「彼は父を連れて行ったがそれは父に教えるためではなく、ネガを運ばせるためだった。」 *lēš ibtišrab iktīr? – ᶜa-šān ansa hmūm-i.*「なぜそんなにたくさん飲む？—心配事を忘れるためだよ。」 *w-qul-l-o yīži min-šān yišfī-ni.*「彼に私を治しにに来るように言ってくれ。」 *w-ˀana hallaq bidd-awaržī-k iktāb min-šān tkūn tsaddiq ˀilli baḥkī-l-ak-iyyā.*「私があなたに話したことを信じるように本を見せてあげよう。」 *ᶜa-šān hēk ana staġrabit.*「それゆえ私は驚いたのだ。」

amma「しかし」：*amma bāqi n-nās kānat tiḥki ˀal-luġa l-ˀārāmīye.*「しかし残りの人たちはアラム語を話していた。」 *biṣ-ṣēf māši l-ḥāl, amma biš-šita ṣaᶜbe ktīr.*「夏は具合がいいが、冬は大変厳しい。」

ann-：*inn-* を見よ。

aw「それとも」：*kan fīʰ mandīl hēkit ˀaw ˀiši fūṭa*「ハンカチかなにかタオルのようなものがあった。」

awwal-ma「〜するやいなや」：*awwal-ma daᶜas iž-žamal, wiqᶜit hiyye.*「ラクダが踏むや否や、彼女は落ちた。」 *awwal-ma bišūf-ha biḥibb-ha.*「彼は彼女を見ると好きになった。」

baᶜd-ma「〜した後で」：*baᶜd-ma txalliṣ il-ᶜaṭṭarīn, biṣīr hāda bāb xān iz-zēt.*「（スーク・）アルアッターリーンを終えると、そこはハーン・アッゼートの門になる。」 *baᶜd-ma šwayye ˀitḥassan il-waḍiᶜ...*「状況が少し良くなった後で…」

badal-ma「〜する代わりに」：*badal-ma tqul-l-o aᶜṭī-ni ˀarbaᶜ ˀawāq, tqul-l-o ᶜaṭī-*

ni kīlo.「4ウキーエ下さい、という代わりに1キロくださいと言いなさい。」 *badal-ma ˀana ˀaḥmil ᶜiqāb il-xaṭiyye, yasūᶜ ḥimil ᶜiqāb il-xaṭiyye ᶜa-šān-i.*「私が過ちの罰を負う代わりにイエスが過ちの罰を私のために負ってくれる。」

bass「しかし」: *kānu ysakkru l-bāb maẓbūṭ w-iš-šababīk, bass fīʰ šababīk izġīre bitkūn maftūḥa.*「彼らはドアと窓をしっかり閉めたが小さい窓が開くようになっていた。」

bidūn-ma「〜することなく」: *bidūn-ma yitfaᶜ maṣāri*「金を払わずに」 *bidūn-ma tḥuṭṭ fōq-a ˀiši, tistaᶜmil-ha.*「上に何ものせずにそれを使いなさい。」

bi-mā ˀann-(o)「〜なので」: *lākin bi-ma ˀann-o ᶜand-i maḥall, w-ṣiḥḥt-i kwayyse, fa-l-taˀmīn il-waṭani qāl, xallī-k fi-d-dukkāne, titsalla, tištġil-l-ak santēn talāte, naᶜṭi-k-š ḥaqq-ak kāmil.*「しかし私には店があるし健康状態もいいので国民保険は『全額は支払わないが、店にいて楽しみ2・3年働きなさい。』と言っている。」

fa-「それから・それで」: *fa-sammū-hum masīḥīyīn.*「それで彼らは彼らをキリスト教徒と読んだ。」 *awwal-ma yfīq uṣ-ṣubuḥ, ux ux ux, yibzuq balġam b-il-kēle hādi, fa-kānat tḥuṭṭ-ull-o kēle žamb it-taxt.*「起きたとたんにゲホゲホ言って痰をこの缶にはくんだ。そこで彼女は缶をベッドの脇においていたのだ。」 *hādi baniˀādme ṭulᶜat masiḥiyye, fa-qatalū-ha.*「この女性はキリスト教徒になった。そこで殺されたのだ。」

ḥasab-ma「〜するのによれば」: *ḥasab-ma ḥakā-l-i huwwe ma-biᶜmal-iš iši.*「彼が語ったところによれば、彼は何もしていない。」

illa（否定辞 *ma-* と共に）①「〜以外〜しない」: *ma-btinfitiḥ illa fatḥa zġīre.*「小さい口しか開いていなかい。」 *ma-ḍall illa l-ḥēṭ il-ġarbi.*「西側の塀しか残らなかった。」 ②「すると見よ」: *ṭliᶜit ḅaṛṛa ma-lqīt id-dinya illa bard.*「外に出てみるととても寒かった（原義は「世の中に寒さ以外なかった」）。」

inn-, inn-o「〜ということ」: *baᶜtazz ˀana fī ˀinn-i ˀana nawarīye.*「私は自分がジプシーであることを誇りに思う。」 *basma hādi kānat ᶜamūṛa, imšakkle ḥāl-ha inn-i bani-ādmi.*「このバスマは怪物だったが、自分が人間であると見せかけた。」 *ᶜallam in-nās, ˀinn-o fī ˀiši ˀismo ˀaḷḷa.*「彼は、神と言う名の物があると人々に教えた。」 *ana batṣawwaṛ ˀinn-o hēke taḥlīl-ha.*「こんなの

がその分析だろうと私は想像する。」 *bitqul-l-a ˀinn-o z-zēt šēt-i zayy ma-hu.*「彼女は『私の油はそのままだ。』と彼女に言っている。」 *ḍaṛṛaṛu ˀinn-o bidd-un yiṭṭihdū-ʰ b-sabab ˀimān-o.*「彼らは、彼の信仰故彼を迫害しようと決めた。」

iza「～する時に」：*iza inte btiwᶜid šaxṣ, zayy ka-ˀinn-o fīʰ ᶜalē-k dēn lāzim tidfaᶜ-o.*「誰かと約束したら、それは借金したようなもので返済しなければならない。」 *ˀiza ᶜind-o ˀīmān, bass yimsík-a biṭīb.*「もし彼に信仰があれば、それを掴むだけで治る。」 *mažṛa, btiqdar tistaᶜmil iza wāḥad.*「*mažra*（水路）という語は（複数形だが）１つの時でも使うことができる（単語だ）。」

ka-ˀinn-o, kunn-o「～であるように」：*waḥḥal, yaᶜni zayy ka-ˀinn-o wiqiᶜ fi-l-waḥil.*「*waḥḥal*（という動詞）は、つまり『泥のなかに転ぶ』というような意味です。」 *fa-ṣāṛ ka-ˀinn-o xaṭaṛ ᶜala l-ˀimbaraṭuriyye nafs-ha.*「そして彼はその帝国自身にとっていわば危険なものとなった。」 *kōmo yaᶜni ˀaswad, kunn-o hu kān imbayyin šwayy ˀaswad.*「『コーモ』とは黒いという意味で、どうも彼は黒っぽい外見だったようです。」

kē「～するように」：*kē bidd-i ˀaḥki*「私が話すように」

kīf「～するように」：*kīf ˀana masalan baḥki hallaq ᶜarabi, bi-nafs il-waqt ˀana baḥki s-siryāni.*「例えば私がアラビア語を話すように、同時にシリア語も話します。」

kull-ma「～するときはいつでも」：*kull-ma kān yiṭlaᶜ ḅaṛṛa, kān yōxud abū-y maᶜ-o.*「彼は出かける時はいつも父を連れて行った。」 *kull-ma wlād-ik yṣīru ᶜayyanīn, ˀisqī-hun šāy.*「お子さんが病気になったらお茶を飲ませなさい。」

la- ①「～するために」：*aža la-yšūf-ni.*「彼は私に会いに来た。」 ②「～するまで」：*mašēt la-tᶜibit.*「私は疲れるまで歩いた。」 *akalit la-nfažarit.*「私は死ぬほど食べた。」

la-ˀann-o: li-ˀann- を見よ。

la-bēn-ma「～するやいなや」：*fa-la-bēn-ma bniržaᶜ niḥki b-il-mawḍūᶜ*「それでは戻ったらすぐにこの話をしよう。」

lākin, lākinn-「しかし」：*wa-lākinn-o huwwe kān tšabbat.*「しかし彼は固執した。」 *wa-lākin ṣāṛ b-il-ᶜaks, kull wāḥad biˀammin b-il-masīḥ.*「しかし逆に皆

キリストを信じた。」 *il-kitbe kull-a nafs il-ˀiši, nafs il-ˀaḥruf, lākin fī-ha ḥarakāt bitġayyir il-maᶜna.*「書き方は全く同じで同じ文字だが、母音が意味を変えるのだ。」

lamma ~ lamman「〜する時に」：*lamman biqra l-tawrāy ˀaw il-talmūd, kān b-il-ᶜibrāni.*「聖書やタルムードを読むときそれはヘブライ語だった。」 *lamman bitġīb iš-šams bitᶜāwud tubrud.*「太陽が隠れるとまた寒くなる。」

lann-: li-ˀann- を見よ。

law「もし〜なら」：*ā, law kunt ġani!*「ああ、金持ちだったら！」 *law faraḍna inte ᶜand-ak beybi.*「君に赤ん坊がいたとしよう。」 *law darasit kān nžiḥit.*「勉強していれば合格したのに。」 *law-nn-o (= law inn-o) axadt-o!*「取っておけばよかった！」 *ma-bitlaqī-š ˀaḥsan min hāda law laffēt il-balad kull-ha.*「町中探し回ってもこれよりいいものは見つからないよ。」

lēš「何故なら」：*w-ṣāṛ qalū-l-i ˀuhurbu, itruku byūt-kun lēš iṭ-ṭaxx kān qarīb.*「逃げろ、家を捨てろ、と言い始めました、というのも爆撃が近かったからです。」

li-ˀann-「何故なら」：*kānat munāḍile, munāḏile li-ˀann-ha ḥāwalat iktīr tsawwi la-ˀabnāˀ il-ᶜašīre.*「彼女は戦士でした。戦士、というのは彼女は一族の子供たちのために多くの事をしたからです。」 *ˀana baḥki s-siryāni li-ˀann-o ˀana ᶜāyiš hōni.*「私はここに住んでいるのでシリア語を話します。」

li-inn-o: li-ˀann- を見よ。

min-awwal-ma「〜して以来」：*min-awwal-ma yūlad*「生まれてこの方」

min-šān: ᶜa-šān を見よ。

qabil-ma「〜する前に」：*qabil-ma yxuššu l-balad.*「街に入る前に」

qbāl-ma「〜する前に」：*ˀana iqbāl-ma xallaṣt il-madrase tᶜallamit mumarriḍa.*「私は学校を終える前に看護術を学んだ。」

ta-「〜するために」：*bitammu yliḥḥu ᶜalē-ʰ ta-yirḍa.*「彼らは満足するまで固執している。」 *tistanna ta-yižī dōr-ak.*「順番が来るまで待つんだ。」 *yīži ᶜind il-malik ta-ynaᶜᶜim ᶜalē-ʰ.*「彼は王の所に慰めに来た。」

ṭūl-ma「〜する限りは」：*ˀana bidd-i ˀaxallī-ki ṭūl-ma ˀinti hēk.*「お前がそうなら、もう勝手にしろ。」

w-, wa- ①そして：*ˀarmani maḥalli w-ˀarmani žāy min ḅaṛṛa*「地元のアルメニア

人と他所から来たアルメニア人」 *kbirna w-ruḥna ᶜal-madāris.*「大きくなって学校へ行った。」 ②（状況構文（＝ *ḥāl*）を作る要素）：*ṣirna nuhrub min maḥall la-maḥall w-kanābil fōq ṛāṣ-na.*「頭上に爆弾が降り注ぐ中、私たちはあちこち逃げ回った。」 *šufnā-ʰ buhrub w-iḥna ḍallēna la-ḥāl-na fi-l-manṭiqa.*「その地区に私達だけで残っている中、彼が逃げていくのが見えた。」

wa-la「～も（ない）」：*mā-fī ᶜind-ha ġāz wa-la ᶜind-ha...*「彼女の所にはガスもなければ…もない。」 *huwwa qāl, wa-la ysawwi hēk wa-la ysawwi hēk.*「彼は、こうもしないしこうもしない、と言った。」

wa-law「～であっても」：*w-ˀaxad iḥqūq, wa-law ˀinn-o dōle zġīre, yaᶜni haqall ˀiši...*「そうして権利を獲得し、それは小さい『国家』、つまり最小のものかもしれませんが…」 *binqūl, 'fī-ʰ mažāri quddām bēt-na', wa-law huwwe wāḥad.*「私たちは、一つであっても『家の前に水路（*mažāri*）がある』と言います（*mažāri* は複数形）。」

waqt-ma「～する時」：*waqt-ma bišūfu ha-š-šūfe binbisṭu ktīr.*「この光景を見ればとても楽しめる。」

wēn-ma「～するところ」：*wēn ma ˀinte bitrūḥ burūḥ maᶜ-ak.*「あなたが行くところへはどこへでも行きますよ。」

willa ①「それとも」：*lamma wāḥad yimraḍ ᶜind-o wažaᶜ ṛāṣ willa ᶜind-o maġiṣ.*「病気になれば頭痛か腹痛がする。」 ②「さもなければ」：*bil-fiᶜil mufīd židdan, willa ma-kunnā-š niqdar nuqᶜud fī-ha.*「実際これは大変便利だ。これがなければ私たちはそこにいられない。」

ya ... ya ...「～か～か」：*ya btištġil-iš ya btištġil mazbūṭ...*「彼は働いていないのかちゃんと働いているのか…。」 *iž-žōz baqa yā yžīb šaqfit il-xubze ᶜa-ḍāṛ ya ma-yžīb-iš.*「夫はパンを家に持って来るか持ってこないか（のどちらかだ）。」

yōm-ma「～する時」：*yōm-ma kunt arquṣ fišš waḥde ˀašṭaṛ minn-i.*「私が踊ったら私よりうまい人はいないよ。」

zayy-li「～するように」：*zayy-li tqūl*「あなたが言うように」

zayy-ma「～するように」：*sawwi zayy-ma bidd-ak.*「すきなようにしてください。」 *zayy ma-nta šāyif*「あなたが見ているように」

2.8. 間投詞

ᶜād「その時・それで・そういうわけで」：*ᶜād biqūlu ˀinn-o hādi ˀarmaniyye baladiyye.*「だから『ああ、この人は旧市街のアルメニア人だ。』だと人は言います。」 *šūf b-ˀamērka, il-ˀarman qaddēš nāhḍīn ṛāṣ-un fa-ma… ᶜād baᶜraf-iš b-il-yaḅān, fīʰ ˀarman?*「アメリカを見てごらんなさい、アルメニア人がどれほど景気がいいか。はて日本ではどうですか。アルメニア人はいますか？」 *w-dallēna (= ḍallēna) ᶜind sitt-i. ᶜād ˀimm-i waqtī-ha ḥibla.*「私たちは祖母の所にいたんだけど、それでねえ、母は妊娠していたのよ。」

bababa…「おやおやおや・おっとっと」

brāvo ᶜalē-k!「すごい！」：*kif baṭṭalt is-sigāṛa… brāvo ᶜalē-k.*「どうやって煙草を止めたんだ？ すごいぞ！」

ḅay-ḅāy「バイバイ」：*tqul-l-o ḅay-ḅāy xāṭr-ak!*「彼女は彼に言いました『バイバイ、さよなら。』」

ē「ええと」：*bitammu ᶜa-qalb-hun ē šwayye šwayye ysiddū-ʰ.*「ずっと心に残りますが、ええと、少しずつ返済していくのです。」

hayya「それ・そら」：*w-iḥna hayya hallaq yaᶜni zayy ma-nta šāyif...*「私たちはほら！ 今では見ての通り…」 *āw hayya mašāḷḷa btištġil w-bitkāfiḥ.*「それでほら、すごいでしょう、彼女は働き戦っているのよ。」

lḥamdilla, ilḥamdlillāʰ, lḥamdulillāʰ, il-ḥamduḷḷa, ḥamdilla, ḥamidlillāʰ「お陰様で」：*w-ḥamdilla baškur ṛabb-na ˀinn-o ˀiḥna wāqfīn ᶜa-ˀižrē-na.*「お陰様で—神に感謝します—私たちは自活している。」 *ma-ᶜtaznā-š ḥada lḥamdulillāʰ.*「お陰様で私たちは誰にも頼りませんでした。」

maᶜlēš「大丈夫です・気にするな」：*qal-l-i yā-ḅa maᶜlēš, inte ᶜišrīn sane ᶜumr-ak, zalame.*「父は私に言いました、『息子よ、もういいんだよ、お前は20歳だ。大人だ。』

maᶜlūm「勿論！」：*yaᶜni qabil talāt w-tamanīn sane...? – ā maᶜlūm qabl il-ḥarb.*「つまり83年前？—はい、勿論、戦前です。」 *ā maᶜlūm ᶜan-na knīse šalabiyye.*「はい、勿論、私達にはきれいな教会があります。」

mašāˀaḷḷa, mašāḷḷa「すごいですね！」（原義は「神の望んだこと。」である。直接的に他人をほめると邪視にとりつかれるとされ、邪視よけとしてこの

言葉を添える。)：*āw hayya mašāḷḷa btištġil w-bitkāfiḥ.*「ほら、彼女はすごいのよ、働いて闘っているの」

naᶜam「はい」：*qult-ill-o naᶜam.*「彼に『そうです。』と言いました。」

nšāḷḷa「神が望めば」(未来のことを述べる時にこの句を添える。)：*w-inšāḷḷa tiržaᶜ.*「帰ってくるといいね。」 *bukṛa nšaḷḷa ykūn ᶜind-i kull iši mnīḥ.*「明日いいことがあるように。」 *fi-l-usbūᶜ iž-žāy bažīb iši ḥiliw inšaḷḷa.*「来週良いものを持ってきますよ。」

ṣaḥḥ「そのとおり」：*ṣaḥḥ wulla la?*「そうだろう？」

ṭab「よし・さて」：*qult-il-hum ṭab lēš ma-tsakkru ᶜand-i.*「彼らに『さて、なぜうちの所を閉めてくれないの？』と言いました。」

ṭayyib「よろしい・なるほど」：*il-kīlo bass ib-talāte šēkil – ṭayyib, hāt kilōwēn.*「1キロ3シェケルです—よし、2キロくれ。」 *ṭayyib, ya-x-i, ana mistaᶜžil.*「さて、それでは。私は急いでいるので…。」

uff「ああ・あら！」：*iž-žirān yqūlu ˀuff, šū hāda kull ˀiši b-il-iktīr!*「近所の人たちは、『あら何でも沢山だね。』と言います。」

waḷḷa, waḷḷāhi「神にかけて・本当に」：*waḷḷa bazzakkaṛ-iš.*「さあて、ほんとに覚えてないね。」 *waḷḷa l-asᶜāṛ ġālye šwayy.*「これは高いなあ。」 *bamzaḥ maᶜ-ik waḷḷa.*「ふざけているだけだよホントに。」 *waḷḷāhi inn-ak šāṭir!*「お前は本当に賢いな。」

wēl-o「何と嫌な…！」：*ya wēl-o!*「あいつは嫌な奴だ！」 *ya wēl-i!*「俺は何とバカなんだ！」

xalaṣ「おしまい！」：*qalū-l-o xalaṣ, inte zalame kbīr.*「彼らは『さあ、ここまでだ。おまえはもう大人だ。』と言いました。」 *bitqul-l-a ī ana xalaṣ.*「彼女は『はい、私はもう終わりました。』と言いました。」 *ᶜam biṭṭihdū-k, xalaṣ, ˀitrak yasūᶜ.*「お前を迫害するぞ。さあ、もう終わりにしろ、イエスを見捨てろ！」

ya「〜さん！(呼びかけ)」：*rūḥi ˀinti ya nawaṛiyye!*「ジプシー女め、出ていけ！」 *kīf ḥāl-ak ya mūsa?*「ムーサ、元気か？」 *šū bidd-ik minn-o ya sitt?*「奥さん、彼に何をして欲しいのですか？」 *ya-x-i (= ya ˀax-i)!*「兄弟よ！」

yaᶜni「つまり、ええと」：*il-muhimm, yaᶜni ktīr tᶜazzabna.*「ようするに、つまり私たちは大変苦労したのです。」 *w-hāda ḥayāt-na yaᶜni.*「つまりこれが

私達の生活です。」 *sant tnēn w-tisᶜīn, yaᶜni fī siṭṭaᶜšaṛ sane ṣāṛ.*「1992年、つまり16年前になります。」

yaḷḷa「さあ〜しよう！」: *yaḷḷa žarrib!*「さあ、試してみろ！」 *yaḷḷa iṭlaᶜ qawām!*「さあ、すぐに出かけろ！」 *yaḷḷa nrūḥ nitᶜašša!*「さあ晩飯を食いに行こう！」

yarēt「〜だったらなあ」: *ya-rēt kull ahāli l-quds yifhamu baᶜiḍ.*「エルサレムの住民が相互に理解しあえればいいのに。」 *yarēt safarit maᶜ-kum!*「あなたたちと一緒に旅行しておけばよかった！」 *yarēt kān ᶜind-i maṣāri!*「金があった良かったのに。」

3. テキスト

3.1. テキスト 1

Elizabeth Mnatsagariyan（アルメニア人[77]・女性・1940年代生まれ）

(1) *ᶜand-i baqul-l-ak ˀann-o wᶜīt ᶜal-id-dinya w-ana zġīre kunit, kān ᶜumr-i tisᶜ isnīn.* (2) *ṣāṛ ḥarb s… sant tamānye w-ˀarbaᶜīn.* (3) *kunna sākninn ˀiḥna b-rōmēma*[78]*, miš hōn, šaqqt il-yahūd, rōmēma,* ᴱwestern part of the [sic.] Israelᴱ. (4) *bass lamman ṣāṛ il-ḥarb w-kān sitt-i sākne hādi š-šaqqa.* (5) *w-ṣāṛ nās yuhurbu bi-(l)-xōf-un, ˀiḥna kunna sāknīn fi-ḍ-ḍāṛ b-il-ˀažāṛ, miš muluk-na, fakkaṛna ˀiši waqqaᶜ, ṣāṛ ḍaṛḅ w-xabiṭ ˀiši raqiᶜ waqtī-ha smiᶜna.* (6) *w-ṣāḥb iḍ-ḍāṛ illi ˀiḥna huwwe… ˀiḥna mistaˀžirīn minn-o, harab, tarak, ˀaxad ᶜafš-o šufnā-ʰ buhrub w-iḥna ḍallēna la-ḥāl-na fi-l-manṭika*[79]. (7) *žōz-i… ya… miš žōz ma-kunt-iš ṭabᶜan, ˀabū-y xāf, qāl kamān ˀiḥna xallīna ninzaᶜ ᶜal-balad, ᶜan sitt-i, waqtīha.* (8) *w-fakka… w-sakka… ma-ˀaxadnā-š ˀaṯāṯ*[80] *willa ˀiši, šwayye ˀawāᶜi ˀaxadna ˀāsas ˀēš.* (9) *nsakkir, niržaᶜ, yaᶜni minfakkir ˀiši ˀayyamāt, ˀarbaᶜa xamas tiyyām niržaᶜ ᶜala bēt-na,* (10) *bass ˀēš ṣāṛ? ma-qdirnā-š niržaᶜ, ḍallēna w… ṭa… waqt ṭawīl hōni w-dallēna*[81] *ᶜind, ᶜind sitt-i.* (11) *ᶜād ˀimm-i waqtī-ha ḥibla, w-xallafat žābat binit sant tamān w-ˀarbaᶜīn,* (12) *w-hiyye, baᶜd-a ġaslat u-naššat kull il-ġasīl ḅaṛṛa, ṣāṛ ṭaxx, ṭaxx, šaqqit-na, yaᶜni qarīb,* (13) *w-ṣāṛ qalū-l-i ˀuhurbu, itruku byūt-kun lēš iṭ-ṭaxx kān qarīb, lēš.* (14) *ḥāṛt il-yahūd, ᶜind il-yahūd, w-ḥāṛt il-ˀarman, he… buwāžih..., hiqbāl baᶜiḍ, ᶜaž-žēš il-ˀurduni, ṣāṛu yuḍrubu ᶜa-l-yahūd, kān kull iṭ-ṭaxx ᶜalē-na.* (15) *w-harabna waqtī-ha, ṣirna nuhrub min maḥall la-maḥall la-maḥall*

[77] エルサレムのアルメニア人については Vaux, *Armenian*, Azarya, *The Armenian* を参照。

[78] エルサレム西部、中央バスステーションの北側の地区。

[79] < *manṭiḍa.*

[80] 通常は *ᶜafš*。

[81] < *ḍallēna.*

w-kanābil fōq ṛāṣ-na. (16) *il-muhimm, yaᶜni ktīr tᶜazzabna ᶜa-bēn-ma xalaṣ il-ḥarb w-tqassam*[82] *l... ˀisraˀīl*[83] *ᶜala qismēn, ˀisraˀīl il-ᶜatīqa w-israˀēl iž-ždīde,* [E]west bank[84] and eastern part[E]. (17) *l-*[E]eastern part[E], *iḥna dallēna*[85] *hōn, ᶜa-šān kull-na hōn ma-qdirnā-š niržaᶜ la-bēt-na,* (18) *w-b-bēt-na ḍallat il-ᶜafš w-kull ˀiši maᶜ* [E]west bank[E]*... w-ˀaxadu l... ˀisraˀīl.* (19) *w-il-yahūd illi kānu hōni ḥārt il-yahūd ṭaḷḷaᶜū-hun, w-waddū-hun ᶜala... l-quds il-iždīde,* (20) *w-b-ha-ṭ-ṭarīqa kbirna w-ruḥna ᶜa-l-madāris ˀažnabiyye w-kbirna šwayy šwayy,* (21) *ma-kān-š ᶜin-na wa-la kahraba wa-la ṃayy wa-la ˀiši, kunna ᶜala šamᶜāt nuqᶜud nudrus waqtī-ha.* (22) *ṃayye, kān ᶜind... ṃayye maqṭūᶜa, ma-kān-š fīʰ ṃayy,* (23) *kān ˀabū-y yitᶜazzab fī bīr, byār, min ḍāṛ la-ḍāṛ kunna nunqul ṃayye w-ᶜa-šān ˀēš, nitḥammam, niġsil w-nišrab ṃayye ˀilli huwwe.* (24) *ᶜa-bēn-ma baᶜdēn, baᶜid-ma šwayye ˀitḥassan il-waḍiᶜ, ṣāṛu... l-ḥukūme, ṣāṛat tᶜaddil, ṣāṛ yžīb, žābu kahraba w-žābu ṃayye, šwayy išwayy, qidirna nᶜīš ḥayāt-na,* (25) *w-baᶜdēn, žōz-i nafs iš-šī, žōz-i, kān ḅaṛḍ-o ˀahl-o sāknīn b-rōmēma kull-na žīrān ˀiḥna nrūᶜ*[86] *ᶜa-ˀahl-o,* (26) *biᶜrafu ˀahl-i, ˀaṣḥāb kānu,* (27) *tānyīn humme nizlu*[87] *hōni, taraku byūt-un w-nafs iš-šī zayy ma ˀiḥna tarakna,* (28) *baᶜdēn waqt il-ḥarb huwwe tṣāwab ˀaža fašakāt, min id-dumdum, fī-sidr-o fī-ˀīd-o, nžaraḥ huwwe w-axū-ʰ,* (29) *taraku waqtī-ha rāḥu ᶜa-rīḥa muwaqqat ᶜind... ᶜind-un... ˀahil žamāᶜa, wlād ᶜamm-o, qaᶜadu fi-rīḥa šwayy.* (30) *qabil-ma rāqat il-wa... waḍiᶜ rižᶜu hōni,* (31) *kān hāda muġāṛa msakkaṛ, kān miš bēt, hāda kān yḥuṭṭu ḥuṣun iḥṣān ˀiši, maḥall miš bēt, ma-kān-š bēt ṃaṛṛa wa-la bāb kamān ˀiši,* (32) *ˀabū-ʰ, aḷḷa yarḥam-o ṣallaḥ w-sawwa ˀilli qidir ᶜalē-ʰ, qidir... nᶜīš,* (33) *baᶜdēn niḥna, ṭūl ᶜumur-na nṣalliḥ inṣalliḥ inṣalliḥ inṣalliḥ la-ṣāṛ bēt, ˀilli niqdar nuskun fī-ʰ.* (34) *še... ṭūl ḥayāt-na, šuġul w-taᶜib w-salafna ˀawla... kaḅḅaṛna wlād-na, žawwaznā-hun, w-hāy l... awlād-na, aḷḷa yaṛḍa ᶜalē-hun, wlād-i t-tnēn fī ˀamērka rāḥu sāfaṛu džawwazu w-waddū l-uwlād.* (35) *ˀibn-i ždīd ˀaža min ˀamērka yzūr-na la-žumiᶜtēn zamān yiržaᶜ,* (36) *w-ᶜandi ˀibn il-waṣṭāni kamān,*

---

[82] < *tqassamat.*

[83] エルサレムの意。

[84] ここでは west bank はヨルダン川西岸ではなく西エルサレムの意。

[85] < *ḍallēna.*

[86] < *nrūḥ*, 1.3.2.1.1.(1) を参照。

[87] 旧市街に来ることを *nizil* で表現している。

midžawwiz ᶜind-o waladēn, sākin hōn, (37) *bass hallaq rāḥ b-... ᶜa-*[E]Adelaide[E], [E]Australia[E] *ˀažā-l-o biᶜṯe, w-budrus duktōrāh,* (38) *illa l-mawḍūᶜ illi huwwe lli ṭālib fī* [E]epidemiologist[E], *w-ᶜind-o* [E]master[E]... (39) *ᶜand-o tinēn* [E]master degree[E] *ˀaxad-un, ᶜand-o* [E]B.A.[E], *w-hallaq bidd-o yidrus duktōrāh, ykammil tlat snīn, tlat snīn w-nuṣṣ la-yxalliṣ yiržaᶜ hōni.* (40) *qal-l-a, ˀaža huwwe tisᶜat-ušhur ġāb ᶜanin-na*[88], *ˀaža hōn la... šahir zamān yšūf ᶜēlt-o w-wlād-o,* (41) *(y)ᶜāwud yiržaᶜ kamān žumᶜa rāžiᶜ ᶜa-šān ykammil drūs-o.* (42) *w-hāda ḥayāt-na yaᶜni āy, w-iḥna ḥayyīna min ṯābir*[89], *mnūqaf ᶜala ˀižrē-na, nimraḍ nrūᶜ ᶜala dakāṭra, ˀēš insawwi, yaᶜni kull wāḥa(d) ᶜind-o mašākl-o, yaᶜni ˀiḥna ṃaṛṛēna mašākil iktīre b-ḥayāt-na,* (43) *hāy hādi ḥayāt-na kull wāḥad illi maktūb la-hadāk bidd-o yšūf, ˀēš insawwi?* (44) *bi-kull wāḥad bumurr iṣ-ṣuᶜūbāt, bumurr ˀiši mnīḥ... ā hāda l... hāda l-ḥayāt id-dinya hēke.* (45) *w-baᶜdēn ˀana iqbāl-ma xallaṣt il-madrase tᶜallamit mumarriḍa ḏanuniyye talāt isnīn,* (46) *ištaġalt fi mustašfa ḥukūmi, sant sabᶜa w-sittīn ṣāṛ ḥarb kamān ṃaṛṛa bēn yahūd u-l-ᶜarab, w-l... waqtīha l-yahūd ˀaxadu kull il-quds.* (47) *w-ṭabᶜan il-ˀurduniyyīn, ḍallu mu... rāyiḥ... rāḥu fi ᶜammān, ḍallu mustaqillīn hunāk la-ḥāl-un,* (48) *ˀana ṭūl waqt fi-l-ḥarb, kunit ˀaštġil fi-l-mustašfa, bēn mažarīḥ w-imwāt ˀiši,* (49) *yaᶜni ḍallēt baᶜdēn ˀaštġil ḍallēna ništġil kull šuġul-i, la-xadd*[90] *il-taḏāᶜud, xamse w-ˀarbaᶜīn sane w-ˀana mumarriḍa ˀana ˀaštġil, ˀaštġil, w-ˀadīr bāl-i ᶜa-bēt-i w-ᶜa-awlād-i akabbir-hun.* (50) *kān aḷḷa yarḥam-hun ˀabū-ʰ w-xālt-o mawžūd... ˀimm-o mātat iz-zġīr qabil-ma nidžawwaz, kānt ᶜumur-a tamānye w-xamsīn sane la-minna*[91] *twaffat sawwat ᶜamaliyye w-ˀazat-ha žalṭa,* (51) *ˀimm-o... ˀabū-ʰ w-xālt-o kānat ᶜāšat imᶜā-na ᶜāšu maᶜā-na xamse w-ᶜišrīn sane w-ndīr bāl-na yaᶜni... qabil-ma... it-tānyīn twaffu.* (52) *w-hādi hādi ḥayāʰ, yaᶜni hādi ḥayāʰ w-il-ḥayāʰ bidd-yistamirr,* (53) *kull wāḥad byāxud waqt-o,* (54) *w-iḥna bukṛa kamān minmūt, baᶜid ᶜumur ṭawīl, aḷḷa biᶜlam kull wāḥad bīži hal-waqit illi kamān kull wāḥad burūḥ fī-ha.* (55) *w-ḥamdilla baškur ṛabb-na ˀinn-o ˀiḥna wāqfīn ᶜa-ˀižrē-na, waḷḷa ma-yirmī-na b-il-frāš,* (56) *w-nuškur la-ṛabb-na,*

---

88 < *ᶜan-na.*

89 ثُبُور の誤用か。

90 < *la-ḥadd.*

91 < *minha = when.*

aᶜṭā-na wlād illi birfaᶜ iṛ-ṛāṣ, wlā…, ᶜind-i wlād zayy žōhaṛa ˀaḷḷa yxallī-hun, (57) *aḷḷa yxalli kull wāḥad ˀil-o wlād zayy ma ˀana ᶜand-i wlād-i.* (58) *aḷḷa ybārik, kull b… wāḥad ˀil-o bēt maᶜ wlād izayy wlād-i,* (59) *w-batˀammal kull-hun il… nažāḥ kāmil ˀil-hun, w-ṣiḥḥa, kamān, miš bass nažāḥ miš iṣ-ṣiḥḥa, illa l-ḥayāʰ,* (60) *w-yibᶜad wlād il-ḥaṛām ᶜan kull iž-žamīᶜ, w-wlād il-ḥaṛām b… bxallīš in-nās yākul xubzt-o…* (61) *ṃaṛṛāt ktīr fīʰ nās buġḍuru nās tānyīn bidūn ṣaḥāwe w-būqaᶜu waqᶜa biqdarūš yqūmu min-ha w-bixarrbu byūt il-ᶜālam, aḷḷa yiḥmī-na min hēke nās, maẓbūṭ willa la lli baḥki?*

(1) 私が言いたいのは、物心ついたのは小さい頃で9歳だった、ということです。(2) 戦争が…48年の…始まりました。(3) 私たちはここではなく、ロメマにあるユダヤ人のアパートに住んでいました。ロメマはイスラエル（エルサレム）の西側にあります。(4) 戦争が始まった時、祖母はこのアパートに住んでいました。(5) 人々は恐れて逃げ出しました。私たちは持家ではなく借家に住んでいて、何かが落ちたなと思ったその時に攻撃と爆撃が始まり破壊音が聞こえました。(6) 私たちの家主は…彼に家を借りていたのですが、逃げました。家具を持って立ち去ったのです。私たちは彼が逃げていくのを見ました。私たちはその場に居続けました。(7) 夫は…いや夫ではなく、私はもちろん（まだ結婚して）なかったから、その時父は恐れて「私たちもここを離れて旧市街へ行こう、祖母の所へ行こう。」と言いました。(8) 家具は持っていきませんでしたが着物を少し持って出ました。何かしら家具も。(9) 鍵を閉めて戻る、つまり何日かで、4、5日で家に戻ると思っていました。(10) しかし実際にどうなったかと言うと、戻ることができずに長い間ここに、祖母の所にとどまりました。(11) 母はその時妊娠しており娘を産みました。1948年の事です。(12) 母は屋外で洗濯や糊付けをしているところにドカンドカンとアパートに、近いところに来たのです。(13)「逃げろ、家を捨てろ、爆撃は近いぞ。」を言われました。(14) ユダヤ人地区、ユダヤ人の所とアルメニア人地区は互いに向き合っていました。ヨルダン軍を…ユダヤ人を攻撃し始めましたが、爆撃はみな私たちの所に来ました。(15) それで私たちは逃げましたが、頭の上に爆弾が落ちてくるところをそれはもうあちこち逃げまわりました。(16) そんなわけで、ひどい目にあいました。そうこうしているうちに戦争が終わりイスラエルは2つに分けられました。旧イスラエルと新イスラエル、ウエストバンクと東側です。(17) 私たちは東側に居残りました、ここです。というのはもう自分たちの家に戻れなかったからです。(18) 西側の家には家具やら全ての物が残されて…イスラエルに取られてしまいました。(19) そしてこのユダヤ人地区にいたユダヤ人たちは皆追い出されて、新エルサレムに移されました。(20) このようにして私たちは大きくなり、外国人の学校へ行き、だんだん成長していったわけです。(21) 電気も水も何もなく、ろうそくの光で勉強していました。(22) 水は…断水していて水はありませんでした。(23) 父は井戸で苦労していました。それはあれのため…入浴や洗濯や飲料に適した水を家から家へ水を運んだのです。(24) そうこうしているうちにしばらくすると状況は良くなり、政府は改善を行い、電気を通し、水を通し、次第にまともな生活ができるようになりました。(25) それから夫も同じことで、夫の家族もロメマに住んでおり、近所同志でもあり互いに行き来していました。(26) 彼は私の家族を知っており、友人同士でした。(27) 彼らも同じようにここに降りてきました。私たちが家を放棄したようにして家を放棄したのです。(28) それから戦争の時、夫は負傷しました。弾が飛んできて、ダムダム弾だったのですけれども胸や腕に当たってけがをしたのです、彼とお兄さんとが。(29) その時彼らは逃げて一時的にエリコへ行き、アルメニア人一族の所へ、彼のいとこたちがいたのですが、そこエリコでしばらく滞在していました。(30) 状況が収まる前に彼らはここに戻ってきました。(31) ここには閉じた洞窟がありました。家ではなく馬なんかを入れてあったのです。家のための場所ではありません。ドアもなく家として使ったことはありませんでした。(32) 彼の父は（神の慈悲あらんことを）それを修理し、彼のためにできることをしました。生活して…。(33) それから私たちは年がら年中修理、修理、修理、修理でようやく住めるような家にしたのです。(34) 生きている間中仕事や厳しさばかりでしたが、子供を残し…子供を育て、結婚させて…お陰様で子供たちは二人ともアメリカへ行き結婚し子供をもうけました。(35) 息子はまたアメリカから戻って2週間おり、また帰りました。(36) 私には2番目の息子もいます。結婚して2人の子供もいてここに住んでいます。(37) でも今はオーストラリアのアデレードに行っています。学生派遣として博士課程で勉強しています。(38) それで彼が勉強しているテーマというのが疫学なのです。修士号は持っています。(39) 息子は2つの修士号を持っています。学士号も持っています。それで今は博士号を取ろうとしています。3年か3年半で終わってここに戻ってくるはずです。(40) ええ、9か月留守にしていますが、1か月間家族や子供たちに会いに戻ってきました。(41) もう1週間すると勉強を続けるために（あちらへ）戻ります。(42) これが私たちの生活です。破壊から始まって努力を重ねて…病気になって医者にかかったりしますがどうしようもありません。つまり誰でも何かしら問題を抱えているわけで、人生で多くの困難を乗り越えてきました。(43) これが人生と言うもので、誰でも運命づけられたものを知りたいのだけれども、どうしようというの？ (44) 皆困難を乗り越えいいこともあり、世の中こうしたものです。(45) それから私は学校を卒業する前に公認看護師の勉強を3年間しました。(46) 公立病院で3年間働きました。67年にまたユダヤ人とアラブ人の間で戦争が起き、その時にはユダヤ人がエルサレム全部を取りました。(47) 勿論ヨルダン人はアンマンへ行き、そこで収まることになりました。(48) 私は戦争の間中病院で負傷者やら死人の間で働いていました。(49) つまりその後も年金生活に入るまで45年間看護師の仕事をきちんとしましたよ、働き、働き、家事をし、子供を育ててきました。(50) 夫の父とおばが（神の慈悲あらんことを）生きていたころ、夫のお母さんは53歳で、結婚する前に、夫が若い頃に亡くなったのですが、その時血栓ができて手術をしました。(51) 夫のお母さん…お父さん、おばさんは私たちと一緒に25年間住んでいて、亡くなる前には面倒を見ていました。(52) これが人生。これが人生で、こうして続いていくもの。(53) それぞれ潮時というものがあります。(54) 明日死ぬかもしれませんし…長く生きてきましたしね、今来る時なのか、行く時なのか知っているのは神様だけです。(55) こうして地に足がついているのを神に感謝します、また病にならないよう、祈ります。(56) 立派な子供たちを授けてくれた神に感謝します。宝石のような息子たちがいます。どうか長生きさせてくださいますよう。(57) また私が子供を持っているように子供を持つすべての人に長命あらんことを。(58) また私の子供たちのような子供たちがいる家を持つすべての人に神の祝福あらんことを。(59) また全ての人に成功と健康のあらんことを、成功と健康だけではなく命あらんことを望みます。(60) 息子たちをあらゆる悪、あらゆる邪悪な物から遠ざけたまえ、財産を犯されませんよう。(61) 気づかれないように人を騙し、立ち直れないほど没落させるような世の中無茶苦茶にする輩が多いでしょう、我々をこのような人々から守り給え。私の言うこと正しいでしょう？

3.2. テキスト 2

Kevork Kahvedjian（アルメニア人・男性・1949年生）

(1) *ʔabū-y ʔaža hōn f-sant ʔalf tisʕamiyye w-ʕašrīn, wāḥad w-ʕašrīn, kān hū yatīm, baʕd madbaḥt il-ʔarman*[92], (2) *humme kānu, ʔabū-y, ʕēlit ʔabū-y kānu xams-ixwe, talat xawāt, ʔabu w-ʔimm, taqrīban miyye w-sittīn nafar, kull-hum inqatalu.* (3) *l-atrāk dabaḥu miyye malyōn w-nuṣṣ ʔarman.* (3) *ʕād sant ʔalf tisʕamiyye wāḥad w-ʕišrīn, l… l-ʔamērkān žābu… qāmu min turkiyya taqrīban mīt ʔalf yatīm ʔarman, min turkiyya, w-wazzaʕū-um fī ha… šarq ul-ʔawsaṭ, sūriya, libanōn…* (5) *ā…ʔabū-y kān min il-grupp illi žābū-*^{h} *ʕa-l-quds.* (6) *fī ḍāṛ il-aytām wāḥad mn-il-mṣawwrīn, ḅaṛḍ-o aṛmani, kān imṣawwir,* (7) *ʕād kull-ma kān yiṭlaʕ ḅaṛṛa yṣawwir taṣwīr kān yōxud abū-y maʕ-o miš ʕa-šān yʕallm-o, ʕa-šān ʔabū-y yiḥmil miswaddāt, taʕraf kānu qzāz kbāṛ tqāl…* (8) *w-hēk… ʕāt*[93] *hēk, ʔawwal ṣuwaṛ illi ballaš ʔabū-y yṣawwir yaʕni kān ʕumr-o xa… sitt… arbaʕtaʕiš xamastaʕiš siṭṭaʕšaṛ sane, hū ballaš.* (9) *baʕd tarak ḍāṛ il-ʔaytām yaʕni kān ʕumr-o siṭṭaʕš bass, qalū-l-o xalaṣ, inte zalame kbīr, ṣāṛ yištġil mṣawwir,* (10) *hū kān ʕāyiš fi-l-quds, kān ynām b-… fī-dēr il-ʔarman, (b-)nafs il-waqt kān yištġil ka-mṣawwir,* (11) *hēk šwayye šwayye tʕallam, ṣāṛ wāḥad mi-l-mašhurīn fi-l-quds ka-muṣawwir.* (12) *ʔana baṣawwir w-iwlād-i kamān naḥna talatt ažyāl mṣawwrīn.* (13) *naḥna ʔaqdam imṣawwrīn illi lissāt-o yaʕni fi-š-šuġul fī kull ʔisraʔīl.* (14) *ʔabū-y ballaš f-sant ʔalf tisʕamiyye w-arbaʕa w-ʕišrīn, w-naḥna minkammil ʕamal-na.* (15) *il-bāqi kull-um, ballaš huwwe, yaʕni wlād-hum ma-kammalu, ʔana kammalit, wlād-i kammalu.* (16) *hū twaffa sant ʔalf tisʕamiyye w-tisʕa w-tisʕīn.*

(1) 私の父は1920年か21年にここに来ました。父はアルメニア人大虐殺の後孤児になりました。(2) 彼ら、父の家族は 5 人兄弟と 3 人姉妹そして父親と母親で、［親族は］160人が殺されました。(3) トルコ人は15万人のアルメ

[92] 19世紀末から20世紀初頭にかけてオスマン帝国領内で発生したアルメニア人に対する迫害。ここでは1915年から16年にかけて起きた二度目の虐殺を指す。

[93] *ʕāt* < *ʕād*.

ニア人を殺しました。(4) それで1921年にアメリカ人が…トルコから10万人のアルメニア人孤児がトルコを出て、アメリカ人は中東のシリアやレバノンに移住させました。(5) 父はエルサレムへ連れてこられたグループの中にいました。(6) 孤児院に一人のカメラマンが—やはりアルメニア人でしたが—いました、カメラマンでした。(7) 外に写真を撮りに出るたびに父を連れて行きました。これは彼に教えるためではなくネガを運ばせるためでした。御存知ですか？ ネガはガラスでできた大きくて重いものでした。(8) こうして父が最初に取り始めた写真は…その時父は14, 5歳でしたが、その時始めたわけです。(9) 後に孤児院を出て、その時はわずか16歳でしたが、「もう大丈夫、お前は大人だ」と言われ写真家として働くようになったのです。(10) 父はエルサレムに住みアルメニア人の修道院に住み、同時に写真家として働いていました。(11) こうして少しずつ学びエルサレムの写真家として有名な者の一人となりました。(12) 私は写真家で私の子供たちも写真家なので私たちは3世代の写真家です。(13) 私たちはイスラエル全土で営業している最も古い写真屋です。(14) 私の父は1924年に始め、私たちは彼の仕事を続けています。(15) 他の人たちは始めたものの子供たちは継がなかったのですが、私は続け、子供たちも続けました。(16) 父は1999年に亡くなりました。

3.3. テキスト 3

Arshalūz Zakariya（アルメニア人・女性・1913年生）

I

(1) *ā, masalan niḥna l-arman hōne ˀil-baladiyye, fī^{h} arman ˀažu baᶜd id-dabḥa šēt il-ˀarman mi-l-ˀatrāk, bass fī^{h} arman mitil-na talāt ˀarbaᶜ aᶜʠūd*[94] *hōne, ḥitta min qabil ᶜala zamān ir-rūmaniyyīn.* (2) *il-ˀarman baqu yḥārbu maᶜ rūmān*[95]. (3) *w-fī^{h} sūq hōne, fī^{h} sūq, sūq* ^{E}market^{E} *ā, fī^{h} sūq hōna, buqūlu* ^{E}queen *Melisande*[96] market^{E}, *waḥde ˀarmaniyye midžawwze* ^{E}princes^{E} *rumāni, w-hiyye bānye hāda s-sūq*[97]. (5) *is-sūq wēn ma fī^{h} baqu suyyāġ min zamān, halqēt bibīᶜu qmāš w-bibīᶜu hādi.* (6) *yaᶜni l-ˀarman min zamān hōn…* (7) *(sūq il-xawāžāt?) aywa! halqēt buqulū-l-o sūq il-xawāžāt, awwal baqūl-l-o sūq il-ᶜarāyis kull midde*[98] *biġayyr-o, bass hāda sūq* ^{E}queen *Melisant*^{E}, ^{E}princess^{E} *Melisande… hiyye banyit-o*[99]. (8) *il-muhimm il-ˀarman hōna, waqt-illi, taᶜraf ˀamākin imqaddase, yīžu min ˀarmēnya mašyīn, nuṣṣ-un ymūt fi-ṭ-ṭarīq, iši yiwṣalu hōn yṣīru ᶜayyanīn,* (9) *fī^{h} wlād itammu, n-nās hōn min il-arman il-maḥalliyye yitbannu, yitbannu wlād, li-ˀann-o ˀabū-hum māt ˀimm-hum mātat, ḥitta hadōl il-iwlād yikḅaṛu ma-yaᶜrafū-š ˀinn-o hinnin žayyīn min ˀarmēnya willa hādi...* (10) *il-muhimm, il-baṭrak šēt-na, waqit-li baqu yīžu hadōl il-ˀarmān yšažžiᶜ-hun ˀinn-o ytammu hōn ḥatta ydīru bāl-un ᶜala ˀamākin il-muʠaddase.* (11) *yiġrī-hun, masalan, yaddī-hun ibyūt, ā kull yōm ba... xubiz, w-fī^{h} minn-un ḥittan ˀakil, bass xubiz kull yōm kull yōm wāḥad ydūr, ᶜa-kull ḍāṛ yaddī-hun xubiz, šāyif kīf?* (12) *šwayye šwayye kitru l-ˀarman, baᶜdēn il... ḥart il-ˀarman baqat*[100] *izġīre, il-baṭrak yištri kamān dūr min il... yimkin mi-l-ˀaslām,*

---

[94] *ᶜaqd* (pl. *ᶜqūd*) は「10年」を意味するので、字義通りには「3・40年」ということになる。ここでは少なくとも「100年」を意図していると考えられる。

[95] ここでは *rūmi* (pl *rwāma*)「ビザンツ帝国人」と同義語として用いられているようである。具体的には十字軍で去来したヨーロッパ人を意味する。

[96] Queen Melisende. Palmer, *History 2* を参照せよ。

[97] JA では *sūq*「市場」は男性名詞。

[98] = *mudde.*

[99] < *banat-o.*

[100] この話者は「〜であった」の意味で *kān* ではなく *baqa* を用いる傾向がある。

min, min ir-rūm, min il-katulīk, la-ˀinn-o hinnin baqu ktiyār[101] *hōne.* (13) *yištri w-yzīd yištri w-yzīd, hādi kull ḥārt il-ˀarman, miš... il-ˀarman... mištrīn il-ˀarman min in-nās ˀid-dēr ˀaywa, maẓbūṭ la-l-ˀarman.* (14) *bass, b-ha-ṭ-ṭarīqa, ᶜārif, ˀinn-o ykattir il-mille l-ˀarmaniyye hōn...* (15) *hōna ṣāṛu ˀaktar w-ˀaktar, baᶜdēn ˀana bidd-ī-š ˀatfaššaṛ b-il-ˀarman, il-ˀarman šāṭrīn, wēn-ma brūḥu bištiġlu ba-ᶜaraq ižbīn-un byākul xubizt-un ba-ᶜaraq ižbīn-un, šāṭrīn, baqa ˀaḥsan ḥaddadīn arman, ˀaḥsan nažžarīn ˀarman, ˀaḥsan ḥallaqīn il-ˀarman,* (17) *baᶜdīniš tižāṛa, kull šī yaᶜni šwayye šwayye ˀažu, fīšš ᶜalē-hun ˀawāᶜi min ˀarmēnya, ṣāṛu, ṣāṛu hādi,* (18) *baᶜdēn b-ˀiyyām-i niḥna di... ˀumm-i zġīre... il-latīn iktāṛ, ir-rūm iktāṛ, bass il-ˀarman iqlāl, ˀana hāda, ˀimm-i qāyilt-ill-i-yyā-ʰ, fīʰ wāḥad ˀarmani bāqi* [E]minister[E], *wazīr fi-dōlit turkiyye.* (19) *qāl dōlit turkiyye bāqye bidd-a tiniksir, taᶜraf,* [E]bankrapt[E], *ā w-huwwe* [E]minister[E], *ay... l-wazīr min-ma huwwe, ˀinn-o ˀana badabbr-ak, ˀinn-o niṭlaᶜ min ha-l-warṭa, mniṭliᶜ šakil maṣāri, miš faḍḍa, ˀusm-un wizari, il-wizari, hadōl niṭliᶜ-un w-ḥāṭiṭ-un b-is-sūq.* (20) *šwayye šwayye dōlit turkiyye rafᶜat ṛāṣ-ha, w-il-*[E]finance sheet[E] *ṣāṛ ˀaḥsan, w-qal-l-o la-hāda iz-zalame, ˀusm-o Kazzāz Artīn, ˀarmani, qal-l-o šū bidd-ak addī-k ihdiyye, yaᶜni inte ˀanqazt turkiyye,* (21) *qal-l-o wa-la bidd-ī-š ˀiši bidd-i ḥiqūq fi-l-qiyāme,* [E]Holy Sepulcher[E], *bidd-i ḥiqūq b-il-qiyāme,* (22) *w-ˀaxad iḥqūq, wa-law ˀinn-o dōle zġīre, yaᶜni haqall ˀiši, ᶜind-a ḥqūq fi-l-qiyāme zayy il-latīn w-zayy ir-rūm zayy k... ḥatta min ḥqūq-na maddīn*[102] *la-l-qubṭ, w-la-s-siryān.* (23) *šafqanīn ᶜalē-hun w-maddī-hun qurne w-hādi.* (24) *hāda hu tarīx il-ˀarman.* (25) *il-ˀarman bištiġlu min ᶜaraq ižbīn-hun, ma-fīšš ᶜind-un hēk hēk, duġri biᶜīšu bišīru, šūf b-ˀamērka, il-ˀarman qaddēš nāhḍīn ṛāṣ-un fa-ma... ᶜād baᶜraf-iš b-il-yaḅān, fīʰ ˀarman?* (26) *b-il-hind fīʰ ˀarman, b-il-hind, ḥittan ˀaṣil ᶜēlit-na, talāte ˀixwe, wā (rā..)ḥad rāyiᶜ ᶜa-l-hind, wāḥad rāyiᶜ ᶜala ˀirān, wāḥad žāy hōn, hadōla.* (27) *w-ᶜinna ᶜēle l-aġabegi,* [A]aġabegiyan[A103], *ᶜēlit ˀabū-y,* [A]aġabegiyan[A], *yaᶜni l-ˀusum ḥittan ˀirāni, fāhim? hadōla...* (28) *fīʰ ᶜēle kbīre fi-l-hind buqūlu ktīr aġniya, ḅaṛṛa...* (29) *hōn la-d-dēr ˀinn-o fī aġabegiyaniyyīn fi-l-quds fīʰ ᶜind-un wurte, nās miyytīn w-ma-fīšš ḥadd*

---

101 < *ktāṛ*.

102 < *adda* の能動分詞。

103 アルメニア人の姓（Աղաբեկյան）。

yūrat id-dēr, buqūlu id-dēr ˀinn-o huwwe māxid kull maṣāri w-bāni fi-d-dēr ma-xallū ˀiši, ṣaḥḥtēn, hēhēhēhē, ṣaḥḥtēn. (30) bass bidd-i aqul-l-ak hōn, il-ˀarman baqu, (31) ˀana fi-l-madrase baqēt ˀaᶜallim, yqūlu [E]miss[E] Zakariyan, ġēr šikil ᶜan baqiyyt il-... hādi, tiḥki ᶜarabi ka-ˀinn-o ᶜarabiyye, (32) w-baqēt ˀaᶜallim inglīzi w-mitᶜallme fransāwi, (33) yaᶜni ˀinn-o, l-ˀarman, masalan fīʰ tnēn talāte ˀasādze ˀarman baqu fī madrast il-ṃuṭṛān wēn-ma ˀana baqēt, ġēr šikil ᶜan il-baqīn, bidd-ī-š ˀatfaššaṛ ˀana fi-l-ˀarman. (34) bass, waqt-li ᶜind-un waẓīfe, bisawwū-ha maẓbūṭ il-waẓīfe. (35) ya btištġil-iš ya btištġil maẓbūṭ, zayy il-yaḅān. (36) ˀaqul-l-ak quṣṣa, ma-tizᶜal-iš bass. (37) ˀana ᶜiniy-y ṃaṛṛa, ṣirt ˀašūf ġēr šikil, šāyif kīf? (38) ruḥt itḥakkamit ᶜind il-ḥakīm qal-l-i fī b-ᶜēn-ik katarakt..., (39) zġīre bāqi, yimkin b-ᶜumr-i xamse w-talatīn sane, e, hū zġīr biṣir-iš katarakt bass... (40) qal-l-i ma-yhimm-ik-ši ᶜamaliyye w-trūḥi... il-muhimm, ᶜād qal-l-i huwwe ya-ḥēn ᶜinē-ki l-ḥilwiyyīn, ē, hēk yixrabu, (41) ˀana qult-il-o šū... šū zaqq "ḥilwīn"?, [E]they are made in Japan[E], qawwām tkassaṛu! (42) li-ˀann-o hōn baqu yīžu hōn [E]toys[E] min [E]Japan[E], tāni yōm šaqfe šaqfe w-šaqfe hōn šaqfe, ᶜād ˀana qult-ill-o, ḥilwīn bass [E]made in Japan![E] (43) ᶜa-krismas, ᶜa-krismas, ᶜand-i bāqi arbaᶜ wlād, ˀahl-i w-ˀahil žōz-i, yīži bqūlu hadāya hadāya hadāya, [E]you know gift[E] fī minn-un ktīr [E]made in Japan[E]. (44) tāni yōm balāqi kull iḍ-ḍāṛ šaqfe hōn šaqfe hōn šaqfe hōn, taᶜraf kīf? (45) bass halqēt yimkin, bass haqqētin[104] ˀintu radyoyāt w-televizyonāt w-... ā kāsrīn... kasartu d-dinya, kasartu ˀamērka ... min šaṭarit-kun... wa-law ˀintu... (46) ˀakam [E]island, Japan[E]? ˀakam žazīre? žazīre? (47) zayy ˀindonēsya kamān, ˀindonēsya kamān žazāyir masalan... (48) ᶜala kullin, minᶜīš hēkit sāyrīn min iz-zalzale, w-min... maᶜ il-waqit yaᶜni... (49) ōsaka, hiyye l-[E]capital[E] šēt-ku? tōkyo, maẓbūṭ... (50) fīʰ xaṭaṛ... wēn-ma kān fīʰ xaṭaṛ, aḷḷa-aḷḷa yiḥmī-k. (51) baqēt zġ... baqēt f-il-madrase lissa, ē baqēt fi-l-madrase, ā baqēt fi-l-madrase, ᶜa-ġafle, ᶜabarna baᶜd il-[E]break[E] iḍ-ḍuhur, bitṣalli r-rāhbe, willa ᶜa-ġafle fī... [E]statue[E], šaxṣ, illi fi-ṣ-ṣaff, ṣaff il-ᶜadra maryam, ṣāṛat titḥarrak[105]... šāyif kīf, kull-na xufna, ṣirna nṣīḥ. (52) ṭliᶜna fī [E]terrace[E], ᶜin-na sṭūḥ, ṭliᶜna, šufna l-quds kull-a l-ġabarāt ṭālᶜa, (53) ˀana tarakt il-madrase b-il-bika, žīt ᶜa-ḍ-ḍāṛ, min-šān ˀašūf ˀimm-i w-ˀabū-y ēš ṣāṛ fī-

[104] = halqēt.

[105] 1927年のエルサレム大地震。

un. (54) *laqēna hādi l-ḥēṭa li žamb ḍāṛ-na ᶜa-l-ˀaṛḍ kull-ha, intaẓaṛna, qaᶜadna ˀušhur, nšabbiṭ w-ninzil mi-šān inrūḥ min ḥāṛa la-ḥāṛa, yaᶜni... zalzale kbīre!* (55) [*ayy sane?*] *waḷḷa bazzakkaṛ-iš w-ana bass...* (56) *yimkin b-ᶜumr-i... talaṭṭaᶜšaṛ sane (talaṭṭaᶜš yaᶜni qabil talāt w-tamanīn sane).* (57) *ā maᶜlūm qabl il-ḥarb, ā baqu ˀinglīz hōne yaᶜni, ā il-ˀinglīz baqu...* (58) *lā, l-ˀatra... il-ˀatrāk ṭilᶜu baᶜd il-... šū ˀism-o, baᶜt (< d) ḥarb il-ᶜālam it-tāni, baᶜd il-ˀarbaᶜṭaᶜš ṭilᶜu.* (59) *ˀakīd ṭilᶜu sant it-tamanṭaᶜš, taᶜraf waqt-li l-inglīz daxlat hōn w-...* (60) *ˀana xalqāne sant iṭ-ṭalaṭṭaᶜš,* ^{E}so^{E} *waqt-illi, waqt-illi ˀaža l-inglīz baqa ᶜumr-i sane santēn masalan bass...* (61) *ā ˀimm-i qālat ḥamlat-na w-ṭulᶜu yitfaṛṛažu kīf dāxil žēš l-inglīzi,* (62) *w-ᶜamm-o*[106]*, miš ᶜamm-o ᶜamm ˀabū-ʰ, baqa ẓābiṭ bi-žēš l-inglīzi fī maṣir lamma ˀažu l-inglīz bidd-un yiduxlu, baᶜtū-ʰ huwwe* ^{E}scouting^{E} *qabil,* (63) *yrūḥ yimši... yiržaᶜ yqul-l-un* ^{E}all safe^{E}, *yaᶜni kull šē ˀimšu ˀimšu ˀimšu, taqrīban huwwe daxxal-un ᶜala ˀawwal... kull...* (64) *il-muhimm, baᶜdēn waqt-li ˀažu hōn, dōlt il-inglīz qalat-l-o ˀēš bidd-ak waẓīfe naddī-k yaᶜni ˀinn-o ˀinte sāᶜatt-na*[107]*,* (65) *qāl ˀana bidd-ī-š waẓīfe, ˀana ḥurr, bidd-i ˀaštġil illi bidd-i-yyā-ʰ.* (66) *štaġal baqa, yištri ˀarāḍi w-yibīᶜ ˀarāḍi w-hēk ma-ˀaštġil-iš, qāl ˀana baštġil-iš mwaẓẓaf.* (67) *ā* ^{E}genearal Allenby^{E}, *maᶜ* ^{E}genearal Allenby^{E} *hu qabl-o w-ma... daxalu min bāb il-xalīl masalan, huwwe miš min iš-šikil ˀilli biḥubb yitfaššaṛ w-yqūl ˀana w-ˀana* ^{E}humble^{E} *yaᶜni, waḍīᶜ xāliṣ, šāyif kīf... māt faqīr yaᶜni.* (68) *kān bisawwi maṣāri... māt faqīr,* (69) *māt ib-hādi l-ˀōḍa, baqa ṭiliᶜ w-wiqiᶜ b-il-ḥāṛa... ā quddām il-bāb,* (70) *bass sākin b... b-hādi l-ˀōḍa waqtī-ha, fīʰ nās buqūlu ˀinn-o sammamū-ʰ.* (71) *il-inglīz yimkin sammamū-ʰ m-šān la-ˀinn-o biᶜraf kull il-ˀasṛāṛ.* (72) *amma hāda kamān* ^{E}it's a story^{E}, *miš maẓbūṭ yimkin, bass hāda min tōm la-tōm, lēš māt, ᶜa-ġafle b-bāb iḍ-ḍāṛ ṣāṛu n-nās yiḥku ā yimkin sammamū-ʰ yimkin hēk hēk hēk hēk.* (73) *xalaṣ bidd-un-iš-iyyā-ʰ sawwu šuġl-un.* (74) *ᶜa-kullin hōn, bidd-ak tifham išwayye ᶜa-l-ᶜarab, masalan.* (75) *il-ᶜarab nās miš ˀaqul-l-ak* ^{E}naïve^{E}, *yaᶜni ˀinn-o ᶜa-bāb aḷḷa š-šāṭrīn hinne, bass qalb-un nẓīf.* (76) *qawām bisaddqu, qawām biṣaḥḥbu n-nās, ṃaṛṛāt bibqu ᶜadawwīn-un*[108] *biṣaḥḥbu n-nās, w-baᶜdēn... ktīr karimīn, fāhim kīf?*

---

[106] *ᶜamm-ha* の誤りか？

[107] < *sāᶜadt-na.*

[108] 通常は *ˀaᶜdāˀ-hum.*

(77) *iḍ-ḍēf ˀiza ˀaža ᶜand-un, law fišš ᶜind-un ˀiši, brūḥu biddāyanu w-bžību buṭaᶜmu ḍ-ḍēf, fāhim kīf?* (78) *hōna, il-... fīʰ quṣṣa ˀimm-i qalat-l-i-yyā-ha, baqu yqūlu, ˀumruq ᶜan ḥabīb-ak ᶜaryān ma-tumruq-uš (< tumruq-iš) w-hu žuᶜān. fhimit ˀēš?,* (79) *yaᶜni iž-žuᶜān bitšūf-iš ˀinn-o žuᶜān, amma ᶜaryān bitšūf ˀinn-o ᶜaryān*[109]*, šāyif kīf?* (80) *l-hāda hōn, in-nās, yaᶜni, ˀēš bidd-i ˀaqul-l-ak, biḥubbū-š yfaržu ḥāl-un ˀinn-o hinne fuqaṛa hinnin hēk hinnin hēk, šāyif kīf?* (81) *fīʰ ᶜēle ˀarmaniyye, ˀimm-i baqat itqul-l-i, fuqaṛa, iž-žōz baqa yā yižīb šaqfit il-xubze ᶜa-ḍāṛ ya ma-yžīb-iš,* (82) *yrūᶜ ᶜa-š-šuġul iṣ-ṣubuḥ maṛat-o tilḥaq-o la-l-bāb, tqul-l-o ḫay-ḫāy xāṭr-ak!* (83) *iṭṭaḷḷaᶜ hōne, džīb arbaᶜa kīlo laḥme baᶜdēn tsawwī...* (84) *min-šān iž-žīrān yismaᶜu ˀinn-o hī bidžīb kīlo, miš... arbaᶜa...* (85) *džīb ṛaṭil tiffāḥ, nuṣṣ ṛaṭil... ṭalliᶜ hōn ḥabīb-i aḷḷa yōqaf maᶜ-ak, tqul-l-o, iṭṭalliᶜ hōne.* (86) *nuṣṣ masalan, iž-žirān yqūlu ˀuff, šū hāda kull ˀiši b-il-iktīr, ḥatta qadd-ma ma yḥassbū-ha ġaniyye, sammū-ha maṛt il-ᶜunṣur, yaᶜni žōz-ha ᶜunṣur.* (87) *baᶜdēn ṃaṛṛa waḥde min iž-žirān tisˀal iwlād šū ˀafṭart ha-l-yōm?* (88) *qal-l-ha xubze nāšfe w-išwayyit šāy, šāyfe kīf?* (89) *ṣāṛ iž-žirān yaᶜrafu ˀinn-o hāda kizib kull-o, bass hiyye tfarži ḥāl-a ˀinn-o hiyye fīʰ maᶜ-a maṣāri fīʰ maᶜ-a kull ˀiši...* (90) *in-nās hōn hēk, ᶜāyšīn ˀaktar maẓāhir, ˀinn-o ˀahamm šē ˀēš bišūf in-nās, yaᶜni, baᶜraf-iš b-il-yaḥān kīf.* (91) *ˀinn-o ˀin-nās hōne ma biḥubbū-š yqūlu ˀinn-o fišš ᶜin-na... fišš ᶜin-na, yaᶜni.* (92) *ˀiza daxal ḍēf ᶜand-ak, bitru..., baqul-l-ak ˀiza fišš ᶜind-ak tibᶜat ˀibn-ak ˀaw bint-ak ᶜa-d-dukkān, w-itqul-l-o žīb žīb iflān ˀiši b-id-dēn, bidūn ma yitfaᶜ maṣāri bitammu ᶜa-qalb-hun ē šwayye šwayye ysiddū-ʰ.* (93) *fīʰ nās hēkid, wa-la yfaržu ḥāl-un fuqaṛa.* (94) *nawᶜan-ma l-ᶜarab, ˀana, masalan ᶜind-i ˀaṣḥāb waqt-li baqēt ˀaᶜallim, ᶜind-i ˀaṣḥāb mᶜallmāt ᶜarab, yaᶜni ˀaᶜazz ˀil-i min ˀahl-i.* (95) *yaᶜni ṃaṛṛāt law ˀaqul-l-hun ēš ma ˀaqul-l-un bisawwū-ʰ.* (96) *lēš la, tikrami minsawwi mniᶜmal ˀēš bidd-ik masalan halqēt ˀana la-ḥāl-i ˀibn-i ma baqā-š hōn, b-ˀamērka, fišš ḥadd... kbirit, ˀana baqdarš ˀarūḥ is-sūq, baqdar-iš min iṣ-ṣubuḥ buḍurbu telefōn bidd-ik ˀiši min is-sūq, bidd-ik hē...* (97) *yaᶜni il-ˀarman ᶜand-i bababa, bisawwū-a, il-ᶜarab bisawwū-ha ˀaktar min il-ˀarman.* (98) *il-ᶜarab kull šī fī-un imnīḥ, bass il-ᶜāṭil fī-hun qawām bisaddqu, bisaddqu, yaᶜni zayy zayy il-*ᴱpoliticᴱ *masalan.* (99) *kilme, bitwaddī-un kilme*

---

[109] 通常は *umruq ᶜan ᶜaduww-ak žuᶜān w-la tumruq ᶜann-o ᶜaryān*（敵のそばを空腹で通るのはいいが裸で通るな）。

bidzīb-un, miš šaṭrīn zayy il-yahūd masalan, šaṭrīn ib-ġēr ʔašyāʔ, bass hēk ʔiši [E]straightforward[E] *bisaddqu qawām.*

(1) ああ、例えばここ旧市街にいる私達（のような）アルメニア人…、トルコ人による虐殺の後に来たアルメニア人がいます。しかし私たちのようにここに 3、4 百年、それどころか十字軍時代以前からここにいるアルメニア人がいます。(2) アルメニア人は十字軍と戦い続けました。(3) ここに市場があってね、市場、マーケットよ。(4) ここに市場があって「マリザント女王」という市場。あるアルメニア人女性がビザンツの王子と結婚してそれでその市場を建てたのです。(5) その市場は以前宝石商がいたところで、今は布とかあれを売っています。(6) つまりアルメニア人は昔からここにいるのです。(7)［紳士市場？］ああ、今はスーク・アル・ハワージャと呼ばれるところよ。以前は「花嫁市場」と呼ばれていたし、時代によって（名前を）変えるのよ。しかしこれは「マリザント女王市場」「王女市場」。彼女が建てたのです。(8) つまりアルメニア人はここにいるってことよ…聖地を知っているでしょう？ アルメニアから歩いて来た時、半分は途中で死んだのです。何人かはたどり着いたけど病気になりました。(9) 残った子供たちがいましたが、この地元のアルメニア人達は養子にとりました。子供たちを養子にしました。というのも父親も死に、母親も死んでしまったからです。それでその子たちは自分たちがアルメニアから来たことも知らずに大きくなって行くのです。(10) そうこうしているうちに私たちの主教は、こういうアルメニア人達が到来した時、聖地の世話をするためにこの地に居残るよう勧めました。(11) 彼らをその気にさせて、例えば家を与えたり、ええ、毎日パンを与えたり、中にはおかず（を与えられた人もいた)、しかしパンは毎日家々を回ってパンを配る人がいました。わかりますか？ (12) 少しずつアルメニア人が増えていきました。その後もアルメニア人地区は小さいままだったのを主教が多分ムスリムやビザンツ人から家を買い取りました、というのも彼らはここでは多数派だったからからです。(13) 買い足し買い足しして、今あるのがアルメニア人地区です。アルメニア人達は人から買ったのです。修道院もそうです、アルメニア人のものです。(14) まあ、このやり方でアルメニア人コミュニティーを大きくしてきました。(15) 次第に大きくなり…私はアルメニア人を自慢するわけではありませんが、アルメニア人は優秀ですよ。(16) どこへ行っても額に汗して働き、額に汗してパンを食べる、優秀なのです。それで一番の鍛冶屋はアルメニア人、一番の大工はアルメニア人、一番の床屋はアルメニア人。(17) それから商売も。なんでもアルメニアから着るものもなく少しずつ来てこんな風になった。(18) それから今では…私の母は小さかった…カトリック教徒は多かったしギリシャ正教徒も多かったのですが、私は…母がそう言っていましたが、トルコ帝国の大臣だったあるアルメニア人がいた、と。(19) 彼は「トルコ帝国はいつ崩壊してもおかしくない」と言いました。わかる？ 破産です。その大臣は「何とかしましょう。この危機から脱出しよう。硬貨を作って—銀ではない硬貨—名前を「ウィザリ」と言いますが—市場に出回らせよう。」と言いました。(20) トルコ帝国は少しずつ持ち直し、財政状況は良くなり—カッザーズ・アルティンという名前のアルメニア人がこの男です。(21)「トルコを救った貴方に報償を与えようと思うが何がよいか。」と聞かれ答えました、「いや、何も欲しくないが、聖墳墓教会の権利が欲しい。」(22) そうして権利を獲得し、それは小さい「国家」、つまり最小のものかもしれませんが、聖墳墓教会では（アルメニア人コミュニティー）はカトリックや正教と同じような権利を得ました。我々の権利はコプトやシリア正教会にも与えられるようになりました。(23) 人々はアルメニア人に同情して一画か何かを与えました。(24) これがアルメニア人の歴史です。(25) アルメニア人は額に汗して働き、まあこのくらいでいいか、と言うことがありません。一途に働き生活し、アメリカを見てごらんなさい、アルメニア人がどれほど景気がいいか。はて日本ではどうですか。アルメニア人はいますか？ (26) インドにはアルメニア人がいます。インドには私たちの家族の祖先もおり、3 人の兄弟のうち一人はインドへ行き、一人はイランへ行き、もう一人はここに来たのですよ、その人たちは。(27) 私たちの家族はアガベギアンと言って、私の父の家族です。アガベギアン、つまりこれはペルシャ語の名前なのです。わかる？ (28) インドには大きな家族があって大変な金持ちだと言います。(29) ここの修道院、アガベギアン家の人々がエルサレムにいて遺産を持っていたのだけれども人々が死んでしまうと誰もその修道院を相続する人がいなかった。その修道院はアガベギヤン家が費用を全部だして建てましたが、他には何も残さなかったのです。よくやったね。ハハハ。よくやった。(30) しかしここで言いたいのは、アルメニア人はずっといるということ。(31) 私は学校で教えていました。「ザカリヤンさんは他のあれ（人）とは違う。アラビア語をアラブ人のように話す」と言われたものです。(32) それで私は英語を教えており、フランス語を習っていました。(33) つまり、アルメニア人は、例えば主教の学校で２・３人のアルメニア人教師がいましたが、私がいたところはどこでも他の人とは違っていました。私はアルメニア人を自慢しているわけではありません。(34) が、ひとたび職を持てばきちんとその仕事をこなすのです。(35) 働かないかしっかり働くかです、日本みたいに。(36) 一つお話があるけど怒らないでね。(37) かつて目が変な風に見えるようになったことがありました、いい？ (38) 医者で見てもらったら、あなたは一方の目に白内障が出たと言われました。(39) まだ若かったのです、たぶん35歳の頃。若いと白内障にはならないのだけれどもね。(40) 手術するのはどうですか、それで済みますよ…、と言われて。それで「なんということか！ あなたの美しい目がこんなふうに失われていくのか。」と言われました。(41) 私は、「ここで美しいとか言っても仕方ないでしょう。どうせ日本製よ、すぐ壊れるのだから」と言ってやったの。(42) というのは日本のおもちゃが入ってきていましたからね。ここにも部品、あそこにも部品とあちこち転がっていたの。だから私は言ったのです、「きれいかもしれないけど日本製よ。」と。(43) クリスマスには、クリスマスにはね、私は４人子供がいるのだけれども、私の家族と夫の家族とが来て「プレゼント、プレゼント」と言うの。そういうプレゼントは日本製が多かった。(44) 次の日になるとここにもあそこにも部品が転がっていたわ。わかる？ (45) でも今では多分ラジオとかテレビとかで世界中を席巻し、アメリカを席巻していますね。あなた達の頭を使ってよ。たとえ…(46) 日本にはいくつの島が？ 島。いくつの島？ (47) インドネシアみたいに、インドネシアも島ですね、例えば。(48) いずれにせよ私たちはこうして地震から逃れつつ生きているのです。時と共に…(49) 大阪はあなた達の首都？ 東京でしたね。(50) 危ないね。どこでも危ないのよ。神様が守ってくれますよう。(51) 私はまだ学校にいました。学校にいたのです。すると急に…昼休みを過ぎたところで、修道女が祈っていたら急に銅像や教室の人が、これは聖母マリア組でしたが、動き出した。わかる？ みんな怖がって叫びだした。(52) 私たちはテラスに上りました。屋上があったのです。上がってみるとエルサレム全体に煙が上がっていました。(53) 学校を泣きながら出て母や父がどうなったか見るために家に戻りました。(54) 家の脇の塀が全て倒れていました。何か月か(そのまま) 待ちました、いや、そのままの状態でした。(旧市街の) 地区から地区へ行くためあちこち (瓦礫を) 上ったり下りたりしたものです。大きな地震でした。(55) [何年の事ですか?] さあ、覚えてないけど、(56) 13歳の事だったしら。[13歳と言うことは83年前だ。] (57) 勿論、戦前の事よ。イギリス人がここにいたからね。イギリス人がいた。(58) いや、トルコ人はあの後、ええ、(第1次) 大戦の後、1914年の後に出て行った。(59) 間違いない、18年に出て行った。イギリス人がここに入ってきたとき…。(60) 私は1913年生まれだから、イギリス人が来たのは1歳か2歳の時? (61) イギリス軍がどんな風に (エルサレムに) 入ってくるか私たちをつれて見に行ったと母は話してくれた。(62) イギリス軍が入ってこようとしたとき、彼 (女) のおじが、いや彼 (女) の父のおじがエジプトでイギリス軍の将校でした。その前に彼を斥候として送ったのです。(63) 彼は行って…帰り「安全だ」と報告し、つまり「進め進め…。」多分彼が最初にイギリス軍を (エルサレム城内に) 入れたのです。(64) その後彼らはここに来て、英国は彼に言った。「お前は手伝ってくれたから地位を与えよう。どんな地位が欲しいか?」(65) 彼は言った「地位はいらない。私は自由だ。好きな仕事をする。」(66) それで彼は働き土地を売買した。「私は公務員としては働かないよ。」と言っていました。(67) ああ、アレンビー将軍、アレンビー将軍と一緒に…彼より先に…ヤフォ門から入ったのです。彼は「俺は俺は」と、自慢したがる性質ではなく、謙虚でした。わかりますか? 死んだときは貧しかったのです。(68) 金を作ったのですが、死んだときは貧しかったんです。(69) この部屋でなくなりました。出かけようとして近所で倒れたのです。ドアの前で。(70) しかし彼は住んで…その時この部屋でね。毒を盛られたのだ、と言う人もいました。(71) 彼はすべての秘密を知っていたからイギリス人が毒を盛ったのだと言って。(72) でもまあこれもそういう「話」だから、たぶんでたらめでしょう。こういうのは人の口から口へ伝わるもので、なんで突然家の入口で死んだのか、というところから人々が恐らく毒を盛られたのでは、という話をしたのではないかしら。(73) はい、それまで、彼らには彼が不要になったから彼らの仕事をした、ということ。(74) いずれにせよここでアラブ人について知っておく必要があります。(75) アラブ人と言うのは「ナイーブ」というのではないけれど、貧しくても賢く、心が清らかです。(76) すぐに信用するし、友達になる、敵対していたのが友達になります。それから非常に気前が良い。わかりますか？ (77) 客が来て何もなければ借金をして客に食べものを出すのです。わかりますか？ (78) ここで、母がよく言っていた話があります。今でもよく言われるのですが、「友人の所へは裸で行くのはいいが空腹では行くな。」ということです。どういうことかわかりますか？ (79) つまり空腹は見えないけど裸は見てわかるということで、(80) このことから、ええと何を言おうと思ったのでしたっけ…つまり人は自分が貧しいとかそういうことを見せるべきではない、ということです。(81) あるアルメニア人の家族があって、と母は言っていたのですが、貧しかった。旦那さんは一切れのパンを家に持ってくるか全然持ってこないか、くらいの状態でした。(82) 旦那さんは朝仕事に行くとき、奥さんは入口までついて言って「バイバイ、気を付けてね。」(83) そうやって見送って、「肉を 4 キロ持ってきてね！」(84) これは近所の人に彼女が 1 キロ、いや 4 キロ持ってくると聞かせるためなの。(85) 半ラトルのリンゴ…、あなた、半ラトルここに出しておいて、ここにね。(86) 半…、近所の人たちが「あら何でも沢山だね。」と言って彼女のことを金持ちだと思うようにしているわけ。彼女は「血統の妻」と呼ばれていました。つまり彼女の夫は家柄が良いということです。(87) 後になって一度近所の人が子供たちに今日朝何を食べたか訊いたのです。(88)「パサパサのパンと紅茶を少し。」だって。どう？ (89) それで近所の人たちはあれが全部うそだと分かったわけです。だけど彼女はお金でも物でもなんでも持っているように見せかけたのです。(90) このあたりの人はみんなそう、外見で生きていて、大事なのは人がどう見るか、と言うことなのです。日本ではどうか知りませんが。(91) この辺の人は「物がない。」と言われるのが嫌なのです。(92) もしお客がお宅へ入って行ったら、こうなります。（お客に出すものが）無ければ息子か娘を店にお使いにやって「これとこれをツケで持っておいで」と言います。つまり金を払わずにです。ずっとこのことが心に残りますが、ええと、少しずつ返済していくものです。(93) 自分たちが貧しいことを見せない、こういう人たちがいるものです。(94) なんというかアラブ人は、例えば私は教えていた時、アラブ人教師の友人がいました。家族より親しい人たちでした。(95) 時には彼女たちに私が言うと、彼女たちに私が言うことは（皆）やってくれた。(96) もちろんですよ。「お安い御用よ。あなたの望むことは私たちがやります。」って言ってね。例えば息子がここにおらずアメリカにいた時、私は一人きりで、誰もいなかった。もう年を取っていたから市場へも行けないしどうしようもない。そこで朝から彼女らが電話をかけてきて何か市場で欲しいものがあるかとか聞いてくるのです。(97) アルメニア人も「こんな用事がある。」と言えばやってくれるが、アラブ人はアルメニア人よりもっとやってくれる。(98) アラブ人はどこをとっても良いのだけれども、悪いところはすぐに信じてしまうところです。例えば政治を見てごらんなさい。(99) 言葉一つで彼らは右往左往してしまうから、例えばユダヤ人みたいに賢くない。他の点では優秀なのだけれども、この点では素直に、すぐに信じてしまうのです。

II

(1) *hōn kamān l-ᶜarabi, masalan b-ḥēfa biḥku šikil, b-yāfa biḥku šikil, b-il-quds,* (2) *w-niḥna l-ˀarman, ˀilli bižu min ˀarmīnya, nifhimš iktīr ˀarmanīt-un, la-ˀinn-o hinnun biḥku ˀarmani šēt il-iktāb il-imqaddas, fhimit, ˀarmani zayy ma l-ᶜarabi l-fuṣḥa, miš min ma kān bitᶜallam-a, niḥna kull in-nās biḥku ᶜarabi ᶜādi, bass il-ˀarmani bižu min ˀarmīnya biḥku ˀarmani fuṣḥa, fāhim kīf?* (3) *baᶜdēn niḥna hōna, la-ˀinn-o kbirna ᶜind il-ᶜarab, niḥki ˀarmani bi-naġam ᶜarabi, fāhim?* (4) *ᶜād biqūlu ˀinn-o hādi ˀarmaniyye baladiyye yaᶜni ˀinn-o šū ˀusm-o taḥki armaniyē ġēr šikil ᶜann-un.* (5) *fī[h] benāt-na*[110]*, benāt-na fī[h] ḥāžiz, nawᶜan-ma, la-ˀinn-o hinnin baᶜid dabḥit il-ˀarman, ˀaytām tammu ktīr mrammayīn fi-žbāl, lammat-hun il-ˀamerkān baqa fī... hadōl kull-un lammū-hun, žabū-un ᶜal-quds b-il-miyyāt, b-il-miyyāt, žabū-hun taqrīban fišš ᶜalī-hun ˀawāᶜi, wlād banāt ṣubyān, žabū-un ṭilᶜu l... kull il-ˀarman ṭilᶜu ᶜala-l-*[E]station[E]*,* (6) *ˀistaqbalū-hun žabū-hun ᶜa-d-dēr ḥaṭṭu qazanāt il-ṃayye, saxxanu ṃay, ḥammamū-hun,* (7) *ˀažu l-ḥallaqīn, kull hāda*

110「古くから旧市街に住んでいるアルメニア人とそうでないアルメニア人の間には」の意。

l-ˀarman il-maḥalliyye, qaṣṣū-l-un šaʿr-un, in-niswān ṣāṛu yxayyṭū-l-un ˀawāʿi, ṭabaxu, ṭaʿmū-hun, ḥaṭṭū-hun f-id-dēr, maḥall buqulū-l-o baxčatāġ, baxčatāġ, b-id-dēr, honāk, baʿdēn iṣ-ṣubyān ṣāṛu kḅāṛ, banāt w-ṣubyān ma-biṣir-iš, qasamū-hun, ˀaṭlaʿu l-banāt fī dēr la-r-rūm, (8) *ē* [E]Convent of the Cross[E] *buqulū-l-o l-imṣaḷḷabe, ḥaṭṭu l-banāt hunāk, w-uṣ-ṣubyān il-ikḅāṛ, rāḥu la-lˀarman il-maḥalliyye lli ʿind-un šuġul, xudu ʿallmū-hun,* (9) *masalan niḥna ˀabū-y ˀaxad wāḥad ˀusum-o tomās, ˀabū-y baqa ʿand-o manžaṛa kbīre w-makīnāt w-ˀiši, ˀaxad-o ʿan-na tbanninā-[h] yākol yišrob ynām kull šē ʿin-na, kubir, zayy ˀaxx ˀil-na, miš bass niḥna, ˀakam min ʿēle, sīd-i ˀaxad bint w-ṣabi, kull-un itbannu nās,* (10) *l-hāda waqt-illi ˀažu hadōl mum-ḅaṛṛa šāfu l-ˀarman li hōne, mrakkzīn ḥāl-un, ʿind-un maṣāri w-ˀiši, nawʿan-mā fī šwayyet… miš ġēr-i, šwayye ˀinn-o ġēr šikil,* (11) *bass haqqēt, ṣāṛu maʿ sawa mnāḥ, ˀawwal baqu yqūlu, ˀarmani maḥalli w-ˀarmani žāy min ḅaṛṛa masalan.* (12) *maḥalli, ˀinn-o hāda ʿarabi, masalan miš ˀarmani…* (13) *niḥna ˀarman maḥalliyyīn, masalan, ˀabū-y xalqān ihōn, ˀabū-[h] xalqān hōn, w-yimkin kamān sīd-i*[111] *xalqān hōn kamāni ā, ˀiši, b…* (14) *zayy ma qult-ill-ak baqu yīžu ʿa-bēn-na zuwwāṛ, mu-šān ˀamākin muqaddase, fī[h] min-hun ymūtu b-iṭ-ṭarīq, fī[h] min-hun yīžu hōn w-hōn ymūtu w-wlād-o ytammu, n-nās yitbannū-[h]* (15) *w-id-dēr yšažžiʿ, yaddī-un byūt min-šān ytammu hōn, min-šān ydīru bāl-un ʿa-l-ṭāyfe l-ˀarmaniyye ʿa-l-kanāyis, ʿala hādi… hayy illi šū ˀusm-o.*

(1) ここではアラビア語も例えばハイファではこんな話し方をするしヤファでは別の話し方、エルサレムでもそうですね。(2) 私達アルメニア人は、アルメニアから来た人たちのアルメニア語は良くわかりません。というのも彼らは聖書のアルメニア語を話しているからです。わかりますか？ アラビア語のフスハーのようなアルメニア語です。習うようなものではなく私たちは皆普通のアラビア語を話しています。しかしアルメニアから来た人たちはアルメニア語のフスハーを話しているんです、わかりますか？ (3) それで、ここにいる私たちはアラブ人の中で育ったのでアラビア語風のアルメニアを話すのです。わかりますか？ (4) だから古くから旧市街に住んでいないア

[111] *sīd-i* は字義通りであれば「私の祖父」だが、文脈からは「曽祖父」を意味しているようである。

ルメニア人は「ああ、この人は旧市街のアルメニア人だ。」と言います。何と言いますか、つまり彼らのとは違うアルメニア語を話している、と言われるのです。(5) 私たち（古くから旧市街に住んでいるアルメニア人とそうでないアルメニア人）の間にはなにかしら壁があります。というのも彼らはアルメニア人虐殺の後の人たちで、孤児たちがたくさん山の中に置き去りにされており、それをアメリカ人が集めて…この人たちを皆あつめてエルサレムに100人単位で連れてきたのです。連れてこられたとき彼らは服もなく、男の子も女の子も若者も、全てのアルメニア人は駅で降ろされました。(6) 人々は彼らを歓迎し修道院へ連れて行き、やかんの水を与え、水を温め彼らを温めました。(7) 散髪屋が来て、これも皆地元のアルメニア人でしたが、彼らの髪を切り女たちは彼らのために服を作り、食べものを作り与え、彼らを修道院に入れました。「バフチャタグ」と呼ばれる場所で、その修道院で。それから子供たちは大きくなると男の子と女の子一緒にと言うわけにはいかなくなり、彼らを分けて女の子たちはギリシャ正教会の修道院に入れました。(8)「ムサッラベ」と呼ばれる「Convent of the [Holy] Cross」と言う修道院に女の子たちを入れ、男の子たちは仕事を持っている地元のアルメニア人の所に引き取られ仕事を習いました。(9) 例えば私の父はトマスという男の子を引き取りました。父は大きなのこぎりや機械を持っていました。父はその子を養子にとったので一緒に食べ、飲み、寝ました。大きくなって私たちの兄のようになりました。うちだけではなく多くの家族がそうで、年寄りが女の子や男の子を面倒見て養子にしました。(10) こうしてこの人たちが他所から来たとき、ここのアルメニア人達は自立していたしお金もあったしで、彼らをなんとなく私と違う…違う人たちのように見ていました。(11) しかし今では一緒に仲良くやっています。最初は例えば「地元のアルメニア人」とか「よそのアルメニア人」のように言っていましたがね。(12) 本当は地元民と言えばアルメニア人ではなくてアラブ人なのですがね。(13) 私たちは地元のアルメニア人です。父はここで生まれたし父の父もここで生まれました。おじいさんも多分ここで生まれたのでしょう。(14) 今言ったように聖地訪問のために私たちの所に参拝者が来ましたが、中には途中で亡くなる人や、来るには来たが子供を残して、その子供は養子にされるのですが、亡くなってしまった人もいました。(15) 修道院は彼らを勇気づけ、その後も居残ってアルメニア人コミュニティーや教会、それから何だっけ…まあそういったもののケアをするよう家を与えたりしました。

III

(1) il-xaḍir[112] šēt... šēt ir-ramle? hōn fī[h] kamān xaḍir. (2) baqēna qabil, qabil-ma yīzu l-yahūd, yōm il-ᶜīd irrūḥ, ḥada la-r-rūm il-xaḍir, fī žanazīr, inte ruḥit hunāk? (3) žanazīr xmāl hēk qāl, ʾiza wāḥad šwayye mažnūn yrūḥ yḥuṭṭū-l-o-yyā-ha, ᶜala raqbit-o, yṭīb. (4) ā hu ṣaḥīḥ w-kizib baᶜrif-š. (5) ā yḥuṭṭu... iza šwayye ᶜaql-o miš ᶜādi, hadōl iž-žanazīr yḥuṭṭū-l-o-yyā-[h][113], min-šān, ᶜaql-o yṭību, w-baqu yṭību, hēk buqūlu, taᶜraf? (6) lēš saʾalt-ni ᶜa-l-xaḍir? (7) ma-hu l-xaḍir, ᶜan-na yā... ᶜan-na niḥna b-ir-ramle knīse ʾarmaniyye, ā hādi šēt il-xaḍir šēt il-ʾarman, hādi il-iknīse buqūlu ᶜaḍme min ᶜaḍmāt mār žiryes[114], sān žōrž[115] hiyye, ā fī[h] ᶜaḍme min žism-o, mat... ʾarman ᶜind-un-yā-ha w-matfūne honāke, ᶜind-hun b-il-iknīse. (8) halqēt il-iknīse xarbit, xarrabū-ha, haqqēt il-ʾarman la-ʾinn-o fālte baqat: b-is-sane xaṭra yrūḥu yōm ᶜīd sān žōrž, yṣallu. (9) n-nās saraqu l-qanadīr w-faḍḍa w-kull ʾiši, haqqēt in-nās ᶜammāla taddi hdiyye, bisawwu qanadīl, bisawwu bižaddidu l-knīse. (10) w-ᶜan-na knīse b-yāfa kamān. (11) ā maᶜlūm ᶜan-na knīse šalabiyye w-dēr kamān, w-dēr, miš bass iknīse, w-dēr. (12) yaᶜni baqul-l-ak niḥna lā l-il-ʾarman baᶜraf-š ʾakam knīse baqat, yimkin tisʾal il-xūri li ʾaža, ʾakam knīse ʾarmaniyye hōna. (13) baᶜdēnin b-il-muṣṛāṛa[116], il-yahūd fataḥu š-šāriᶜ mi-šān... bidd-un yᶜarrḍu š-šāriᶜ laqu kull mozaʾīk ʾarmān, ʾarmani. (14) w-fī... fī muzēum la-l-ʾarman, yimkin šuft-a, kull-ha fī-ha mozaik w-hēk ʾiši. (15) baᶜdēn ᶜa-ha-š-šikil buqūlu malān kanāyis la-l-ʾarman išwayye šwayye šwayye šwayye w-alqētin kamān naḥna l-ʾarman ṣirna ktīr iqlāl hōn, waqt ma ʾažu l-yahūd, (16) miš ʾinn-o ma-nḥibb-iš il-yahūd, lā, il-ʾarman šāṭrīn, bass il-yahū ʾaštaṛ, (17) ṣāṛ il-ʾarman ma-ᶜand-un-

---

[112] いわゆるセントジョージ。パレスチナ方言では xaḍir と呼ばれる。詳細は菅瀬『キリスト教徒』を参照。
[113] 誤った文法的一致。
[114] キリスト教徒は xaḍir を mār žiryis と呼ぶ。
[115] < Saint George（フランス語）。
[116] エルサレム旧市街の城壁外、北部にある地域。

ši xubiz yaᶜni, ṣāṛu šabāb-na yiṭlaᶜu ḅaṛṛa yitᶜallamu ˀawwal ˀiši, w-baᶜdēn ytammu hunāk li-ˀann-o ylāqu šuġul, l-hāda haqqēt bitrū... (18) *ˀawwal trūᶜ ᶜal-iknīse ma fišš maḥall.* (19) *ma fī-š maḥ... haqqēt fāḍi, li-ˀann-o kull il-ˀarman sāfaṛu taqrīban* [E]immigration[E] *yaᶜni.* (20) *miš min-šān ˀiši, li-ˀann-o fišš ˀil-un xubiz hunāk.*

(1) ラムレにあるハデルのことかね？ ここにもハデルはあるよ。(2) 以前は、ユダヤ人が来る前はその祭日には行っていました。ハデルはギリシャ正教会のそばにあります。鎖がありますよ。行ったことある？ (3) 大きな鎖があって、頭がおかしい人が行って首にそれを置くと治ると言います。(4) ええ、うそか本当か分かりませんが。(5) こう、置いてね、ちょっと普通じゃない人が治るようにとこの鎖を置くと治ると言いますよ。知っていますか？ (6) なぜハデルのことを？ (7) ハデルと言えば、私たちはラムレにアルメニア教会を持っています。アルメニア人のためのハデルの教会で、この教会はマル・ジリヤス、つまりサン・ジョルジュの骨があると言われています。彼の体の骨が埋めら…アルメニア人はそれを所有しており、そこに埋めてあります、教会にあるのです。(8) いまその教会は壊れて…壊されてしまい、アルメニア人は…というのはずっとそのまま放置されているのです。でも年に一回サン・ジョルジュの日には（皆）そこへ行ってお祈りをします。(9)（破壊の時に）人々は燭台やら銀やら全て盗み出してしまったので今では人々は寄進したり燭台を作ったり教会を新しくしたりしています。(10) ヤファにも教会があります。(11) 勿論。豪華な教会がありますよ。修道院もあります。教会だけでなく修道院も。(12) つまり、アルメニア人にではなくてあなたには言うけど、いくつ教会が残っているのか私は知りません。さっき来た司祭に聞いてみなさい、アルメニア教会がいくつあるのか。(13) それからユダヤ人がムスラーラに通りを開いて、通りを拡張しようとしたらアルメニア人のモザイクが出てきた。(14) アルメニア博物館で、あなた見たのではないかしら、モザイクとかがいっぱいあったでしょう？ (15) それで、ああ、こんな風にアルメニア人の教会だらけだったのにユダヤ人が来たとき、私達アルメニア人はしだいに少数になってしまった。(16) 別にユダヤ人が好きではない、と言うことではないのですよ。アルメニア人は賢いけどユダヤ人はもっと賢いの。(17) アルメニア人はパンにも事欠くようになって若者たちは外国に行ってまず勉強するのよ、そして仕事を見つけるために向こうで学業を終わらせるのです。そうして今戻って…(18) そうやってまず教会へ行ってみると場所がなくなっている。(19) 場所が…すっからかんになっている。というのもアルメニア人は皆ほとんど海外に出てしまったから、つまり移民ですよ。(20) 何かあったから、というのではなく食べるものがないからよ。

IV

(1) *masalan, ˀiza bidd-ak tuᶜbur maḥall, buqūl dastūr, bixāfu, qāl, yibqa š-šiṭān tidᶜas ᶜaš-šiṭān, ē kif buqūlu… bidᶜi ᶜalēk iš-šiṭān, masalan, ˀinn-o wēn ma-kān iš-šiṭān dīr bāl-ak, ēš ma-tsawwi lāzim itqūl dastūr, fāhim kīf?* (2) *lāzim itsammi qabil-ma tsawwi, la-ˀinn-o bixāfū min iš-šiṭān.* (3) *ᶜand il-ˀarman willa l-ᶜarab kamān, l-ˀaman ˀaxadu ha-l-ˀawāᶜi, halqēt niḥna kull ˀawāᶜī-na ᶜarabi, ˀakil-na ᶜarabi, kull ˀiši ᶜarabi, baṭṭal yibqa ˀarmani.* (4) *bass il-ˀaᶜyād min ˀaᶜyād maᶜ il-ˀarman w-il-ˀaslām maᶜ…* (5) *w-bass niḥna, ˀana fi-l-madrase baqu yqūlu l-ˀasādze w-il-mᶜallmāt* ^{E}miss^{E} *zakariyān btaᶜraf ᶜarabi ˀaḥsan mi-l-ᶜarab, yaᶜni, w-tifzaᶜ la-l-ᶜarab, tifzaᶜ la-l-ᶜarab ˀaktar mi-l-ᶜarab, ibṣar, maẓbūṭ.* (6) *li-ˀann-o kbirna ᶜand-un w-šufna xēr min-hun, yaᶜni w-il-ˀaman waqt-illi… baᶜd il-madbaḥa, wēn rāḥu? ᶜa-blād ᶜarabiyye! ᶜala suriyya ᶜala falasṭīn, w-ᶜala….libnān.*

(7) *libnān, ˀana ruḥit ṃaṛṛa maṛṛtēn, iš-šawāreᶜ kull-a malāne dakakīn ˀarman, ḥittan il-aṛṃāt il-fa… maḥṭuṭīn fōq id-dukkān b-il-ˀarmani w-b-il-ᶜarabi, yaᶜni, ˀinn-o mīn qinī-hun, la-ᶜarab qinī-hun, il-ᶜarab istalmat-un ˀaxdat-un…* (8) *fī*^{h} *wāḥad ˀusm-o ˀavāk, ˀavāk, žabū-*^{h} *tinēn waqtī-ha,* ^{E}it was again^{E} *kazzabīn, tinēn dakāṭra ḥitta, žabū-*^{h} *min il-… min ˀirān ˀaẓinn-i, ˀinn-o hāda bisawwi ᶜažāyib, zayy il-masīḥ, fāhim kīf?* (9) *ˀinn-o, hadōla ˀažu maᶜ-o, šāyif kīf?* (10) *ˀinn-o bisawwu ᶜažāyib zayy il-masīḥ.* (11) *w-il-baṭrakiyye qiblit-o w-ˀaddat-l-o afartiman, b-il-iknīse fī*^{h} *balkōn xuṣūṣi,* (12) *w-yqaᶜᶜdū-*^{h} *ᶜa-l-balkōn, w-in-nās kull-a tiṭṭaḷḷaᶜ ᶜalē-*^{h} *huwwa qāl, wa-la ysawwi hēk wa-la ysawwi hēk.* (13) *sēᶜa yuqᶜud hēk ṛāṣ-o duġri.* (14) *sawwa ˀinn-o bisawwi* ^{E}miracle^{E} *b-šī, kull il-quds, il-ᶜarab, il-misilmīn il-kull ˀaža ᶜa-ᶜavak kull… bāb id-dēr, bāb id-dēr fišš maḥall tōqaf.* (15) *in-nās bidd-un*

yudxulu, hāda ˀižr-o maksūṛa, hāda ᶜēn-o ᶜōra, hāda ᶜayyān, qāl bsawwu ᴱmiracleᴱ, *w-b-iž-žumle ˀana ruḥit kamān.* (16) *ˀana ruḥit baqu ktāf-i yīžaᶜu*[117] *hōn l-hōn, tistanna wāḥad waṛa t-tāni wāḥad... ta-yižī dōr-ak, tiṭlaᶜ rūḥ-ak, daxalit žuwwa ˀana, misik hēk brbrbrbr barbar...* (17) *ᶜind-i xāle ṛāṣ-a bižaᶜ-ha*[118] *kamān ˀažat hōn tqul-l-i, bass ḥaṭṭ ˀīd-o ᶜa-ṛāṣ-i ṭibit.* (18) ᴱimmaginationᴱ *taᶜraf, xurafāt, bass ḥaṭṭ ˀīd-o ᶜa-ṛāṣ-i hādi...* (19) *baᶜdēn, ᶜan-na žāṛa baqat ˀarmaniyye, qālat-l-i ˀaddī-ni sukkaṛ, sukkaṛ bitḥuṭṭ-o b-iš-šāy, fī hēk... ḥabb-ḥabb hēk, ˀaddī-ni wā[ḥad],* (20) *waddat-a ᶜand-o qāl bārak, bārak-o, qālat-l-i hāda kull-ma wlād-ik yṣīru ᶜayyanīn, ˀisqī-hun šāy ḥuṭṭī-l-un waḥade min hāda, hāda mbārak.* (21) *baᶜdēn rāḥu ᶜala ˀamērka, hunāk ᶜarfu ˀinn-o hāda kizib, kizib, kisbu ᶜala ḍahr-o maṣāri, fāhim?, kisbu ᶜala ḍahr-o maṣāri,* (22) *wāḥad biḥki w-ut-tāni biṣīr yitṣawwaṛ.* (23) *baᶜdēn fīʰ hōn dēr is-siryān, dēr is-siryān, b-il-lēl qāl tiṭlaᶜ waḥde yqulū-l-a l-ᶜamūṛa, ˀiši yiṭlaᶜ ṭawīl, fāhim kīf?* (24) *in-nās yxāfu ṣāṛu ma-yiṭlaᶜū-š b-il-lēl ᶜa-l-ḥāṛa,* (25) *ᶜammt-i, ᶜind-i ᶜamm-i*[119] *ˀažat yōm hēk bitružž.* (26) *baqul-l-o šū mā-l-ik? qāl šuft-o qāl hēk ṭawīl... ē hu ṭawīl ṭawīl ṭawīl.* (27) *ṭayyib, šwayye šwayye baᶜdēn ᶜarfu, ˀinn-o talat iwlād, ˀixwe, wāḥad biṭlaᶜ ᶜa-kitf it-tāni, w-it-tāni biṭlaᶜ ᶜa-kitf it-tāni, butġaṭṭu kull-un b-il-ḥramāt, w-bibayynu ka-ˀinn-o* ᴱgiantᴱ *šāyfe kīf?* (28) *w-in-nās yxāfu qaᶜadu ˀušhur ma-yiṭlaᶜū-š min bāb iḍ-ḍāṛ, hayy-o hayy-o l-il-*ᴱgiantᴱ, *ˀaža hayy-o* ᴱgiantᴱ *ˀaža yōqaf la-wāḥad dēr suryān.* (29) *hāda baᶜraf-iš... baᶜraf-iš... id-dēr... ā baqu yqūlu yiṭlaᶜ wāḥad yimši yiṭlaᶜ wāḥad hādi...* (30) *kull wāḥad biḥkī-l-o ˀiši, bass hayy-o, ˀilla ybayyin b-il-ˀāxir, hadōl baqu yqūlu* ᴱgiant, giantᴱ, *ṭiliᶜ ˀinn-o talāt ˀixwe fōq baᶜiḍ yirkabu fōq baᶜiḍ, yitġaṭṭu yōqafu hunāk.* (31) *hāda ˀēmta, yimkin nqūl baqa ᶜumr-i yimkin ᶜašaṛa snīn...* (32) *ā baqēt ᶜumr-i ᶜašaṛa snīn, yimkin, ˀana, miš ˀana li šufit, n-nās šāfu, ᶜammt-i, ˀažat qālat šuft-o... w-šū xāyfe žāye bitružž.* (33) *baᶜdēn išwayye šwayye ᶜarfu ˀinn-o kizib hāda.* (34) *fīʰ ᶜin-na žirān hōna niḥna baqēna ktīr ˀaṣḥāb, yōm šuft hiyye w-ˀimm-a žāy btibki žāy, baqulla šū? ˀēš mā-l-ik?* (35) *qāl, ˀuskuti šufit b-il-xazāne ṭiliᶜ wāḥad w-daxal... w-wāḥad bišbah, baᶜraf-š, anu mmassil sinama.* (36) *w-baᶜdēn*

---

117 < *yūžaᶜu*

118 < *būžaᶜ-ha*

119 *ᶜammt-i* か？

ḥabībt-i ṣāṛat bidd-ā-š tnām fi-ḍ-ḍāṛ, w-bidd-ā-š ˀimm-a taxud-ha kull yōm il-ᶜaṣir, kbīre baqat miš izġīre! (37) *ā, ˀinn-o wāḥad biṭlaᶜ... šāfat-o, qāl, ˀinn-o biṭlaᶜ mi-l-xazāne, hiyye hāda,* [E]immagination[E], *la-ˀinn-o hiyye kibrat ma-džawwazat-ši, ṣāṛat tiṭṣawwaṛ ˀinn-o mi-l-xazāne biṭlaᶜ al-ᶜarīs.* (38) *yaᶜni l-ᶜāde btibki, kull ᶜaṣir tīži hōne bidd-ā-š tuqᶜud fi-ḍ-ḍāṛ.* (39) *hēk... baqu ysaddqu n-nās b-hēk ˀiši, fāhim kīf, baqu ysaddqu...* (40) *masalan kamānin, ḍāṛ sitt-i, qāl, sitt-i bāqye txayyiṭ, txayyiṭ la-ḥaddīt... tuqᶜud la-nuṣṣ lēl willa baᶜid nuṣṣ lēl, taᶜraf, min-šān tsawwi maṣāri, qāl, tismaᶜ ḥiss, lulululululu bizaġirṭu w-ˀiši, yumruqu ᶜan-ha, yirmū-l-a ḥalāwe, ḥalāwe, ᶜurs ᶜind-un, kull-o qāl hadōla min taḥt il-ˀaṛḍ biṭlaᶜu, w-taᶜraf* [E]fairies[E], *ysaddqu n-nās.* (41) *baᶜdēn hiyye...* [E]fairies[E] *yaᶜni* [E]goast[E]. (42) *baᶜdēn fīʰ waḥde tinēn žirān, mištriyīn zēt.* (43) *iž-žāṛa bitqul-l-a, šū ṣāṛ b-iz-zēt šēt-ik, bitqul-l-a ˀinn-o z-zēt šēt-i zayy ma-hu.* (44) *bitqul-l-a ī ana xalaṣ, kīf inti miš xāliṣ izēt-ik, qalat-l-a taᶜi šūfi ma-ˀaḥlā-ʰ bāxud minn-o ˀiši binqaṣ-iš iktīr,* (45) *qāl bass qālat hēk lelít-ha, xalaṣ rāḥ kull iz-zēt, inn-o baqu ysaddqu, ˀimm-i baqat tiḥkī-l-i-yyā-ʰ msaddqa, šāyfe kīf?* (46) *baᶜdēn ᶜind-un mġāṛa taḥit, šāyfe kīf, mġāṛa, kamān hādi... šūf kīf il-quṣaṣ bitṣīr, niḥna baqā-l-na ḅaṭṭ, taᶜraf šū ḅaṭṭ, baqu yubīḍu, yuqᶜudu fōq-o, baᶜraf-iš ˀakam yōm, ynaṭṭfu (< ynaḍḍfu) mir-rīš-un ysawwu ᶜušš, w-yuqᶜudu fōq il-bēḍ, fāhim kīf?* (47) *yōm faqadna, fišš il-bēḍ, rāḥ il-bēḍ, ṣāṛ yqūl, šū ṣāṛ b-il-bēḍ?* (48) *qulna ubṣar mīn ˀaža saraq-hun,* (49) *ruḥit ᶜa-ziyāṛa ᶜa-n-nās, laqēt sayydāt qāᶜdīn, bitḥaddatu, ā law tšūfu l-bēḍ šū šikl-o, ˀubṣar ˀēš....* (50) *ˀana daxalit bass ismiᶜit hēk. daxalit w-qulit šū bēḍ?, qāl, ˀibn-i laqa bēḍ, ġēr šikil, ᶜalē-ʰ nuqaṭ asmaṛ*[120]*, hādi kamān šēt il-*[E]goast[E]. (51) *qult-ill-o naᶜam, ˀēš hāda, hāda bēḍ-na ᶜin-na, bēḍ il-baṭṭ šēt-na.* (52) *ˀibin xāl-i, žōrž, ṣuḥbe maᶜ ˀaxū-k*[121] *ˀaža šāf il-bēḍ laqā-ʰ ġēr šikil, šāyfe kīf?* (53) *waddā-ʰ ᶜa-ḍ-ḍāṛ, waddā-ʰ ᶜa-ḍ-ḍāṛ* (54) *qalū-l-o mnēn žibt-o hāda qāl laqēt-o, hinnin šafū-ʰ kamān ġēr šikil ˀaxadu ramū-ʰ,* (55) *qāl hāda ġēr šikil il-bēḍ yaᶜni, hinnin kamān xāfu, qāl waqt titkassaṛ ṭiliᶜ min žuwwāt-o ˀaṣmaṛ, miš zayy bēḍ iž-žāž.* (56) *hāda šēt il-žān, b-il-imġāṛa, ma-huwwe l-walad xabbā-ʰ b-il-mġāṛa, taḥit, taᶜraf,* [E]cave[E], *mġāṛa.* (57) *ā, hāda hu ž-žān baqa žāyib ḥaṭṭ-o hunāke, min tumm la-tumm ṣāṛ ˀinn-o kīf biṭlaᶜ il-quṣaṣ.*

---

[120] 非文法的。

[121] 同席している息子に対して。

(58) *ruḥit b-il-lēl ᶜand ḍāṛ xāl-i, qult-ill-o l-bēḍ hāda btaᶜraf šū huwwe, hēk hēk hēk il-quṣṣa, hāda l-bēḍ ᶜan-na, w-il-baṭṭa bāḍat-un, w-ˀažu wlād-kum ˀaxadu...* (59) *ēy inžannat maṛt xāl-i ḍarab-o ˀibn-o wa-l-ak bitrūḥ ibtusruq il-bēḍ.*

(1) たとえば…ある場所を通る時に「ダストゥール」と言うの。悪魔がいるのを押しのけるという意味で、ええと何というか、悪魔があなたを呪うの、だから悪魔がいるところでは気を付けなさい、どうするかと言うと「ダストゥール」と言うの。わかる？ (2) なにかする前に言うのよ、悪魔は怖いからね。(3) アルメニア人もアラブ人も同様で、アルメニア人はこの服も（アラブ人から）取り入れたし、私たちは着物もアラブ式だし食べものもアラブ風、なんでもアラブ風よ。アルメニア風は捨てたの。(4) でも祭日はアルメニア人の祭日で、ムスリムはムスリムで…(5) だけど私たちは…私は学校では他の先生たちに「ミス・ザカリヤンはアラブ人よりアラビア語をよく知っている。」と言われたものよ。つまり「アラブ人よりアラブ人を助けている」どう？ 本当よ。(6) というのはアラブ人の中で育ったわけだし彼らのいいところを見てきた。それからアルメニア人は虐殺の時に、その後でどこへ行ったかと言えばアラブの国々です、シリア、パレスチナ、それからレバノン…。(7) レバノンへは2・3回行きました。沢山の通りで全部がアルメニア人の店で、店の上に掲げられた看板もアルメニア語とアラビア語でした。つまり一体誰がアルメニア人の世話をしたかと言うとアラブ人です。アラブ人が彼らの世話をしたんです。アラブ人が彼らを受け入れたのです。(8) アヴァクという名の人がいました。当時二人の人が連れてきたのですが、またうそつきの話です。彼らは医者でもありました。彼らがアヴァクをイランから、だと思うのですが、連れてきました。曰く、アヴァクはイエスのように奇跡を行う。どう？ (9) この二人はアヴァクと一緒に来ました。いい？ (10) イエスのように奇跡をおこすと言う話。(11) 総主教は彼を受け入れ教会のアパートに入れました。そこにはバルコニーが付いていました。(12) 彼をバルコニーに座らせて人々は彼を眺めました。彼はどうもこうもしない、と言いました。(13) 長い間かれはこう頭をまっすぐにして座っています。(14) 彼は奇跡を行うかのようにしていたのでエルサレム中のアラブ人、ムスリム達はアヴァクの所へ来ました。みな修道院の入口の所へ来たのです。立錐の余地もありません。(15) 人々は入りたがりました、足を折った者もいれば片目の者もいれば病気の者もいて、彼は奇跡を行う、と皆言っていました。私も一緒に行きましたよ。(16) 私はここここの肩が痛かったから行ったのですが、人がずらっと並んでいて…順番が来て進むまで待っています。私は中に入りました。彼はこう（私に）触ってブルブルブルブルとしました。(17) 私には頭痛持ちのおばがいて、彼女も来て私に言いました「手を頭にのせるだけで治ったのよ！」(18) イマジネーションの世界ね。わかるでしょう？「手を頭にのせるだけ！」(19) それから一人アルメニア人である近所の人がいて、「砂糖を頂戴。」と言うのです。お茶に入れる砂糖ね。こう塊になったやつ。それを「1つ頂戴。」と。彼女がそれをアヴァクの所へ持っていくとアヴァクはその砂糖を祝福しました。(20) 彼女は彼に渡しました。彼は言いました…彼はその砂糖を祝福しました。彼女は私に言いました。「この砂糖は子供たちが病気になったらお茶に混ぜてのませなさい、お茶に1ついれるのです。これは祝福されています。」(21) それから彼らはアメリカへ行き、そこでこのことが嘘だということを知りました。彼らは労せずして稼いでいたのです。わかる？ 寝転がって稼いでいたようなものよ。(22) 一人が話をしてもう一人が想像を膨らませるということ。(23) それからここにはシリア正教の修道院があります。シリア正教の修道院。これが夜になると「アムーラ」と呼ばれる、なんだか背の高いものが出てくるというのです。わかる？ (24) 皆怖がってその辺りを夜出歩かなくなりました。(25) おばさんが…私にはおじがいますが、ある日こうして震えながらやってきました。(26)「どうしたの？」と訊くと、「こんな背の高いのを見たのだ、ものすごく大きいものだ。」と言いました。(27)「そうですか。」それでそれは実は3人の子供達、兄弟なのですが、一人がもう一人の肩にのり、さらにもう一人が肩の上に乗り毛布でくるまっていて、それで巨人のように見えた、というものでした。わかる？ (28) 皆怖がって何か月も家から出なかったのです。「ほら巨人が来たほら巨人がシリア正教会の修道院の所に来て止まった！」(29) さあよくわからないけど…「あいつが出てきた、あいつが歩いている。」と言っていましたよ。(30) 皆何かしら言っていました。「巨人だ巨人だ。」とは言っていましたが最後には正体が現れました。3人の兄弟の一人がもう一人の上に乗り、くるまって立っているのです。(31) いつの事でしたかね。多分私が10歳の頃でしたか…。(32) 10歳の頃ですね多分。私自身は見ていませんよ。他の人が見たのです。私のおばとか。「見たわよ。」と言って家に来ました。何を恐れて震えているのか。(33) その後だんだんそれは嘘だということがわかったのです。(34) 近所の女の人がいてとても仲良くしていたのですが、ある日彼女とそのお母さんが泣いていたんです。「どうしたの？ 何かあったの？」と訊くと、(35)「もういや。洋服ダンスの所に誰か出たり入ったりしていたの。それはだれか—誰だったか分かりませんが—映画俳優に似ている。」と言うのです。(36) それから友達は家で寝たがらなくなり母親は彼女を毎日午後に連れ出して…彼女は子供じゃなくてもう大人だったのよ。(37) 誰か出てきて…彼女はそれを見たの。誰かが洋服ダンスから出てきて…というようなものを。幻想よ。というのも彼女は歳を取ったのに結婚せずにいたから洋服ダンスから花婿が現れたと思ったのよ。(38) いつも泣いていて家にいたくないものだから毎日午後になるとここへ来たの。(39) 皆こんなことを信じたのです。わかる？ (40) 例えばまた私の祖母の家、祖母は縫いものをしていて、夜中や夜中過ぎまでそうしていたのだけれども、それは少し稼ぐための内職だったのですが、するとルルルルルルルというザガリートか何かの声が聞こえてきたんです。それは祖母のそばを通ってハルワを投げてよこすのです。結婚式があったみたいで、地面から、まあその、妖精が出てきたのだって皆言いました、信じていたのですね。(41) それで祖母は…妖精というのは幽霊よ。(42) それから近所の人が2人いて、油を買うのです。(43) 近所の人が「お宅の油はどうなりましたか？」と訊いたので、もう一人は「そのまんまです。」と答えました。(44) 最初の人は「うちはもうなくなったのにどうしてお宅は未だあるの？」もう一人が「うちに来てどんなにすばらしいか見て。使ってもあまり減らないのよ。」(45) でもそう言ったその晩に油は全部なくなってしまった。こんなことを信じていたのですね。母は本当だと思ってその話をしてくれました。どう？ (46) それから彼らの所には地下に蔵穴があったの、地下蔵。これも…どんな話になると思う？ 私達アヒルを飼っていました。アヒル知っているでしょう？ 卵を産みます。その上に何日か知らないけど座るのです。羽で掃除して巣を作ってそれから卵の上に座ります。(47) ある日なくなったのです。卵がない。どこかへ行った。「一体卵はどこへ行った？」と言い始めます。(48) はて誰か来て盗んでいったのか？ (49) あるところを訪問したら奥さんたちが座っていて「もし卵を見たらね…。」「一体どんな形なのかしら？」と話していました。(50) 私は入って聞いていたのですが、入って行って「卵って何？」と言うと、「息子が変わった卵を見つけたのよ。茶色い斑点があって、これも幽霊の玉子なのかしら？」と言われました。(51) 私は「はあ、これは何かと言うと、これは私たちの所の卵なのよ。うちのアヒルの卵よ。」と言いました。(52) おじの息子のジョルジュが来て、あなたのお兄さんと仲が良かったのだけれど、その卵が変わっていると思ったの。わかる？ (53) それを自分の家に持って行って、自分の家に持って行ったの。(54)「どこから持って来たの？」と言われて「見つけたのだ。」と言ったけど、みんなも変な卵だと思って捨ててしまったというわけ。(55)「これは気味が悪い、この卵は。」と言ったのです。みんなも怖がってね。割れるとニワトリの玉子と違って茶色いものが出てきたのよ。(56)「これはジンの、地下蔵のジンの卵だ！」実は子供が地下蔵に、下に隠していたの。(57)「ジンが持ってきてあそこに置いたのだ。」と人の口から口へと伝わってこんな話になったのよ。(58) 夜におじさんの家に行って「この卵は何だか知っている？ これこれこういうことなの。これは私たちのところの卵なのよ。アヒルが卵を産んで、おじさんの子供たちが来てもって行って…。」と言いました。(59) おじさんの奥さんは怒り狂って息子を叩いて「あんたっていう人は！ お前は卵を盗みに行くのか！」

3.4. テキスト 4

Shirin Qassis（キリスト教徒・女性・1980年生）

(1) *sākne fi-l-quds, bass miš balad il-qadīme…* (2) *fī šuᶜfat… taᶜraf wēn šuᶜfat?* (3) *w-ˀahl-i, ˀahl-i kamān min il-quds, ˀimm-i w-ˀabū-y…* (4) *ˀimm-i min bēt laḥim* ^{E}sorry^{E}, *ˀabū-y min, min il-quds, ˀabū-y ˀaṣlan min l-balad, bass sakanu ḅaṛṛa l-balad, ḅaṛṛa l-balad il-qadīme.* (5) *lamma mniḥki l-balad, nuqṣud il-balad il-qadīme ġāliban, sakanu bi-bēt ḥanīna qaᶜadu talatīn sane sāknīn fi-bēt ḥanīna... xiliq fil-quds.* (6) *w-ži… sīd-i w-židd-i kamān xilqu fil-quds, bass ˀimm-i min bēt laḥim.* (7) *w-kull ᶜēlit ˀimm-i min bēt laḥim, w-ˀimm-i džawwazat ˀabū-y bi-ᶜumur zġīr, kan-ˀimm-i ᶜumr-a siṭṭaᶜšaṛ sane, w-ˀabū-y kān ᶜumr-o ᶜašrīn, džawwazu ktīr isġāṛ,* (8) *w-hāda hu, žābū-na ˀiḥna.* (9) *ˀiḥna ˀaṣlan katulīk, latīn.* (10) *siṭṭaᶜš iš-šahar kan-ᶜīd il-ḥaḍir b-il-lidd, iš-šahar hāda, siṭṭaᶜš iḥdaᶜš.* (11) *kān ᶜīd il-xaḍir,* ^{E}you missed it^{E}… (12) *fi-l-lidd w-b-il-quds, li-ˀann-o mār žiryis il-quṣṣa bitqūl, ˀinn-o mār žiryis, mār žiryis, mār žiryis huwwe šahīd masīḥi, šaxṣ inwalad fī ˀil-lidd, illi hi šiqqit ˀil-lidd w-ir-ramle, b-nafs il-manṭiqa maᶜ yāfa, b-nafs il-manṭiqa, baᶜrif-iš, taᶜrif wēn, taᶜrif wēn il-lidd?* (13) *w…we huwwe šaxṣ fāris, fāris, taᶜrif-š fāris?* (14) *ˀiza baḥki kilme ma-btaḥkī-ha, ma-btiᶜraf-ha qul-l-i.* (15) *w-kān fi ᶜēle masiḥiyye, ˀimm-o w-ˀabū-*^{h} *masiḥiyye, w-ˀamīr kān.* (16) *hallaq, ē il… il-diqlidiyanus*[122], *kān il-ˀimbaraṭōr ib-waqt-a, w-rāḥu ᶜala l-ˀimbaraṭuriyye w-ᶜirfū-*^{h}, (17) *w-kān huwwe ktīr šaxṣ maᶜrūf, w-šaxṣ fāris miqdām, zayy ma biqūlu b-il-ᶜarabi, ktīr iktīr šaxṣ šāṭir w-hēke,* (18) *w-ṣāṛ fī*^{h} *nās tifṭin ᶜalē-*^{h} *ˀinn-o hu… ˀinn-o hu masīḥi.* (19) *il-imbaraṭuriyye waqt-a kānat ˀimbaraṭuriyye waṯaniyye ma-btiᶜbid ˀaḷḷa.* (20) *w-la-ˀinn-o huwwe masīḥi, ḍaṛṛaṛu ˀinn-o bidd-un yiṭṭihdū-*^{h} *b-sabab ˀimān-o,* (21) *w-kānat il-fikṛa ˀinn-o ˀinta lāzim tiᶜbad il-ˀāliha ˀilli ˀiḥna mniᶜbid-ha, mniᶜbad-ha ka-waṯaniyyīn illi hī kānat waqt-ha il-ˀāliha l-mawžūde, ma-baᶜraf ˀēš… ˀēš b-iẓ-ẓabṭ kānt ˀism il-ˀāliha,* (22) *w-ˀažbarū-*^{h} *ˀunn-o yuᶜbud il-ˀāliha, wa-lākinn-o huwwe kān tšabbat, tšabbaṯ yaᶜni ˀaw tmassak ib-ˀimān-o, w-rafaḍ ˀinn-o*

[122] Gaius Aurelius Valerius Diocletianus.

yuᶜbud il-ˀāliha l-waṯaniyye. (23) ē… w-uṭṭahdū-ʰ, w-kān fīʰ yaᶜni ᶜimlu ᶜalē-ʰ ˀaktar min nōᶜ ˀiṭṭhād w-ḍaġṭ ᶜa-šān yitrik l… ˀimān-o. (24) min ḍimn il-ˀišyāˀ illi yiᶜmalū-ha kān, kān il-ˀimbaraṭōr w-maṛat-o kānu miṭṭihdīn-o, min ḍimn il-ˀišyāˀ illi yiᶜmalū-ha ˀinn-o daxxalu ᶜalē-ʰ waḥde kānat ᴱsorryᴱ b-il-kilme yaᶜni waḥde miš kwayyse, waḥde ᶜāhira b-il-ᶜarabi, (25) w… huwwe hal-qadde kān šaxṣ muḥtaram, w-kān šaxṣ biᶜraf ṛabb-na w-rūḥāni ktīr, ˀilli hāy il-baniˀādme mā kānat imnīḥa, bass lamma tᶜaṛṛafat ᶜalē-ʰ, qalat-l-o kīf ˀinte hēk ˀimān-ak, hadōl ᶜam buḍurbū-k, ᶜam biṭṭihdū-k, xalaṣ, ˀitrak yasūᶜ, ˀitrak il-masiḥiyye. (26) qal-l-ha, yasūᶜ il-masīḥ māt ᶜa-šān-i, w-la-ˀann-o māt ᶜa-šān-i ˀana fīʰ ᶜind-i ḥayāʰ ˀabadiyye, (27) huwwa māt w-unṣaḷaḅ ᶜa-šān-i, badal-ma ˀana ˀaḥmil ᶜiqāb il-xaṭiyye, yasūᶜ ḥimil ᶜiqāb il-xaṭiyye ᶜa-šān-i. (28) fa-ˀinti kamān lāzim itˀammni b-il-masīḥ. (29) w-fiᶜlan hiyye ˀāmanat il-masīḥ, (30) w-ir-rūmān waqt-a ˀiṭṭahadū-ʰ ˀaktar la-ˀinn-o, ḥatta t-tažribe ˀilli ḥaṭṭū-ʰ fī-ha quddām hāy il-baniˀādme, li kānat miš baniˀādme mnīḥa, huwwe ḥawwal-ha la-ˀiši kwayyis, w-hādi baniˀādme ṭulᶜat masiḥiyye, fa-qatalū-ha. (31) w-huwwa kamān iṭṭahadū-ʰ, ḥaṭṭū-ʰ b-iz-zēt, qaṭṭaᶜū-ʰ, ᶜimlu ktīr šaġlāt fiyy-o wi-ˀilli… ḥatta maṛt il-ˀimbaraṭōr nafs-a ˀāmanat fī-ʰ, ˀāmanat bi-ˀil-ˀilāh li biᶜbud-o žiryis, ˀaw žawarživos, mār žiryis, fī ktīr ˀasmāˀ yaᶜni b-il… ˀil-o, (32) min il-ˀišyā, min il-ˀišyā ˀilli tᶜaṛṛaḍ-il-ha ˀinn-o ˀaᶜṭū-ʰ samm, (33) qalū-l-o lāzim tišrab min hādi l-kās, w-qalū-l-o hāda ᶜādi, kās ᶜādi, ˀišrab, (34) fa-huwwa kān ᶜārif ˀinn-o fīʰ ˀisi ġalaṭ b-il-kās w-ˀunn-o fiyy-o samm, (35) fa-huwwa ṣaḷḷaḅ ᶜala-l-kās, qal-l-un ˀašrab min hōn, ˀaw min hōn, ˀaw min hōn, ˀaw min hōn. (36) fa-ka-ˀinn-o la… la-ˀinn-o hunne massku ˀidē-ʰ ᶜa-šān ma yiqdar yursum ᶜalāmit ṣalīb ᶜalē-ya (< -ha), (37) fa-huwwe ka-ˀann-o rasam ᶜalāmit ṣalīb bi-ṛāṣ-o, w-širib min-ha w-ṣāṛ-l-o ˀiši, fa-kānat zayy ka-ˀann-o šahāde la-n-nās, (38) ˀēš, mi… yaᶜni ˀēš huwwe l-ˀilāh illi byuᶜbud žiryis, illi byuᶜbud žiryis ˀinn-o hu ˀilāh ḥatta biqdar yiḥmi min kull il-ˀišya, min kull il-imxāṭir, (39) w-b-il-ˀaxīr fīʰ ktīr nās ḥatta l… ḥatta ž-žallād tabaᶜ-o ˀāman b-il-ˀilāh tabaᶜ-o w-ktīr nās ˀāmanat b-il-masiḥiyye min waṛa mār žiryis, (40) fa-b-il-ˀaxīr zihqu minn-o, yaᶜni ˀiḥna miš qādrīn, miš qādrīn nuqtul-ak w-nixlaṣ minn-ak, w-b-il-ᶜaks ˀinta ᶜammāl-ak bidžīb nās tānyīn, (41) yaᶜni hunne kānu bidd-hum yuqtulū-ʰ ᶜa-šān ykūn ᶜibṛa la-ġēr-o li-ˀann-o šāyfīn kull wāḥad biˀāmin b-il-masīḥ hēk biṣīr fī-ʰ, (42) wa-lākin ṣāṛ b-il-ᶜaks, kull wāḥad biˀammin b-il-

masīḥ, w-mā biʔāmin b-il-masīḥ ṣāṛ yšūf ʔāš ʕam biṣīr maʕ mār žiryis, kīf ʔaḷḷa ʕam birkaz mār žiryis, ḍaṛṛaṛu ʔinn-o yuʕbud il-ʔilāh illi byuʕbud mār žiryis, (43) *fa-ṣāṛ ka-ʔinn-o xaṭaṛ, ʕala l-ʔimbaraṭuriyye nafs-ha w-b-il-ʔaxīr qaṭaʕu ṛāṣ-o w-xulṣu minn-o,* (44) *fa-hōn, ē fīh ktīr kanāyis ittaxaḏat mār žiryis šafīʕ la-ʔil-ha, w-ʔaxadu žasad-o, w-dafanū-h hēke, baʕdēn, itwažžahu* Ecertificate..E *yaʕni ...* (45) *btiḥtrim mār žiryis ktīr w-hēke, ʔaxadu ʔažzāʔ, ʔažzāʔ min žasad-o, w-fī kanāyis fī ʕind-a ʔažzāʔ minn-o, zayy knīse li mawžūde hōn fī bāb il-xalīl, knīsit iš-šahīde dimiyāna,* EsorryE*, madrasit iš-šahīde dimiyāna, tabʕit iqḅāṭ il-banāt, fī-ha knīse, knīsit mār žiryis, ʔilli fī-ha žuzʔ min ḏrāʕ mār žiryis.* (46) *ʔil-maḍām illi fi-l-lidd, ʔaẓinn huwwe ʔaṣlan il-makān illi ndafan fī-h mār žiryis,* (47) *w-kamān iḏrāʕ mār žiryis mqassame ʕala irm... min kanāyis, ʔaw ʔaṭrāf yaʕni kā... šū ʔusm-o?, ka-žasad yaʕni, ē ʕam niḥki ʕa... ʕan ʕaḍim ṭabʕan žasad... tḥallal, w-mqassame ʕala ktīr kanāyis mawžūde hōn w-ḥatta mawžūde bi-maṣir.* (48) *hū quṣṣit mār žiryis.* (49) *fī kull il-kanāyis, kull il-kanāyis illi fī-ha ʔišyāʔ mār žiryis, kull il-kanāyis fī-ha ʔaḍsām min žasad-o.* (50) *hallaq fīh kanāyis ittaxaḏat mār žiryis šafīʕ la-ʔil-ha* (51) *fa-biḥtiflu kull il-kanāyis fīyy-o, la-ʔann-o ʔaẓinn hāda yōm istišhād-o... ʔana miš mitʔakkde,* (52) *bass il-kanāyis illi ttaxaḏat-o šafīʕ la-ʔil-ha btiḥtfil ʔaktar min kanāyis tanyīn, yaʕni mumkin kanāyis tanyīn tuḏkur ʔinn-o l-yōm ʕīd mār žiryis.* (53) *bass il-kanāys it-tānye zayy il-ʔaḍbāṭ la-ʔann-o l-kanīse l-ḍubṭiyye ttaxaḏat šafīʕ la-ʔil-ha, xāṣṣatan fi-l-balad hōni, biḥtiflu fī-ʔiḥtifāl, w-bižību li-ʔinn-o ʕind-un ē žuzʔ min ḏirāʕ-o, bižību l-žuzʔ,* (54) *w-bixsilū-h min ḅaṛṛa ṭabʕan, biḥuṭṭ ʕalē-h ṭīb, ʔaṭyāb rawāyiḥ ḥilwe w-hēke, bkūn iḥtifāl w-iš-šaʕb ibiḥtifil w-ḥatta b-nafs il-wlād l-izġāṛ, ē ka-ʔann-o bilabbsū-hum tōb mār žiryis* (55) *buqul-l-o bitlāḥaẓu wlād izġāṛ lābsīn tōb imlawwan yaʕni, ʔaḥmaṛ, hu ʔaḥmaṛ w-ʔaxḍaṛ w-ʔaṣfaṛ, ʔilli hu ka-ʔann-o l, l, l, ka-ʔann-o kīf kān lābis mār žiryis, w-bilabbsu l-walad iz-zġīr tōb mār žiryis sane, sane kāmle.* (56) *kān byindiru, ā biḍallu lābis hāda il-ʔiši, nidir, byindiru, w-byuqʕud sane kāmle lābs-o, w-ē, taʕraf ēš yaʕni bindru, a?* (57) *byindiru b-il-ʕarabi w-hāda hu... w-fī nās bitsammi wlād-un ṭabʕan žiryis, žōrž, hū nafs il-ʔisim, žuryis žōrž, yaʕni fī ʔaktar... kivorke... ʔarmani, yōrgo b-il-yunāni.*

(1) エルサレムに住んでいますが旧市街にではありません。(2) シュウファトです[123]。シュウファトってどこだかわかりますか？ (3) 家族、家族もエルサレム出身です。母と父と…。(4) あっ、すみません、母はベツレヘム出身でした。父はエルサレム出身です。父は生え抜きの「街」出身ですが「街」の外に住んでいます。(5)「街」と言えば普通は「旧市街」を意味します。彼らはベート・ハニーナに住んで、そこには30年住んでいました。(父は)エルサレムで生まれました。(6) 祖父も曽祖父もエルサレム生まれですが、母はベツレヘム出身です。(7) 母の一族は皆ベツレヘム出身で、母は若くして、16歳の時に、父と結婚しました。父は20歳でしたから随分若かったわけです。(8) それで私たちが生まれたのです。(9) 私たちはもともとカトリックです。(10) 今月の16日はリッダでハデルのお祭りでした。今月…11月16日です。(11) ハデルのお祭りだったのに、行き損ねたのですね？ (12) リッダとエルサレムで。というのもマル・ジリヤスは、物語にあるように、マル・ジリヤスは、マル・ジリヤスは、マル・ジリヤスはキリスト教の殉教者で、リッダで生まれた人物です。リッダとかラムレのあたりで、ヤファとかと同じ地域です。あなたリッダがどこか知っているか私は知りませんが…。(13) 彼は騎士でした。騎士ってわかりますか？ (14) あなたが口にしたことがない単語や、知らない単語は言って下さいね。(15) 彼はキリスト教徒の家庭の生まれです。というのは母も父もキリスト教徒だからです、また彼は王子でした。(16) さて、ええ、その時はディオクレティアヌスが皇帝でした。彼らは帝国へ赴き知られるようになりました。(17) マル・ジリヤスは大変よく知られた人物で、アラビア語で言うところの「勇敢な騎士」で、まあ大変に賢い人でした。(18) 彼がキリスト教徒であることに気付くようになった人々がいました。(19) 当時の帝国は多神教徒の帝国で「神」を信仰していませんでした。(20) 彼はキリスト教徒だったので、人々は彼の信仰のゆえに彼を弾劾することを決めました。(21) 多神教徒として自分達が信仰している、その当時存在していた神々—どんな名前だったかははっきり知りませんが—をお前も信仰すべきだ、という考えがありました。(22) 人々は彼に神々を信仰するよう強要しましたが、彼は自分の信仰を固持し、多神教の神々を信仰

[123] エルサレム旧市街北部およそ4キロメートルに位置する地区。

することを拒みました。(23) それで、人々は彼を迫害し、彼を棄教させるため迫害や弾圧以上のことをしました。(24) 皇帝とその妻が行ってきたことの中には、彼の所に、悪い表現で申し訳ありませんが、アラビア語で「アーヒラ（売春婦）」を送り込んだことがあります。(25) 彼はあまりに立派な人で、また主を知る人でもあり、霊的な人でもありました。その女性は—良い人間ではありませんでした—彼と知り合った時、「皆あなたを殴ったり迫害したりするのにあなたはなぜこんな信仰を？ もうイエスから離れなさい、キリスト教を捨てなさい。」と言いました。(26) その時彼は言いました、「イエスは私のために死んだのです、彼は私のために死んだ故に私には永遠の命があるのです。彼は私のために死に十字架にかけられました。(27) 私が罪の罰を負う代わりにイエスが罪の罰を負いました。(28) だからあなたもキリストを信じるべきです。」(29) それで彼女はキリストを信じました。(30) ローマ人たちはその時彼をさらに迫害しました、というのは彼をあの善ではなかった女性の前に置くという試練においてさえ、彼は彼女を良きものに変え、彼女はキリスト教徒になったからです。それで彼女は殺されてしまったのですけれど。(31) 彼はまた迫害され、油に入れられ、ばらばらにされるなど様々な目にあいましたが、それで…皇帝の妻自身もキリストを、ジリヤスが信じる神を信じるようになりました。ジリヤスにはジャワルジヨス、マル・ジリヤスなど沢山の名前があります。(32) 彼は毒を盛られるということにも遭遇しました。(33) このコップのものを飲みなさい、これはただのコップだから飲みなさい。と言われました。(34) 彼はコップの中に間違ったものが入っており、毒があるのを知っていました。(35) そこでコップの上で十字を切り「ここここここここから飲みますよ。」と言いました。(36) するとあたかも…皆はコップの上で十字の印を描けないようにマル・ジリヤスの手をおさえました。(37) すると彼は頭で十字を描き飲み、結局何も起きなかったのです。これはまさに人々に対する証明のようでした。(38)「何？ ジリヤスが信仰する神は何？ あらゆるもの、あらゆる危険から守ってくれる神は？」(39) 最後には多くの人々が、死刑執行人までもが彼の神を信じました。多くの人々がジリヤスの後についてキリスト教を信じました。(40) 最後には（皇帝は）諦めました。「もうお前を殺してお前から解放されることは不可能だ。逆にお前は他の人々を連れてきている（キリスト教徒にしている）。」(41) つまり彼らはジリヤスが他の人たちの規範となるかもしれなかったので殺そうとしていたのです。というのは皆がキリストを信じるのを、そうなっていくのを見ていたからです。(42) しかし結局反対のことが起きました。皆キリストを信じましたが、キリストを信じない者はマル・ジリヤスに何が起きているかを見るようになりました。いかに神がマル・ジリヤスを見守っているか。それで人々はマル・ジリヤスが信仰する神を信仰しようと決めました。(43) 彼は帝国自体にとってあたかも危険なものになったので最後には頭を切られ、それで帝国は彼から解放されたわけです。(44) それでここにはマル・ジリヤスの名を取った教会（神の取り成しがあるよう）がたくさんあります。彼の体を持ってきてそこに埋め、証明書を申請して…つまり…(45)（人々は）マル・ジリヤスを崇拝しており、彼の体から少しずつ持ってきたのでその一部分があるのです。ヤファ門の所にあるコプト教徒の女の子のための「殉教者デミアナ教会」、いや「殉教者デミアナ学校」のようなところとかには教会、マル・ジリヤス教会があってマル・ジリヤスの腕の一部があるのです。(46) リッダの廟はマル・ジリヤスがもともと埋葬された場所だと思います。(47) マル・ジリヤスの腕は分割され…教会から…または部分が…何というのかしら？ 体のようなあれよ、ああ、骨、取り出され分割されてエルサレムやエジプトにある多くの教会に分けられたのです。(48) これがマル・ジリヤスのお話。(49) マル・ジリヤスの遺品があるすべての教会にはマル・ジリヤスの体の一部があります。(50) マル・ジリヤスの名を取った教会（神の取り成しがあるよう）はたくさんあります。(51) それらは全てその日（11月16日）にお祭りをします。確かではありませんがその日が殉教の日だと思います。(52) しかしマル・ジリヤス（神の取り成しがあるよう）の名を取った教会は他の教会よりもお祭りをします。つまり他の教会は「今日はマル・ジリヤスの日である」と告知するだけです。(53) しかしコプト教会のような他の教会（神の取り成しがあるよう）は、（マル・ジリヤスの）名を取っているので、特にここエルサレムでは盛大にお祭りをして、（マル・ジリヤスの体の）一部を持ってきます。彼らの所には腕の一部があります。(54) 勿論外側をきれいにして上にナツメグを置きます。それは最も良い香りがするものです、それからそのようなものを置きます。こうしてお祭りがおこなわれ人々は祝い、小さい子供さえもマル・ジリヤスの服を着せてもらいます。(55) 子供たちが赤や緑や黄色やマル・ジリヤスが着ていたみたいな色とりどりの服を着ているのが見られると言います。そして 1 年間マル・ジリヤスの服を小さい子供に着せると言います。(56) 何か誓願をすると、ずっとこれを着続けて…誓願よ、誓願するの。それで 1 年間それを着るのです。「誓願」を知っていますか？ (57) アラビア語で「ビンデル」と言うのです。自分の子供に「ジリヤス」とか「ジョルジュ」と名付ける人もいます。ええ、どちらも同じ名前です、ジリヤス、ジョルジュ…多くの場合は…「キヴォルケ」はアルメニア語、「ヨルゴ」はギリシャ語です。

3.5. テキスト 5

Amūn Slēm（ムスリム・ジプシー[124]・女性・1960年代生）

(1) *ˀana ḥabb*[125] *ˀaḥkī-l-ak ᶜan sitt-i, lli hi žaddat-i, min iš-šaxṣiyyāt li ˀana baḥibb-ha w-baᶜtazz fī-ha,* (2) *w-kānat munāḍile, munāḏile li-ˀann-ha ḥāwalat iktīr tsawwi la-ˀabnāˀ il-ᶜašīre, w-la-banāt il-ᶜašīre.* (3) *fa-kānat ˀawwal mumarriḍa fi-l-ᶜašīre.* (4) *tḥāwil idžīb minn... kull min... ˀiši mazrūᶜ fi-l-ˀaṛḍ, itsawwi minn-o dawa la-l-ᶜašīre.* (5) *fa-sitt-i, yaᶜni baᶜtabir-ha min-nās illi sawwu ˀašyāˀ iktīr, fa-kānat id-daktōṛa ˀaw il-mumarriḍa ˀaw l-imžabbre fi-l-ᶜašīre tabaᶜit-na.* (6) *lamma walad yinwulid, kānat itsāᶜid il-wlād iz-zġāṛ, bābiyyāt, twallid in-niswān.* (7) *lamma wāḥad yimraḍ, ᶜind-o wažaᶜ ṛāṣ willa ᶜind-o magiṣ willa ᶜind-o maraḍ, kānat tḥawwil ˀinn-o min il-ᶜušbe, ᶜušab izġāṛ, ˀinn-ha taᶜṭi-yyā-ha.* (8) *ᶜind-ha ᶜušab iktīr, yaᶜni l-xazāne tabaᶜit-ha...* (9) *fīʰ nās iktīr bukūn ᶜind-hum ˀawāᶜi ˀaw ḥāžiyyāt, hī kān ᶜind-ha rfūf b-il-xazāne bass la-l-aᶜšāb w-iz-zyūt w-b-iṣ-ṣabūn in-nābilsi l-qadīm.* (10) *iṣ-ṣābūn in-nābilsi miš zayy hallaq binšūf-o, ṣ-ṣabūn illi kānu yuṭubxū-ʰ zamān bi-zēt il-zatūn w-šwayyit ˀaᶜšāb, ˀinn-o kānu yistaᶜmilū-ʰ la-ṭabṭīb*[126] *ˀil-maraḍ ˀaw il... l-izġāṛ ˀaw l-ikḅāṛ b-is-sinn.* (11) *w-ˀil-ha nafs iktīr ḥilwa ᶜan-il-ˀakil.* (12) *kānat tuṭbux bi-nakha w-itḥibb tuṭbux, kānat itḥubb tuṭbux ᶜala-n-nāṛ.* (13) *yaᶜni mā-fīʰ ᶜind-ha ġāz wa-la ᶜind-ha... kān ᶜind-ha baḅḅōr,* (14) *hāda kānt tistaᶜmil-o la-š-šāy, bass la-ṭ-ṭabxa l-ikbīre kānat itsawwī-ha ᶜala-n-nāṛ, fa-kānt iktīre tḥibb tuṭbux w-itsawwi kubbe.* (15) *fa-bitḥibb itsawwi kubbe, bitḥibb itsawwi waraq dawāli maᶜ žāž maᶜ laḥme, dāyman ᶜind iḍ-ḍuhriyye, w-itkūn xāṣṣ ˀinn-o lāzim yīži ḍēf.* (16) *yaᶜni dāyman mutwaqqaᶜ ᶜind-ha tkūn ḍēf.* (17) *fa-kān-íl-hum humme, sitt-i kān-íl-ha kamān uxtēn, ē xtiyāriyyāt zayy-ha, dāyman yuqᶜudu ᶜala-l-ḥiffe, žamb is-sūr, la-ˀann-o aḥna saknīn fi-l-balad il-qadīme,* (18) *w-ykūnu l-mwallᶜīn, mḥaḍḍrīn ha-š-šāy, w-yuqᶜudu ydardišu, it-talāt maᶜ baᶜḍī-hun, w-yōxdu*

---

[124] エルサレムのジプシーおよびその言語については Geva-Kleinberger, *Gajar*, Macalister, *Language*, Yaniv, *Ha-Tzoᶜanim*, Matras, *Present*, Matras, *Legends* を参照。

[125] *baḥibb* が一般的。

[126] < *taṭbīb*.

ᶜuṭuṣ, tiᶜraf šu-l-ᶜuṭuṣ? hāda yaxdū-ʰ ᶜa-šān yᶜaṭṭṣu. (19) *fa-kānat, aḷḷa yarḥam-ha, sitt-i, tḥibb taᶜṭi l-axwāt-ha t-tintēn yuqᶜudu, fa-kān il-manẓaṛ iktīr ḥilw, w-tḥiss inn-o fīʰ ḥayāʰ.* (20) *fa-hādi min il-ˀašyāˀ il ˀana ka-ṣabiyya hallaq baḥiss ˀinn-o baftqid-ha fī ᶜašīrt-i, ˀinn-o ˀašyāˀ il-ḥilwe l-qadīme ballašat titlāša mā-fīʰ ktīr ˀašyāˀ, w-inšāḷḷa tiržaᶜ.*

(1) 私の祖母のことについてお話したいと思います。彼女は私の好きなそして誇りに思う人物です。(2) 彼女は戦士でした。戦士、というのも彼女は一族の子供たちのために多くの事をしたからです。(3) 彼女は一族で最初の看護婦でした。(4) 彼女は地面に植えられたもの全てを持ってくることを試みました。これは一族のために薬を作るためです。(5) 祖母は、私は多くの事をした人の一人と考えていますが、私たちの一族の医師であり看護婦であり接骨医でした。(6) 子供が生まれればその子供たち、赤ちゃんを助け、女性のお産を助けました。(7) だれか病気になれば、頭痛があったり腹痛があったり病気があれば、薬草を処方しました、薬草を与えたものです。(8) 彼女は棚の中に薬草をたくさん持っていました。(9) 病気を持った人がたくさんいましたが、彼女はたんすに薬草や油やナブルス石鹸だけの引き出しを持っていました。(10) ナブルス石鹸は今みたいなものではなく、かつてはオリーブ油と少量の薬草で作られていました。それは病人—子供も大人も—の治療に使われていました。(11) また彼女は食べ物について素晴らしい意欲をもっていました。(12) 彼女はいい匂いで料理し、彼女は料理が好きで、人々に料理を作るのが好きでした。(13) ガスが…小さなガスボンベのコンロを使っていました。(14) これはお茶のために使うもので、大きな料理の時には火の上で作りました。まあ、彼女は料理が好きでクッベを作ったものです。(15) クッベを作るのが好きでしたし鶏肉や肉入りのブドウの葉で巻く料理を作りましたが、それはいつも午後で特にお客がある時に限られました。(16) つまりいつも彼女の許にはお客がいることが望まれていました。(17) 彼らには…祖母にはまた姉妹が2人、ええと彼女のような老人ですが、私たちは旧市街に住んでいるのでいつも隣に、壁の脇に座っていました。(18) 彼らは火を付け、お茶を準備し、3人でおしゃべりをし、くしゃみ薬を飲みます。くしゃみ薬を御存知ですか？ くしゃみをするために飲むのです。(19) 残念ながら祖母は亡くなりましたが2人の姉妹を（そばに）座らせておくのが好きで、その様は大変良く祖母は生き生きとしていました。(20) 私は女として、私たちの一族から失われてしまったものの一つだと感じています。古くて素晴らしいものが失われ始め、多くのものがなくなっています。戻ってくれるといいのですが。

3.6. テキスト 6

Khaḍṛa Slēm（ムスリム・ジプシー・女性・1960年代生）

(1) *kunna ˀaḥna zġāṛ, šāyif ᶜalay-y... ˀana kunit izġīre-ḥibb raqiṣ ktīr. aḥibb raqiṣ sitt-i.* (2) *sitt-i yōm-ma kunt ˀana fi-l-ᶜrās w-fi-l-ḥaflāt min žamāᶜit id-dōm yaᶜni šāyif ᶜalay-y... yōm-ma kunt arqaṣ fišš waḥde ˀašṭaṛ minn-i, šāyif ᶜalay-y?* (3) *sitt-i šū tqul-l-i, ˀana bidd-i ˀaxallī-ki ṭūl-ma ˀinti hēk, ˀaxallī-ki trūḥi ᶜind ižamīl il-ᶜāṣ, illi buḍrub ᶜa-r-rabāba*[127]*, ᶜabd mūsa w-žamīl il-ᶜāṣ illi biġanni "bēn id-dawāli". qult-il-ha ˀinšāḷḷa lēš la.* (4) *mātat ˀimm-i w-aḥna zġāṛ šāyif ᶜalay-y, tḥammanna*[128] *l-masˀuliyye, kān ˀixiwt-i zġāṛ w-tarkat-in-na*[129] *ˀaxū-y...* (5) *wāḥad w-ᶜišrīn yōm... ma-marast-iš ˀiši, nsīt. ᶜa-šān ṣāṛ ˀēš, ᶜin-na masˀuliyye w-bēt w-zġāṛ šāyif ᶜalay-y?* (6) *w-ˀabū-y kān ᶜa-šān ˀimm-i mātat kamān tḥassaṛ iktīr.* (7) *ˀimm-i kānat tuḍrub ᶜa-d-dirbakke*[130] *fi-l-ᶜrās. kull...,* (8) *yōm-ma tinzil turquṣ waḥde ṭṭabbil-íl-ha, yaᶜni lēla* [D]ṭabbilka[D131] *lēla ssawwī hēk. aw ˀana ˀarquṣ, šāyif ᶜalay-y...* (9) *kunna zġāṛ baᶜdēn yōm ikbirna w-ṣāṛ ukḅāṛ w-iši. ē... ma-marast-iš ir-raqiṣ kamān ṃaṛṛa, šāyif ᶜalay-y.* (10) *kaḅḅaṛna ˀixiwt-i ṭabᶜan šāyif daxalu ixwāt-i žāmᶜa.* (11) *waḥda darsat tamrīḍ waḥda darsat šū ˀisim, ḥsābit kambyūtaṛ... šāyif ᶜalay-y.* (12) *ana w-ˀuxt-i l-ikbīre ᶜišna fi-ḍ-ḍāṛ.* (13) *w-kān mīn maᶜā-na? sittāt-i. maṛt sīd-i w-sitt-i, ˀimm ˀabū-y.* (14) *kānu ēš ydīru bāl-hum ᶜalē-na kān ᶜin-na bēt wāḥad maḥ-ḥim*[132]*.* (15) *fišš ᶜin-na kān ḥammām bagzib-iš*[133] *ᶜalē-k.* (16) *yaᶜni kunna lissa... ṃayye kunna nāxud-hum mn-iž-žirān, ṣaᶜbe, kahraba kānat fišš ᶜin-na, nazzalna ždīd.* (17) *baᶜid mōtit ˀimm-i hāda, buqul-l-ak ᶜalē-k.* (18) *baᶜdēn šū ˀism-o... kibru... kbirna mātat sitt-i tḥassaṛt aᶜlē-ha. mātat sitt-i... maṛt sīd-i ṛabbat-ni w-ˀana zġīre dallalat-ni.* (20) *ē qalat-l-i*

---

[127] 伝統的な弦楽器。

[128] < *tḥammalna.*

[129] < *tarakt-íl-na.*

[130] 太鼓の一種。

[131] インフォーマントによればドマリ語（ジプシー語）での表現で「彼女は太鼓をたたく。」の意

[132] < *maᶜ-hum.*

[133] < OA √k-ḏ-b

ˀana bidd-i adaxxl-ik ᶜala-l… š-ism-o, ᶜala r-raqiṣ, fi-l-talfizyōn, mā-kammalt-iš, (21) *ḥakēt-l-ak muškil, ē, tqūl rāḥu zayy li tqūl itḥassaṛna ᶜalē-hum, yaᶜni ᶜa-šān humma ṛabbū-na w-sawwū-na, ḍallēna ᶜāyšīn ṭabᶜan maᶜ ˀabū-y, šāyif ᶜalay-y?* (22) *kaḅḅaṛt ixiwt-i sawwēt-hum la-ḥadd ˀēš il-ᶜālam yqūlu ˀēmta bidd-ku-džawwzū-hum*[134]*, ˀēmta bidd-ku-džawwaz…. wažžaᶜ ṛāṣ-i l-ᶜālam, ṣāṛu ywažžᶜu ṛāṣ-i, nawaṛ. (ha)dōl biḥibbu biḥku ktīr. illa baqul-l-hum ma yarīd ˀaḷḷa ṭabᶜan, ṣaḥḥ wulla la, ˀawwal iši bidd-um inta šāyif yaᶜni.* (25) *aḷḷā mṣalli ᶜa-sīd-na mḥammad baḥkī-l-ak… žawwazt ˀawwal ˀiši ˀaxū-y l-ikbīr, baᶜdēn it-tāni warā-ʰ šahir ḥamidlillāʰ.* (26) *ḍallu t-tnēn ᶜazzabiyye šāyif ᶜalay-y, ē l-kull ṣāṛ yqūl la, lāzim ma-txallu-hum-š il… hēk w-ṣāṛ šū hāda žawwaznā-hum.* (27) *ṣāṛ ᶜind-hum masˀūliyye, ṣāṛ ᶜind-hum ˀaḥfād w-wlād šāyif ᶜalay-y?* (28) *iḥna zayy li tqūl, iḥna n-nawaṛ, biḥibbū-š yaᶜṭu banāt-hum la-ḅaṛṛa.* (29) *in-nawaṛ, biḥibbū-š yaᶜṭu masalan, xalīli, ˀaw masalan kēf-bidd-i ˀaḥki fallāḥ, illa nawaṛi yōxud nawaṛi.* (30) *li-ˀann-o lēš taᶜraf biṣīr mašākil.* (31) *masalan, bidd-i… yōm m-il-ˀiyyām yṣīr hū w-iyyā-ha mašākil, rūḥi inti nawaṛiyye inti waḥde tāfha ˀaw ṣāṛ šū.* (32) *bixāfu l-ᶜēle ˀinn ižawwzu bint-hum la-ḅaṛṛa, fhimt ᶜalay-y?* (33) *hallaq ᶜind-ak ᶜiddit banāt, fi-l-ᶜašīre ᶜin-na kull waḥde ˀaḥla mn-it-tānya, saddiq-ni, bass ˀēš, miš midžawwzāt.* (34) *yaᶜni nisbe ḍalīle nisbe ḍalīle, šāyif ᶜalay-y?* (35) *il-midžawwzīn w-il-bāqi kull-o banāt-hum.* (36) *yaᶜni ē fīʰ bitmannu yōxdu, yōxdu min-hum yžawwzū-hum, ˀil-xalāyle ˀaw yōxdu min-hum… bixāfu yaᶜṭu, il-ᶜašīre bixāfu yaᶜṭu, fāhim ᶜalay-y?* (37) *w-hallaq iši kammal drāse, iši daxal fī maᶜāhid, iši daxal mustašfayāt ištaġalu yaᶜni… miš yaᶜni miš sāktīn yaᶜni bimārsu l-ḥayāʰ, b-iġmūḍa w-b-iṣᶜūbe bass ēš, ˀinn yaᶜni yrūḥu yīžu. šāyif ᶜalay-y?* (38) *ˀinn-i bazzakkaṛ-l-ak fī wāḥad kān yḥibb waḥde, min žamāᶜit-na mn-in-nawaṛ, šāyif ᶜalay-y?* (39) *ˀabū-ha w-ˀimm-ha… hū midžawwiz ṣaḥḥ, w-ᶜind-o wlād, il-muškile xāfu bint ḥilwe bint min ᶜašīrit-na, ḥilwe ˀiši, šāyif?* (40) *qalū-l-ak ˀiḥna ma-mniqdar-š naᶜṭi, li-ˀann-o yōm mn-il-ˀiyyām biswā-š, "qūmi" yqul-l-ha "rūḥi ˀinti ya nawaṛiyye, w-uṭlaᶜ min hōn", šāyif ᶜalay-y,* (41) *wulla hī ma-hū nāqiṣ-ha, ḥilwe, ṭawīle, bēḍa, šāyif ᶜalay-y,* (42) *ˀabū-ha w-ˀimm-ha ᶜayyanīn, ṣaḥḥ? ˀabū-ha w-ˀimm-ha ᶜayyanīn.* (43) *wa-saddiq-ni, kull bēt ibtudxu-*

[134] < *bidd-kum itžawwzū-hum.*

l-o fīʰ talat banāt, arbaᶜa banāt, tintēn, hadōl miš midžawwzīn, šāyif ᶜalay-y? (44) *w-iḥna hayya hallaq yaᶜni zayy ma-nta šāyif, yaᶜni ˀil-i ˀuxt-i btištġil fi-t-tamrīḍ, w-il-i ˀuxt l-ikbīr ᶜāyša fi-ḍ-ḍāṛ bitsāᶜid il-wālid ṭabᶜan w-ti... mništġil maᶜ baᶜḍ yaᶜni ˀana w-iyyā-ha.* (45) *w-marasna l-ḥayāʰ štaġalit, štaġalit, w-kunna-ḥna zġāṛ, kunna wlād zġāṛ yaᶜni kunna mā... miš... yaᶜni kēf bidd-aḥkī-l-ak zayy bint ˀaxū-y hēka.* (46) *w-kbirna marasna ḥayāʰ w-ġāmarna šāyif ᶜalay-y, waqqafna ᶜa-ˀižrē-na, ma-ᶜtaznā-š ḥada lḥamdulillāʰ šāyif ᶜalay-y,* (47) *w-uštaġalt maᶜ il-hōlandiyyīn fi-ž-žabal iz-zētūn talaṭṭaᶜšaṛ sane, fi-t-tanḍīf yaᶜni fī... nnaḍḍif insawwi w-ilḥamdlillāʰ.* (48) *w-la ˀamidd ˀīd-i la-hāda wa-la-l-hāda, šāyif ᶜal... ṣaḥḥ il-ḥayāʰ ṣaᶜib bankir-š ˀana. šāyif ᶜal...* (49) *bass kull... kull ˀiši kunt bidd-i-yyā-ʰ ˀaštri, ma-gzib-š ᶜalē-k, šāyif ᶜal...* (50) *il-walad ᶜand-o muškile fi-s-sukkaṛ ᶜind-o, w-ᶜind-o l-qalb, šāyif ᶜal... ˀabū-y bōxid mazbūṭ ṣaḥḥ, dāyman zayy ma-qal-l-ak hāda l-qāᶜid, ˀinn-i bōxid min šayxūxa... taᶜraf šū maᶜnit ša(yxūxa)... maṣāri min ḥukūme, bass mā-bikaffi,* (51) *bidd-i qadd iṃayye willa bidd-i qadde ka... w-aḥna ᶜin-na ˀažār ḍāṛ, kē-bidd-i aḥkī-l-ak, iḥna mā-ᶜin-na bēt milk, iḥna b-il-ˀažār bnitfaᶜ maṣāri.* (52) *w-kull... kull ᶜašīrt in-nawaṛ, fišš ᶜind-hum... nisbe ḍalīle la-tšūf ᶜind-hum byūt, ē mallakīn, willa kull-hum b-il-ˀažār.* (53) *fīʰ nisbe ḍalīle, ana bankir-š ᶜalē-k, fi ṛāṣ il-ᶜamūd*[135] *mallakīn, il-hum il-byūt.* (54) *hallaq illa ᶜind-ak ᶜāyšīn fi-ġazze w-fī... ē hādi... il-ᶜarīš, šāyif ᶜalē... ˀil-hum hadōl mallakīn.* (55) *bass ˀiḥna l-b-il-balde*[136] *l-qadīme, min žuwwāt is-sūr, kunna ˀēš mistaˀižrīn.* (56) *w-btaᶜrif il-ḥayāʰ, kull wāḥad ᶜind-a tamanye w-sabᶜa, xamse... šāyif ᶜale... wēl-o ˀakil willa ṃayye willa kahraba w-il-ḥayāʰ ṣaᶜib zayy ma-baḥkī-l-ak, šāyif ᶜalē...* (57) *baᶜdēn ilḥamdlillāʰ, yaᶜni iḥna marasna l-ḥayāʰ baḥkī-l-ak fi-ṣuᶜūbe ktīr.* (58) *bass il-faḍl lillāʰ ṭabᶜan, faḍil ḅaṛḍ-o sittāt w-ˀabū-y, w-ilḥamdullāʰ ᶜa-kull šē zayy ma-baḥkū-ha, šāyif ᶜalay-y...* (59) *kānat ˀuxt-i waḷḷāhi bazzakkaṛ-l-ak hādi lli btištġil fi-l-mustašfa, kān fišš ᶜin-na ḍaww, fišš ᶜin-na kahraba, itḥuṭṭ ḷaṃḅa ya-ḥṛām, tuqᶜud tudrus b-il-lēl, la-tāni yōm ᶜa-šān itqaddim l-imtiḥān, ēš šāyif ᶜalay-y,* (60) *iṣ-ṣubuḥ, ᶜa-šān bidd-ha*

135 エルサレム旧市街東側とオリーブ山の西側の間の地区。

136 < *iḥna lli b-balde l-qadīme.*

trūᶜ[137] *ᶜa-l-madrase, miš-šān itqaddim l-imtiḥān, waḷḷa w-kāfaḥat sawwat ẓarīfe*[138]. (61) *waqqafat ᶜa-žrē-ha wa-hiyya mašāˀaḷḷa hayya twallid f-mustašfa l-hilāl, wa-nta ṭāliᶜ ᶜa-ṣ-ṣuwwāne, hī mustašfa ġād, qabil il-kōrēdōr, ᶜrift wēn?* (62) *il-kōrēdōr w-inta ṭāliᶜ il…-ṣuwwāne ᶜa-l-*[E]Mount of Olive[E]. *fīʰ mustašfa maktūb "il-mustašfa l-hilāl".* (63) *āw hayya mašāḷḷa btištaġil w-bitkāfiḥ yaᶜni bitsawwi mašāḷḷa. šāyif ᶜalay-y?* (64) *ᶜind-i ˀana… ˀana baḥibb žamᶜit-na, w-baḥibb baᶜtazz, baᶜtazz ˀana fī ˀinn ˀana nawaṛiyye, min ᶜašīrt in-nawaṛ. fīʰ… yaᶜni ˀayya muškile masalan ṣāṛat, ruḥit ᶜala ᶜarūs, ruḥit ᶜala ḥafle masalan ḥafle zafāf, ḥafle zafāf. masalan min min min wēn inti baqul-l-hum ˀana nawaṛiyye min ᶜašīrt in-nawaṛ, lēš lēš ˀinn ˀazhal*[139]. (67) *fīʰ nās min žamᶜit-na bixžalu yiḥku ˀinn-i ˀana nawaṛiyye. b-il-ᶜaks ˀana baḥki ˀana nawaṛiyye bint nawaṛiyye w-ˀabū-y nawaṛi w-ˀimm-i nawaṛi.* (68) *lēš axabbi ˀaṣl-i, bidd-yxabbi aṣl-o ma-ˀil-ō-š ˀaṣil. ṣaḥḥ willā-la? baᶜdēn ˀana wēn-ma kān yaᶜni baḥibb aᶜtazz fī qabilit-na? baᶜtazz fī… fi-manṣib-na , ˀiḥna l-ᶜaširt in-nawaṛ. šāyif ᶜal…*

(1) 子供の頃でしたねえ…小さかった（時)、私は踊りが大好きでした。祖母の踊りが好きなのですよ。(2) 祖母は…私がジプシーの結婚式やパーティーにいた時、私が踊っていた時は私よりうまい者はいませんでしたよ。(3) 祖母は、あんたがそんな（に踊りが好き）ならラバーバ弾きのジャマール・アル・アースのところへ行かせたいね、と言いました。アブド・ムーサとジャマール・アル・アースは「葡萄の影に」を歌った人たちですが、私は「それはいい話です。」と言いました。(4) 私たちが小さいうちに母は亡くなりました。私たちは家を支えました。兄弟たちも小さかったのです。母は弟を置いて亡くなったのです。(5) 21日間私は何もしませんでした。でも私達には責任があったし家も子供たちもいました。(6) 母が亡くなって父も大変気落ちしていました。(7) 母は結婚式ではダルブッケを叩いていました。(8) 母が踊りに行くときは誰かが太鼓をたたきました、つまりある晩は太鼓をたたき、ある晩はこうこうして…または私が踊るのですよ。(9) 子供だっ

137 < *trūḥ*.

138 インフォーマントの姉の名。

139 < *ˀazᶜal*.

たのですが、それから大きくなりました。ええ、踊りはもうしなくなったのですよ。(10) 私たちは弟たちを育て、弟たちは大学に入りました。(11) 一人は看護学を学びもう一人は、ええと何と言いましたか、コンピューター会計を学んだのですよ。(12) 私と姉は家に住んでいました。(13) 他に誰がいたでしょう？ 祖母たちです。祖父の妻と祖母、父の母です。(14) 彼らは私たちの面倒を見てくれました。私たちは一軒の家で彼らと一緒にいました。(15) 家にはトイレがありませんでした。本当ですよ。(16) 水は近所から汲んできたのですが大変でした。電気もなく、あとになって引いたものです。(17) これは母の死後のことなのですよ。(18) それから、ええと、成長すると祖母もなくなり、私は気落ちしました。(19) 祖母が亡くなり、祖父の妻が小さかった私を育てました、優しかったですよ。(20) 祖母は「テレビの踊り（番組）に出したいね。」と言いましたが、結局そのようにはなりませんでした。(21) いろいろあったことは話しましたが、彼らは死んでしまい、私たちは気落ちしていました、というのは私を育ててくれたしあれこれしてくれたからです。私たちは勿論父と暮らし続けたのです。(22) 私は弟たちを育てましたが、そのうち彼らをいつ結婚させるのだ、と言われるようになりました。(23) 世間がうるさくて頭が痛くなりました。ジプシー！ (24) この人たちはおしゃべりが好きだから、そこで私は「それは勿論神が望むことよ。」と言いました。そうでしょう？ 人がまず望むことですよね。(25) 神がムハンマドを祝福するよう！ つまりね、まず兄を結婚させ、それから二男を一か月後に。(26) 二人とも独り身だったのだけれども、皆が「それではよくない、あのままにしておいてはいけない」と言うのでね、そんなことであの子たちを結婚させたわけです。(27) 彼らには責任ができたし孫や子供もできたわけです。(28) 私たちは、あなたが言う通りのジプシーで、娘を外に出したくないのです。(29) ジプシーは例えばヘブロンの人や言わば農村の人に娘をやりたくないのです、そうではなくジプシーはジプシーと結婚したいのです。(30) というのはね、なぜかわかる？ 厄介なことになるからなのです。(31) 例えばある時彼と彼女の間に問題が起きたとすると、「お前なんか出ていけ、お前なんかいらない！」と言うことになったりするのです。(32)（ジプシーの）家族は娘をよそに出すのを恐れているのです。わかるでしょう？ (33) 娘が何人かいるとしましょう、家族の中ではだれもかれもかわいい。しかし誰も嫁に行っていない。(34) つまり割合が少ないのです。(35) 男は結婚するけれども残るは皆娘ばかり。(36) つまり、ええと、結婚したいという人はいるのですよ、結婚させたい人はいるのですが、ヘブロンの人とか、結婚したい人は…。でも家族がやるのを怖がるのです。わかる？ (37) さて、学校を卒業する者もいるし上の学校に入るものもいるし、病院で働く者もいるし、まあただ黙っているだけではなく生活を営んでいるのです、明るくないし困難も多いのですがあれこれやっているのですよ。(38) 教えてあげるけどね、ある男が私たちの所の、ジプシーの娘を好きになったのよ。(39) 彼女の父母は…この男は奥さんがちゃんといて子供もいたのよ。問題は彼らが恐れたの。うちの所の娘はかわいいし…。(40) 両親は「差し上げることはできない、というのは『ジプシーめ、ここから出ていけ。』ということになったら割が合わないからな。」と言ったのです。(41) というのは彼女には欠点がなく、美人で背が高くて色白でねえ。(42) 両親は病気だったの。病気だったのよ。(43) 本当よ。どの家も入ってみれば娘が二人や 3 、4 人はいてみんな未婚なのよ。(44) 私たちは見ての通りで、私には看護師として働く姉がいて、他の姉は家にいて父の介護をしているし…私たちは互いに働いているのです。(45) 私たちが生計を支えているのです、私たちは働きました、小さいときにも、私たちは小さい子供で、どう言っていいのか、私の兄の娘も同じだったのですが…。(46) 大きくなって生計を支え、なんでもやりましたよ。地に足を付け、人の世話にもならずにねえ。(47) 私はオリーブ山でオランダ人と一緒に13年間掃除の仕事をしました。掃除やらなにやらするのです。(48) 人のものに手を出したりもしませんでしたよ。たしかに生活は厳しかった。これは否定しませんよ。(49) でも欲しいものはちゃんと買いましたよ。嘘は言いません。(50)（家の）男の子には問題があるのです。糖尿もあるし心臓も…父はいつもちゃんともらっています、あの、よく言う引退した人の、老人の分をもらっています、政府からのお金です。だけど足りませんね。(51) 水道料の分も欲しいし他の分も欲しいし…家は借家なのですよ。何というか…持家ではなく家賃を払っているのです。(52) ジプシーの家族はみんな持家ではありません…。ごく少数の人が家を持っています、家持で、そうでなければ借家です。(53) ごく少数の人が、これは否定しませんが、ラース・エルアムードには家持がいます。家を持っている人たちです。(54) ガザに住んでいれば、ええとアリーシュ、そこの人たちも家持です。(55) しかし我々旧市街に住む者は、城壁の内側にいる者は、借家人なのです。(56) どんな生活か分かりますか？ それぞれ（家族が） 7 人、 8 人、 5 人もいて…。まったく食べものや水、電気なんかがあって、お話しした通り生活は大変です。(57) お陰様で、お話しした通り私たちは厳しいとはいえ生活をしています。(58) ありがたいことに、祖母たちや父にも感謝しますが、話した通り万事何とかいけてます。(59) 私の姉は、お話ししますが、病院で働いているこの姉ですが、電燈と言うものがありませんでした。電気がなかったのです。電気を点けるなんてとんでもない。それでも試験を受けるために夜から日が明けるまで勉強しました。(60) 朝になると試験を受けるために学校へ行かなければなりません。ザリーフェは実によく戦ってよくやりました。(61) 地に足を付けて頑張ったおかげで、（今）赤三日月病院で助産婦をしてます。スーワーネ（通り）を上ったところにある、病院はあそこです。コリドールの前の…どこだかわかりますか？ (62) コリドールは…スーワーネをオリーブ山に上がると病院があって「赤三日月病院」と書いてあります。(63) そうして姉は働いて闘って…すごいのよ。(64) 私は…このコミュニティーが好きです。私は自分がジプシーであること、ジプシーの家の出身であることを誇りに思います。(65) 例えば何か問題が起きても…、例えば結婚式に行った時、パーティーに行ったとき、披露宴よ、披露宴。そこでどこの出身か聞かれればジプシーの家柄出身のジプシーよ、と言うわ。何で怒ることがあるの？ (66) コミュニティーの中には自分がジプシーだというのを恥ずかしく思う人がいます。(67) 私は反対に、自分がジプシーでジプシーの娘で、父も母もジプシーだと言います。(68) 何故出自を隠すの？ 出身を隠そうとする人はルーツがないのです。違いますか？ (69) それからどこにいようと私は自分の一族に誇りを持っているし、私たちはジプシーの家柄だという自分の立場にも誇りを持っているんですよ。

3.7. テキスト 7

H.K.（ムスリム・女性・1940年代生）

(1) *abrad šuhūr is-sane ᶜan-na*[140]*, li huwwe šahir wāḥad*[141]*,* ^{E}January^{E}*, wi-šahir talāte.* (2) *fī*^{h} *ᶜin-na maṯal*[142] *biqūl 'xabbi faḥmāt-ak l-ikbāṛ la-ᶜamm-ak ˀaḏāṛ'.* (3) *ˀaḏāṛ illi huwwe šahir talāte.* (4) *il-faḥim illi huwwe... lamma biḥirqu l-xašab bkūn žāff, w-byiᶜmalu il-kanūn. min zamān ma-kān fī*^{h} *daffāy ᶜala l-kahrabā w-ᶜala l-kāz,* (5) *kān... min zamān bazzakkaṛ*[143]*, ˀana zġīre, kunna nwalliᶜ kanūn.* (6) *yaᶜni nžīb faḥim,* ^{E}O.K^{E}*? wi-nḥuṭṭ ᶜalē-*^{h} *šwayyit kāz wi-nwallᶜ-o, w-niddaffa*[144] *ᶜalē-*^{h}*.* (7) *w-ṭabᶜan hāda... wasṭ iḍ-ḍāṛ ma-kān mġaṭṭa.* (8) *hāda bass idġaṭṭa*[145] *fī sant it-tisᶜīn, qabil kān makšūf.* (9) *fa-kunna lamma bidd-na nrūḥ ᶜala l-maṭbax ˀaw ᶜala ġurfit is-sufṛa ˀaw hādi, fa-ṃaṛṛāt iktīr kunt ˀamsak il-...šamsiyye fi-l-bēt la... la-ˀabū-y, ā, kān rižžāl ikbīr ˀaxāf ᶜalē-*^{h}*, fa-ˀaḥmil-l-o š-šamsiyye w-hū yinzil ᶜala d-daraže.* (10) *baᶜdēn ṭabᶜan lamma fakkaṛ il-muhandis fī... b-in-nisbe la-l-maktabe, ḅaṛḍ-o fī*^{h} *sāḥa samawiyye, fa-lamma fakkaṛu fī-*^{h} *ˀinn-o ysakkrū-ha, qult-il-hum ṭab lēš ma-tsakkru ᶜand-i, ˀana kamān.* (11) *b-il-fiᶜil mufīd židdan, willa ma-kunnā-š niqdar nuqᶜud fī-ha, yaᶜni fī sāḥa hādi.* (12) *bass ˀawwal ma-kunna niqdar nuqᶜud li-ˀann-o kānat šita, biṣ-ṣēf māši l-ḥāl, amma biš-šita ṣaᶜbe ktīr.* (13) *šū kānu yiᶜmalu? kānu ysakkru l-bāb mazbūṭ w-iš-šababīk, bass fī*^{h} *šababīk izġīre bitkūn maftūḥa ᶜala-šān ykūn fī nōᶜ mn-it-tahwiye.* (14) *bixāfu min il-ġāz illi mumkin yiṭlaᶜ min il-faḥim.*

(1) ここでは年間で一番寒い月は 1 月、そして 3 月です。(2)「大きな炭はアダールおじさんのためにとっておけ」という諺があります。(3) アダールと

---

140 < *ᶜind-na.*

141 パレスチナ式の月名（2.4.5.3. を参照）と同時に「*šahir* ＋数詞」による月名もよく用いられる。

142 話者の OA の教養の程度によっては OA の歯間摩擦音が保持された形が用いられることがある。

143 < *batzakkaṛ.*

144 < *nitdaffa.*

145 < *itġaṭṭa.*

は 3 月のことです。(4) 炭というのは薪を燃やすと（ものが）乾くもので…そして（それで）火鉢を使います。以前は電気ストーブやガスストーブはありませんでした。(5) 以前は…覚えていますが、私が小さかった時は火鉢に火をつけたものです。(6) つまり炭を持ってきて…OK？ その上に灯油を少しかけて火を付け、それで温まったのです。(7) 勿論これは…当時家は（全部が）屋根が付いていませんでした。(8) ここは90年に覆いを付けたのですが、それ以前は露天でした。(9) ですから台所や食堂やここへ来ようという時には家の中でしょっちゅう傘をさしていました。それは父のためでした。父は家長で私は恐れていましたので階段の所まで降りるとき傘をさしてやったのです。(10) それから例の技師がその図書室、そこにも露天の中庭があったのですが、（その改修について）考えた時、そこにも屋根を付けようとしたので、私は、それではせっかくだから私の自宅も、と言ったのです。(11) 実際これは大変便利です。これがなければそこに、この中庭に座ることなどできませんでした。(12) 以前は冬だったら座っていられませんでした。夏は大丈夫でしたが冬は大変厳しかった。(13) どうしていたかというとドアをしっかり閉めたわけです。しかし窓は、小さい窓だけ通気口のようなものになるよう、開いていました。(14) 炭から出てくるかもしれないガスを恐れていたのです。

3.8. テキスト８

T.N.（ムスリム・男性・1933年生）

(1) *kān fīʰ ᶜin-na wāḥad, w-hād̲i l-fikṛa šāˀiᶜa fī kull in-nās, ˀinn-o fi-l-lēl ṣaᶜb, ṣaᶜb ᶜal-il-ˀinsān ˀinn-o yuxruž xāriž sūr il-balde l-q̣adīme, il-q̣uds il-q̣adīme.* (2) *ṭabᶜan l-yōm, hiyya mumtadde fi-l-ᶜimrān w-il-ḥayāʰ w-il-kad̲a hāda fī mā qabl ma-kān-š mawžūd.* (3) *wa-hāda kān ḍaᶜīf wužūd-o ḥatta sant ˀalf wa-tisᶜamiyye w-sabᶜa. yaᶜni kull il-byūt illi hi xāriž is-sūr kānat tuᶜadd ᶜala ˀaṣābiᶜ il-yadd.* (4) *li-d̲ālik kān fīʰ wāḥad usm-o ˀabu-ᶜaṛṛān, wa-huwa buqūl ᶜan nafs-o ˀinn-o huwwa šužāᶜ, huwwa lā yaxāf, lā bihimm w-lā ˀins wa-la žinn, fi-l… lli biṭlaᶜ ᶜādatan fi-l-lyā… il-layāli,* (5) *wa-li-d̲ālik taḥaddā-hu baᶜḍ in-nās qalū-l-o, yaᶜni inte l-lēle ˀiṭlaᶜ-il-na min bāb iz-zāhre ᶜala maqḅaṛt bāb iz-zāhre wa-ˀit̲bit-ín-na ˀinn-ak tiqdar tuwṣal fi-l-lēl ˀil-maqḅaṛa. qālu… ṭayyib qal-l-hu…* (6) *w-qalū-l-o yaᶜni w-iḥna bidd-na ᶜalāme, itḥuṭṭ-ín-na-yyā-ʰ ḥatta nˀakkid ˀinn-ak fiᶜlan ruḥit.* (7) *qalū-l-o xōd hāda l-watad duqq-il-na-yyā-ʰ žamb il-q̣abr il-fulāni.* (8) *xṭāṛu isim qabir.* (9) *fi-l-lēl, hādi s-sēᶜa ᶜašaṛa ḥdaᶜiš fi-l-lēl ṭiliᶜ.* (10) *rāᶜ ᶜal-maqḅaṛa, wuṣil l-maqḅaṛa, w-ṭabīᶜi yūṣal fišš ˀiši yxawwif.* (11) *lākin huwwa bi-mā ˀinn-o lābis qumbāz*[146]*, w-qambaz ḥatta yduqq il-watad min-šān yīžu, tāni yōm yšūfu ˀinn-o l-watad illi ᶜaṭū-yyā-ʰ, w-ᶜalē-ʰ ᶜalāme fiᶜlan mawžūd fi-l-mawqiᶜ illi ḥaddadū-ʰ,* (12) *daqq ha-l-watad bi-mā ˀinn-o lābis qumbāz daqq il-qumbāz maᶜ il-watad fil-ˀaṛḍ.* (13) *lamma ˀaža yqūm šadd-o il-watad, ṃaṛṛatan ˀuxra, il-ˀaṛḍ,* (14) *ˀiᶜtaqad ᶜala ˀinn-o l-ᶜafarīt w-il-žinn wa wa ˀila ˀāxiri-hi, miskit-o wa-lazzaqat-o ˀaw šaddat-o ˀila l-ˀaṛḍ.* (15) *fa-ˀaža* ᴱheart attackᴱ *žalṭa ᶜala qalb-o fa-māt ᶜala ˀat̲ar-ha.* (16) *ṭabᶜan (n)-nās t̲āni yōm, ˀaža stannu ntaḏaṛu, ma-ˀiža, bižī hallaq, kamān šwayya bīži…* (17) *ṣāṛat id-dinya ḍ-ḍuhur mā-ˀaža, ṭilᶜu yšūfu… nišūf šū ṣāṛ fī-ʰ?* (18) *ṭilᶜu rāḥu ᶜal-maqḅaṛa, laqū-ʰ nāyim fōq il-watad,* (19) *ažu šaddu min fōq il-watad laqu dāqiq qumbāz-o fi-l-ˀaṛḍ maᶜ il-watad,* (20) *wa-li-d̲ālika, min hōn iᶜtaqadu ᶜala ˀinn-o lamma ˀaža yqūm šadd-o l-watad mn il-ˀaṛḍ, qal-l-ak, il-ᶜafarīt wa-l-žinn*

---

[146] シリア・パレスチナの伝統的な男性衣装。前が開いた長衣。

ʕad ʔažū-ni fa-māt fōq il-watad.

(1) 昔ある人がいました。どんな人でも夜は気味が悪いもので、旧市街、古いエルサレムの城壁の外に夜に出るのは容易ではありませんでした。(2) 勿論今では市街地がかつては無かったところにまで広がっています。(3) その存在は1907年まで貧弱でした、つまり城壁の外の家は数えるほどしかありませんでした。(4) それで、アブー・アッラーンという名の男がいました。自分では勇気があり人もジンも、夜に現れる何物も怖くないし取るに足らないものだ、と言っています。(5) そこで何人かが挑戦状を突きつけた。「それじゃあお前今夜ヘロデ門から、ヘロデ門の墓地へ行って、晩に墓地へ行ったことを証明してみろ。」(6)「つまり証拠が欲しい。おまえが行ったことを確認できる証拠を置いてこい。」(7)「この楔を持って行って何某の墓の脇に打ち込んで来い。」(8) と言って彼らは墓を選んだ。(9) 晩になって、それは10時か11時でしたが、彼は出かけました。(10) 彼は墓地に向かい到着しました。勿論何も怖いものはありません。(11) しかし彼はクンバーズを着ていました。彼は人々が翌日来て彼に与えた楔が決められた場所にあることを見に来るというので、その楔を打ち込むためにしゃがみ込みました。(12) その楔を打ち込みましたがクンバーズを着ていたのでクンバーズの上から楔を地面に打ち込んでしまいました。(13) さて立ち上がろうとしたとき、楔がクンバーズを押えています。もう一度…地面に（押えられています）。(14) 怪物やジンのようなものが彼を捕まえ地面に押さえつけていると思いました。(15) 彼は心臓発作を起こしその場で死んでしまいました。(16) 翌日人々は待っていましたが彼は来ません。「もう来るだろう。」「もう少し待とう。」(17) 昼になっても来ません。皆で見に行きました。「何が起きたのか見に行こう。」(18) 墓地に行ってみると彼は楔の上で寝ていました。(19) 楔の上から捕まえてみるとクンバーズを楔で地面に打ち込んでありました。(20) そこで皆は、「こいつは立ち上がろうとしたとき、楔が彼を地面に押さえつけたので、怪物やジンがきた！ と（言って）楔の上で死んだのだ。」と考えました。

3.9. テキスト９

Amīna Sayyād（ムスリム・女性・1970年生）

(1) *hi kamān min il-quṣaṣ iš-šaᶜbiyye l-falasṭiniyye, ˀinn-o kān fīʰ ḥamāy mā-bitšūf, w-kānat ᶜind-ha kinne,* (2) *yaᶜni ˀinn-o lamma tuṭbux il-kinne tibᶜat la-ḥamāt-ha ṣaḥin ˀakil.* (3) *w-dāyman ˀinn-o tibᶜat-il-ha ṣ-ṣaḥin mā-tḥuṭṭ-il-ha fī-ʰ laḥme.* (4) *dāyman yaᶜni ṣaḥin ruzz bidūn laḥme.* (5) *tiᶜraf ˀiḥna ᶜin-na l-ṭabīx lāzim yaᶜni bukūn ruzz w-kamān ˀiši w-maᶜā-ʰ laḥme.* (6) *fa-... il-ḥamāy kānat titfakkaṛ ˀinn-o yaᶜni ˀibin-ha mā-maᶜ-o maṣāri, yžīb-il-ha... mā-biṭbuxu laḥme b-il-bēt b-il-ṃaṛṛa.* (7) *fa-... il-ˀimm yaᶜni baᶜdēn ṭil... qālat la-ˀibin-ha "ˀana nifs-i ˀākul laḥme." qal-l-ha wa-la yhimm-ik, ˀana bidd-i ˀažīb-l-ik xarūf, w-baxalli maṛat-i tutbux-l-ik-iyyā-ʰ w-kull-o ˀinti tākli.* (8) *fa-ˀištara l-ˀibin xarūf la-ˀimm-o, w-ḥaka la-maṛat-o ˀinn-o ˀuṭbuxī-l-i yyā-h w-ibᶜatī-ʰ la-ˀimm-i.* (9) *hiyye xabbat il-xarūf w-žābat kalb w-ṭabxat-o.* (10) *w-ˀinn-o, il-quṣṣa btiḥki ˀaḷḷa qalab il-kalb la-xarūf w-ḥamāʰ ˀaklat w-imbaṣṭat.* (11) *w-mātat il-ḥamāʰ... baᶜdēn, baᶜid fatṛa mātat il-ḥamāʰ, rāḥ zaman ˀaža zaman, kibrit il-kinne w-ṣāṛat hiyye ḥamāʰ.* (12) *fa-ˀaḷḷa baᶜat-il-ha kinne ktīr imnīḥa, kānat dāyman tuṭbux, w-tibᶜat la-ḥamāt-ha ṭabīx w-dāyman tibᶜat-il-ha laḥme maᶜ il-ṭabīx.* (13) *kān yīži ᶜaṣfūr yāxud il-laḥme w-yṭīr,* (14) *fa-hiyye ṃaṛṛa qālat la-ˀibin-ha ˀintu ma-tuṭbuxu laḥme, ˀana nifs-i ˀākul laḥme.* (15) *qal-l-ha wa-la yhimm-ik, ˀana bažīb... xarūf, w-baxalli maṛat-i tutbux-o w-bžīb-l-ik iyyā-ʰ.* (16) *fiᶜlan... bažīb-l-ik-iyyā-ʰ fiᶜlan ˀimm-o ṭabxat... ˀe maṛat-o ṭabxat il-xarūf w-ˀaᶜṭat yaᶜni la-žōz-ha ywaddī-l-a-ˀimm-o.* (17) *il-ˀimm ma-riẓyat tākul w-šāfat-o kalb... ma-riẓyat la-ˀinn-ha ithayyaˀ-il-ha ˀinn-o hāda kalb, miš xarūf, la-nn-a ᶜimlat hēk.* (18) *fa-ˀibin-ha biqul-l-ha, mā-l-ik?, qalat-l-o hāda kalb, qal-a*[147]*, la, hāda xarūf!* (19) *w-ṣāṛat tibki w-itṣarrix.* (20) *fa-baᶜdēn qal-l-ha ˀint... rāḥ saˀal wāḥad ˀinn-o lēš hēk? qal-l-o ˀimm-ak ᶜāmle ˀiši.* (21) *fa-saˀal-ha ˀinti šū ᶜmilti? mā-qiblat tiḥki, qal-l-ha inti ˀakīd ᶜāmle ˀiši, baᶜdēn ḥakāt-l-o l-quṣṣa.* (22) *w-qal-l-ha ˀinn-o yaᶜni hēk id-dēn dēn ḥatta dmūᶜ il-ᶜēn.*

---

[147] < *qāl-il-ha.*

(1) これもパレスチナの民話から。義理の母娘がいました。(2) 義理の娘は料理を作ると一皿義理の母に送ります。(3) 一皿送るのですが、肉を入れません。(4) いつも肉抜きの御飯です。(5) 私たちの料理と言うのはご飯と他のもの、そこに肉がなければなりません。(6) それで、義理の母は、自分の息子にお金がなく、家では全然肉を料理していないのだ思いました。(7) 母はそれで自分の息子に「私は肉が食べたい。」と言うと、息子は「わかりました。羊肉を持って来ましょう。そして妻に料理させるので全部食べてください。」と言いました。(8) 息子は母のために羊を買い、妻にそれを料理して母の所へ持っていくように言いました。(9) 彼女は羊を隠して、犬を連れてきてそれを料理しました。(10) 物語では神がその犬を羊に替え、義理の母はそれを食べて喜んだということです。(11) 義理の母は…その後しばらくして義理の母は亡くなりました。時は流れ義理の娘は歳をとり義理の母となりました。(12) 神は大変優しい娘を与え給うた。いつも料理をし彼女に料理を持ってきました。いつも肉入りの料理を持ってきました。(13)（しかし、いつも）鳥が一羽やってきて肉を掴んで飛んでいってしまうのです。(14) それで彼女は息子に「あなた達は肉を料理してくれないね。私は肉が食べたいのだよ。」と言いました。(15) 息子は「わかりました。羊を持って来ましょう。妻に料理させて持ってきますよ。」と言いました。(16)「勿論、持ってきますよ。」母は料理して…いや、彼の妻は羊を料理し、それを夫に預け、夫は母に渡しました。(17) 母は食べたがりませんでした。犬だと思ったのです。これは羊ではなく犬だと思い込んだので食べたがりませんでした。というのは彼女が（かつて）そうしたからなのです。(18) 息子は言いました。「どうしました？」母はいいます。「これは犬肉だ。」「いいや、これは羊だよ。」(19) そして彼女は泣き叫び始めました。(20) それから息子はある人の所へ行って一体どうしてこんなことになったのか尋ねると、その人は「何かあったに違いない。」と言いました。(21) 息子が「何をしたのです？」尋ねても母は話したがりません。「絶対何かしたのに違いないね?!」と言うと母は話し始めました。(22)「こうこうこうだったの。」と涙ながらに話しましたとさ。

3.10. テキスト10

Sāmi Barṣūm（シリア正教徒[148]・男性・1935年生）

I

(1) *baḥibb ˀaᶜarrf-ak ᶜala nafs-i*[149], (2) *ˀana muxṭāṛ is-suryān fi-l-quds, ˀism-i sāmi mūsa barṣūm,* (3) *bantami ˀila*[150] *ṭāˀifit ˀas-suryān ˀal-ˀortodoks, ḥāliyyan ˀism-na suryān ˀortodoks.* (4) *kīf ˀaža hāda l-ˀisim?* (5) *sābiqan kunna min šuᶜūb ˀal-ˀaṛāmiyye, kān fīʰ ᶜin-na mamlake ˀal-ˀāṛāmiyye.* (6) *fi-hadāk iz-zamān, qabil talat-tālāf w-xamis mīt sane, kān fī ᶜiddit mamālik, mamlakāt, min-hum ˀal-mamlaka ˀal-ˀāšūriyye, wa-l-mamlake ˀal-bābiliyye, wa-l-ˀāṛāmiyyīn*[151]. (7) *il-mamlake l-ˀāṛamiyye lli hu... ˀana bantami ˀil-ha lli hū š-šaᶜb is-suryāni, ḥāliyyan hiyye fit-turkiyya*[152]*, fī žunūb šarq turkiyya, bēn ṣṭanbūl ᶜala l-iḥdūd it-turkiyye yaᶜni qarībe min sūriyya wi-l-ᶜirāq, l-iḥdūd ˀat-turkiyye qarībe ᶜala sūriyya w-il-ᶜirāq.* (8) *hunāk kān fīʰ mamlake šēt-na sābiqan biqulū-l-a ˀarraha.* (9) *il-yōm ˀil-ˀatrāk bisammū-ha ˀurfa.* (10) *hādi l-madīne bisammū-ha ˀurfa.* (11) *il-yōm ma-baqā-š ᶜin-na hunāḳ šaᶜb yaᶜni ˀāṛamiyyīn ˀaw suryān,* (12) *ṭaḷḷaᶜu, iḍḍaṃṃaṛ ˀaw sāfaṛu...* (13) *yaᶜni, btaᶜraf, bi-t-talat-tālāf sane bṣīr ˀašyāˀ iktīre yaᶜni la-š-šuᶜūb.* (14) *w l-il-ᶜilim ˀinn-o l-ˀāṛamiyyīn kānu min ᶜabbadīn il-ˀawṯān, yaᶜni biᶜrafū-š diyāne, fišš diyāne muᶜayyane yaᶜni ma-baᶜraf... waṯani, yaᶜni biᶜbid ḥažar biᶜbid ḥēṭ biᶜbid šams biᶜbid qaṃaṛ, hēk kān sābiqan.* (15) *fa-lamman ˀaža l-masīḥ li huwwe, b-in-nisba ˀil-na mniᶜtibr-o ˀilāh-na, ᶜallam in-nās, ˀinn-o fīʰ ˀiši ˀism-o ˀaḷḷa, yaᶜni biˀammnu fi ˀaḷḷa.* (16) *fa-sammū-hum masīḥiyyīn.* (17) *fa-hāda l-malik, wāḥad malik b-il-mamlake l-ˀāṛamiyye ism-o ˀabgar, ˀal-malik abgar*[153]*, bi-s-siryāni, b-il-luġa*

---

[148] エルサレムのシリア正教徒に関しては Palmer, *History* 1, 2, Meinardus, *Syrian* を、インフォーマントのアラム語に関しては Jastrow, *Laut*, Jastrow, *Lehrbuch* を参照。

[149] テキストは全体として現代標準アラビア語の要素を多く含む。

[150] OA からの借用。

[151] アッシリア王国は紀元前2000年紀、バビロニア王国は紀元前1800年前後である。テキストの内容には記憶違いと思われる個所、齟齬などが多少ある。

[152] OA では定冠詞は付かない。

[153] エデッサの王。以下の伝説はエウセビオスが記録したもの。詳細は *Catholic Encyclopedia* インターネット版「The Legend of Abgar」（http://en.wikisource.org/wiki/

l-ˀāṛamiyye biqulū-l-o [A]ˀūkōmo[A][154]. (18) [A]ˀūkōmo[A], [A]kōmo[A] *yaᶜni ˀaswad, kunno*[155] *hu kān imbayyin šwayy ˀaswad, hādi b-il-luġa l-ˀāṛamiyye.* (19) [A]malko[156] ˀūkōmo[A] *yaᶜni mbayyin kān šwayy ġāmiq.* (20) *fa-hāda kān ᶜind-o ᶜaya b-il-žild, maṛaḍ b-il-žild, ṭnaᶜš talaṭṭaᶜšaṛ sane mā kān biṭīb.* (21) *simiᶜ ˀinn-o l-mas... ṭabᶜan hāda hunāk, fī ˀurfa ˀaw fi-rraha, ṭabᶜan il-masīḥ mā-žā-š hunāk ˀaža hōn, ˀaža b-il-quds bi-falisṭīn.* (22) *wi-ᶜimil ᶜažāyib, šafa ˀil-ˀaᶜma, mkassaḥ qām, ᶜimil ᶜažāyib ktīre...* (23) *fa-hadāk simiᶜ ˀinn-o fīʰ wāḥad ˀaža w-ᶜammāl bišfi,* (24) *fa-baᶜat-l-o maᶜ murāsil... murāsil min il-mamlake ᶜind-o,* (25) *qal-l-o rūḥ ᶜind hāda š-šaxṣ w-qul-l-o yīži min-šān yišfī-ni, w-ˀana baᶜṭī-ʰ nuṣṣ il-mamlake,* (26) *ˀana hādi l-quṣṣa yaᶜni ḥilwe yaᶜni.* (27) *fa-ˀaža hāda l-xādim kan-ˀism-o yōḥanāniya, huwwa kān ib-nafs il-waqt rassām, hāda ḥanāniya.* (28) *ˀaža l-il-masīḥ qal-l-o ˀana ṭalab minn-i l-malik ˀinn-o ˀana ˀāži ˀāxd-ak min-šān trūḥ tišfi l-malik, il-malik* [A]ˀūkōmo[A], [A]ˀabgar ˀūkōmo[A]. (29) *qal-l-o kan-fīʰ mandīl hēkit ˀaw ˀiši fūṭa aᶜṭā-ʰ-yyā-ʰ,* (30) *qal-l-o ˀiza ᶜind-o ˀīmān, bass yimsik-a biṭīb, b-il-fiᶜl lammar-rāḥ*[157] *hunāk ṭāb.* (31) *w-ᶜala-hawā-ha baṭṭal waṯani ṣāṛ masīḥi.* (32) *w-hādi xamis-miyye qabl il-mīlād, yaᶜni qabil b-iẓ-ẓabṭ ˀalfēn u-xamis-mitt sane ṣāṛat il-mamlake masīḥiyye.* (33) *ḍallat ᶜa-l-ḥadd il-qarn ir-rābiᶜ ˀal-milādi, yaᶜni madīne baᶜdēn, duwal, ṣāṛ ḥrūb, rāḥat.* (34) *il-muhimm, isim-na ˀitġayyaṛ min ˀāṛāmi la-s-siryāni.* (35) *hallaq kalimit siryāni ˀaw* [A]sūrōyo[A][158] *yaᶜni hiyya btīži maᶜnāt-a masīḥi,* (36) *kalimit sūriyya, minqūl hallaq sūriyya, maˀxūde min kalimit* [A]sūrōyo[A] *ˀaw sūriyya ˀaw* [A]sārāya[A], *yaᶜni muxtaṣaṛa ,* (37) *fa-ˀiḥna w-sūriyya nafs il-ˀisim bass ṭabᶜan sūriyya hiyye madīne, dawle, ˀiḥna šaᶜb,* (38) *fa-ˀiḥna hallaq šaᶜb mawžūd fī hāḏa l-ᶜālam.* (39) *fīʰ ᶜin-na knīse f-il-quds, ism-a sant... mār murquṣ, sant mark b-il-ˀinglīzi, b-il-siryāni, b-il-ˀāṛāmi* [A]bayto d-marqos[A], *ˀaw* [A]ᶜīto[159] d-marqos[A] *hāda fi-l-luġa... baḥkī-l-ak iyyā-ʰ b-il-luġa l-ˀāṛamiyye...* (40) [A]ᶜīto[A], *dayr maᶜnāt-a dēr,* [A]ᶜīto[A], *dēr,*

Catholic_Encyclopedia_%281913%29/The_Legend_of_Abgar）を参照。

[154] *ū-* はアラム語トゥーローヨ方言で男性単数名詞に付く定冠詞、*kōmo* は「黒い」の意。

[155] < *ka-ˀinn-o.*

[156] アラム語で「王」の意。

[157] < *lamman rāḥ.*

[158] *sūrōyo* アラム語トゥーローヨ方言で「シリア語」。

[159] *ᶜīto* アラム語トゥーローヨ方言で「教会」の意。

[A]dayro d-marqos[A], [A]marqos[A] *b-is-siryāni,* [A]marqos[A]. (41) *ᶜin-na dēr, ᶜin-na ruhbān, ᶜin-na ṃuṭṛān, ᶜin-na ṭāˀife, iḥna hōn mitēn ᶜēle b-il-quds maᶜ baᶜiḍ,* (42) *w-fīʰ ᶜin-na fī bētlaḥim xamis mīt ᶜēle ḅaṛḍ-o fīʰ ᶜin-na knīse, fi-š-šarq il-ˀawsaṭ fīʰ bi-ᶜammān, b-il-mamlake l-ˀurdniyye l-hāšimiyye fīʰ ᶜin-na xamis mīt ᶜēle, ᶜin-na knīse, fi-l-ᶜirāq fīʰ ᶜin-na, fī sūriyya, fī lubnān, fī turkiyya, mawžūd fī ṭāˀife yaᶜni biᶜaddū-l-un yimkin nuṣṣ malyōn ˀaw malyōn illa rubuᶜ,* (43) *fīʰ ᶜin-na ṃaṭāṛne, ᶜin-na baṭṛak ikbīr, masˀūl zayy kīf il-ḅāḅa* [E]pope[E], *masˀūl ᶜan kull is-siryān fi-l-ᶜālam, hāda huwwe hāda šaxṣ hāda masˀūl il-kbīr fī kull il-ᶜālam*... (44) *laˀ, bi-sūriya, bi-dimašq, markaz-o hu bi-dimašq.* (45) *fa-ˀana ruḥt ᶜind-o lamman ṣāṛ baṭṛak qabil xamse w-ᶜišrīn, sabᶜa w-ᶜišrīn sane, w-ruḥt ᶜind-o ždīd*[160] *kamān hannēt-o.* (46) *fa-hāda l-baṭṛak, masˀūl ᶜan kull ˀil-kanīse ˀis-suryaniyye fi-l-ᶜālam.* (47) *hallaq, kān fīʰ ᶜin-na nās ktīr fī turkiyya, fī ˀadyuṛa w-iši, lākin fīʰ ḥrūb, ittiḥādāt iktīre, qatalu s-suryān, w-qatalu l-ˀarman, il-masiḥiyyīn iktīr,* (48) *fa-harabu ḥāliyyan hallaq fīʰ ᶜin-na fī ˀalṃānya, fīʰ ᶜin-na fis-swēd, mitt ˀalf, mitt ˀalf fī fransa, fi... fī ˀōrōppa, fī ˀamērka l-žunubiyye, brazīl, ˀaržantīn, fī ˀamērka š-šamaliyye ᶜin-na, fī ḥatta fī ˀustrālya fīʰ ᶜin-na.* (49) *hallaq kull-un biṣīru tinēn malyōn ᶜin-na, w-fīʰ ᶜin-na fi-l-hind, ˀarbaᶜ malayīn siryāni ˀortodoksi fi-l-hind,* (50) *rāḥu qabil sabiᶜ mīt sane, baššaṛu, w-ṣāṛu siryān, la-l-yōm humme biḥku siryāni maᶜ hindi*[161]. (51) *kīf ˀana masalan baḥki hallaq ᶜarabi, bi-nafs il-waqt ˀana baḥki s-siryāni li-ˀann-o ˀana ᶜāyiš hōni w-tᶜallamt luġa l-ᶜarabiyye ᶜāyšīn fi-l-balad,* (52) *fa-fīʰ ᶜin-na šaᶜb ikwayyis ᶜin-na ṯaqāfe w-ᶜin-na tārīx, w-fīʰ ᶜin-na mažallāt ᶜin-na ˀadab w-kutub,* (53) *w-s-siryān kānu mašhurīn fi-t-tarīx, kānu muḥibbīn l-it-taržame, kānu ytaržimu min il-luġa ˀal-yūnāniyya li-ˀann-o fi-z-zamanāt kānat fī ˀōrōppa, ˀal-luġa l-yūnāniyye wa-fi-š-šarq ˀal-luġa ˀal-ˀāṛāmiyye, yaᶜni ḥatta l-yahūd kān yiḥku l-luġa l-ˀāṛāmiyye.* (54) *qabil ˀalfēn talat-talāf sane kān il-yahūdi yiḥki... li-ˀann-o kānat il-luġa l-ˀāṛamiyye hiyye li mawžūda fi-l-manṭaqa, šāyif kīf?* (55) *wa-ˀamma l-luġa l-yahūdiyye kānu yistaḥmlū-ha*[162] *r-rabbāniyyīn illi hunne ržāl id-dīn.* (56) *lamman biqra l-tawrāy ˀaw il-talmūd, kān b-il-ᶜibrāni,* (57) *ˀamma bāqi n-nās kānat tiḥki*

160 「近くに」の意。

161 ケララ州に Malankara Orthodox Church がある。厳密にはマラヤラム語を話す。

162 < *yistaᶜimlū-ha.*

ʔal-luġa l-ʔāṛamiyye. (58) *w-la-l-yōm ʔal-luġa l-ʔāṛamiyye mawžūde.* (59) *lākin bi-lahažāt muxtalife.* (60) *fī^h lahižtēn, ʔal-lahže ʔaš-šarqiyye w-il-lahže ʔal-ġarbiyye,* (61) *ʔiḥna, mnistaʕmil ʔal-lahže ʔal-ġarbiyye, w-il-lahže š-šarqiyye bistaʕmilū-ha ʔal-ʔāšūriyyīn w-il-kildān,* (62) *ʔamma s-siryān il-ʔortodoks, is-siryān il-katulīk w-il-mawārine, kull-um biḥku ʔal-lahže ʔal-ġarbiyye.* (63) *ʔaʕṭī-k misāl.* (64) *ʔiḥna binqūl, ʔaḷḷāh,* ^{A}ʔālōho^{A}. *hunne buqūlu* ^{A}ʔālāha^{A}. (65) *ʔiḥna binqūl* ^{A}šmāyo^{A}, *hunne bqūlu* ^{A}šmāya^{A}. (66) *ʔamma l-kitbe kull-a nafs il-ʔiši, nafs il-ʔaḥruf.* (67) *lākin fī-ha ḥarakāt bitġayyir il-maʕna.* (68) *yaʕni ʔinte btiktib kilme bitḥuṭṭ-iyyā-^{h} ʔišāṛa zġīre fōq-a bitġayyir maʕnāt-a, ʔinnama hiyye ʔil-ʔasās hiyye ʔal-luġa ʔal-ʔāṛamiyye w-tfarraqat min-ha hādi l-lahžāt.* (69) *kutub ʕin-na ktīre, fī^h ʕin-na yaʕni maktabāt, hōn fi-l-quds,* (70) *ʕin-na maktabe fi-d-dēr, tārīxiyye, fī^h kutub ʔalf sane, hōni ʕin-na mawžūd kutub ʔila ʔalf sane.* (71) *mḥāfẓīn iʕalē-ha fi-l-maktabe, w-fī^h ʕin-na fi-š-šām bi-dimašq, maḥall markaz il-baṭṛakiyye, fī^h ʕin-na maktabe fī-ha kutub ʔalf w-xamis mīt sane, w-ʔalfēn sane.* (72) *ṭabʕan muš kutub waraq zayy hāda… tkūn zayy... mužalladāt, ʔaw maxṭūṭāt, b-il-luġa l-ʕarabiyye minqūl-a maxṭūṭa.* (73) *maxṭūṭāt, hādi bitṣīr min žild ʔiši yaʕni fī-ha ʕin-na ʔašyāʔ qadīme židdan qadīme židdan…* (74) *w-kull-a yaʕni btiḥki ʕal-ʔadab, ʕala l-luġa, ʕala t-taržame, li-ʔann-o s-siryān ʔaw il-ʔāṛamiyyīn kānu mašhūrīn fi-t-taržame.* (75) *kānu ytaržimu min il-luġa l-yūnāniyye la-l-luġa l-ʕarabiyye w-is-siryāniyye.* (76) *kānu mašhūrīn b-it-taržme, yaʕni kānu ṯaqāfe, ma-kanū-š muḥāribīn yaʕni, zayy rūmān, maṯalan ir-rūmān kānu muḥāribīn.* (77) *l-ʔaṛamiyyīn kānu miš muḥāribīn, kānu ržāl ʕilm, w-taržame w-ṯaqāfe w-ʔadab.*

(1) 自己紹介をしましょう。(2) 私はエルサレムのシリア正教徒のムフタールでサーミー・ムーサ・バルスームと申します。(3) 私はシリア正教に属しています。今日私たちはシリア正教と言う名称です。(4) この名称はどこから来たか。(5) 昔私たちはアラム人でアラム王国がありました。(6) その当時、3500年前ですが、多くの王国があり、その中にアッシリア王国、バビロニア王国、アラム王国というのがありました。(7) アラム王国というのは…私はそこに属していてアラム人なのですが、今はトルコ、東南トルコにあります、これはイスタンブルとトルコの国境の間で、つまりシリアやイラクに近い所、シリアやイラクの国境に近いところにあります。(8) そこに私たちの王国があり、かつては「アッラーハ」と呼ばれていました。(9) 今日トルコ人は「ウルファ」と呼んでいます。(10) この町は「ウルファ」とよばれています。(11) 今日ではそこにはアラム人とかシリア人とかいう人々はいません。(12)（というのも）追い出されたり殺戮されたりまたは移住したりしたからです。(13) つまり3000年の間に人々に様々なことが起きたのです。(14) アラム人たちは偶像崇拝者だったのは知られていることです。つまり宗教と言う事を知りませんでした。特定の宗教を持ちませんでした。つまり…以前は偶像崇拝者で石を信仰したり壁を信仰したり太陽を信仰したり月を信仰したりという状態でした。(15) 私たちにとって彼は神であるキリストが現れた時、彼は人々に神という名のものがあること、つまり神を信じるということを教えたわけです。(16) それで彼らはキリスト教徒と名付けられました。(17) この王、アラム王国の王の一人、アブガル、アブガル王と呼ばれました。シリア語、アラム語では「ウーコーモ」と呼ばれました。(18) ウーコーモ、「コーモ」とは「黒」という意味で、多分彼は色が黒かったのでしょうか…これはアラム語です。(19)「マルコー・ウーコーモ（黒王）」つまり色が浅黒かったようです。(20) この王は皮膚に病がありました。皮膚病です。12、3年治りませんでした。(21) 彼はキリストが…勿論そこウルファもしくはアッラーハにはキリストは来ませんでした。彼はエルサレムには来ました。(22) そして奇跡を行い、盲人を治し足の不自由な人が立ち上がるなど色々な奇跡を起こしました。(23) この王は来て治療してくれる人がいることを聞きつけました。(24) そこで使者を王国から送り、(25)「この人物のところへ行き『私を直すために来てくれ、来てくれたら王国の半分を差し上げる』と伝えよ」と言った。(26) 私はこの話は面白いと思います。(27) この召使はヨハナニヤという名でしたが、同時に画家でした、このヨハナニヤは。(28) キリストのところへ来て「王が私にあなたを連れて帰り王を直してくれるよう命じました。その王とはウーコーモ王、アブガル・ウーコーモです。」と言った。(29) キリストは「こんな感じのハンカチか手ぬぐいのようなものがあれば彼に手渡しなさい。」(30)「もし信仰があるならそれに触るだけで治る。」と言った。彼が王国に帰ると王は治癒した。(31) これによって王は偶像崇拝をやめてキリスト教徒になりました。(32) これは紀元前500年前のこと、つまり今から2500年前（ママ）にキリスト教の王国となりました。(33) 紀元4世紀までは都市、ついで国家となりましたが、戦争が起こり国家は消滅しました。(34) 要するに我々の名前は「アラム人」から「シリア人」へと変わりました。(35) 今では「シリア人（siryāni または sūrōyo）」という名前はキリスト教から生じたものです。(36)「シリア」という名称、今私たちが使っているのですが、「選ばれたもの」を意味する「スーローヨ、スーリーヤ、サーラーヤ」という語から取られたものです。(37) 私たちとシリアは同じ名前なわけで、（今）シリアと言えば国ですが、私達は民族です。(38) 私たちはこの世界にある民族です。(39) 私たちはエルサレムに「聖マルコス」という名の教会を持ち、これは英語で Saint Marc ですがシリア語、アラム語では「バイトー・ドゥ・マルコス」または「イート・ドゥ・マルコス」とよばれます。（今）アラム語でしゃべっています。(40)「イート」は修道院、マルコスの修道院、マルコスはシリア語で…。(41) 私たちには修道院があり修道士もいますし、大主教もいますし宗教コミュニティーもあってエルサレムには200家族います。(42) ベツレヘムにも100家族いますし、教会もあります。中東にはアンマン、ヨルダン・ハシェミット王国には500家族あり教会もあります。イラク、シリア、レバノン、トルコにもコミュニティーがあり数えたら恐らく50万から75万人位になります。(43) 大主教もいるし総主教もおり、これはローマ法王のように世界の全てのシリア正教徒の総責任者です。この人物が全世界の（シリア教徒の）総責任者です。(44) いや、シリアのダマスカスにいます。中心地はダマスカスです。(45) 25年だったか27年前に今の総主教になったとき、私も彼のところへ行きました。側へ行ってお祝いを申し上げました。(46) この総主教は世界の全シリア教会の責任者です。(47) トルコに多くの人（シリア正教徒）がいて、修道院などもありました。しかし争いや同盟などが多くありシリア人が、アラム人、キリスト教徒が殺された。(48) そうして逃れ、今はドイツ、スウェーデンに10万人、フランスや…ヨーロッパ、南米、ブラジル、アルゼンチンや北アメリカ、オーストラリアにもいます。(49) 今は全部で200万人になり、インドには400万人のシリア正教徒がいます。(50) 彼らは今から700年前に移住し布教して（現地の人々は）シリア正教徒になり、今日までヒンディー語と共にシリア語を話しています。(51) それは丁度今私がアラビア語を話していますが同時に私はシリア語を話しているようなものです。私はここに住んでおりアラビア語を学びました。（シリア教徒は）旧市街に住んでいます。(52) 皆良い人たちですし我々には文化や歴史があります。(53) シリア人たちは翻訳が好きでギリシャ語から翻訳を行いました。というのは当時ヨーロッパではギリシャ語が、中東ではアラム語が…ユダヤ人もアラム語を話していました。(54) 2，3000年前にはユダヤ人は話して…と言うのもシリア語はその地域の言語だったからです、分かりますか？ (55) ユダヤ教徒の言語は宗教家であるラビたちが話していたものです。(56) トーラを読むとき、あるいはタルムードを読むときにはヘブライ語で読みます。(57) しかし他の人たちはアラム語を話していました。(58) そして今日までアラム語が存在しています。(59) しかし多くの方言があります。(60) 2つの方言があって、東方方言と西方方言があります。(61) 私たちは西方方言を使っており、東方方言はアッシリア人やカルデア人が用いています。(62) シリア正教徒、シリア・カトリック教徒、マロン派などは皆西方方言を話しています。(63) 一つ例を挙げましょう。(64) 私たちは「神」のことをアーローホといいますが、彼らはアーラーハと言います。(65) 私たちは（空を）シュマーヨと言いますが彼らはシュマーヤと言います。(66) しかし書き方は同じ文字で皆一緒です。(67) しかし母音によって意味が変わります。(68) つまり単語を書く時に文字の上に小さな記号を書きますがこれで意味が変わります。しかし基本的な事として、これらはアラム語でこれらの方言はそこから別れたということです。(69) 本もたくさんありますし図書館もここエルサレムにあります。(70) 修道院にも歴史的な図書館があります。1000年前の本がそこにあります。1000年前の本です。(71) 図書館に保存してあるわけです。シリアのダマスカス、総主教の中心地ですが、ここには1500年前、2000年前の本があります。(72) 勿論そういった本はこんな紙ではなく…製本されたものもしくはアラビア語による写本です。写本と言います。(73) 写本は羊皮紙のようなものになり、図書館には大変古いものがあるわけです。(74) これらはみな文学、言語、翻訳についてのもので、というのもシリア人またはアラム人は翻訳で有名だからです。(75) 彼らはギリシャ語からアラビア語やシリア語に翻訳しました。(76) 彼らは翻訳で有名でした。つまり彼らは文化でした、彼らはローマ人のような戦士ではありませんでした、例えばローマ人は戦士でした。(77) アラム人は戦士ではなく学問、翻訳、文化、文学の徒でした。

II

(1) *ᶜaraft kīf inte yaᶜni?* (2) *zayy is-sigaṛāt, kān fīʰ bižīb tutun*[163] *ᶜala šaqfit waraqa, biliff-a hēk, tutun, aywa, hallaq buqulū-l-o tumbāk, amma hiyye il-kalime, hādi lli bitḥuṭṭ inte hōni, w-bitliff-a buqul-l-o tutun aw titin… lā tutun, tutun, biliff is-sigāṛa, tutun.* (3) *hāda kān fi-z-zamanāt, qabil xamsīn mīt sane hēk kān, yaᶜni ana zġīr, kānu kull in-nās aw xityāriyye yliff, li-ann-o* ^{E}fresh^{E}, *ṭāẓa, miš imṣannaᶜ, buḍuṛṛ-iš. il-yōm hādi s-sigaṛāt buḍḍuṛṛ, lēš? li-ann-o buḥuṭṭu fī-ha* ^{E}chemicals^{E}, *kīmāwi, fa-hādi buḍḍuṛṛ, šāyif kīf?* (4) *yaᶜni ḥilw, yaᶜni, tiᶜraf ana hād… drūs-ak ḥilwe, ḥilwe ḥilwe, ā. tutun a, ktib-ha, ktib-ha tutun, tutun… tutun illi huwwe sigāṛa qadīme kānu yistaxdimū-ha, miš il-yōm, min zamān.* (5) *ana kunt adaxxin, kunt adaxxin, bass hallaq ana tarakt il-duxxān.* (6) *ana daxxanit kān ᶜumr-i ᶜišrīn sane, lamman ballašt. b-is-sittīn tarakt.* (7) *b-is-sittīn, arbaᶜīn sane daxxanit,* (8) *ana hallaq il-yōm xamse w-sabᶜīn, il-i xamsṭaᶜšaṛ sane tārik is-sigaṛāt.* (9) *ana l-yōm, ṣiḥḥt-i, ktīr aḥsan min ᶜišrīn aw talatīn sane.* (10) *awwal kutt bamši arbaᶜ xamis daražāt... hhh, bāži bafūt ᶜa-d-dukkān, hhhh, hēk,* (11) *hallaq bamši xamse kīlo ᶜašaṛa kīlo bāži miš bafūt hhh, aᶜmal hēk, laˀ, baqa ᶜādi, hallaq ṣidr-i ṣāṛ inḍīf.* (12) *saddiq-ni, ana yaᶜni ha-l-yōm, ana šāᶜir inn-o ana ṣiḥḥt-i l-yōm, xamse w-sabᶜīn sane, aḥsan min lamman kunt arbaᶜīn aw xamsīn sane,* (13) *li-ann-o awwal kunt bašrab duxxān, dāyman ux ux ux, dayman.* (14) *baᶜdēn dāyman munxār-i binzil, baᶜdēn snān-i ṣufur, īd-i aṣfaṛ*[164] *li-ann-o l-sigāṛa bitsawwi il… aṣfaṛ.* (15) *hādi īd-i ṣafṛa.* (16) *ḥatta šawārb-i kānu ṣufur, li-ann-o dāyman is-sigāṛa f-tumm-i. šāyif kīf? li-ann-o s-sigāṛa f-tumm-i.* (17) *… kān fīʰ il-i ṣūṛa, ēmta? laˀ, … iṣ-ṣūṛa bass ēmta? s-sigāṛa f-tumm-i, dāyman f-tumm-i.* (18) *šū, zaᶜlān ana, lēš šribit sigaṛāt. bass hallaq ilḥamduḷḷa, ir-riˀatēn aw fašāyš-i, il-fišše, hād b-il-ᶜāmmiyye, b-il-ᶜāmmiyye, r-riˀa, r-riˀa lli inte btitnaffas.* (19) *šū fī-qalb fīʰ riˀa,*

---

163 トルコ語 *tütün* より。

164 *īd*「手」は女性名詞なので、*ṣafṛa* が期待される。恐らくここでは *(lōn) īd-i aṣfaṛ*「私の手（の色）は黄色だ。」の意。

r-riˀa lli bōxud in-nafas. (20) *b-il-luġa l-ᶜāmmiyye fišše, fišše!* (21) *ir-riˀa lli bitnaffas minn-a l-insān, b-il-luġa l-ᶜāmmiyye, fišše. fiššit il-baqaṛa, ā maᶜlūm! hallaq inte trūᶜ ᶜala s-sūq hōn, fi sūq il-laḥḥamīn, qul-l-o aᶜṭī-ni fišše fiššit xarūf, fiššit baqaṛa, maẓbūṭ.* (22) *fīʰ fiššit il-ᶜižil. fiššit il-ᶜižil ma-btistwi, ma-btistwi, li-ann-o kbīre. fiššit il-xarūf ibtistwi.* (23) *yaᶜni tistwi lamma buḥuṭṭū-ha ᶜala n-nāṛ, tiġli, tiġli, il-fišše yaᶜni tṣīr ṭariyye min-šān yōklū-ha baᶜdēn.* (24) *bass il-yōm qalīl byōkul hēk* (25) *hallaq aḥkī-l-ak b-il-luġa l-ᶜāmmiyye ᶜan-na ᶜann-o, ysammū-h saqaṭ.* (26) *hallaq sūq il-laḥḥamīn, fīʰ xarūf imᶜallaq. sūq il-laḥḥamīn, sūq yaᶜni šāriᶜ, iḥna b-il-luġa l-ᶜāmmiyye bunqul-l-o sūq, sūq, sūq il-laḥḥamīn, sūq il-ḥaddadīn, b-iẓ-ẓabṭ, sūq il-... sū...* (27) *fīʰ hōni talat aswāq, sūq il-xawažāt illi ġād, sūq il-xawažāt, xawāža yaᶜni wāḥad hēk mrattab buqulū-l-o xawāža. xawažāt, sūq il-ᶜaṭṭarīn, sūq il-ḥaddadīn.* (28) *kān ḥaddadīn u-laḥḥamīn huwwe hāda s-sūq kān fīʰ, ḥaddadīn w-laḥḥamīn, talāte, illi fi-n-nuṣṣ, sūq il-ᶜaṭṭarīn. lli fi-n-nuṣṣ. hāda sūq il-ḥaddadīn w-il-laḥḥamīn maᶜ baᶜiḍ, maᶜ baᶜ... yaᶜni fīʰ kān laḥḥamīn kān fīʰ ḥaddadīn, w-hadāk sūq il-xawažāt, baᶜraf illi ysammu xawažāt.* (29) *hallaq fīʰ qmāš, bibīᶜu qmāš, fīʰ maṭᶜam, fīʰ maṭᶜam, maṭᶜamēn, biᶜmal ḥummuṣ wāḥad, hāda awwal sūq, awwal sūq hallaq hōn, fīʰ masalan maṭᶜam biᶜmal kabāb, baᶜdēn fīʰ bayyaᶜīn laḥme...* (30) *hāda bāb il-ᶜamūd. min hōni, min hōni hēk, hallaq iḥna hōni, nᶜūl hōni, awwal-o timši hēk ᶜa... b-sūq il-ᶜaṭṭarīn baᶜd-ma txalliṣ il-ᶜaṭṭarīn, biṣīr hāda bāb xān iz-zēt. bāb xān iz-zēt, qul-l-i lēš sammū-h hād il-isim.* (31) *zzakkaṛ, xān iz-zēt, aw sūq, sūq xān... aw sūq iz-zēt.* (32) *kānu ybīᶜu fī-ʰ zaytūn w-yuᶜṣuru, byiṭlaᶜ zēt, hallaq iḥna ᶜan-na zaytūn illi ᶜin-na, kull-o zēt, b-ᶜaks zaytūn il-ḅaṛṛa, illi ḅaṛṛa nāšif... yaᶜni bass bitšūf-a kbīre lākin žuwwāt-a mā-fīʰ zēt. hāda bunqul-l-o, zaytūn ġarbi aw ažnabi aw tilyāni, zēt il-baladi aw zaytūn il-baladi, biṭlaᶜ zēt.* (33) *fa-hāda s-sūq kān yžību zaytūn kān fīʰ yuᶜṣuru.* (34) *bass hallaq, yimkin, yimkin, kull is-sūq yimkin fīʰ wāḥad bibīᶜ zēt w-zaytūn, yimkin. tġayyaṛ.* (35) *yaᶜni hāda l-ism illi ana baᶜṭī-k-iyyā-ʰ, kān qadīm, lākin la-ḥadd hallaq nafs il-isim, lākinn id-dakakīn tġayyaṛu, tġayyaṛu d-dakakīn, li-ann-o d-dinya tġayyaṛat.* (36) *sūq il-xawažāt, xawažāt yaᶜni wāḥad yimkin kān ybīᶜ fī-ʰ qmāš,* (37) *aẓinn, inn-o xawažāt buqṣud fī-ʰ inn-o kān fīʰ qmāš, l-iqmāš la-l-nās bisammu xawāža.* (38) *hī ᶜa-kull ḥāl, xawāža miš kilme ᶜarabiyye,* (39) *awwal ᶜarab kānu yqulū-ha ᶜa-l-ažnabi, yaᶜni iḥna hōni aža ᶜan-na istiᶜmāṛ bariṭāni, inglīz staᶜmarū-na. fa-kān... hōni awwal kānu yilibsu sirwāl aw qumbāz, hādi baᶜraf-š il-kilme sāmiᶜ-ᶜa*[165] *miš hēk? sirwāl w-qumbāz. a širwāl, a širwāl, hāda bukūn ᶜarīḍ. hāda buqulū-l-o širwāl. il-qumbāz duġri. hāda buqulū-l-o qumbāz.* (40) *fa-lamman ažu l-inglīz, lābsīn kull-un ḅanṭalōn w-badlāt, fa-kānu yqulū-l-o xawāža, yaᶜni iši, ᶜa-šān hēk ṭalᶜat hāda s-sūq, sūq il-xawažāt, li-ann-o kānu ybīᶜu, baẓinn, fīʰ badlāt aw iqmāš.* (41) *li-ann-o kull isim dāyman il-o maᶜna. w-hāda huwwe l-maᶜna b-iẓ-ẓabṭ.* (42) *kif baṭṭalt is-sigāṛa... brāvo ᶜalē-k.* (43) *wāḥad minn-un ibn-i ᶜind-i walad ana,* (44) *hāda byōkul akil is-sigāṛa.* (45) *taᶜraf kīf yaᶜni byōkul akil? yaᶜni n-nās btuqᶜud tišrab sigāṛa hēk, bikayyif, kull il-sēᶜa, nuṣṣ sēᶜa aw sēᶜatēn bišrab sigāṛa, hāda bisammū-h ṭabīᶜi.* (46) *hāda ibn-i, birmi waḥade bišrab waḥade birmi waḥade w-bišrab waḥade.* (47) *mbēriḥ ana baḥki baqūl hāda iza ma-bitrik-š is-sigāṛāt bumūt, li-ann-o, yaᶜni, ka-inn-o byōkul,* (48) *taᶜraf šū ana zaᶜlān minn-o?* (49) *baqul-l-o int imsik, kull il-bakēt hēk ḥuṭṭ-o f-tumm-ak w-ḥuṭṭ ṃayye fōq-o.* (50) *hāda, hāda yaᶜni insān ma-bukūn-š ᶜand-o ᶜaqil.* (51) *hallaq bažī ʾil-i, inte saʾalt-ni kīf tarakt is-sigaṛāt.* (52) *lamman ballašt ašrab sigaṛāt, kān abū-y bišrab sigaṛāt.* (53) *hallaq abū-y māt izġīr xamsīn sane māt.* (54) *ana lamman kunt šabb izġīr....(aḷḷa yirḥam-o) aḷḷa yxallī-k, šukran il-ak, yaᶜṭī-k il-ᶜumur. šifit kīf ir-radd, aḷḷa yaᶜṭī-k il-ᶜumur. sāmiᶜ-ha miš hēk?* (55) *hallaq ana kān abū-y ᶜayyān, ḥatta hu zġīr kān ᶜayyān. dāyman ṣidr-o w-fašāyš-o, li hī fišše, miš fiššit il-xarūf, fišŝt il-insān, binqul-l-o fišše, kān dāyman hhhh, yimši mitrēn yaᶜmil hhh min-kutur ma bišrab sigaṛāt.* (56) *kān bišrab b-il-yōm talat baketāt.* (57) *hallaq ynām, iṣ-ṣubuḥ yfīq, imm-i kānat tḥuṭṭ-ill-o kēle, minqul-l-a kēle, kēle ᶜilbe, hallaq, b-il-ᶜarabi biqulū-l-a ᶜilbe, ᶜilbe. il-luġa l-ᶜāmmiyye kēle. iktib! ᶜilbe ā b-iẓ-ẓabṭ, il-ᶜilbe b-il-luġa l-ᶜāmmiyye kēle, aw b-il-lahže l-falasṭiniyye buqul-l-a kēle, lahžit falasṭīn. kēle.* (58) *lā, kēle fāḍye, tḥuṭṭ-ull-o fāḍye, awwal-ma yfīq uṣ-ṣubuḥ, ux ux ux, yibzuq balġam b-il-kēle hādi, li-ann-o ḥatta ma-ywaṣṣal... wēn-ma yisᶜul w-yibzuq,* (59) *fa-kānat tḥuṭṭ-ull-o kēle žamb it-taxt, yfīq iṣ-ṣubuḥ yimsak il-kēle ux ux yubzuq fī-ha.* (60) *ṣidr-o mᶜabbi balġam, fišš maḥall illi yitnaffas.* (61) *hallaq*

[165] < *sāmiᶜ-ha.*

ana lamma kunt ašūf hēk, kīf ana bidd-i ašrab sigaṛāt? (62) yaᶜni ana tᶜallamit, min abū-y inn-o ma-ašrab-iš sigaṛāt. (63) kunt dāyman baqul-l-o yā-ba la tišrab! (64) il-muhimm ṣurt ᶜišrīn sane ana, la-yōm buqul-l-i yā-ba, il-muhimm baᶜdēn huwwe xaffaf, bass ēš xaffaf lamman baṭṭal yiqdaṛ yišrab sigāṛa tarak, bass baᶜd ma kān kull žism-o mistwi, yaᶜni xāliṣ, hallaq ṃaṛṛa buqul-l-i, xōd yā-ba sigāṛa, (65) qult-ill-o yā-ba ana bašūf-ak inte šū ṣāyir fī-k bitqul-l-i ašrab sigāṛa? (66) qal-l-i yā-ba maᶜlēš, inte ᶜišrīn sane ᶜumr-ak, zalame, fa-lāzim... (67) il-muhimm axadit ana sigāṛa minn-o. ᶜmilt hēk... (68) qal-l-i, šū buqul-l-i huwwe buqul-l-i, yā-ba šūf, ḥilw, yaᶜni hādi naṣīḥa minn-o, min abū-y, (69) qal-l-i kull iši žarrb-o, lākin ma-tdum-iš (< tdūm) ᶜalē-h, lā ḍḍall-ak dāyman. yaᶜni šribt sigaṛāt, šuft inn-ha s-sigāṛa buḍḍuṛṛ-ak, la-tišráb-a. iza šuft inn-o hādi š-šaġle bidd-ak itṣīr mudmin ᶜalē-ha, la tiᶜmal, amma ḥilw, žarrib! ḥilw inn-o džarrib, maᶜlūm. (70) kwayyis inn-o l-insān yžarrib. (71) bidd-ak tišrab ūzo aw wiski, išrab šwayy, ᶜažab-ak, išrab, ma-ᶜažab-ak-š ma-tistamirr-iš fī-^{h}. (72) hādi n-naṣīḥa lli naṣaḥ-ni fī-ha. (73) w-b-il-fiᶜil šribit sigaṛāt lākin ana sigaṛāt ma-kunt-iš baḥuṭṭ-o fī žēbt-i. kān sigaṛāt hōni, maḥṭūṭa, li-ann-o ana hōne fi-l-maḥall wāḥad w-xamsīn sane. yaᶜni awwal-ma yīži ᶜand-ak l-izbūn, kunt itqul-l-o tfaḍḍal sigāṛa, hēk kān il-ᶜāde. (74) il-ᶜāde inn-o inte tqul-l-o tfaḍḍal sigāṛa. (75) hallaq awwal-ma bitfūt ᶜa-d-dukkān baqul-l-ak mamnūᶜ, ^{E}no smoking^{E}. hāy fōq. (76) lēš, li-ann-o muḍiṛṛ, li-ann-o awwal ma-kunnā-š niᶜraf inn-o hāda muḍiṛṛ. (77) il-muhimm, išribit, min lamman kān ᶜumr-i ᶜišrīn la-sittīn. (78) lākin ma-kunt bablaᶜ, yaᶜni lamman basḥab hēk, raˀsan baᶜmal, ma-kunt-iš bafawwt-o abadan. lākin bi-nafs il-waqt, kān yfūt. (79) amma miš ana kunt basḥab... lākin kān yfūt. (80) baᶜdēn kānu yīžu ᶜind-i nās hōni, yišrabu, yišrabu sigaṛāt, ruḥt ᶜa-duktōr... ā inta ḥakēt-l-ak kīf, kīf tarakt-ha w-lēš tarakt-ha, tarakt li-ann-o ṣurt ᶜayyān, ᶜayyān batnaffas b-ṣᶜūbe, w-b-nafs il-waqt lamman bamši baddāyaq... (81) ažā-ni wāḥad qal-l-i aḥsan trūḥ la-d-duktōr, ṣadīq, qal-l-i lāzim trūḥ. ruḥt ᶜa-d-duktōr. (82) ᶜimil-l-i ^{E}X-ray^{E}, ṣūrit ašiᶜᶜa, waržā-ni-yyā-ha qal-l-i šūf ᶜand-ak il-fašāyiš aw riˀatēn miš nḍāf, mᶜabbayīn nikotīn, li inte btišrab-o, fa-biṣīr ᶜind-ak ḍīq nafas fi-š-šarayīn, in-nafas biṣīr ḍīq, yaᶜni dayyiq bizġaṛ, buqulū-l-o ḍīq nafas, ṣāṛ ᶜand-i ḍīq nafas. (83) qult-ill-o bass ana bašrab maṣṣāṣa, fī^{h} maṣṣāṣa bitḥuṭṭ sigāṛa fī-ha, baᶜmal, qal-l-i kull-o binfaᶜ-iš, *baqul-l-o fīʰ filtir, buqul-l-i, kull-o binfaᶜ-iš, ma-binfaᶜ.* (84) *yaᶜni law aža ᶜand-ak wāḥad qāᶜid fi-d-dukkāne, qāᶜid hōni, širib sigāṛa, ᶜimil, fffff, hāy saḥab w-nuṣṣ biᶜmal baᶜdēn, fff, b-id-dukkāne qal-l-i inte bitšimm in-nuṣṣ it-tāni.. itrik,* (85) *b-il-fiᶜil ažīt min id-duktōr, msikt is-sigaṛāt kabbēt-o, žibit sigaṛāt naᶜnaᶜ min iṣ-ṣaydaliyye, min il-farmašiyye, ṣaydaliyye b-il-fuṣḥa, farmašiyye b… kunna niḥkī-ha b-il-ᶜāmmi, farmašiyye,* (86) *žibit sigāṛa naᶜnaᶜ, taᶜmal hēk naᶜnaᶜ, "mantol, mantolāton"* (87) *yimkin šahir šahrēn, baᶜdēn xalaṣ kabbēt-o.* (88) *hallaq ana baḥibb-iš ašimm-o. lēš li-ann-o ana ḥakīm nafs-i, ana bilzam-iš lamman bašrab ana bašrab šwayy.* (89) *la-hallaq, šuf qaddēš ᶜumr-i?* (90) *amma bašrab-š qannīne, bašrab šwayy qadaḥ banbṣiṭ.* (91) *lamman bašrab, qalīl.* (92) *lamman bākul, yaᶜni iza fīʰ ṣaḥin ha-l-qadde, ana bākl-ō-š kull-o, bākul ha-l-qadde, bašbaᶜ.* (93) *fa-illi bidīr bāl-o ᶜala ḥāl-o, ma-biṣīr ᶜayyān.* (94) *ana futit fi sitte w-sabᶜīn hallaq, ana futit. yaᶜni xamse w-sabᶜīn xalaṣu, ilḥamdilla kīf šāyif-ni?* (95) *bitqul-iš ᶜann-i xamse w-sabᶜīn sane, bitqūl yimkin xamsīn, talāte w-xamsīn sane, ma-baḥki ā, lēš, li-ann-o ana fiy-y ᶜaqil, bastaᶜmil ᶜaql-i, li-ann-o miš ḍarūri d-duktōr yqul-l-ak, inte lāzim tkūn duktōr nafs-ak.* (96) *amma tqūl ma-ᶜand-īš irāde, ma-baqdar atrik-o, ma-baqdar, lāzim ašrab, lāzim kaza?*

(1) どういうのかわかった？ (2) 煙草のようなもので、煙草の葉を紙の上に持ってきてこうやって巻くんだ、煙草の葉を、そう、今は「トゥンバク」と言うが、これは、この単語は…（煙草の葉を）ここに置いて巻く、それをトゥトゥンとかティティンとか言って、いやトゥトゥンだ、煙草を巻くのだ、トゥトゥンだ。(3) 昔のことで、50年100年前のことだ、つまり私が子供の頃のことだ。誰でも、特に年寄りは巻いたものだ、というのは新鮮で、工業品ではなかったから害がなかった。今煙草は害がある。何故か？ というのは「化学物質」を入れるからだ。これが悪さをする。わかる？ (4) つまりね…、面白いねえ。この授業は面白いね。物凄く面白い。トゥトゥン、そう、書いておけ書いておけ、トゥトゥン、トゥトゥン…トゥトゥン、それは昔使われていた古い煙草だ。今ではなく、昔だ。(5) 私はかつて煙草を吸っていた、吸っていたが今はやめた。(6) 私は20歳の時に吸っていた、吸い始めた時だね。60歳でやめた。(7) 60歳で。40年吸っていた。(8) 私は今75歳だから15年やめている。(9) 今体調は20年、30年前よりはるかに良い。(10) 以前は4，5段上ってハアハア言いながら来て店に入ったものだ。ハアハア、こんな風に。(11) 今では5キロや10キロ歩いたらハアハアするか？ いや、いつも通りだ。今は胸がきれいになった。(12) 信じてくれ。私は今日、自分の健康が今日、75歳で40歳や50歳の頃よりもいいと感じているのだ。(13) というのも以前は煙草を飲んでいていつもゲホゲホしていたんだよ、いつもだ。(13) それからいつも鼻が出ていたし、歯も黄色かった、手も黄色かった。というのも煙草は黄色くするからな。(15) この私の手は黄色だ（った)。(16) 口髭も黄色かった。いつも煙草を口にしていたからね。わかる？ いつも煙草を口にしていたからね。(17) 写真があったな…これは何時だ？…いや、この写真はしかし何時のだ？ 煙草が口にある。いつもくわえていた。(18) 私は腹が立つ。何で煙草を吸っていたのか。しかし今ではお陰様で肺は…肺（フィッシェ)、これは方言だよ。方言で肺だ。呼吸する肺だよ。(19) 心臓（のところ）には何がある？ 肺がある、息を吸うやつだ。(20) 方言ではフィッシェと言う。フィッシェだ。(21) 人が呼吸する肺は、方言ではフィッシェだ。牛の肺？ ああ、もちろん。そこの市場へ行って、肉市場だ、そして肺をくれと言ってみろ、羊の肺、牛の肺、その通り。(22) 子牛の肺もあるが、子牛の肺は火が通らない、火が通らないのだ、大きいからね。羊の肺は火が通る。(23) つまり火にかければ火が通るのだ。それで後で食べるためにゆでてゆでて、そうすると肺は柔らかくなる。(24) しかし今ではそうやって食べるのは少なくなった。(25) さて、それについて方言で話そう、それ（ゆでた肺）を「*saqaṭ*」と呼ぶのだ。(26) 肉市場には羊が吊るされている。肉市場。市場、つまり通りだ。方言では「*sūq*」と呼ぶ。市場…肉市場、鍛治屋市場…その通り。(27) ここには3つの市場がある。あそこにあるハワジャート市場、ハワジャート市場。ハワージャというのはこんなふうに身なりのきちんとした人のことを言うのだ。香水市場、鍛治屋市場。(28) 鍛治屋と肉屋がその市場にあった。鍛治屋と肉屋、3つだ。その間にあるのが香水市場だ、間にあるのが。これがひっくるめて鍛治屋市場と肉屋市場。つまり肉屋と鍛治屋があってこれがハワージャ市場なのだ。ハワジャートと名付けているのは知っている。(29) 布地を置いている。布地を売っていたり、食堂が1つか2つあって、1つはホムスを作っていて、これが市場の端で…ここにはカバブを作っている食堂があり、それから肉を売っている人がいる。(30) これがダマスカス門。ここからここから。私たちはここにいる。ここ、最初の所をこう曲がって行くと。すると香水市場で、それが終わるとこれが「*bāb xān iz-zēt*」だ。「*bāb xān iz-zēt*」がどうしてそう呼ばれているか分かるか？ (31) 考えてみなよ。「*xān iz-zēt*」とか油市場とか。(32) かつてそこでオリーブを売り、絞る。油が出てくる。あのな、私たちのオリーブは全部油になるが、反対に輸入物のオリーブはしなびている。見かけは大きいが中には油がない。こういうのは「西洋オリーブ」「外国産オリーブ」「イタリアオリーブ」なんて呼ぶのだ。「地油」、いや「地オリーブ」は油がよく出る。(33) それでこの市場にはオリーブを持ってきて絞ったのだ。(34) しかし今では、恐らくだけど、市場中で1件だけオリーブと油を売っている。様変わりした。(35) つまりお前に教えた名前（＝ *bāb xān iz-zēt*）は古くからあって今に至るまで同じ名前だが店が変わってしまった。店が変わったのだ。というのは世の中が変わったからな。(36) ハワジャート市場…ハワジャートは多分そこで布を売っていた人がいたのだ。(37) ハワジャートというのは布地があって、それはハワージャと呼ばれる人のための布地があった、ということを意味していると思う。(38) ハワージャというのはいずれにせよアラビア語の単語ではない。(39) かつてアラブ人はそれを外国人という意味で使っていた。つまりここには英国の入植があった、イギリス人が植民地にした。ここでは昔アラブズボンや長衣を着ていた。はて、君はこの単語聞いたことあるかね？「*sirwāl*」と「*qumbāz*」。ああ「*širwāl*」、「*širwāl*」だ。これはゆったりしているものだ。これを「*širwāl*」と呼ぶ。「*qumbāz*」はまっすぐのやつだ。これを「*qumbāz*」と呼ぶ。(40) 英国人たちが来たとき、皆ズボンと背広を着ていた。それで彼らをハワージャと呼んでいた。つまり…このためこの市場はハワージャ市場となった、というのは背広や布地があったから、だと思う。(41) というのは名前にはいつも意味があるからな。で、これがまさにその意味なのだ。(42) どうやって煙草をやめたか。そうだった。(43) そのうちの一人は息子なのだ。私には息子が一人いる。(44) こいつは煙草食い（＝チェーンスモーカー）なんだ。(45)「煙草食い」ってどういう意味か知っているか？ つまりな、こうやって煙草を吸うだろ、楽しんで丸1時間、丸30分、丸2時間煙草を吸っている。これは普通だ。(46) この俺の息子は一本捨てては一本吸い、一本捨てては一本吸う。(47) こいつはタバコやめなかったら死ぬぞ、と昨日話したのだ。というのは、つまりまるで食べているかのようなんだ。(48) 俺が彼の何に怒っているか分かるか？ (49) 煙草の箱を全部掴んでこう口に入れてその上から水をかけろって言ってやったのだ。(50) これは知性のない人間だ。(51) 話を戻そうか、私がどうやってタバコをやめたか訊いたな。(52) 煙草をのみ始めた時、父も煙草を吸っていた。(53) 父は若くして死んだ。50歳の時に死んだ。(54) 私は若い頃…（調査者：ご愁傷様）有難う、長生きできますように…（調査者の「ご愁傷様」に対して）どういう返事をするか分かった？「長生きできますように」、聞いたことあるだろう？ (55) 父は病弱だった。小さいころから病弱で、いつも胸や肺、「*fišše*」だ、羊の肺じゃないよ、人の肺だよ、いつもハアハアしていた。2メートル歩いてはハアハア、これは煙草の吸いすぎのせいだ。(56) 1日に3箱吸っていた。(57) 寝て朝起きると母は缶（*kēle*）を（持ってきて）置いた。「*kēle*」と言っていた。今ではアラビア語では「*ʿilbe*」と言うな。方言では「*kēle*」だ。書いとけ！「*ʿilbe*」？ ああ、その通りだ。「*ʿilbe*」は方言では「*kēle*」だ。パレスチナ方言では「*kēle*」と言うのだ、パレスチナ方言だ。(58) いや、空の缶だ。母は空の缶を置いた。父は朝起きるとゲホゲホして、痰を缶の中に吐くのだ。それを持って…どこでも咳をして痰を吐くところに持っていくのだ。(59) それで母はベッドの脇に缶を置き、父は起きるとその缶を持ってゲホゲホして痰を吐く。(60) 父の胸は痰で一杯だった。呼吸する余地がなかった。(61) それを見て煙草を吸おうと思うか？ (62) つまり、私は煙草を吸わないことを父から学んだのだ。(63) いつも「タバコやめてくれ」と父に言っていた。(64) とにかく私は20歳になった…。その後父は少し減らした。しかし何を減らしたのか。もうタバコが吸えなくなってしまったからやめたわけだ。しかし体中がもうだめになった後、一度お前煙草吸ってみろ、と言われたことがある。(65)「お父さん、あなたがどうなっているのか見ているのですよ、それなのに煙草を吸えというのですか？」と訊いた。(66)「いいのだよ。お前は20歳だ、大人だ、だから…」(67) まあとにかく、父から煙草をもらった。それでこうして…彼は何を言ったか。(68) こう言った「こうするのだ、そう…」これが父からの忠告だった。(69) 父は言った、「なんでも試してみろ。ただし深入りするな。いつまでも続けるな。つまり煙草を吸ってみて害があると思ったら吸うな。もしそういうことが癖になると思ったらするな。」と。「試してみろ」って素晴らしいだろう。試すというのはいいことだよ勿論。(70) 試してみるのはいいことだ。(71) ウゾやウイスキーを飲みたかったら少し飲んでみろ。気に入ったら飲め、気に入らなかったら続けるな。(72) これが父のしてくれた忠告だ。(73) それで実際煙草をすったが、私はポケットには入れなかった。ここに置いておくことにした。私はこの店に51年いるが、客が来ると「タバコどうぞ」と言ったものだ。こういう習慣だった。(74)「タバコどうぞ」というのが習慣だった。(75) 今では店に入るや否や「禁煙です。」と言うのだ。ほらここに（「禁煙」の表示がある）。(76) なぜ？ 害があるからだよ。というのも昔は煙草に害があるなんて知らなかったからね。(77) とにかく煙草をのんだ、20歳になった時から60歳まで。(78) しかし私は（煙を）飲み込まなかった、つまりこうやって吸うわけで、直にこうするのだが、煙を絶対中に入れなかった。それでも同時に入っていくのだ。(79) しかし私が吸い込んだわけではない。でも入っていく。(80) 人がここへ来ると、煙草を吸う…。医者へ行ったのだが…どうやってそれから何でタバコをやめたか話したな、しんどくなったからだ。しんどくて呼吸するのが大変になったのだ。同時に歩くのが面倒になってきた。(81) ある人が来て医者へ行った方がいいと言った。友人が行くべきだというので医者へ行った。(82) レントゲンを撮って、レントゲン写真だ、医者はそれを見せて、「あなたの肺は汚れている、あなたの吸っているニコチンで一杯だ。だから動脈で息切れが起こるのだ」と言うのだ。つまり呼吸が狭くなる、小さくなる。これを「息切れ」と言うのだ。息切れするようになった。(83) それじゃあ吸い口を付けて吸う、と言った。煙草を付けて吸うやつだ。すると医者は役に立たないと言った。でもフィルターが付いていると言ったんだが、それでも役に立たない、と言われた。(84) つまり、「誰かあなたの所に来て、店にいて、ここにいて煙草を飲んで、フーッとすると半分はそいつが吸い込む、それからまたフーッと吐くと、店の中では」、医者が言うには、「あなたはもう半分を吸うことになる、というわけだ。やめなさい。」(85) 実際医者の所から戻ってタバコを掴んで捨て、薬局からミント煙草を持ってきた。「サイダリーイェ」はフスハーだ、「ファルマシーイェ」は…方言で話していたのだな、「ファルマシーイェ」だ。(86) ミント煙草を持ってきた、こういうミントのやつだ。「メントル」とか「マントラートン」とかいうやつだ。(87) たしか一か月か二か月で、その後は捨ててしまった。(88) 今となってはにおいをかぐのも嫌だ。何でかと言うと私は自制しているんだ。必要ないのだ。吸う時は少しだけだ。(89) 今に至るまでだよ。私、何歳？ (90)（酒も）一びんも飲まない。コップ1杯くらいでご機嫌だよ。(91) 飲むときも少しだけだ。(92) 食べる時も、この大きさの皿があっても全部は食べない、これだけ食べて満腹だ。(93) だから自分に気を配っているからしんどくならない。(94) 私は76歳を過ぎた。超えたのだよ。つまり75年が終わったということだ。お陰様で。どう見える？ (95) 75歳だなんていうなよ。50歳とか53歳とか。自分では言わないけどな。なぜか？私は考える頭を持っている。頭を使うのさ。医者にとやかく言われる必要はなくて、自分自身が医者にならなくてはならない。(96) だけど「俺はそんな気はない、やめられない、（煙草を）飲まなければならない」なんて言って、そんなことでいいのかね？

4. 引用文献

al-Barġūṯī, ᶜAbd al-Laṭīf, *al-Qāmūs al-ᶜArabī al-Šaᶜbī al-Filasṭīnī: al-lahǧah al-Filasṭīnīyah al-dāriǧah* (Ramallah 2001).

Arnold, W. *Die arabischen Dialekte Antiochiens* (Wiesbaden 1998).

Azarya, V. *The Armenian Quarter of Jerusalem: Urban Life Behind Monastery Walls* (University of California Press, Berkeley, Los Angeles, London 1984).

Barthélemy, A. *Dictionnaire Arabe-Français, Dialectes de Syrie: Alep, Damas, Liban, Jérusalem* (Paris 1935–69).

Bauer, L. *Das Palästinische Arabisch – die Dialekte des Städters und des Fellachen – Grammatik, Übungen und Chrestomathie* (Leipzig 1913).

Behnstedt, P. *Sprachatlas von Syrien* (Wiesbaden 1997).

Bergsträsser, G. *Sprachatlas von Syrien und Palästina – 42 Tafeln nebst 1 Übersichtskarte und erläuterndem Text* (Leipzig 1915).

Blanc, H. *Studies in North Palestinian Arabic – Linguistic Inquiries among the Druzes of Western Galilee and Mt. Carmel* (Jerusalem 1953).

Blanc, H. "The Arabic Dialect of the Negev Bedouins" in *Proceedings of the Israel Academy of Sciences and Humanities IV* (Jerusalem 1970) 112–150.

Blau, J. *Syntax des palästinensischen Bauerndialekts von Bīr-Zēt* (Walldorf – Hessen 1960).

Borg, A. *Cypriot Arabic* (Stuttgart 1985).

Cantineau, J. *Le dialecte arabe de Palmyre*, 2 vols. (Beyrouth 1934).

Cantineau, J. "Remarques sur les parlers de sédentaires syro-libano-palestiniens" *BSL* 40 (1939) 80–88.

Cantineau, J. "Études sur quelques parlers de nomades arabes d'Orient" *AIEO* 2 (1936) 1–118, *AIEO* 3 (1937) 119–237.

Cantineau, J. *Parlers arabes du Hōrân*. Atlas (Paris 1940), Notions générales – Grammaire (Paris 1946).

Cleveland, R.L. "Classification for Arabic Dialects of Jordan" *Bulletin of the American Schools of Oriental Research* 171 (1963) 56–63.

Cowell, M.W. *A Reference Grammar of Syrian Arabic: based on the dialect of Damascus* (Georgetown University Press 1964).

EALL = Encyclopedia of Arabic Language and Linguistics.

El-Hajjé, H. *Le parler arabe de Tripoli (Liban)* (Paris 1954).

Encyclopedia of Arabic Language and Linguistics 5 vols. (Leiden-Boston 2006 – 2009).

Feghali, M. *Le parler arabe des Kfarᶜabîda (Liban-Syrie)* (Paris 1919).

Geva-Kleinberger, A. 2004–2005 "Luġat al-ġajar fī al-Quds al-šarqiyyah bayna al-ᶜArabiyyah wa-al-Nawariyyah" *al-Karmel* 25–26 (2004–2005) 69–85.

Grand'henry, J. "Le verbe réfléchi-passif à *t*- préfixe de la forme simple dans les dialectes arabes" *Muséon* 88 (1975) 441–447.

Grotzfeld, H. *Damaszenisch-arabische Texte* (Wiesbaden 1964).

Grotzfeld, H. *Laut- und Formenlehre des Damaszenisch-Arabischen* (Wiesbaden 1964).

Halloun, M. *Spoken Arabic For Foreigners: An Introduction to the Palestinian Dialect.* 2 vols. (Jerusalem 2003).

Hopkins, S. "Notes on the history of the Arabic language in Palestine" (forthcoming in *Liccosec* vol. 20).

Jastrow, O. *Laut- und Formenlehre des neuaramäischen Dialekts von Mīdin im Ṭūr ᶜAbdīn* (Wiesbaden 1993).

Jastrow, O. *Lehrbuch der Ṭuroyo-Sprache* (Wiesbaden 2002).

Kenstowicz, M. 1981 "Vowel harmony in Palestinian Arabic: a suprasegmental analysis" *Linguistics* 19 (1981) 449–465.

Levin, A. *A Grammar of the Arabic Dialect of Jerusalem* (Jerusalem 1994) [in Hebrew].

Levin, A. "From suffix to prefix: some synchronic and diachronic aspects concerning the *t*-prefix preceding the counted noun from three to ten" in *AIDA 5th Conference Proceedings* – Cádiz, September 2002, ed. I. Ferrando & J.J. Sanchez Sandoval, 227–238 (Cádiz 2003).

Löhr, M. *Der vulgärarabische Dialekt von Jerusalem nebst Texten und Wörterverzeichnis* (Gieszen 1905).

Macalister, R.A.S. *The Language of the Nawar or Zutt, the Nomad Smiths of Palestine* The Gypsy Lore Society (Liverpool n.d.).

Matras, Y. 1999 "The State of Present-Day Domari in Jerusalem" *Mediterranean Language Review* 11 (1999) 1–58.

Matras, Y. "Two Domari legends about the origin of the Doms" *Romani Studies*, 5th series, 10 (2000) 53–79.

Mattson, E. *Etudes phonologiques sur le dialecte arabe vulgaire de Beyrouth* (Upsala 1911).

Meinardus, O. 1963 "The Syrian Jacobites in the Holy City" *Orientalia Suecana* 12 (1963) 60–82.

Naïm-Sanbar, S. *Le Parler Arabe De Rās-Beyrouth* (Paris 1985).

Palmer, A. "The History of the Syrian Orthodox in Jerusalem" *Oriens Christianus* 75 (1991) 16–43.

Palmer, A. "The History of the Syrian Orthodox in Jerusalem, Part Two: Queen Melisende and the jacobite Estates" *Oriens Christianus* 76 (1992) 74–94.

Palva, H. "A General Classification for the Arabic Dialects Spoken in Palestine and Transjordan" *Studia Orientalia* 55:18 (1984) 359–376.

Piamenta, M. 1958 *The Use of the Imperfect (without b-) in the Arabic Dialect of Jerusalem* Chapter from a Ph.D. Thesis entitled "The Use of Tenses, Aspects and Moods in the Arabic Dialect of Jerusalem" (Jerusalem 1958) [in Hebrew].

Piamenta, M. 1966 *Studies in the Syntax of Palestinian Arabic* (Jerusalem 1966).

Piamenta, M. 1979 "Jerusalem Arabic Lexicon" *Arabica* 26 (1979) 229–266.

Piamenta, M. 1979 "Jerusalem Sub-Standard Arabic: Linguistic Analysis of an Idiolect" *JSAI* 1 (1979) 263–285.

Piamenta, M. 1981 "Selected Syntactic Phenomena of Jerusalem Arabic Narrative Style in 1900" in *Studies in Judaism and Islam. Presented to Shelomo Dov Goitein*, ed. Shelomo Morag et.al. (Jerusalem 1981) 203–230.

Piamenta, M. 1991 "Hypothetical Sentences in Jerusalem Arabic" in *Semitic Studies in Honor of Wolf Leslau on the Occasion of His Eighty-fifth Birthday, November 14th, 1991*, 2 vols (Wiesbaden, 1991) 1203–1219.

Piamenta, M. 2000 *Jewish Life in Arabic Language and Jerusalem Arabic in Communal Perspective* (Leiden 2000).

Rosenhouse, J. & Y.Katz, *Texts in the Dialects of Bedouins in Israel* (University of Haifa 1980) [in Hebrew].

Rosenhouse, J. *The Bedouin Arabic Dialects: General Problems and a Close Analysis of North Israel Bedouin Dialects* (Wiesbaden 1984).

Rosenhouse, J. "Ilo / ᶜindo / maᶜo in Colloquial Arabic in the expression of possession" in *AIDA 5th Conference Proceedings* – Cádiz, September 2002, ed. I. Ferrando & J.J. Sanchez Sandoval, 263–280 (Cádiz 2003).

Rosenhouse, J. "Towards a Classification of Bedouin Dialects" *BSOAS* 47 (1984) 508–522.

Shawarbah, M. "Remarks, Text and Basic Glossary in the Dialect of Jerusalem" in *Liccosec* vol. 13 Annual Report (2009) (2010) 76–98.

Shehadeh, H. "Bōrad and his brothers in Kufir-Yasīf dialet" in *Dialectologia Arabica: A Collection of Articles in Honour of the Sixtieth Birthday of Professor Heikki Palva*. 229–238 (Helsinki 1995).

Sîbawaihi, *Kitāb Sībawayhi (Le Livre de Sîbawaihi – Traîté de grammaire arabe)*, texte arabe publié par H.Derenbourg, 2 vols. (Olms 1970).

Talmon, R. "Arabic as a Minority Language in Israel" in *Arabic as a Minority Language* ed. J.Owens (Mouton de Gruyter 2000) 199–220.

Talmon, R. "Preparation of the North Israeli Arabic Sprachatlas" in *Aspects of the dialects of Arabic today: Proceedings of the 4th Conference of the International Arabic dialectology Association Marrakech, 1–4 April* (Rabat 2000) 68–77.

Vaux, B. 2002 "The Armenian Dialects of Jerusalem" in *The Armenians in Jerusalem and the Holy Land* M.E. eds. Stones et.al. (Leuven 2002) 231–254.

Yaniv, Y. *Ha-Tzoᶜanim be-Yehudah u-b-Irušalayim* (Jerusalem n.d.).

Yoda, S. *The Arabic Dialect of Jews of Tripoli (Libya) – Grammar, Text and Glossary* (Wiesbaden 2005).

菅瀬晶子『イスラエルのアラブ人キリスト教徒―その社会とアイデンティティー』（溪水社　平成21年）

依田純和「アラビア語パレスチナ方言研究の現状と課題」『民族紛争の背景に関する地政学的研究　第1巻　平成19年度報告書』72–85頁（大阪大学　2007年）

依田純和「エルサレム方言の3つのテキスト」『民族紛争の背景に関する地政学的研究　第13巻　平成21年度報告書』197–207頁（大阪大学　2010年）

5. 語彙集

1. 本書で現れた単語を全て収めた。
2. 文字の配列は以下の通りである。長母音と短母音とで見出しを分けていないが、短母音－長母音の順とする。また *q* と *q́* も同じ項目とした。

ᶜ, ʔ, a-ā, b, ḅ, d, ḍ, ḏ, ē, f, g, ġ, h, ḥ, i-ī, k, l, ḷ, m, ṃ, n, ō, p, q-q́, r, ṛ, s, ṣ, š, t, ṭ, ṯ, u-ū, v, w, x, y, z, ẓ, ž

3. 品詞や文法情報は [ ] 内に示した。

3.1. 動詞の文法情報は以下のように示す：

基本形（＝ I）・派生形（＝ II ~ X）

強動詞（＝ 0）・重子音動詞（＝ G）・弱動詞（第 1 根素弱動詞＝ 1、第 2 根素弱動詞＝ 2、第 3 根素弱動詞＝ 3、第 4 根素弱動詞 = 4）

基本形の動詞接頭辞活用形の語幹母音：(a), (i), (u)

不規則動詞＝ irr.

4 語根動詞＝ Q

【例】

katab [v.t.: I-0 (u)] 書く（他動詞・基本形・強動詞・接頭辞活用形語幹母音 u）

nḥaka [v.i.: VII-3] 語られる（自動詞・第 VII 型・第 3 根素弱動詞）

warža [v.t.: QI-4] 見せる（他動詞・ 4 語根動詞基本形・第 4 根素弱動詞）

3.2. 名詞・形容詞の女性形・複数形は現地調査で得られたものを掲載している。

【ᶜ】

ᶜa- ☞ *ᶜala*

ᶜabāy [n.f.] マント

ᶜabad [v.t.: I-0 (i)] 信仰する・崇拝する

ᶜabar [v.t.: I-0 (u)] 過ぎる

ᶜabba [v.t.: II-3: a.p. *mᶜabbi*] 満たす

ᶜabbād [n.m.: pl. *ᶜabbadīn*] 信奉者・信者

ᶜabbaṛ [v.t.: II-0] 表現する

ᶜabbūd ☞ *ᶜabid*

ᶜabd mūsa（人名）

ᶜabid ① [n.m.: pl. *ᶜbād*] 奴隷　②（人名：dim. *ᶜabbūd*）

ᶜaḅaṭ [v.t.: I-0 (u)] 抱きつく

ᶜād [interj.] それで・そういうわけで

ʿada [v.t.: I-3 (i)] 伝染させる
ʿāda [v.t.: III-3] 敵意を持つ
ʿādatan [adv.] 普通は
ʿadawwīn ☞ *ʿaduww*
ʿāde [n.f.] 習慣
ʿādi [adj.: f. *ʿadiyye*] 通常の
ʿadd [v.t. I-G] 数える
ʿaddal [v.t.II-0] 改善する
ʿadra [n.f.] 処女：*il-ʿadra maryam* 聖母マリア
ʿaduww [n.m.: pl. *aʿdāʾ, (ʿadawwīn)*] 敵
ʿaḍḍ [v.t.: I-G (u)] 噛む
ʿaḍim [n.m.col.] 骨
ʿaḍuw [n.m.: f. *ʿaḍwe*, pl. *aʿḍāʾ*] メンバー
ʿafarīt ☞ *ʿafrīt*
ʿafrīt [n.m.: pl. *ʿafarīt*] 怪物
ʿafš [n.m.] 家具
ʿafw [n.m.] 許し
ʿāfye [n.f.] 健康
ʿagāl [n.m.] 頭巾止め
ʿāhad [v.t.: III-0] 約束する
ʿāhira [n.f.] 売春婦
ʿaks [n.m.] 反対・逆：*b-il-ʿaks* [adv.] 逆に
ʿāl [I-2 (u)] 曲がる
ʿala, ʿa- [prep.] ① ～の上に　② ～に対して　③ ～へ（方向）：*ʿa-ʾižrē-na* [adv.] 歩いて　*ʿa-ġafle* [adv.] 突然　*ʿa-l-ʾaġlab* [adv.] 大抵は　*ʿala asās* [adv.] 基本的に　*ʿala baʿiḍ* 互いに　*ʿala hawa-* [prep.] ～のおかげで　*ʿala kullin* [adv.] とにかく　*ʿala-šān, ʿa-šān* [conj.] ～するために　*ʿa-bēn-ma* [conj.] ～している間に・～するまで　*ʿa-l-ḥadd* [prep.] ～まで
ʿālam [n.m.] 世界
ʿalāme [n.f.: pl. *ʿalamāt*] 印
ʿāli [adj.: f. *ʿālye*, pl. *ʿālyīn*] 高い
ʿalla [v.t.: II-3] 上げる
ʿallab [v.t.: II-0: p.p. *mʿallab*] 缶詰にする
ʿallam [II-0] 教える
ʿallaq [II-0: p.p. *mʿallaq*] 吊るす
ʿam [preverb.] ～している（現在形B形と共に）
ʿama [v.t.: I-3 (i)] 目を見えなくする
ʿamāṛa [n.f.: pl. *ʿamaṛāt*] ビル
ʿamal [n.m.: *pl. aʿmāl*] 仕事
ʿāmal [v.t.: III-0] 扱う
ʿamaliyye [n.f.: pl. *ʿamaliyyāt*] 手術
ʿāmil [n.m.: pl. *ʿummāl*] 労働者
ʿamle [n.f.] 悪事
ʿamm [n.m.] 父方のおじ
ʿammāl [preverb.] ～している（現在形B形と共に）
ʿammān [n.f.] アンマン
ʿāmmi [adj.: f. *ʿāmmiyye*] 民衆の：*b-il-ʿāmmi, b-il-ʿāmmiyye* 方言で
ʿamūd ☞ *bāb il-ʿamūd, rās il-ʿamūd*
ʿamūṛa, ʿamūre [n.f.] 怪物
ʿamūre ☞ *ʿamūṛa*
ʿan [prep.] ～について：*ʿan ṭarīq* [prep.] ～経由で
ʿana [v.t.: I-3 (i)] 意味する
ʿand, ʿind [prep.] ～のところに・～のもとで
ʿankabūt [n.m.] 蜘蛛
ʿannad [v.i.: II-0] 頑固である
ʿaqd [n.m.: pl. *aʿqūd*] 10年
ʿaqil [n.m.] 知性
ʿaqrab [n.m.: pl. *ʿaqārib*] サソリ
ʿarāyis ☞ *ʿarūs*
ʿarabi [adj.-n.: pl. *ʿarab*] アラブの・アラブ人：*b-il-ʿarabi* アラビア語で
ʿaraf ☞ *ʿirif*
ʿaraq [n.m.] 汗・アラク
ʿarīḍ [adj.: f. -a, pl. *ʿrāḍ*] 広い

ᶜārif ☞ *ᶜirif*
ᶜarīs [n.m.] 花婿
il-ᶜarīš [n.f.]（地名）
ᶜarraf [v.t.: II-0] 知らせる
ᶜarūs [n.f.: pl. *ᶜarāyis*] 花嫁
ᶜaryān [adj.: f. *-e*, pl. *-īn*] 裸の
il-ᶜāṣ ☞ *žamīl il-ᶜāṣ*
ᶜaṣa, ᶜaṣāy [n.f.] 杖
ᶜaṣāy ☞ *ᶜaṣa*
ᶜaṣar [v.t.: I-0 (u)] しぼる
ᶜaṣfūr [n.m.] 小鳥
ᶜaṣir [n.m.] 午後
ᶜaṣṣab [v.t.: II-0] 腹を立てる
ᶜāš [I-2 (i): a.p. *ᶜāyiš*] 生きる・生活する
ᶜaša [n.m.] 夕食
ᶜašab [n.m.col.: n.uni. *ᶜušbe* pl. *aᶜšāb ᶜušab*] 草
ᶜašaṛa, ᶜašaṛ [num.] 10
ᶜāšir [adj.] 第10の
ᶜašīre [n.f.] 一族・家族
ᶜašrīn ☞ *ᶜišrīn*
ᶜaṭaṣ [v.i.: I-0 (u)] くしゃみする
ᶜāṭil [adj.: f. *ᶜāṭle*, pl. *ᶜāṭlīn*] 悪い
ᶜaṭṣa [n.f.] くしゃみ
ᶜaṭṭār [n.m.: pl. *ᶜaṭṭarīn*] 香水商
ᶜaṭṭaṣ [v.t.: II-0] くしゃみさせる・くしゃみを催させる
ᶜatīq [adj.: f. *ᶜatīqa*]（歴史的価値を持って）古い
ᶜāwad [v.t. III-0] 繰り返す
ᶜāwan [v.t. III-0] 助ける
ᶜawwa [v.i.: II-3] 遠吠えする
ᶜaya [n.m.] 病
ᶜāyiš ☞ *ᶜāš*
ᶜayyad [v.t.: II-0] 祭りを祝う
ᶜayyān [adj.-n.: pl. *ᶜayyanīn*] 病気の／病人
ᶜazīme [n.f.] 招待
ᶜazīz [adj.: elat. *aᶜazz*] 親愛な
ᶜazzābi [adj.-n.: f. *ᶜazzabiyye*, pl. *ᶜazzabiyyīn*] 独身の／独身者
ᶜaẓīm [adj.] 偉大な
ᶜažal [n.m.: pl. *ᶜžāl*] タイヤ
ᶜažale [n.f.] 急ぎ
ᶜažāyib ☞ *ᶜažībe*
ᶜažāyiz ☞ *ᶜažūz*
ᶜažībe [n.f.: pl. *ᶜažāyib*] 奇跡
ᶜažūz [n.f.: pl. *ᶜažāyiz*] 老婆
ᶜažžal [v.t.: II-0] 急ぐ
ᶜēle [n.f.: pl. *ᶜiyal*] 家族
ᶜēn [n.f.: du. *ᶜēntēn* pl. *ᶜinēn*] 目
ᶜibāṛa [n.f.: pl. *-āt*] 表現
ᶜibrāni [adj.] ヘブライ語の：*b-il-ᶜibrāni* ヘブライ語で
ᶜibṛa [n.f.] 規範
ᶜīd [n.m.: pl. *aᶜyād*] 祭
ᶜidde [n.f.] いくつかの
ᶜilbe, ᶜulbe [n.f.: pl. *ᶜilab*] 缶・箱
ᶜilim ① [v.t.: I-0 (a)] 知る　② *ᶜilim* [n.m.] 知識・学問：*l-il-ᶜilim ʾinn-o* ～という事が分っている
ᶜimil [v.t.: I-0 (a)] する
ᶜimrān [n.m.] 人口の多さ・繁栄・居住
ᶜind-, ᶜand- ① [prep.] ① ～の所に ② [ps.v.] ～がある
ᶜind- ☞ *ᶜand-*
ᶜinib, ᶜunub [n.m.] 葡萄
ᶜiqāb [n.m.] 罰
il-ᶜirāq [n.f.] イラク
ᶜirif [v.t.: I-0 (a): a.p. *ᶜārif*, p.p. *maᶜrūf*] 知る
ᶜišrīn [num.] 20
ᶜitim [n.m.] 闇
ᶜižil [n.m.: pl. *ᶜžūl*] 子牛
ᶜtabar [v.t.: VIII-0] みなす
ᶜtaqad [v.t.: VIII-0] 信じる

ᶜtāz [v.t.: VIII-2] 必要とする（〜を）
ᶜtazz [v.t.: VIII-G] 誇りに思う
ᶜtirāḍi [adj.] 反対の
ᶜtizāz [n.m.] 誇り（vn. *ᶜtazz*）
ᶜuḍw ☞ *ᶜaḍuw*
ᶜulbe ☞ *ᶜilbe*
ᶜummāl ☞ *ᶜāmil*
ᶜumur [n.m.] 年齢
ᶜunṣur [n.m.] 血統・血筋
ᶜunub ☞ *ᶜinib*
ᶜurs [n.m.: pl. *ᶜarās ᶜrās*] 結婚
ᶜuṣmalli [adj.] オスマン朝の
ᶜuṣmāni [adj.] オスマン朝の
ᶜušab ☞ *ᶜašab*
ᶜušuṛ [n.m.: pl. *ᶜšāṛ*] 10分の 1
ᶜuṭuṣ [n.m.] くしゃみ

【 ***a*** 】
ā [interj.] ああ・はい
aᶜdam [v.t.: IV-0] 破壊する
aᶜfa [v.t.: IV-3] 免除する
aᶜlan [v.t.: IV-0] 告知する
aᶜma [n.m.: f. *ᶜumya* pl. *ᶜumyān*] 盲人
aᶜna [v.t.: IV-3] 意味する
aᶜqūd ☞ *ᶜaqd*
aᶜšāb ☞ *ᶜašab*
aᶜṭa [v.t.: irr.] 与える
aᶜwaṛ [adj.: f. *ᶜōṛa*, pl. *ᶜuṛān*] 片目の
aᶜwaž [adj.: f. *ᶜōža*, pl. *ᶜuž*] 体が曲がった
aᶜžab [v.t.: IV-0] 喜ばす
āb [n.m.] 8 月
abᶜad [v.t.: IV-0] 遠ざける
abadan [adv.] 決して（〜でない）
abadi [adj.: f. *abadiyye*] 永遠の
abarīq ☞ *brīq*
abarīz ☞ *brīz*
abgar [n.m.]（人名）
absaṭ [v.t.: IV-0] 喜ばす
abu [n.m.: du. *abbēn*] 父
abu-ᶜaṛṛān [n.m.]（人名）
adab [n.m.: pl. *adāb*] 文学
adār, aḏār 3 月
adāṛ [v.t.: IV-2] 運営する
adda [v.t.: II-3] 与える
adhaš [v.t.: IV-0] 驚かす
aḍāf [v.t.: IV-2] 加える
aḍāfir ☞ *uṭfaṛ*
aḍrab [v.i.: IV-0] ストライキをする
aḏār ☞ *adār*
(afād)-bifīd [v.i.: IV-2] 便利である
afrād ☞ *fard*
aflas [v.t.: IV-0] 破産する
afraž [v.t.: IV-0] 解放する
afṭar [v.i.: IV-0] 朝食をとる
aġlab [n.m.] 大部分
aġna [v.t.: IV-3] 裕福にする
aġra [v.t.: IV-3] 誘惑する
ahamm ☞ *muhimm*
ahān [v.t.: IV-2] 無視する
ahda [v.t.: IV-3] 献ずる
ahil [n.m.: pl. *ahāli*] 家族
ahmal [v.t.: IV-0] 無視する
aḥla ☞ *ḥiliw*
aḥmaṛ ① [adj.: f. *ḥamṛa* pl. *ḥumur*] 赤い ② [elat. < *ḥmāṛ*] よりロバのような（＝愚かな）
aḥna ☞ *iḥna*
aḥṛaž [v.t.: IV-0] 混乱させる
aḥsan ☞ *mnīḥ*
-ak [pron.suf.] 貴男の・貴男を
akābir ☞ *kbīr*
akal [v.t. irr.] 食べる
akam [adv.] いくら？
akbaṛ ☞ *kbīr*
akīd ① [adj.] 確信した ② [adv.] 間違いなく

akil [n.m.] 食べもの
akkad [v.t.: II-0] 確信する
akṛam [v.t.: IV-0] 称賛する
aktaṛ ☞ *ktīr*
alaḥḥ [v.i.: IV-G] 固執する
āle [n.f.: pl. *alāt*] 機械
alf [n.f.: du. *alfēn* pl. *alāf*] 1000
alġa [v.t.: IV-3] 取り消す
āliha ☞ *ilāh*
aḷḷa, aḷḷāh [n.m.] 神（イスラーム・キリスト教・ユダヤ教）
aḷṃān ☞ *aḷṃāni*
aḷṃāni [adj.-n.: pl. *aḷṃān*] ドイツの／ドイツ人
alṃānya [n.f.] ドイツ
alsun ☞ *lsān*
amal [n.m.] 希望
āman [v.i.: III-0] 信じる・信仰する
amar [v.t.: I-0 (u)] 命じる
amērka [n.f.] アメリカ
amērkān ☞ *amērkāni*
amērkāni [adj.-n.: f. *amerkaniyye* pl. *amērkān*] アメリカの・アメリカ人
amir [n.m.: pl. *awāmir*] 命令
amīr [n.m.] 王子
amma [conj.] しかし
amman [v.t.: II-0] 信用する
ana [pron.] 私は
anha [v.t.: IV-3] 終わりにする
anīh ☞ *anūh*
ankaṛ [v.t.: IV-0] 否定する
ann- ☞ *inn-*
anqaṣ ☞ *nāqiṣ*
anḍaz [(OA) v.t. IV-0] 救う
anūh [pron.: f. *anīh*] どの？
aqall ☞ *qalīl*
aḍṭaᶜ [adj.: f. *ḍaṭᶜa*, pl. *ḍuṭuᶜ*] 片腕の
aqwa ☞ *qawi*
arraha [n.f.]（地名）
arād [v.t.: IV-2] 欲しがる
arbaᶜa, arbaᶜ [num.] 4 ：*(yōm) il-arbaᶜa* 水曜日
arbaᶜīn [num.] 40
arbaᶜṭaᶜš, arbaᶜṭaᶜšaṛ [num.] 14
argīle [n.f.] 水パイプ
arkan [v.t.: IV-0] 依存する
arman ☞ *armani*
armani [adj.-n.: f. *armaniyye* pl. *arman, armān*] アルメニアの／アルメニア人
armēnya [n.f.] アルメニア
arnōna [n.f.] 地方固定資産税
aržantīn [n.f.] アルゼンチン
āṛāmi [adj.-n.: f. *āṛāmiyye*, pl. *āṛamiyyīn*] アラム語の／アラム人
aṛḍ [n.f.: pl. *arāḍi*] 土地・地面
aṛḍa [v.t.: IV-3] 満足させる
asās [n.m.] 基礎
aslam ☞ *salīm*
asṃaṛ [adj.: f. *samṛa*, pl. *ṣuṃuṛ*] 茶色い・黒い
aswad [adj.: f. *sōda* pl. *sūd*] 黒い
aṣᶜab ☞ *ṣaᶜib*
aṣābiᶜ ☞ *uṣbaᶜ*
aṣaṛṛ [v.i.: IV-G] 固執する
aṣbaḥ [v.i.: IV-0] 朝になる
aṣdaṛ [v.t.: IV-0] 出版する
aṣfaṛ [adj.: f. *ṣafṛa* pl. *ṣufur*] 黄色い
aṣil [n.m.] 起源
aṣlaḥ [v.t.: IV-0] 仲直りする
aṣlan [adv.] 元々
aṣli [adj.: f. *aṣliyye*, pl. *aṣliyyīn*] オリジナルの
āš [pron.] 何？
ašiᶜᶜa [(OA) n.f.] 光線
ašlab ☞ *šalabi*
ašrak [v.i.: IV-0] 多神教徒である

ašta [v.t.: IV-3] 雨が降る
āšūri [adj.-n.: f. *āšūriyye*, pl. *āšūriyyīn*] アッシリアの／アッシリア人
atᶜab [v.t.: IV-0] 疲れさせる
atlaž [v.i.: IV-0] 雪が降る
atwām ☞ *tōm*
atyas ☞ *tēs*
aṭlaᶜ [v.t.: IV-0] 出す・追い出す
aṭraš [adj.: f. *ṭarša*, pl. *ṭuruš*] 聴覚障害者
aṭyāb ☞ *ṭīb*
aṯar [(OA) n.m.] 痕跡
aṯāṯ [(OA) n.m.] 家具
aṯbat [(OA) v.t.: IV-0] 確認する
aw [conj.] または・それとも
āw [pron.] ほら！
awāᶜi [n.pl.] 服（単数形は用いられない）
awāmir ☞ *amir*
awanṭa [n.f.] 策略を用いること
awanṭaži [n.m.: pl. *awanṭažiyye*] 詐欺師
awāq ☞ *wqiyye*
awsaṭ ☞ *iš-šarq il-awsaṭ*
awṭa ☞ *wāṭi*
awwal ① [adj.: f. *ūla*] 第 1 の　② [adv.] はじめに・以前は：*awwal marra* [adv.] 初めて　*awwal-ma* [conj.] ～した途端に・～するやいなや
axad [v.t.: irr.: a.p. *māxid*] 取る
axaff ☞ *xafīf*
axbār ☞ *xabar*
axḍar [adj.: f. *xaḍra* pl. *xuḍur*] 緑色の
axfa [v.t.: IV-3] 隠す
axīr [n.m.] 最後：*b-il-axīr* [adv.] 最後に
āxir [adj.] 最後の：*ilā ˀāxiri-hi* 等々
axraž [v.t.: IV-0] 大便をする
axu [n.m.: du. *axxēn*, pl. *ixwe*, dim. *xayy*] 兄弟
āxur [(OA) adj.: f. *uxra*] 他の
āy [interj.] はい・ええ
aylūl [n.m.] 9 月
aytām ☞ *yatīm*
aywa [adv.] はい
ayy(a) [pron.] どの？
ayya [interj.] それ・ほら
ayyār [n.m.] 5 月
azġar ☞ *zġīr*
aẓbaṭ ☞ *maẓbūṭ*
aẓdar [v.t.: IV-0] 出版する
aža [v.t.: irr.: a.p. *žāy*] 来る
ažār [n.m.] 賃貸
ažbar [v.t.: IV-0] 強要する
ažnabi [adj.-n.: f. *ažnabiyye*, pl. *ažānib*] 外国の／外国人
ažwube ☞ *žawāb*
ažžal [v.t.: II-0] 延期する

【***b***】

b- [prep.] ① ～で（手段）　② ～に（場所）　③（比較の基準）：*b-hadāk iz-zamān* [adv.] その当時　*b-ha-ṭ-ṭarīqa* [adv.] このようにして　*b-il-ᶜāde* [adv.] 通常は・普段は　*b-il-ᶜaks* [adv.] 逆に　*b-il-āxir* [adv.] 最後に　*b-il-fiᶜil* [adv.] 実際に　*b-il-lēl* [adv.] 晩に　*b-il-marra* [adv.] 全然（～しない）　*b-il-mašy* [adv.] 歩いて　*bi-mā inn-(o)* [conj.] ～なので　*b-in-nisbe la-, ˀil-* [prep.] ～にとって・～としては・～と比べれば　*b-iṣuᶜūbe* [adv.] 困難を伴って　*b-iṭ-ṭarīq* [adv.] 途中で　*b-iẓ-ẓabṭ* [adv.] 丁度　*b-iz-zamanāt* [adv.] かつては　*b-nafs il-waqt* [adv.] 同時に　*b-qadīm iz-zamān* [adv.] 昔々　*b-surᶜa* [adv.] 速く　*b-iġmūḍa* [adv.] 不明瞭に　*b-žamb-* [prep.] ～のそばに
bᶜīd [adj.: f. *-e*, pl. *bᶜād*] 遠い

bāᶜ [v.t.: I-2 (i)] 売る
baᶜad [v.t.: I-0 (a)] 遠ざける
baᶜat [v.t.: I-0 (a)] 送る
baᶜd ☞ *baᶜid*
baᶜḍ ☞ *baᶜiḍ*
baᶜdēn , baᶜdīniš [adv.] それから・その後
baᶜdīniš ☞ *baᶜdēn*
baᶜid, baᶜd [prep.] ～の後に：*baᶜd-ma* [conj.] ～した後で
baᶜiḍ, baᶜḍ ① [n.m.] いくつか　② [adv.] お互いに
bāb [n.m.: pl. *bibān, bwāb*] ドア：*bāb il-ᶜamūd* ダマスカス門（エルサレム旧市街北中部）；*bāb iz-zāhre* ヘロデ門（エルサレム旧市街北東部）
bābi [n.m.: pl. *bābiyyāt*] 赤ん坊
bābili [adj.-n.: f. *bābiliyye*, pl. *bābiliyyīn*] バビロニアの／バビロニア人
bababa... [interj.] おやおやおや・おっとっと
babūniž [n.m.] カモミール
badal-ma [conj.] ～するかわりに
baddāle [n.f.: pl. *baddalāt*] ペダル
badir [n.m.] 満月
badle [n.f.: pl. *badlāt*] 背広
badri [adv.]（朝）早く
bāḍ [v.i.: I-2 (i)] 卵を産む
baḥaṛ [n.m.: dim. *bḥēṛa*] 海
baḥḥ [v.t.: I-G (i)] ゆすぐ
bakawāt ☞ *bēk*
bakēt [n.m.: pl. *baketāt*] 箱（たばこ）
bakkīr [adv.] 早く
bāl [n.m.] 意識：*dār bāl- ᶜala* ～に注意する
balaᶜ [v.t.: I-0 (a)] 飲み込む
balad [n.m.: pl. *blād*] 街
baladi [adj.: f. *baladiyye*] 街の
baladiyye [n.f.] 市役所
bālaġ [v.t.: III-0] 誇張する
balalīn ☞ *ballōn*
balāš [adv.] 無料で
balde l-qadīme [n.f.] エルサレム旧市街：*b-il-balde* 旧市街で
balġam [n.m.] 痰
balki [adv.] 恐らく
ballaš [v.t.: II-0] 始める
ballōn [n.m.: pl. *balalīn*] 風船
bana [v.t.: I-3 (i)] 建てる
banafsaž [n.m.] すみれ
banafsaži [adj.] すみれ色の
bandōṛa [n.f.] トマト
baniʾādam [n.: f. *baniʾādme*] 人
bannūṛ [n.m.col.: n.u. *bannūṛa*] ガラス
banzīn [n.m.] 石油
baqa [v.i.: I-3 (i): a.p. *bāqi*] 残る・～のままである・～である：*bāqi* ① [adj.] ～のままである　② [n.m.] 他の物
baqaṛa [n.f.] 雌牛
baqbaš [v.t.: QI-0] 水ぶくれを作る
baqbūše [n.f.] バリバリ食べること
bāqi ☞ *baqa*
baqiyye [n.f.] 残り
baqlāwa [n.f.] 菓子の一種
bār [n.m.] バー・居酒屋
barad [v.i.: I-0 (u)] 寒くなる
bārak [v.t.: III-0] 祝福する
barbaš [v.t.: QI-0] バリバリ齧る
bard [n.m.] 寒さ
bārid [adj.: f. *bārde*, pl. *bārdīn*, elat. *abrad*] 冷たい・寒い
bariṭāni [adj.-n.] 英国の／英国人
barriyye [n.f.] 荒野
bās [v.t.: I-2 (u)] キスする
bass ① [adv.] ～だけ　② [conj.] しかし

baṣṣa [n.f.] 燠

bašbaš [v.t.: QI-0] バリバリ齧る

baššar [v.t.: II-0] 良い知らせを持ってくる

bāt [v.t.: I-2 (i:ā)] 夜を過ごす

baṭal [n.m.] 英雄

baṭrak [n.m.: pl. *baṭārke*] 司祭（東方教会）

baṭrakiyye [n.f.] 司祭職（東方教会）

baṭṭal [v.t.: II-0] やめる

bawabīr ☞ *ḅaḅḅūṛ*

bawwal [v.t.: II-0] 小便をさせる

baxx [v.t.: I-G (u)] 噴霧する

bayyāᶜ [n.: pl. *bayyaᶜīn*] 売り子

bayyaḍ [v.t.: II-0] 白くする

bayyan [v.t.: II-0] 明らかにする・見せる：*mbayyin* ～のようだ

bayyat [v.t.: II-0] 一晩置いておく

bazaq [v.i.: I-0 (u)] つば・痰を吐く

bazēlla [n.f.] えんどう豆

bēᶜ [n.m.] 販売（vn. *bāᶜ*）

bēḍa [n.f.] 玉子

bēk [n.m.: pl. *bakawāt*] ベイ

bēn [prep.] ～の間に：*ᶜa-bēn-ma* [conj.] ～している間に・～するまで *la-bēn-ma* [conj.] ～するやいなや

bēt [n.m.: pl. *byūt*] 家：*bēt-ḥanīna* [n.f.] ベート・ハニーナ（地名） *bēt-laḥim* [n.f.] ベツレヘム（地名）

bḥēṛa ☞ *baḥir*

bi- ☞ *b-*

biᶜṯe [n.f.] 使節

bidd- [particle]（動詞現在形Y形を伴い）～したい

bidi [v.t.: I-3 (a)] 始める

bidūn [prep.] ～なしで：*bidūn-ma* [conj.] ～せずに・～することなく *bidūn fāyde* [adv.] 無駄に

bika, buka [n.m.] 泣くこと：*b-il-bika* [adv.] 泣きながら

biki [v.i.: I-3 (a)] 泣く

bina, buna [n.m.] 建設

binit [n.f.: pl. *banāt*] 娘・女の子

binn [n.m.] コーヒー豆

binni [adj.: f. *binniyye*] 茶色い

bīr [n.m.: pl. *byāṛ*] 井戸

biss [n.m.: pl. *bsās*] 猫

bitinžān [n.m.col.] ナス

bizz [n.m.] 乳首

blād [n.f.] 街（☞ *balad*）

bōbaz [v.i.: QI-2] しゃがみ込む

bōl ① [n.m.col.: n.u. *bōle*] 切手　② [n.m.] 小便

brāvo [interj.] ブラボー！

brazīl [n.f.] ブラジル

brīq [n.m.: pl. *abarīq*] 水差し

brīz [n.m.] コンセントプラグ

buka ☞ *bika*

bukṛa [adv.] 明日

buna ☞ *bina*

burġi [n.m.: pl. *barāġi*] ねじ

bustān [n.m.: pl. *basatīn*] 庭園

būlād [n.m.] 鋼鉄

būrṣa [n.f.] 証券取引所

buṭʾ [n.m.] 遅さ

būẓa [n.f.] アイスクリーム

bwāb ☞ *bāb*

byaḍḍ [v.i.: IX] 白くなる

【ḅ】

ḅāḅa [n.m.] ①ローマ法王　②パパ

ḅaḅḅūṛ [n.m.: pl. *bawabīr*] ケロシンランタン・蒸気船

ḅanṭalōn [n.m.: pl. *-āt*] ズボン

ḅaṛanīṭ ☞ *ḅuṛnēṭa*

ḅaṛḍ-o [adv.] ～も

ḅaṛṛa [adv.] 外で：*la-baṛṛa* [adv.] 外（の方）に
ḅāṣ [n.m.] バス
ḅaṣīṭ [adj.] 単純な
ḅaṭāṭa [n.f.] じゃがいも
ḅaṭin [n.m.] 腹
ḅay-ḅāy [interj.] バイバイ
ḅuṛnēṭa [n.f.: pl. *ḅaṛanīṭ*] 帽子

【 *d* 】
daᶜa [v.i.: I-3 (i)] 呪う（〜を *ᶜala*）
daᶜam [v.t.: I-0 (a)] 支える
daᶜas [v.t.: I-0 (a)] 踏む
dāb [v.t.: I-2 (u)] とける
dabaḥ [v.t.: I-0 (a)] 屠る・虐殺する
dabbar [v.t.: II-0] 何とかする
dābbe [n.f.] 動物
dabḥa [n.f.] 殺戮・虐殺
dabiḥ [n.m.] 虐殺
dafaᶜ [v.t.: I-0 (a)] 支払う
dafan [v.t.: I-0 (a)] 埋める・埋葬する
daffāy [n.f.: pl. *daffayāt*] ストーブ
dāfi [adj.: f. *dāfye*] 温かい
daftaṛ [n.m.: pl. *dafātir*] ノート
dahab [n.m.] 金
dall [v.t.: I-G (u)] 案内する
dallal [v.t.: II-0] 甘やかす
dallāl [n.m.] 呼び売りする人
dalw [n.m.] バケツ
dālye [n.f.: pl. *dawāli*] 葡萄の木：*bēn id-dawāli* 葡萄の木の間で（歌の名前）*waraq dawāli* ブドウの葉
dām [v.i.: I-2 (u)] 続く
damᶜa [n.f.: pl. *dmūᶜ*] 涙
damm [n.m.] 血
dān [n.f.: du. *dēntēn*, pl. *dinēn*] 耳
dāqiq ☞ *daqq*
daqq [v.t.: I-G (u): a.p. *dāqiq*] 叩く
dāra [v.t.: III-3] 隠す
daras [v.t.: I-0 (u)] 勉強する・学ぶ
daraže [n.f.: pl. *daražāt*] 段階
dardaš [v.t.: QI-0] おしゃべりする
dars [n.m.: pl. *drūs*] 授業・課
dawa [n.m.: pl. *adwye*] 薬
dawāli ☞ *dālye*
dawle, dōle [n.f.: pl. *duwal*] 国家
dawwab [v.t.: II-0] 溶かす
daxal [v.i.: I-0 (u): *dāxil*] 入る
dāxil ☞ *daxal*
daxxal [v.t.: II-0] 入れる
daxxan[v.t.: II-0] 喫煙する
dāyman, dayman [adv.] いつも
dayr ☞ *dēr*
dāyre [n.f.] 部局
dayyaṛ [v.t.: IV-0] 運営する
dayyiq [adj.] 狭い
ddaffa [v.i.: V-3] 温まる
ddāyan [v.i.: VI-0] 借金する
dēn [n.m.: pl. *dyūn*] 借金
dēr [n.m.: pl. *adyuṛa*] 修道院
dhūn [n.m.] 軟膏
dīk [n.m.: pl. *dyūk*] 雄鶏
dimašq [n.f.] ダマスカス
dimiyāna [n.f.]（人名）
dīn [n.m.: pl. *adyān*] 宗教
dinya [n.f.] 世の中・現世
dirbakke [n.f.] 太鼓の一種
diwān [n.m.: pl. *dawawīn*] 大客間
diyāne [n.f.: pl. *diyanāt*] 宗教
diyye [n.f.] 賠償金
dmūᶜ ☞ *damᶜa*
dōle ☞ *dawle*
dōm ☞ *dōmari*
dōmari [n.: f. & pl. *dōmariyye* col. *dōm*] ジプシー
dōr [n.m.: pl. *adwāṛ*] 役割・順番

dōše [n.f.] 騒動
dōzan [v.i.: QI-2] 調弦する
dōzane [n.f.] 調弦
drāᶜa [n.f.] 腕
drāse [n.f.] 勉強
drūs ☞ *dars*
dubbān [n.m.col.: n.u. *dubbāne*] ハエ
duġri [adv.] まっすぐに・直接
dukkān [n.m.: pl. *dakakīn*] 店
dukkāne [n.f.] 店
duktōr [n.m. f. *duktōṛa*, pl. *dakātṛa*] 医師
duktōrāʰ [n.m.] 博士号
dulāb [n.m.] 引出
dumdum [n.m.] ダムダム（弾）
dummale [n.f.] できもの
dunum [n.m.: pl. *dnūm*]（面積の単位）= 10a
duxxān [n.m.] 煙草
dzaḥlaq [v.t.: QII-0] 滑る
džannab [v.i.: V-0] 避ける
džawwaz [v.i.: V-0: a.p. *midžawwiz*] 結婚する

【 *ḍ* 】
ḍaᶜīf [adj.] 弱い・痩せた
ḍabᶜa [n.f.] ハイエナ
ḍabb [v.t.: I-G (u)] 荷造りする
ḍaġṭ [n.m.] 圧迫・圧力
ḍahir [n.m.] 背中
ḍall [v.i.: I-G (a): a.p. *ḍāyil*] 居残る・〜である・〜のままである
ḍāṛ ① [v.t.: I-2 (i)] 回す ② [v.t.: I-2 (u)] 回る ③ [n.f.] 家
ḍaṛaḅ [v.t.: I-0 (u)] 殴る
ḍaṛḅ [n.m.] 殴ること・殴打
ḍaṛṛ [v.t.: I-G (u)] 害する
ḍarūri [adj.: f. *ḍaruriyye*] 必要な
ḍaww [n.m.] 明かり・電燈
ḍawwaᶜ [v.t.: II-0] 失う
ḍažže [n.f.] 雑音
ḍḍaṃṃaṛ [v.i.: V-0] 破壊される
ḍḍāyaq [v.i.: VI-0] うんざりする
ḍēf [n.m.: pl. *ḍyūf*] 客
ḍiᶜif [v.i.: I-0 (a)] 弱る
ḍifḍaᶜ, ḍufḍaᶜ [n.m.] 蛙
ḍiḥik [v.i.: I-0 (a)] 笑う
ḍimn ：*min ḍimn* [prep.] 〜の中に・〜の間に
ḍīq [n.m.] 狭さ
ḍōṛa [n.f.] 回り道
ḍudd, ḍidd [prep.] 〜に（反）対して
ḍufḍaᶜ ☞ *ḍifḍaᶜ*
ḍuhriyye [n.f.] 昼間
ḍuhur [n..m.] 昼
ḍyūf ☞ *ḍēf*

【 *ḏ* 】
ḏakar [(OA) v.t.: I-0 (u)] 言及する・述べる
ḏirāᶜ [(OA) n.f.] 腕

【 *ē* 】
ē [interj.] はい
ēmta [adv.] 何時？
ēš [pron.] 何？：*ēš ma-kān* なんであろうと

【 *f* 】
fa- [conj.] それで・それゆえ
fabārik ☞ *fabrika*
fabrika [n.f.: pl. *fabārik*] 工場
faḍḍa ① [v.t.: II-3] 空にする ② ☞ *fiḍḍa*
fāḍi [adj.: f. *fāḍye*] 空の・暇な
faḍil, faḍl [n.m.] 徳
fahmān [adj.] 知性のある

fāḥ [v.i.: I-2 (u)]（匂いが）広がる
faḥaṣ [v.t.: I-0 (a)] 検査する
faḥim [n.m.col.: n.un. *faḥme* pl. *faḥmāt*] 炭
faḥmāt ☞ *faḥim*
faḥme ☞ *faḥim*
fakk [v.t.: I-G (i)] 解く・解く
fakkaṛ [v.t.: II-0] 考える
falasṭīn [n.f.] パレスチナ
falasṭīni [adj.-n.: f. *falasṭiniyye*, pl. *falasṭiniyyīn*] パレスチナの／パレスチナ人
fallāḥ [n.: f. -*a*, pl. -*īn*] 農夫
fāq [v.i.: I-2 (i)] 起きる・目覚める
faqīr [adj.: f. *faqīre* pl. *fuqaṛa*] 貧しい
faraḥ [v.t.: I-0 (a)] 喜ぶ
fard ① [n.m.: pl. *afrād*] 家族のメンバー ② [n.m.: pl. *frūd*] ピストル
fāris [n.m.] 騎士
farmašāni [n.] 薬剤師
farmašiyye [n.f.] 薬局
farqiyye [n.f.] 差異
farža, warža [v.t.: QI-4] 見せる
fāṛ [n.m.: pl. *firān*] ネズミ
faṛaḍ [v.t.: I-0 (u)] 仮定する
faṛaž [v.t.: I-0 (i)] 解放する
fāṣle [n.f.: pl. *fawāṣil*] 読点
faṣūlya [n.f.] インゲン豆
fašake [n.f.: pl. *fašakāt*] 弾丸
fāt [v.i.: I-2 (u)] 過ぎる
fataḥ [v.t.: I-0 (a): p.p. *maftūḥ*] 開く
fatṛa [n.f.: pl. *fataṛāt*] 期間
fawdas [v.i.: QI-0] 休暇を取る
fawḍa [n.f.] 無秩序
fawwat [v.t.: II-0] 通らせる
faxde [n.f.: pl. *fxād*] 太腿
faxx [n.m.: pl. *fxāx*] 罠
fayy [n.m.] 影
fayyaq [v.t.: II-0] 起す
fažʔa [adv.] 突然
fi [prep.] ① ～で（場所）② Y 接頭辞活用形と共に「～できる」: *fi-l-mudde l-axīre* [adv.] 最近　*fi-z-zamanāt* [adv.] 以前は
fiʕil [n.m.] 動詞：*b-il-fiʕil* [adv.] 実際
fiʕlan [adv.] 勿論・実際に
fiḍḍa, faḍḍa [n.f.] 銀
fīh [particle] ある・存在する
fihim [v.t.: I-0 (a): a.p. *fāhim*] 理解する
fikṛa [n.f.] 考え
filfil [n.m.] 胡椒
filtir [n.m.] フィルター（煙草）
fiṣiḥ [n.m.] 過越の祭
fišš [particle] 無い
fišše [n.f.: pl. *fašāyiš*] 肺
fiṭin [v.t.: I-0 (i)] 気づく
fīza ☞ *vīza*
fižle [n.f.] 蕪
flān [n.: f. -*e*] 何某
flāni, fulāni [adj.: f. *flaniyye, fulaniyye*] 何某の
fōdas [v.i.: QI-2] 休暇を取る
fōq [prep.] ～の上に（上空）：*la-fōq* [adv.] 上に・上方に
fōras [v.i.: QI-2] 休暇を取る
fōṛṣa [n.f.] 休暇
fransa [n.f.] フランス
fransāwi [adj.-n.] フランスの／フランス人
frāš [n.m.] ベッド
frūd ☞ *fard*
ftakaṛ [v.i.: VIII-0] 考える
ftaqad [v.t.: VIII-0] 失くす
ftaxar [v.i.: VIII-0] 誇る
fulāni ☞ *flāni*
fuqaṛa ☞ *faqīr*

fuṣḥa [n.f.] 正則アラビア語
fūṭa [n.f.: pl. *fuwaṭ*] タオル

【*g*】
galagala [n.f.] いかさま
garsōn [n.m.] ウエイター
giṭāṛ [n.m.] ギター
gripp [n.m.] インフルエンザ
grupp [n.m.: pl. *-āt*] グループ
gulle [n.m.: pl. *glāl*] ビー玉

【*ġ*】
ġāb [v.i.: I-2 (i)] 不在である
ġād [adv.] あちら
ġabbaṛ [v.t.: II-0] ほこりまみれにする
ġada [n.m.] 昼食
ġaḍar [v.t.: I-0 (u)] 陥れる
ġafle：*ᶜa-ġafle* [adv.] 突然に
ġala [v.t./v.i.: I-3 (i)] 茹でる・沸く
ġalaṭ [n.m.] 過ち
ġāliban [adv.] 通常は
ġalla [v.t.: II-3] 値上げする
ġamaṛ [v.t.: III-0] 浸す
ġāmar [v.t.: III-0] 敢えてする
ġāmiq [adj.: f. *ġāmqa*] 暗い
ġanāni ☞ *ġunniyye*
ġanam [n.m.col.: n.u. *ġaname*] 羊
ġani [adj.: f. *ġaniyye* pl. *ġunaya*] 裕福な
ġanna [v.t.: II-3] 歌う
ġara [v.t.: I-3 (i)] そそのかす
ġarbi [adj.: f. *ġarbiyye*] 西の
ġarġar [v.t.: QI-0] くすぐる
ġarra [v.t.: II-3] 接着する
ġāṛ [v.i.: I-2 (i:ā)] 嫉妬する
ġaṛaḍ [n.m.: pl. *aġṛāḍ*] 品物
ġaṛṛ [v.t.: I-G (u)] だます
ġasal [v.t.: I-0 (i)] 洗う
ġasīl [n.m.] 洗濯物
ġaššāš [n.: f. *-e*, pl. *-īn*] 詐欺師
ġāṣ [v.i.: I-2 (u)] 潜水する
ġaṭa [n.m.] 毛布
ġaṭṭ [v.t.: I-G (u)] 浸す
ġaṭṭa [v.t.: II-3: p.p. *mġaṭṭa*] 覆う
ġayṛān [adj.] 嫉妬深い
ġayyaṛ [v.t.: II-0] 変える
ġāz [n.m.] ガス
ġazze [n.f.] ガザ
ġāẓ [v.t.: I-2 (i)] 怒らせる
ġēme [n.f.] 雲
ġēr [n.m.] 他の物
ġiliṭ [v.i.: I-0 (a)] 誤る
ġmūḍa [n.f.] 不透明・不明瞭：*b-iġmūḍa* 不明瞭に
ġōġa [n.f.] 無秩序
ġunaya ☞ *ġani*
ġunniyye [n.f.: pl. *ġanāni*] 歌
ġurfe [n.f.: pl. *ġuraf*] 部屋
ġūl [n.m.] グール

【*h*】
-h [pron.suf.] 彼の・彼を
-ha [pron.suf.] 彼女の・彼女を
ha- [pron.(c.)] この：*ha-l-qadde* [adv.] これ程　*ha-l-yōm* [adv.] 今日
habb [v.t.: I-G (i)]（火が）つく
hād [pron.(c.)] これ
hāda [pron.(m.)] これ
hadāk [pron.(m.)] あれ
hadd [v.t.: I-G (i)] 破壊する
hādi ① [adj.: f. *hādye*] 静かな　② [pron.(f.)] これ
hadīk [pron.(f.)] あれ：*hadīk is-sēᶜa* [adv.] その時に
hadōl, hadōla, (ha)dole, hadulāk(e) [pron.(pl.)] あれら
hallaq [adv.] 今・さて

hallūn ☞ *hilāne*
halqēt, haqqētin [adv.] 今
hamm [v.t.: I-G (i)] 関心を起こさせる
hān [v.t.: I-2 (i)] 無視する
hanna [v.t.: II-3] 祝いの言葉を述べる
haqall ☞ *qalīl*
haqqētin ☞ *halqēt*
haqsām ☞ *qisim*
haqwa ☞ *qawi*
harab [v.i.: I-0 (u)] 逃げる
hāšimi [adj.: f. *hāšimiyye*] ハーシミー家の
hāt [v.irr.] 持って来い！
hāw, āw [pron.] ほら！
hawa [n.m.] 望み：*ʿala-hawā-* [prep.] ～のおかげで
hāy [pron.(f.)] これ
hayy(a) [interj.] それ・そら
hažam [v.t.: I-0 (u)] 攻撃する
hdiyye [n.f.: pl. *hadāya*] プレゼント
hēk, hēka, hēke, hēkid, hēkiḏ, hēkit [adv.] そのように・こう
hēlam [v.t.: QI-2]（人を）丸め込む
hēlame [n.f.] 丸め込み（vn. *hēlam*）
hī [pron.] 彼女
hilāl [n.m.] 三日月
hilāne [n.m.: dim. *hallūn*]（人名）
il-hind [n.f.] インド
hindi [adj.-n.] インドの／インド人
hinne, hinnen ☞ *humme*
hiqbāl ☞ *qbāl*
hiqlām ☞ *qalam*
hiqmāṛ ☞ *qmāṛ*
hiyye, hiyya [pron.] 彼女
holandi [adj.-n.: *holandiyyīn*] オランダの／オランダ人
-hon ☞ *-hum*
hōn, hōna, hōne, hōni [adv.] ここに
htamm [v.i.: VIII-G] 興味を持つ
htazz [v.i.: VIII-G] ショックを受ける
hu, hū ☞ *huwwe*
-hum [pron.suf.] 彼らの・彼らを
humma ☞ *humme*
humme, humma, hinne, hunne, hinnen [pron.] 彼らは
hunā [(OA) adv.] ここに
hunāk [adv.] あそこに
hunne ☞ *humme*
huwwe [pron.] 彼は・それは

【*ḥ*】
ḥabb [v.t.: I-G] 好む・好きである
ḥabbe [n.f.: pl. *ḥabbāt*] 粒
ḥabīb [n.m.] 恋人
ḥabil [n.m.] ロープ
ḥada [pron.] だれか・だれも（～でない）
ḥadd ① [v.t.: I-G (i)] 悼む　② [n.m.] 境界　：*(yōm) il-ḥadd* 日曜日
ḥaddad [v.t.: II-0] 限定する
ḥaddād [n.m.: pl. *ḥaddadīn*] 鍛冶屋
ḥaddūte [n.f.] 物語
ḥadīd [n.m.] 鉄
ḥaḍḍaṛ [v.t.: II-0: a.p. *mḥaḍḍir*] 準備する
ḥaḍir [n.m.] ハデル・聖ジョージ
ḥāfaẓ [v.t.: III-0: a.p. *mḥāfiẓ*] 保存する
ḥāfi [adj.: f. *ḥāfye*, pl. *ḥāfyīn*] 裸足の
ḥafīd [n.m.: pl. *aḥfād*] 孫
ḥafle [n.f.: pl. *ḥaflāt*] 宴会
ḥaka [v.t.: I-3 (i)] 語る
ḥakīm [n.m.: pl. *ḥukama*] 医師
ḥaky [n.m.] 話し
ḥāl [n.f.] 状態：*la-ḥāl-* [adv.] ～一人で
ḥalāwe [n.f.] 甘さ
ḥāliyyan [adv.] 今の所・現在は・目下
ḥall [n.m.] 解決

ḥalla [v.t.: II-3] 甘くする
ḥallāq [n.m.: pl. *ḥallaqīn*] 散髪屋
ḥallal [v.t.: II-G] 分析する
ḥalqūm [n.m.]（菓子の一種）
ḥama [v.t.: I-3 (i)] 保護する・守る
ḥamāh, *ḥamāy* [n.f.] 義母
ḥamāy ☞ *ḥamāh*
ḥamal, ḥimil [v.t.: I-0 (i)] 運ぶ
ḥamdilla ☞ *lḥamdilla*
ḥāmi [adj.: f. *ḥāmye*] 暑い
ḥāmiḍ [adj.: f. *ḥāmḍa*] 酸っぱい
ḥamīr ☞ *ḥmāṛ*
ḥammām [n.m.] トイレ
ḥanāniya [n.m.]（人名）
ḥanafiyye [n.f.] 蛇口
ḥanḍal [n.m.] コロシント（植物）
ḥaqq [n.m.: pl. *ḥqūq ḥuqūq*] 権利
ḥāṛa [n.f.: pl. *ḥaṛāt*] 地区
ḥārab [v.t.: III-0] 戦う
ḥaṛām, ḥṛām [n.m.] 非合法・禁忌
ḥaṛāṛa [n.f.] 熱
ḥarabīq ☞ *ḥarbūq*
ḥarake [n.f.: pl. *-āt*] 動き・運動
ḥaraq [v.t.: I-0 (i)] 燃やす
ḥarb [n.f.: pl. *ḥrūb*] 戦争
ḥarbūq [adj.: pl. *ḥarabīq*] 頭が切れる
ḥarf [n.m.: pl. *ahruf, ḥrūf*] 文字
ḥariq [n.m.] 燃焼
ḥarīqa [n.f.] 火事
ḥāris 守衛
ḥarrak [v.t.: II-0] 動かす
ḥasab [prep.] ～によれば
ḥass [v.t.: I-G (i)] 感じる
ḥassab [v.t.: II-0] 考える
ḥassan [v.i.: V-0] 改善する
ḥašaṛ [v.t.: I-0 (u)] 押す
ḥašīš [n.m.] 草
ḥatta, ḥitta, ḥittan ① [prep.] ～まで
② [adv.] ～さえ
ḥāṭaṭ 金を出し合う
ḥaṭṭ [v.t.: I-G (u)] 置く
ḥāwal [v.t.: III-0] 試みる
ḥawāle- [prep.] ～の周りに
ḥawwal [v.t.: II-0] 変える
ḥaya [n.m.] 恥
ḥayāh [n.f.] 人生・生活
ḥaywān [n.m.] 動物
ḥayya [v.i.: II-3] 生きる
ḥayye [n.f.] ヘビ
ḥazzan [v.t.: II-0] 悲しませる
ḥaẓẓ [n.m.] 運
ḥažaṛ [n.m.col.] 石
ḥāžiyyāt [n.pl.] 日用品
ḥažž [v.i.: I-G (i)] 巡礼する
ḥdaʿiš, ḥdaʿšaṛ [num.] 11
ḥdād [n.m.] 哀悼
ḥēn [n.m.] 破壊・死：*ya-ḥēn* なんということか！
ḥēṭ [n.m.: pl. *ḥiṭān*] 塀・壁
ḥēṭa [n.f.] 塀
ḥibir [n.m.] インク
ḥibla [adj.f.] 妊娠した
ḥiffe [n.f.] 端
ḥiliw [adj.: f. *ḥilwe*, pl. *ḥilwīn*, elat. *aḥla*] 甘い・素敵な
ḥimil ☞ *ḥamal*
ḥīre [n.f.] 狼狽
ḥitta ☞ *ḥatta*
ḥittan ☞ *ḥatta*
ḥkāye [n.f.: pl. *ḥkayāt*] 話
ḥmāṛ [n.m.: pl *ḥamīr*] ロバ
ḥmaṛṛ [v.i.: IX] 赤くなる
ḥmiṛāṛ [n.m.] 赤くなること（vn. *ḥmaṛṛ*）
ḥṛām [n.m.] ブランケット
ḥrūb ☞ *ḥarb*

ḥrūf ☞ *ḥarf*
ḥṣān [n.m.: pl. *ḥuṣun*] 馬
ḥsāb [n.m.] 計算
ḥsābe [n.f.] 計算
ḥtadd [v.i.: VIII-G] より深刻になる
ḥtafal [v.t.: VIII-0] 祝う
ḥtaram [v.t.: VIII-0] 尊敬する
ḥtifāl [n.m.] 宴会・祝賀
ḥtirām [n.m.] 尊敬
ḥukum [n.m.] 判決
ḥukūme [n.f.] 政府
ḥukūmi [adj.] 政府の
ḥummuṣ [n.m.] ヒヨコマメ
ḥurr [n.m.] 自由
ḥuṣun ☞ *ḥṣān*
ḥzirān [n.m.] 6 月

【 ***i*** 】
-i [pron.suf.] 私の・私に
iʿlān [n.m.] 告知
ibin [n.m.: pl. *abnāʾ*] 息子
ibre [n.f.] 針・鍼
īd [n.f.: du. *ittēn*, pl. *idēn*] 手
iḥnāḥna, naḥna, niḥna [pron.] 私たちは
il- [prep.] ① 〜の・〜のため　② 〜へ・〜に
ila：*ilā ʾāxiri-hi* 等々
ilāh [n.m.: pl. *āliha*] 神
ilḥamduḷḷa ☞ *lḥamdilla*
illa ① [conj.]（否定辞 *ma-* と共に）すると見よ　② [pron.] すると見よ！
illi, li, lli [pron.]（関係代名詞）
īmān, imān [n.m.] 信仰
imbaraṭōr [n.m.] 皇帝
imbaraṭuriyye [n.f.] 帝国
imḍāy(e) [n.f.: pl. *imḍayāt*] 署名
imkān [n.m.] 可能性
imkanīye [n.f.] 可能性
imm [n.f.] 母
indonēsya [n.f.] インドネシア
inglīzi [adj.-n.: pl. *inglīz*] 英国の／英国人
inn-, ann-, unn-, inn-o [conj.] 〜ということ
innama [(OA) conj.] しかしながら
ins [n.m.] 人
insān [n.m.] 人
inte [pron.] 貴男は
inti [pron.] 貴女は
intu [pron.] あなたたちは
iqbāl ☞ *qbāl*
irāde [n.f.] 欲求
irān [n.f.] イラン
irāni [adj.-n.] イランの／イラン人
irġife ☞ *rġīf*
isim, ism, usm [n.m.: pl. *asmāʾ*] 名前
islāmi [adj.] イスラームの
israʾīl [n.f.] イスラエル
išāṛa [n.f.] 印
iši [n.m.: pl. *ašyāʾ, išya, išyāʾ*] 物
ixwe ☞ *axu*
iza [conj.] 〜する時に
ižir [n.f.: du. *ižirtēn*, pl. *ižrēn*] 足

【 ***k*** 】
ka- [(OA) prep.] 〜のように・〜として
ka-inn-o, kunn-o [conj.] 〜である如く
kabāb [n.m.] カバブ
kabas [v.t.: I-0 (i)] 押す
kabb [v.t.: I-G (u)] こぼす
kabba [v.i.: II-3] 前のめりになる
kabbaṛ [v.t.: II-0] 大きくする
kābil [n.m.] ケーブル
kaḏa [(OA) adv.] このように
kāfaḥ [v.t.: III-0] 戦う
kāfi [adj.] 十分な
kaffa [v.t.: II-3] 十分である

kahraba [n.m.] 電気
kaki [n.m.] 糞
kalām [n.m.] 言葉
kalb [n.m.: pl. *klāb*] 犬
kalime ☞ *kilme*
kamān [adv.] ① 〜も　② *kamān* + 時間を表す名詞「更なる〜」
kambyūtaṛ ☞ *kumbyūtaṛ*
kāmil [adj.: f. *kāmle*] 完全な
kammal [v.t.: II-0] 続ける・終える
kān [v.i.: I-2 (u)] 〜である
kanādir ☞ *kundaṛa*
kanāyis ☞ *knīse*
kanīse ☞ *knīse*
kanūn [n.m.] 七輪
kanūn il-awwal 12月
kanūn it-tāni 1月
kaṛāž [n.m.: pl. *-āt*] ガレージ・自動車修理工場
kaṛṛ [v.t.: I-G (i)] ほどく
karīm [adj.: pl. *karimīn*] 気前の良い
karkaᶜ [v.i.: QI-0] カリカリという音をさせる
karkadān, karkazān [n.m.] サイ
kart [n.m.: pl. *krūt*] 絵葉書
kās [n.m.] カップ
kāsrīn ☞ *kasar*
kasar [v.t.: I-0 (i): a.p. *kāsir*] 壊す
kaslān [n.-adj.] 怠け者
kašaf [v.t.: I-0 (i): p.p. *makšūf*] あらわにする
katab [v.t.: I-0 (i): p.p. *maktūb*] 書く
kattaf [v.i.: II-0] 腕を組む
kattaṛ [v.t.: II-0] 多くする
katulīk [n.m.] カトリック
kayyaf [v.t.: II-0] 楽しむ
kāz [n.m.] 石油
kaza [adv.] このように

kazab [v.i.: I-0 (i)] 嘘をつく
kbāṛ ☞ *kbīr*
kbīr ① [adj.: f. *kbīre*, pl. *kḅāṛ*, elat. *akḅaṛ*] 大きい　② [n.m.: pl. *akābir*] 名士
kē, kēf ☞ *kīf*
kēle [n.m.] 缶
kibir [v.i.: I-0 (a)] 大きくなる
kīf, kē, kēf [conj.] 〜する如く
kildān [n.pl.] カルデア人
kilme, kalime [n.f.] 単語
kīlo [n.m.] キロ
kilwe [n.f.] 腎臓
kīmāwi [adj.] 化学的な
kinne [n.f.] 義理の娘
kirim [v.t.: I-0 (a)] 尊重される
kitbe [n.f.] 書くこと
kitif [n.m.: pl. *ktāf*] 肩
kitir [v.i.: I-0 (a)] 多くなる
kizib [n.m.] 嘘
knīse, kanīse [n.f.: pl. *kanāyis*] 教会
-kon ☞ *-kum*
kōfal [v.t.: Q1-2] おむつをつける
kōme [n.f.] 堆積
kōrab [v.t.: Q1-2] カーブを切る
kōṛḅa [n.f.] カーブ
kōrēdōr [n.f.] コレドール（地名）
krafatta, kravatta [n.f.] ネクタイ
krēma [n.f.] クリーム
krūt ☞ *kart*
ktāb [n.m.: pl. *kutub*] 本
ktafa [v.i.: VIII-3] 満足する
ktašaf [v.t.: VIII-0] 発見する
ktīr [adj.: f. *ktīre* pl. *ktāṛ*: elat. *aktaṛ*] 多い
kūᶜ [n.] ひじ
kubbāye [n.f.] カップ
kubbe [n.f.] クッベ（料理）
kufaliyye [n.f.] おむつ
kull [n.m.] 全て：*ᶜa-kullin* [adv.] とにか

く　*kull-ma* [conj.] ～するたびに・～するときはいつでも
kullin ☞ *kull*
-kum [pron.suf.] 貴男達の・貴男達を
kumbule [n.f.: pl. *kanābil*] 爆弾
kumbyūtaṛ, kambyūtaṛ [n.m.: pl. *-āt*] コンピューター
kunḍaṛa [n.f.: pl. *kanādir*] 靴
kunḍarži [n.] 靴屋
kunno ☞ *ka-inn-o*
kurbe [n.f.] 心配
kurkaᶜ [n.m.col.] カメ
kutur [n.m.] 多さ
kūx [n.m.] 小屋
kwayyis [adj.: f. *kwayyse*] 良い

【*l*】

l- [prep.] ～に
la, laˀ, lā [adv.] いいえ
la- ① [prep.] ～に：*la-ḅaṛṛa* [adv.] 外に　*la-fōq* [adv.] 上に・上方に　*la-bēn-ma* [conj.] ～するやいなや　*la-ḥāl-* [adv.] ～一人で　*la-quddām* [adv.] 前に・前方に　*la-minna* [conj.] ～する時　② [conj.]（動詞現在形Y形を伴い）～するために・～するまで
la-ann-, la-inn-, la-nn-, la-ˀann-o ☞ *li-ann-o*
labbas [v.t.: II-0] 着せる
laff [v.t.: I-G (i)] 包む・歩き回る
lagan [n.m.: pl. *lgān*] 盥
laġa [v.t.: I-3 (i)] 取り消す
lahže [n.f.: du. *lahižtēn*, pl. *lahžāt, lahažāt*] 方言
laḥḥ [v.i.: I-G (i)] せがむ
laḥḥām [n.m.] 肉屋の主人
laḥme ☞ 肉
laḥme [n.f.] 肉
laḥūḥ [adj.] 頑固な
laḥwaṣ [v.t.: QI-0] なめる
laḥẓa [adv.] しばらく
lākin, lākinn- [conj.] しかし
lāmba [n.f.] ランプ
lamma, lamman [conj.] ～する時・～した時
lamman ☞ *lamma*
lann- ☞ *li-ann-*
lanš [n.m.] ランチ（船舶）
laqa [v.t.: I-3 (a)] 見つける
lāqa [v.t.: III-3] 見つける
laqqam [v.t.: II-0] コーヒーの粉・砂糖を入れる
latīn [n.pl.] カトリック教徒
law [conj.] もし～なら
lawwad [v.i.: II-0] カーブを曲がる
lawwaḥ [v.t.: II-0] 振る
lazzaq [v.t.: II-0] 貼り付ける
lāžiˀ [n.: f. *-a*, pl. *-īn*] 難民
lāzim [adj.] 必要な
lēl [n.m.] 夜間：*b-il-lēl, fil-lēl* 夜に
lēlaki ライラック色の
lēle, lēla [n.f.: pl; *layāli*] 夜
lēš ① [adv.] 何故？　② [conj.] 何故なら
lgān ☞ *lagan*
lḥāf [n.m.] 敷布
lḥamdilla, ilḥamdlillāh, lḥamdulillā, il-ḥamduḷḷa, ḥamdilla,ḥamidlillā [interj.] お陰様で
li ☞ *illi*
li-ann-, la-ann-, la-inn-, la-nn-, la-ˀann-o, li-inn-o [conj.] 何故なら
li-ḏālik [(OA) adv.] それゆえ
li-inn-o ☞ *li-ann-*
liᶜib [v.i.: I-0 (a)] 遊ぶ
libanōn ☞ *lubnān*
libis [v.t.: I-0 (a): a.p. *lābis*] 着る

il-lidd [n.f.] リッダ（地名）
liḥiq [v.t.: I-0 (a)] 付いて行く・追いつく
liqāʾ [n.m.] 会うこと
liqi [v.t.: I-3 (a)] 見つける
lissa, lissāt- [adv.] まだ
lizim [v.t. I-0 (a)] 必要である
lli ☞ *illi*
lōn [n.m.: pl. *alwān*] 色
lsān [n.m.: pl. *alsun*] 舌
ltahab [v.i.: VIII-0] 炎症を起こす
ltawa [v.i.: VIII-3] ねじれる
luᶜub [n.m.] 遊び
lubnān, libanōn [n.f.] レバノン
luġa [n.f.: pl. *luġāt*] 言語
luṭuf [n.m.] 優しさ

【 *ḷ* 】
ḷafiẓ [n.m.] 発音
ḷaṃḅa [n.f.] ランプ

【 *m* 】
m-šān ☞ *min-šān*
mᶜabbi ☞ *ᶜabba*
mᶜallab ☞ *ᶜallab*
mᶜallaq ☞ *ᶜallaq*
mᶜallim [n.m.: f. *mᶜallme*, pl. *mᶜallmāt*] 教師
mᶜaqqad [adj.: f. *-e*] 複雑な
mᶜayyan [adj.: f. *-e*] 特定の
ma- [particle] 〜でない（*ma-* + verb, *ma-* + verb + *-š*）
mā-l- [interj.] 〜はどうした？：*mā-l-ik?* 貴女どうしました？
maᶜ [perp.] 〜と共に：*maᶜ baᶜiḍ* [adv.] 一緒に
maᶜāni ☞ *maᶜna*
maᶜde [n.m.] 胃
maᶜhad [n.m.: pl. *maᶜāhid*] 学院、学校
maᶜlaqa [n.f.: pl. *maᶜāliq*] スプーン
maᶜlēš [interj.] 大丈夫です、気にするな
maᶜlūm [interj.] 勿論！
maᶜna [n.m.: pl. *maᶜāni*] 意味
maᶜrake [n.f.: pl. *maᶜārik*] 争い
maᶜrūf [adj.: f. *maᶜrūfe*, pl. *maᶜrufīn*] 有名な：☞ *ᶜirif*
maʾzaq [n.m.] 重大な局面
mablaġ [n.m.] 金額
madbaḥa [n.f.] 虐殺
madd [v.t.: I-G (i)] 伸ばす
madīne [n.f.: pl. *mudun*] 街
madrase [n.f.: pl. *madāris*] 学校
maḍa [v.t.: I-3 (i)] 署名する
māḍi [adj.: f. *māḍye*, pl. *māḍyīn*] 切れ味のよい
mādde [n.f.] 材料
mafrūž [adj.: f. *-e*, pl. *-īn*] 解放された
maftūḥ ☞ *fataḥ*
maġaṭ [v.t.: I-0 (a)] 伸ばす
maġiṣ [n.m.] 腹痛
maḥall [n.m.: pl. *-āt*] 場所・店
maḥalli [adv.: f. *maḥalliyye*, pl. *maḥalliyyīn*] 地元の
maḥaṭṭa [n.f.: pl. *maḥaṭṭāt*] 駅
makān [n.m.: pl. *amākin*] 場所
makānis ☞ *mukunse*
mākina [n.f.: pl. *mākināt*] 機械
makšūf ☞ *kašaf*
maktabe [n.f.: pl. *maktabāt*] 図書館
maktūb [n.m.] 手紙
māl [n.m.] 財産
malān [adj.: f. *-e*, pl. *-īn*] 一杯の・満ちた
malik [n.m.] 王
mallaḥ [v.t.: II-0] 塩漬けにする
mallāk [n.m.: pl. *-īn*] 所有者
malqaṭ [n.m.] 洗濯バサミ
malyōn ☞ *malyūn*

malyūn, malyōn [n.m.: pl. *malayīn*] 百万
mamlake, mamlaka [n.f.: pl. *mamālik, mamlakāt*] 王国
mamnūᶜ ☞ *manaᶜ*
manaᶜ [v.t.: I- 0 (a) p.p. *mamnūᶜ*] 禁じる
mandīl [n.m.: pl. *manadīl*] ハンカチ
manṣaf [n.m.]（料理名）
manṣib [n.m.: pl. *manāṣib*] 地位・立場
mantol [n.m.] メンソール
mantolāton [n.m.] メンソール
manṭiqa, manṭaqa [n.f.] 地域
manẓaṛ [n.m.] 風景
maqᶜadiyye [n.f.] ズボンの尻の部分
maqādse ☞ *maqdisi*
maqās 計測
maqbaṛa [n.f.] 墓地
maqdisi [n.-adj.: pl. *maqādse*] エルサレムの・エルサレム出身者
maqmaṛa [n.f.] 賭博場
maqṭūᶜ ☞ *qaṭaᶜ*
mār [n.m.]（キリスト教の聖人に付ける称号）
maraq [v.i.: I-0 (u)] 通り過ぎる
māras [v.t.: III-0] 営む
mārid [n.m.] 巨人
marīḍ [n.-adj.: f. *-a*, pl. *muraḍa*] 病人
markaz [n.m.] センター・中央
marmaġ [v.t.: QI-0] ほこりまみれにさせる
martadēlla [n.f.]（ソーセージの一種）
mārūni [adj.-n.: pl. *mawārine*] マロン派の／マロン派の人
maryam [n.f.]（人名）
maržān [n.m.] サンゴ
masʾale [n.f.] 問題
masʾūl [n.: f. *-e*, pl. *-īn*] 責任者
masʾuliyye [n.f.] 責任
masa [n.m.] 夕方
masal [n.m.] 諺
masalan, maṯalan [adv.] 例えば
masiḥiyye [n.f.] キリスト教
il-masīḥ [n.m.] キリスト
masīḥi [n.-adj.] キリスト教の／キリスト教徒
massak [v.t. II-0] 掴む
maṣāfi ☞ *miṣfāy*
maṣāri [n.pl.] お金
maṣir [n.f.] エジプト
maṣlaḥa [n.f.] 利益
maṣṣāṣa [n.f.] 煙草用のフィルター・おしゃぶり
mašāʾaḷḷa, mašāḷḷa [interj.] すごいですね！
mašġūl [adj.: f. *-e*, pl. *-īn*] 忙しい
mašhūr [adj.: f. *-e*, pl. *mašhurīn*] 有名な
māši ☞ *miši*
maškile, muškile [n.f.] 問題
mašy [n.m.] 歩き（vn. *miši*）
māt [v.i.: I-0 (u)] 死ぬ
matōr [n.m.] エンジン
maṭᶜam [n.m.: du. *maṭᶜamēn*, pl. *maṭāᶜim*] 食堂
maṭbax [n.m.: pl. *maṭābix*] 台所
maṭraḥ [n.m.] 場所
maṯal [(OA) n.m.] 諺
maṯalan ☞ *masalan*
mawḍūᶜ [n.m.: pl. *mawaḍīᶜ*] テーマ
mawqaf [n.m.: pl. *mawāqif*] バス停
mawqiᶜ [n.m.] 場所・地点
mawžūd [adj.: f. *-e*, pl. *-īn*] 存在している・ある
maxṭūṭa [n.f.: pl. *maxṭūṭāt*] 文書
māxid ☞ *axad*
maxzi [adj.] 恥ずかしい
māyil [adj.] 傾いた
mayy [n.f.]（固有名詞）

mayyit ① [adj.: pl. *miyytīn*] 死んだ ② [n.: pl. *mwāt*] 死人
mazaḥ [v.i.: I-0 (a)] ふざける
maẓbūṭ ① [adj.: elat. *aẓbaṭ*] 正しい ② [adv.] 正しい・その通り・きちんと
maẓhar [n.m.: pl. *maẓāhir*] 外見
mažalle [n.f.: pl. *mažallāt*] 雑誌
mažanīn ☞ *mažnūn*
mažāri ☞ *mažṛa*
mažhūd [n.m.] 努力
mažīdi [n.m.] オスマン帝国時代の硬貨の名称
mažnūn [n.m.: pl. *mažanīn*] 狂った
mažrūḥ [n.: pl. *mažarīḥ*] 負傷者
mažṛa [n.m.: pl. *mažāri*] 水路
mbāᶜ [v.i.: VII-2] 売れる
mbaḥḥ [v.i.: VII-G] 声がかれる
mball [v.i.: VII-G] 濡れる
mbana [v.i.: VII-3] 建てられる
mbaṣaṭ [v.i.: VII-0] 楽しむ
mbayyin ☞ *bayyan*
mbēriḥ, mbāriḥ [adv.] 昨日
mbīd [n.m.] ワイン
mfakk [n.m.] ねじ回し
mġaṭṭa ☞ *ġaṭṭa*
mḥāfiẓ ☞ *ḥāfaẓ*
mḥaḍḍir ☞ *ḥaḍḍaṛ*
mḥammad [n.m.]（人名）
miᶜād [n.m.] 約束の時間
midde ☞ *mudde*
midžawwiz [n.-adj.: f. *-e*, pl. *-īn*] 既婚者
mihne [n.f.] 職業
mīlād [n.m.] 誕生
milādi [adj.] 誕生の
mīn [pron.] 誰？
mīna [n.m.] 港
milk [n.m.] 所有
mille [n.f.] 宗教コミュニティー

min [prep.] ① ～から ② ～の一部 ③ ～よりも ④（動詞の補語）: *min qabil* [adv.] 以前から：*min zamān* [adv.] 以前から *min fōq* [adv] ～の上から *min taḥit* [adv.] ～の下から *min waqtī-ha* [adv.] その時から *min-awwal-ma* [conj.] ～して以来 *min-šān, mi-šān, m-šān, mu-šān, miš-šān* [conj.] ～なので・～するために
mi-šān, m-šān, mu-šān, miš-šān ☞ *min*
miqdām [adj.] 勇気ある
miriḍ [v.i.: I-0 (a)] 病気になる
misāl [n.m.] 例
misik [v.t.: I-0 (i)] 掴む
mislim, muslim [n.: f. *-e*, pl. *-īn*] ムスリム
mistaˀžir [adj.: pl. *mistaˀižrīn*] 賃借りしている
mistašfa [n.f.] 病院
miswadd [n.m.: pl. *miswaddāt*] 印画紙
miš, muš [particle] ～でない
miš-šān ☞ *min-šān*
miši [v.i.: I-3 (i): a.p. *māši*] 歩く
mišwāṛ [n.m.] 散歩
miṣfāy [n.f.: pl. *maṣāfi*] ざる
mitˀakkid [adj.: f. *mitˀakkde*] 確信した
mitēn [num.] 200
mitil [prep.] ～のように
mitir [n.m.: du. *mitrēn*, pl. *mtūṛa*] メートル
mitžawwiz ☞ *tžawwaz*
miṭṭhid ☞ *ṭṭahad*
miyye [num.: st.cs. *mīt-*] 100
mkassaḥ [adj.] 足の不自由な
mlāyim [adj.] 適切な
mlawwan [adj.] 色が付いた・色とりどりの
mmaḥa [v.i.: VII-3] 消される

mmala [v.i.: VII-3] 満たされる・満ちる
mmaša [v.i.: VII-3] 歩ける
mnēn, minnēn [adv.] どこから？
mnīḥ ① [adj.: f. *mnīḥa*, pl. *mnāḥ*, elat. *aḥsan*] 良い　② [adv.] 良く・〜した方が良い
mōdēl [n.m.: pl. *-āt*] モデル
mōte [n.f.] 死
mqaddas [adj.: f. *mqaddase, mqaddase*] 神聖な
mrattab ☞ *rattab*
msāᶜade [n.f.] 援助
msāᶜid [n.: f. *-e*, pl. *-īn*] 助手
msakkaṛ ☞ *sakkaṛ*
mṣannaᶜ ☞ *ṣannaᶜ*
mṣaṛṣaḅ [adj.: f. *mṣaṛṣabe*, pl. *mṣaṛṣabīn*] 神経質な
mṣawwir [n.m.: pl. *mṣawwrīn*] 写真家
mtiḥān [n.m.: pl. *-āt*] 試験
mtūṛa ☞ *mitir*
mu-šān ☞ *min-šān*
muᶜayyan [adj.: f. *muᶜayyane*] 特定の
muᶜtaqad [n.m.] 信仰
muʾannaṯ [n.m.] 女性形
mudde, midde [n.f.] 期間
mudmin [adj.: f. *mudimne*, pl. *mudimnīn*] 慢性化した・中毒になった
muḍāriᶜ [n.m.] 現在
mufīd [adj.: f. *-e*] 有益な
muġāṛa [n.f.] 洞窟・洞穴
muġanni [n.] 歌手
muhandis [n.m.] 技師
muhimm [adj.: elat. *ahamm*] 重要な
muhle [n.f.] 遅延
muḥārib [n.: pl. *muḥāribīn*] 戦闘者
muḥibb- ☞ *ḥabb*
muḥzin [adj.] 悲しませる
mukālame [n.f.] 通話
mukunse [n.f.: pl. *makānis*] 箒
muluk, mulk [n.m.] 所有物
mumarriḍ [n.: f. *-a*] 看護師
mumkin ① [adj.] 可能な　② [adv.] おそらく
mumtāz [adj.] 優れた
mumtadd [adj.: f. *-e*] 分布した
munāḍil [n.: f. *munāḍile*] 戦闘者
munāfiq [n.] 偽善者
munāsabe [n.f.] 機会
munxāṛ [n.m.] 鼻の孔
muqaddase ☞ *mqaddas*
murāsil [n.] 使者
mūs [n.m.: *mwās*] ナイフ
mūsa [n.m.]（人名）
musāᶜade [n.f.] 援助
musīqa [n.f.] 音楽
muslim ☞ *mislim*
musmāṛ [n.m.: pl. *masamīr*] 釘
mustaqbal [n.m.] 未来
mustaqill [adj.: pl. *mustaqillīn*] 独立した
mustašfa [n.f.: pl. *mustašfayāt*] 病院
muš ☞ *miš*
muškil [n.m.: pl. *mašākil*] 問題
muškile [n.f.] 問題
muṣirr [adj.] 頑固な
mutadayyin [adj.] 宗教的な
mutarādif [n.m.] 同義語
muṭrib [n.m.] 音楽家
muwāžaha [n.f.] 対決
muwaqqat [adj.] 一時的な
muxṭāṛ [n.m.] ムフタール（村の代表者）
muxtalif [adj.: f. *-e*] 異なった
muxtaṣar [adj.: f. *-a*] 要約された
muxx [n.m.] 脳
muẓāhaṛa [n.f.] デモ
mužallad [n.m.: pl. *-āt*] 一巻
mwās ☞ *mūs*

mwāṣafe [n.f.] 描写
mwaẓẓaf [n.m.: f. *-e*, pl. *-īn*] 事務系労働者
mxadde [n.f.] 枕
mxāṭir [n.pl.] 危険
mžabbir [n.: f. *mžabbre*] 接骨医

【 *ṃ* 】
ṃāṃa [n.f.] ママ
ṃaṛa [n.f.: st.cs. *marat-, mart-*, pl. *niswān*] 女性・妻
ṃaṛaḍ [n.m.] 病気
ṃaṛḍān [adj.] 病気がちな
ṃaṛṛ [v.i.: I-G (u)] 通る
ṃaṛṛa [n.f.: pl. *ṃaṛṛāt*] 回：*b-il-ṃaṛṛa* [adv.] 一度も（～しない）：*ṃaṛṛāt* [adv.] 時々　*ṃaṛṛāt iktīr* [adv.] しばしば・しょっちゅう　*ṃaṛṛatan* [adv.] 一度は
ṃaṛṛatan ☞ *ṃaṛṛa*
ṃaṣṣ [v.t.: I-G (u)] 吸う
ṃaṭṭ [v.t.: I-G (u)] 伸ばす
ṃayy, ṃayye [n.f.] 水
ṃuṭṛān [n.m.: pl. *maṭārne*] 大司教

【 *n* 】
nᶜada [v.i.: VII-3] 感染する
nᶜadd [v.i.: VII-G] 数えられる
nᶜama [v.i.: VII-3] 盲目になる
-na [pron.suf.] 私たちの・私たちを
naᶜam [interj.] はい
nāᶜim [adj.] 柔らかい
naᶜnaᶜ [n.m.] ミント
nāb [n.m.: pl. *nyāb*] 犬歯
nabaᶜ [v.i.: I-0 (a)] 芽吹く
nābilsi [adj.-n.] ナブルスの／ナブルス出身者
nāblis [n.f.] ナブルス
nāda [v.t.: III-3] 呼ぶ
nadar [v.i.: I-0 (i)] 誓願する
nādi [n.m.] クラブ
naḍḍaf [v.t.: II-0: a.p. *mnaḍḍif*] 掃除する
nafaᶜ [v.t.: I-0 (a)] 役に立つ
nafar [n.m.] 一人・～人
nafas [n.m.] 呼吸
nāfiᶜ [adj.] 効果的な
nafs [n.f.] 自身・魂
nafy [n.m.] 否定
naḥna ☞ *iḥna*
nahaḍ [v.i.: V-0 (a): a.p. *nāhiḍ*] 覚醒する
nakar [v.t.: I-0 (i)] 否定する
nakha [n.f.] いい匂い
nām [v.i.: I-2 (ā/i): a.p. *nāyim*] 眠る・寝る
namil [n.m.col.] 蟻
namma [v.t.: II-3] 発展させる
namūs [n.m.] 蚊
naqal [v.t.: I-0 (u)] 運ぶ
naqaṣ [v.t.: I-0 (u): a.p. *nāqiṣ*] 不足がある
nāqiṣ [adj.] 不足している
naqqaṣ [v.t.: II-0] 減らす
narfaz [v.t.: QI-0] 腹を立てさせる
nāṛ [n.f.] 火
nās [n.m.col.] 人々
nāsi ☞ *nisi*
nasīb [n.m.] 義兄弟
nasīm [n.m.] そよ風
naṣaḥ [v.t.: I-0 (a)] アドバイスする
naṣīb [n.m.] 割合・分け前
nāṣiḥ [adj.] 太った
naṣīḥa [n.f.] 忠告
nāšif [adj.: f. *nāšfe*] 乾いた・干からびた
našša [v.t.: II-3] 糊付けする
natīže [n.f.: pl. *natāyiž*] 結果
naṭnaṭ [v.i.: QI-0] 飛び上がる
naṭṭ [v.i.: I-G (u)] 飛び跳ねる

nawᶜan-ma [adv.] ある種・一応
nawa [v.t.: I-3 (i)] 意図する
nawaṛi [n.: f. *nawariyye*, pl. *nawaṛ*] ジプシー
nāzik [adj.] 優雅な
nazzal [v.t.: II-0] 降ろす
nažāḥ [n.m.] 成功
nažžāṛ [n.m.: pl. *-īn*] 大工
ndabb [v.i.: VII-G] 落ちる
ndafan [v.i.: VII-0] 埋められる・埋葬される
ndawaš [v.i.: VII-0] 狼狽する
nḍaṃṃ [v.i.: VII-G] 加わる
nḍawa [v.i.: VII-3] 点灯される
nḍīf, nẓīf [adj.: pl. *nḍāf*] 清潔な
nfaḍaḥ [v.i.: VII-0] 恥をかく・名誉を傷つけられる
nfaham [v.i.: VII-0] 理解される
nfakk [v.i.: VII-G] 解ける
nfataḥ [v.i.: VII-0] 開く
nfižāṛ [n.m.] 爆発
nġāṛ [v.i.: VII-2] 妬まれる
nġāẓ [v.i.: VII-2] 怒る
nhāṛ ① [n.m. (√n-h-r)] 昼間　② *nhāṛ* [v.i.: VII-2 (√h-w-r)] 崩壊する
nhazz [v.i.: VII-G] 震える
nḥabas [v.i.: VII-0] 投獄される
nḥabb [v.i.: VII-G] 愛される
nḥaka [v.i.: VII-3] 語られる
nḥaraq [v.i.: VII-0] 燃える
nḥaṭṭ [v.i.: VII-G] 置かれる
nḥāẓ [v.i.: VII-2] 肩を持つ
nidir [n.m.] 誓願
nifs [particle] 〜したい：*nifs-i ʔākul laḥme* 私は肉が食べたい
niḥif [v.i.: I-0 (a)] 痩せる
niḥna ☞ *iḥna*
nikotīn [n.m.] ニコチン
nīre [n.f.] 歯茎
nisān [n.m.] 4 月
nisbe [n.f.] 割合：*b-in-nisba la-, b-in-nisbe la-* [prep.] 〜にとって
nisi [v.t.: I-3 (a): a.p. *nāsi*] 忘れる
niswān ☞ *maṛa*
niṣiḥ [v.i.: I-0 (a)] 太る
nišif [v.i.: I-0 (a)] 乾く
niyy [adj.: pl. *-e*] 生の
niziᶜ [v.t.: I-0 (a)] 引っ張って行く
nizil [v.i.: I-0 (i)] 降りる
nižiḥ [v.i.: I-0 (a)] 成功する
nkabb [v.i.: VII-G] こぼれる
nkasar [v.i.: VII-0] 壊れる
nōᶜ [n.m.] 種類
nōm [n.m.] 睡眠
nqām [v.i.: VII-2] 取り去られる
nqaṛa [v.i.: VII-3] 読まれる
nqaṛaṣ [v.i.: VII-0] 噛まれる
nqatal [v.i.: VII-0] 殺される
nqaṭaᶜ [v.i.: VII-0] 切られる
nsāq [v.i.: VII-2] 運転される
nṣaḍaṃ [v.i.: VII-0] 攻撃を受ける
nṣalab [v.i.: VII-0] 十字架にかけられる
nšāf [v.i.: VII-2] 見える
nšafa [v.i.: VII-3] 治る
nšāḷḷa [interj.] 神が望めば
nta ☞ *inte*
ntaᶜaš [v.i.: VIII-0] 回復する
ntabah [v.i.: VIII-0] 注意する
ntaḏar ☞ *ntaẓaṛ*
ntafax [v.i.: VIII-0] ふくらむ
ntama [(OA) v.i.: VII-0] 所属する
ntasab [v.i.: VIII-0] 属する
ntaxab [v.i.: VIII-0] 投票する
ntaxx [v.i.: VII-0] 撃たれる
ntaẓaṛ [(OA) v.t.: VIII-0] 待つ
ntibāh [n.m.] 注意

nukat ☞ *nukte*
nukte [n.f.: pl. *nukat*] ジョーク
numṛa [n.f.] 番号
nuqqabiyye [n.f.] 通称
nuṣṣ [n.m.: pl. *nṣūṣ*] 半分
nusxa [n.f.] 複写
nwalad [v.i.: VII-0] 生まれる
nxalaq [v.i.: VII-0] 創造される
nyāb ☞ *nāb*
nžabar [v.i.: VII-0] 強要される
nžann [v.i.: VII-G] 狂う
nžaraḥ [v.i.: VII-0] 怪我する・負傷する
nžaṛṛ [v.i.: VII-G] 引かれる
nẓīf ☞ *nḍīf*

【 ***ō*** 】
-o [pron.suf.] 彼の・彼を
-on ☞ *-hum*
ōḍa [n.f.: pl. *uwaḍ*] 部屋
ōroppa [n.f.] ヨーロッパ
ortdoks [n.m.] 正教
ortodoksi [adj.-n.] 正教の／正教徒
ōtēl [n.m.] ホテル

【 ***p*** 】
palifon [n.m.] 携帯電話

【 ***q, ɋ*** 】
qaʿad [v.i.: I-0 (u)] 座る
qabil [prep.] ～の前に（時間）
② [adv.] *qabil* 以前は・前もって：*min qabil* [adv.] 以前から　*qabil-ma* [conj.] ～する前に
qabir, ɋabr [n.m.] 墓
ɋabr ☞ *qabir*
qabaḍ [v.t.: I-0 (u)] 受け取る
qad [(OA) particle] = AR قد
qadaḥ [n.m.] グラス
qadd [n.m.] 程度・サイズ：*qadd-ma* [adv.] ～するほど・～である程度
qaddāḥa [n.f.] ライター
qaddam [v.t.: II-0]（試験を）受ける
qadde：*ha-l-qadde* この程度まで
qaddēš [adv.] いくつ？いくら？
qadīm, ɋadīm [adj.: f. *qadīme*, elat. *aqdam*] 古い
qādir ☞ *qidir*
qaḍīb [n.m.: pl. *quḍbān*] 梁
qaḍiyye [n.f.] 訴訟事件
ɋāfye [n.f.] 脚韻
qahwe [n.f.] コーヒー・喫茶店
qāl [v.t.: I-2 (u)] 言う
qalab [v.t.: I-0 (i)] 変える・ひっくり返す
qalb [n.m.] 心臓・心
qalīl [adj.: f. *qalīle*, pl. *qlāl*, elat. *haqall*] 少ない：*qalīl-ma* [adv.] ほとんど～ない
qall [v.i.: I-G (i)] 少なくなる
qalla [v.t.: II-3] 揚げる
qallal [v.t.: II-G] 減らす
qām ① [v.i.: I-2 (u)] 立ち上がる　② [v.t.: I-2 (i)] 取り出す・連れ出す
ɋamūs [n.m.] 辞書
qamaṛ [n.m.] 月
qāmaṛ [v.i.: III-0] ギャンブルをする
qambaz [v.i.: QI-0] しゃがみ込む
qamiḥ [n.m.] 小麦
qammāṛ [n.] 博徒
qanāṭir ☞ *qanṭaṛa*
qannīne [n.f.] ビン
qanṭaṛa [n.f.: pl. *qanāṭir*] アーチ
ɋanūni [adj.: f. *ɋanuniyye*] 合法の
ɋaraʾ [v.t.: I-0 (a)] 読む
qarār [n.m.] 決定
qarīb [adj.: f. *qarībe*] 近い
qarn, ɋarn [n.m.] 世紀・角

qarnabīṭ [n.m.col.] カリフラワー
qarqaš [v.i.: QI-0] バリバリ齧る
qarqaṭ [v.i.: QI-0] バリバリ齧る
qarqūše [n.f.] バリバリ食べること
ɗarya [n.f.] 村
qaṛaḍ [v.t.: I-0 (u)] 借りる
qaṛaṣ [v.t.: I-0 (u)] つまむ
qaraṭ [v.t.: I-0 (u)] バリバリ噛む
qaṛṛ [v.t.: I-G (u)] 告白する
qaṛṛaṛ, ɗaṛṛaṛ [v.t.: II-G] 決める
qasam [v.t.: I-0 (i)] 分ける
qassam [v.t.: II-0: p.p. *mqassam*] 分割する
qassīs [n.m.] 聖職者
qaṣad [v.t.: I-0 (u)] 目指す
qaṣāṣ [n.m.] 罰
qāṣaṣ [v.t.: III-G] 罰する
qaṣīr [adj.: f. *-e*, pl. *qṣāṛ*] 短い
qaṣir [n.m.] 宮殿
qaṣṣ [n.m.] 切ること
qaṣṣaṛ [v.t.: II-0] 短くする
qatal [v.t.: I-0 (u)] 殺す
*qaṭa*ᶜ [v.t.: I-0 (a): p.p. *maqṭū*ᶜ] 切る
*qaṭṭa*ᶜ [v.t.: II-0] 切断する
qaṭṭaṛ [v.t.: II-0] 滴らせる
qawām [adv.] 直に・すぐに
qawi [adj.: f. *qawiyye*, elat. *haqwa*] 強い
qawwa [v.t.: II-3] 強化する
qazān [n.m.] やかん
qazāz [n.m.col.: n.u. *qazāze*] ガラス
qazd [n.m.] 意図
qbāl, iqbāl, hiqbāl [prep.] ～の向かいに：*qbāl-ma* [conj.] ～する前に
qibil [v.t.: I-0 (a)] 受け取る
qidir [v.t.: I-0 (a): a.p. *qādir*] できる
qīme [n.f.] 価値
qiri [v.t.: I-3 (a)] 読む
qirš [n.m.: pl. *qrūš*]（通貨単位）
ɗiṛāʾa [n.f.] 読むこと
qisim [n.m.: du. *qismēn*, pl. *haqsām*] 部分・分割
qišre [n.f.]（果物などの）皮
qiyāme [n.f.] 聖墳墓教会
qlāl ☞ *qalīl*
qṃāṛ [n.m.] ギャンブル
qmāš [n.m.] 布
qrāye [n.f.] 読むこと
qrūš ☞ *qirš*
qubbe [n.f.] ドーム
qubṭi [adj.-n.: f. *qubṭiyye* pl. *qubṭ aqbāṭ, aqbāṭ*] コプトの／コプト教徒
quddām [prep.] ～の前（場所）に：*la-quddām* [adv.] 前に・前方に
quddamāni [adj.: f. *quddamaniyye*] 前方の
il-quds, il-ɗuds [n.f.] エルサレム
quḍbān ☞ *qaḍīb*
qumbāz [n.m.] 長衣
qurb [n.m.] 近さ
qurne [n.f.] 一画
quṣṣa [n.f.: pl. *quṣaṣ*] 物語
quṭṭēn [n.m.] 乾燥イチジク
quṭun [n.m.] 綿
qyās [n.m.] 寸法
qzāz [n.m.] ガラス

【***r***】
*ra*ᶜ*a* [v.t.: I-3 (i)] 放牧する
*rā*ᶜ*i* [n.m.] 羊飼い
raʾsan [adv.] 直接・じかに
rabāba [n.f.] ラバーバ（楽器）
rabba [v.t.: II-3] 育てる
rabbi, rābi [n.m.: pl. *rubbān, rabbāniyyīn*] ラビ（ユダヤ教）
rābi ☞ *rabbi*
*rābi*ᶜ [adj.] 第 4 の

rabī^{c} [n.m.] 春
radd [v.t.: I-G (u)] 返答する
rādyo [n.m.: pl. *radyoyāt*] ラジオ
raḍyān [adj.] 満足した
rafa^{c} [v.t.: I-0 (a)] 上げる
rafaḍ [v.t.: I-0 (u)] 拒否する
raff [n.m.: pl. *rfūf*] 棚
rāḥ [v.i.: I-2 (u): a.p. *rāyiḥ*] 行く
rāhib [n.: f. *rāhbe* pl. *ruhbān*] 修道士
raḥam [v.t.: I-0 (a)] 憐れむ
raka [v.i.: I-3 (i)] 寄りかかる
rakaz [v.t. I-0 (a)] 見守る
rama [v.t.: I-3 (i)] 投げる
ramil [n.m.] 砂
ir-ramle [n.f.]（地名）
rāq [v.i.: I-2 (u)] 改善される
raqaṣ [v.i.: I-0 (u)] 踊る
raqi^{c} [n.m.] 破壊（音）
raqiṣ [n.m.] 踊り
rasam [v.i.: I-0 (u)] 描く
rassām [n.] 絵描き
rattab [v.t.: II-0: p.p. *mrattab*] 整理する
rawa [v.t.: I-3 (i)] 語る
rawwaḥ [v.i.: II-0] 帰宅する
razāle [n.f.] 下劣さ
ražž [v.i.: I-G (u)] 震える
ražža^{c} [v.t.: II-0] 返す
rbā^{c} ☞ *rubu*^{c}
rēžīm [n.m.] 食事療法
rġīf [n.m.: pl. *(t)irġife*] 一切れ（パン）
riˀa [n.f.: du. *riˀatēn*] 肺
riḍi, riẓi [v.t.: I-3 (a)] 満足する
riḍi^{c} [v.i.: I-0 (a)] 乳を飲む
rīḥa [n.f.: pl. *rawāyiḥ*] 匂い
rikib [v.t.: I-0 (a)] 乗る
riẓi ☞ *riḍi*
riži^{c} [v.i.: I-0 (a)] 戻る
rižžāl [n.m.: pl. *ržāl*] 男性
rōmēma [n.f.]（地名）
rṭāl ☞ *ṛaṭil*
rtafa^{c} [v.i.: VIII-0] 上がる
rtāḥ [v.i.: VIII-2] 休む
rubbān ☞ *rābi*
rubu^{c} [n.m.: pl. *rbā*^{c}] 4分の1
rūḥ [n.f.] 精神
rūḥāni [adj.] 精神的な
rukbe [n.f.] ひざ
rumāni [adj.-n.: pl. *rūmān, rūmaniyyīn*]（古代）ローマの／ローマ人
rūmi [adj.-n.: pl. *rūm*] ビザンツの／ビザンツ人
ruzz [n.m.] 米
ružžāl ☞ *rižžāl*
ržāl ☞ *rižžāl*

【*ṛ*】

ṛabaṭ [v.t.: I-0 (u)] 結ぶ
ṛabḅ [n.m.] 主（＝神）
ṛafaṣ [v.t.: I-0 (u)] 蹴る
ṛakaḍ [v.i.: I-0 (u)] 走る
ṛaqaṣ [v.i.: I-0 (u)] 踊る
ṛāṣ [n.m.] 頭：*ṛāṣ il-*^{c}*amūd* [n.f.]（地名）
ṛaṭil [n.m.: pl. *rṭāl*] 重さの単位＝約 3 kg
ṛāy [n.m.] 意見

【*s*】

sa^{c}*al* [v.i.: I-0 (u)] 咳をする
sā^{c}*a* ☞ *sē*^{c}*a*
sā^{c}*ad* [v.t.: III-0] 助ける・手伝う
saˀal [v.t. I-0 (a)] 尋ねる
sab^{c}*a, sabi*^{c}*, sab*^{c} [num.] 7
saba^{c}*ṭa*^{c}*iš, saba*^{c}*ṭa*^{c}*šaṛ* [num.] 17
sab^{c}*īn* [num.] 70
sabab [n.m.] 理由
sabb [v.t.: I-G (i)] 罵る
sabbat [v.t.: II-0] 固定する

sābiqan [(OA) adv.] 以前に
sabiᶜ ☞ *sabᶜa*
sābiᶜ [adj.] 第 7 の
sabt: (yōm) is-sabt 土曜日
sadd [v.t.: I-G (i)] 塞ぐ
saddaq [v.t.: II-0] 信じる
sadīq [n.m.] 友人
sādis [adj.: f. *sātse*] 第 6 の
safaṛ [n.m.] 旅
sāfaṛ [v.i.: III-0] 旅行する
sagāyir ☞ *sigāṛa*
sāḥa [n.f.] 中庭
saḥab [v.t.: I-0 (a)] 引っ張る
sakan [v.i.: I-0 (u): a.p. *sākin*] 住む
sakat [v.i.: I-0 (u): a.p. *sākit*] 黙る
sakkaṛ [v.t.: II-0] 閉める
salaf [v.t.: I-0] 先立つ・先行する
salīm [adj.: elat. *aslam*] 安全な
sallaf [v.t.: II-0] 借りる
sallam [v.t.: II-0] 挨拶する
sama [n.f.] 空
samak [n.m.col.] 魚
samawi [adj.: f. *samawiyye*] 空の
samm [n.m.] 毒
samma [v.t.: II-3] 名付ける
sammam [v.t.: II-G] 毒を盛る
sammān [n.] 雑貨屋店主
sane [n.f.: du. *santēn* pl. *snīn*] 年
santwāri [n.] 土産物屋
saqa [v.t.: I-3 (i)] 水をやる
saqaṭ [v.i.: I-0 (u)] 落ちる
saqif [n.m.] 屋根
saqqa [v.t.: II-3] 水をやる
sār [v.i.: I-2 (i): a.p. *sāyir*] 流れる
sariž [n.m.] 鞍
sarsīsyo [n.m.] ソーセージの一種
sātse ☞ *sādis*
sawa [v.t.: I-3 (a)] 値する
sawwa [v.t.: II-3] する・行う
sawwas [v.i.: II-0] 虫歯になる
sāx [v.i.: I-2 (i)] 溶ける
sāxin [adj.] 熱い
saxnān [adj.] 熱のある
saxxan [v.t.: II-0] 温める
sāyiġ [n.m.: pl. *suyyāġ*] 宝石商
sāyir ☞ *sār*
sayṭaṛ [v.i.: QI-0] 支配する
sayyāṛa [n.f.: pl. *sayyaṛāt*] 自動車
sayyax [v.t.: II-0] 溶かす
sayyid [n.m.] 主人
sažaṛa ☞ *šažaṛ*
sbāṭi [n.m.] スペード
sbiṭāṛ [n.m.] 病院
sēᶜa, sāᶜa [n.f.: du. *sēᶜatēn*, pl. *siᶜāt*] 1 時間
sēf [n.m.] 刀
siᶜir [n.m.: pl. *asᶜāṛ*] 価格
sīd [n.m.] 祖父
sidir [n.m.] 胸
sigāṛa [n.f.: pl. *sagāyir*] 煙草
sikir [v.i.: I-0 (a)] 酔う
sikkīne [n.f.: pl. *sakakīn*] ナイフ
simant [n.m.] セメント
simiᶜ [v.t.: I-0 (a): a.p. *sāmiᶜ*] 聞く
simsāṛ [n.m.] 仲介業者
sinn [n.m.: pl. *snān*] 歯
sinsāl [n.m.] 鎖
sīre [n.f.] 話
sirr [n.m.: pl. *asṛāṛ*] 秘密
siryāni, suryāni [adj.-n.: f. *siryāniyye, suryaniyye*, pl. *siryān, suryān*] シリア正教の／シリア正教徒：*siryāni* シリア語
sitt [n.f.] 祖母
sitṭaᶜiš, sitṭaᶜšaṛ [num.] 16
sitte, sitt [num.] 6

sittīn [num.] 60
siwi [v.i.: I-3 (a)] 等しい
siyāḥa [n.f.] 観光
sižin [n.m.] 監獄
snān ☞ *sinn*
staᶜāṛ [v.t.: X-2] 借りる
staᶜaṛṛ [v.t.: X-G] 辱める
staᶜmal [v.t.: X-0] 使う
staᶜmaṛ [v.t.: X-0] 植民地にする
staʾžaṛ [v.t.: X-0] 賃借りする
stafād [v.t.: X-2] 利益を得る
stafazz [v.t.: X-G] 挑発する
staġall [v.t.: X-G] 利用する
stāhal [v.t.: irr.] ふさわしい
stahān [v.t.: X-2] 軽蔑する
stahwa [v.t.: X-3] 魅了する
stahwan [v.t.: X-0] 簡単だと思う
stahzaq [v.t.: X-0] バカにする
staḥa [v.i.: irr.] 恥ずかしい
staḥaqq [v.t.: X-G] ふさわしい
staḥla [v.t.: X-3] 素敵だと思う
staḥmaṛ [v.t.: X-0] 愚か者扱いする
staṃaṛṛ [v.t.: X-G] 続く
stanna [v.t.: irr.] 待つ
staṛža [v.t.: X-3] あえてする
statyas [v.t.: X-0] 愚か者扱いする
stawa [v.i.: VIII-3]（料理が）火が通っている
staxaff [v.t.: X-G] 軽視する
staxdam [v.t.: VX-0] 使う
stazġaṛ [v.t.: X-0] 過小評価する
stiᶜmāl [n.m.] 使用
stiᶜmāṛ [n.m.] 占領
stifhām [n.m.] 疑問
stiġṛāb [n.m.] 驚愕
stinkāṛ [n.m.] 反感
stišhād [n.m.] 殉教
stmarr [v.i.: X-G] 続く
strayyaḥ [v.i.: irr.] 休む
stwa [v.i.: VIII-3]（料理に）火が通る
subuᶜ [n.m.: pl. *sbāᶜ*] 7分の1
suds [n.m.: pl. *sdās*] 6分の1
sukkaṛ [n.m.] 砂糖
sūq [n.m.: pl. *aswāq*] 市場：*sūq il-xawāžāt* エルサレム旧市街の中央部にある市場の名
sūriya, sūrya [n.f.] シリア
sūrya ☞ *sūriya*
suxun [adj.] 熱い
swadd [v.i.: IX] 黒くなる
swāqa [n.f.] 運転
is-swēd [n.f.] スウェーデン

【*ṣ*】
ṣaᶜb ☞ *ṣaᶜib*
ṣaᶜib, ṣaᶜb [adj.: f. *ṣaᶜbē*lat. *aṣᶜab*] 難しい
ṣabaġ [v.t.: I-0 (u)] 染める
ṣabaṛ [v.i.: I-0 (u)] 忍耐強い
ṣabb [v.t.: I-G (u)] 注ぐ
ṣabi [n.m.: pl. *ṣubyān*] 若者
ṣabiyye [n.f.] 若い娘
ṣābūn, ṣabūn [n.m.] 石鹸
ṣād [v.t.: I-2 (i)] 狩る
ṣaff [n.m.: *ṣfūf*] クラス
ṣaffaṭ [v.t.: II-0] 積み上げる
ṣafṛa ☞ *aṣfaṛ*
ṣāḥ [v.i.: I-2 (i)] 叫ぶ
ṣaḥāwe [n.f.] 意識
ṣaḥḥ [interj.] 正しい：*ṣaḥḥ wulla la* そうだろう？
ṣaḥḥa, ṣiḥḥa [n.f.: du. *ṣaḥḥtēn*] 健康
ṣaḥḥab [v.t.: II-0] 友人になる
ṣāḥib [n.: pl. *aṣḥāb*] ① 友人　② 持ち主
ṣaḥīḥ [adj.: f. *-a*] 正しい
ṣaḥin [n.m.: pl. *ṣḥūn*] 皿
ṣaḥlal [v.: QI-0] 音楽を楽しむ

ṣaḥṛa [n.f.] 砂漠
ṣalīb [n.m..] 十字架
ṣalla [v.t.: II-3] 礼拝する
ṣallaḥ [v.t.: II-0] 修理する
ṣaḷaḅ [v.t.: I-0 (u)] 十字架にかける
ṣaḷḷaḅ [v.t.: II-0] 十字を切る
ṣām [v.i.: I-2 (u)] 断食する
ṣamm [n.m.] 聾
ṣammam [v.t.: II-G] 計画する
ṣān [v.i.: I-2 (u)] 見守る
ṣanᶜa [n.f.] 職
ṣannaᶜ [v.t.: II-0: p.p. *mṣannaᶜ*] 人工的に作る
ṣarrax [v.t.: II-0] 叫ぶ
ṣāṛ [v.i.: I-2 (i)] 成る
ṣaṛaṭān [n.m.] 癌
ṣaṛṣabe [n.f.] 神経質
ṣaṭiḥ [n.m.: pl. *ṣṭūḥ*] 屋上
ṣawwar [v.t.: II-0] 写真を撮る
ṣaydaliyye [(OA) n.f.] 薬局
ṣbāġ [n.m.] 染色
ṣēf [n.m.] 夏
ṣfaṛṛ [v.i.: IX] 黄色くなる
ṣfūf ☞ *ṣaff*
ṣḥīḥ [adj.: f. *-a*] 全部の
ṣiḥḥa ☞ *ṣaḥḥa*
ṣiḥḥi [adj.] 健康的な
ṣmaṛṛ [v.i.: IX] 茶色になる
ṣōban [v.t.: QI-2] 石鹸で洗う
ṣōṣa [v.i.: QI-3] 腹がグーと鳴る
ṣōt [n.m.] 声
ṣṭanbūl [n.f.] イスタンブール（地名）
ṣuᶜūbe [n.f.: pl. *ṣuᶜūbāt*] 困難
ṣubuḥ [n.m.] 朝
ṣubyān ☞ *ṣabi*
ṣufṛa [n.f.] 食卓
ṣūṛa [n.f.: pl. *ṣuwaṛ*] 写真
iṣ-ṣuwwāne [n.f.] スーワーネ（地名）
ṣyāḥ [n.m.] 叫び

【*š*】

šaᶜᶜal [v.t.: II-0] 点灯する
šaᶜar [v.t.: I-0 (u): a.p. *šāᶜir*] 感じる
šaᶜb [n.m.: pl. *šuᶜūb*] 人々・民衆
šaᶜbi [adj.: f. *šaᶜbiyye*] 民衆の
šāᶜir ☞ *šaᶜar*
šāˀiᶜ [adj.: f. *šāˀiᶜa*] 流布した
šabaᶜ [v.i.: I-0 (a)] 満腹する
šabb [n.m.] 若者
šabbaṭ:[v.t.: II-0] 上がる
šadd [v.t.: I-G (i)] 掴む
šaddad [v.i.: II-0] 厳格である
šādir [n.m.] ブルーシート（現地では緑色）
šāf [v.t.: I-2 (u): a.p. *šāyif*] 見る
šafa [v.t.: I-3 (i)] 治す
šafāyif ☞ *šiffe*
šafīᶜ [n.m.] 仲介者：*šafīᶜ la-ˀil-ha* 神の取り成しがあるよう
šafqān [adj.: pl. *šafqanīn*] 同情した
šaġle [n.f.: pl. *šaġlāt*] 事・一件
šahāde [n.f.] 学位
šahar ☞ *šahir*
šahīd [n.m.: f. *šahīde*] 殉教者
šahir, šahar [n.m.: du. *šahrēn* pl. *šuhūr, ušhur*] 月（間）：*šahir wāḥad* 1 月 *šahir itnēn* 2 月 *šahir talāte* 3 月 *šahir arbaᶜa* 4 月 *šahir xamse* 5 月 *šahir sitte* 6 月 *šahir sabᶜa* 7 月 *šahir tamānye* 8 月 *šahir tisᶜa* 9 月 *šahir ᶜašaṛa* 10月 *šahr iḥdaᶜiš* 11月 *šahr iṭnaᶜiš* 12月
šaḥṭaṭ [v.t.: QI-0] どっちつかずにさせる
šaka [v.i.: I-3 (i)] 不平を言う
šakāwi ☞ *šakwa*

šakar [v.t.: I-0 (u)] 感謝する
šakil [n.m.] 形
šakle [n.f.] 花飾り
šakwa [n.m.: pl. *šakāwi*] 不平
šalabi [adj.: f. *šalabiyye*, elat. *ašlab*] ハンサムな・別嬪な
iš-šām [n.f.] シリア
šamᶜa [n.f.: pl. *šamᶜāt*] ろうそく
šamᶜadān [n.m.] 燭台
šamāli [adj.: f. *šamaliyye*] 北の
šamandaṛ [n.m.] ビーツ
šamm [v.t.: I-G (i)]（匂いを）嗅ぐ
šams [n.f.] 太陽
šamsiyye [n.f.] 傘
šanab [n.m.] 口髭
šanta [n.f.: pl. *šunat*] かばん
šaqfe [n.f.: pl. *šuqaf*] 一切れ・一片
šaqlab [v.t.: Q1-0] ひっくり返す
šaqq [v.t.: I-G (u)] 切る
šaqqa [n.f.] ① アパート　② 辺り・側
šārak [v.t.: III-0] 参加する
šāriᶜ [n.m.: pl. *šawāriᶜ*] 通り
šārib [n.m.: pl. *šawārib*] 口髭
šarq [n.m.] 東：*iš-šarq ul-ˀawsaṭ* 中東
šarqi [adj.: f. *šarqiyye*] 東の
šarrīb [n.] 大酒飲み
šaṛṛ [n.m.] 悪
šaṛṭi [adj.] 条件付きの
šatta [v.i.: II-3] 雨が降る
šaṭāṛa [n.f.] 賢さ
šaṭab [v.t.: I-0 (u)] 消す
šāṭir [adj.: pl. *šāṭrīn*, elat. *ašṭaṛ*] 賢い
šawa [v.t.: I-3 (i)] 炙る
šāx [v.i.: I-2 (i)] 老いる
šaxad [v.i.: I-0 (a)] 物乞いする
šaxiṣ [n.m.: pl. *šxāṣ*] 人物
šaxṣiyyan [adv.] 個人的に
šaxṣiyye [n.f.: pl. *šaxṣiyyāt*] 人格
šāy [n.m.] 茶
šayxūxa [n.f.] 老齢
šažaṛ, sažaṛa [n.f.col.: n.un. *šažaṛa*] 木
šažžaᶜ [v.t.: II-0] 勇気づける
šbāṭ 2 月
šē ☞ *šī*
šēt [prep.] 〜の
**šibih* [v.t.: I-0 (-)] 似ている（Pc. は用いられない）
šiffe [n.f.: *šafāyif*] 唇
šī, šē [n.m.] 物
šīd [n.m.] 漆喰
šikil [n.m.] 形
šiqqa ☞ *šaqqa*
šira [n.m.] 購入
širib [v.t.: I-0 (a)] 飲む
širis [adj.] 乱暴な
širke [n.f.] 会社
širwāl [n.m.] ズボン
širyān [n.m.: pl. *šarayīn*] 動脈
šita [n.m.] 冬
šōb [adj. (inv.)] 暑い
šōfe [n.f.] 見ること（vn. *šāf*）
šrīᶜa [n.f.] ヨルダン川
štāq [v.i.: VIII-2] 恋しい
štaġal [v.i.: VIII-0] 働く
štara [v.t.: VIII-3] 買う
šuᶜfat [n.f.]（地名）
šuᶜle [n.f.] 炎
šubbāk [n.m.: pl. *šababīk*] 窓
šuġul [n.m.] 仕事
šukran [interj] 有難う
šukur [n.m.] 感謝
šurub [n.m.] 飲むこと
šū [pron.] 何？
šužāᶜ [n.m.] 勇気
šwayy ① [n.m.] 少量　② [adv.] 少し：*šwayy išwayy* [adv.] 少しずつ

šxāṣ ☞ *šaxiṣ*

【 *t* 】

tᶜālaž [v.i.: VI-0] 扱われる
tᶜallam [v.i.: V-0: a.p. *mitᶜallim*] 習う
tᶜāmal [v.i.: VI-0] 共同作業をする
tᶜammad [v.i.: V-0] 洗礼を受ける
tᶜarbaš [v.i.: QII-0] 登る
tᶜaṛṛaḍ [v.i.: V-0] 広くなる
tᶜaṛṛaf [v.i.: V-0] 知り合う
tᶜašša [v.i.: V-3] 夕食をとる
tᶜaṭṭal [v.i.: V-0] 故障する
tᶜāwan [v.i.: VI-0] 協力し合う
tᶜāyaš [v.i.: VI-0] 共存する
tᶜazzab [v.i.: V-0] 苦しむ
tᶜažžab [v.i.: V-0] 驚く
tˀafˀaf [v.i.: QII-0] ためいきをつく
tˀammal [v.i.: V-0] 希望する
tˀamman [v.i.: V-0] 信じる
tˀaxxaṛ [v.t.: V-0] 遅れる
ta- [conj.] ～するために
taᶜbān [adj.] 疲れた
taᶜib [n.m.] 疲れ
taᶜlab [n.m.] 狐
taᶜrīf [n.m.] 特定
taˀkīd [n.m.] 強調
taˀmīn [n.m.] 保険
taˀtaˀ [v.i.: QII-0] 口ごもりながら言う
tāb [v.i.: I-2 (i)] 悔いる
tabaᶜ [prep.: f. *tabaᶜit-*, pl. *tabaᶜūn*; var. *tāᶜ-*, *tāᶜt-*] ～の
tabādul [n.m.] 交換
tabširiyye [n.f.] 宣教師会
tadlīl [n.m.] 甘やかし
tāfih [adj.: f. *tāfha*] 取るに足らない
tafāˀul [n.m.] 悲観主義
taftaf [v.i.: IQ-0] しどろもどろに話す
taḥadda [(OA) v.t.: V-3] 挑戦する
taḥassun [n.m.] 改善
taḥit ① [prep.] ～の下に ② [adv.] 下に
taḥrīk [n.m.] 動かすこと
taḥrīr [n.m.] 編集
tahwiye [n.f.] 換気
talāta: (yōm) it-talāta 火曜日
talāte, talāt, talt [num.] 3
talatīn [num.] 30
talfan [v.t.: QI-0] 電話する
talfizyōn [n.m.: *televizyonāt*] テレビ
tālit [adj.] 第 3 の
tall [n.m.: pl. *tlāl*] 丘
talmūd [n.m.] タルムード
tamanīn [num.] 80
tamanṭaᶜiš, tamanṭaᶜšaṛ [num.] 18
tamānye, tamanye, tamān, taman [num.] 8
tāmin [adj.] 第 8 の
tamm [v.i.: I-G (a)] 居残る・続く・～し続ける
tammūz [n.m.] 7 月
tamrīḍ [n.m.] 看護
tanake [n.f.] 缶
tanḍīf [n.m.] 清掃
tāni [adj.: f. *tānye*, pl. *tānyīn, tanyīn*] 第 2 の
tanqīḥ [n.m.] 校正
taqāᶜud [n.m.] 年金生活
taqaddum [n.m.] 発展
taqdīr [n.m.] 評価
taqrīban [adv.] 約
tarak [v.t.: I-0 (i u)] 立ち去る
taralalli [adj.] *muxx-o taralalli* 頭が弱い
tarīx [n.m.] 歴史
tārīxi [adj.: f. *tārīxiyē*] 歴史的な
taržam [v.t.: QI-0] 翻訳する・通訳する
taržame [n.f.] 翻訳・通訳
tāsiᶜ [adj.] 第 9 の
taṣaṛṛuf [n.m.] 振る舞い

taṣmīm [n.m.] デザイン
taṣwīr [n.m.] 撮影
tawrāy [n.m.] モーセ五書
taxt [n.m.] ベッド
taxṭīṭ [n.m.] 計画
taysane [n.f.] 愚かさ
tayyas [v.i.: II-0] 愚か者のふりをする
tažribe [n.f.] 経験
tbādal [v.i.: VI-0] 交換する
tbahdal [v.i.: QII-0] 軽蔑される
tbaḥbaḥ [v.i.: QII-0] 良い暮らしをする
tballa [v.i.: V-3] 問題を起す
tbanna [v.t.: V-3] 養子にする
tbarṭal [v.i.: QII-0] 収賄する
tēs [n.m.] ヤギ（elat. *atyas* よりヤギのような（＝より愚かな））
telefōn [n.m.] 電話
televizyōn ☞ *talfizyōn*
tfa^{c}*fal* [v.i.: QII-0] 泥だらけになる
tfaḍḍal [interj.] どうぞ！
tfāham [v.i.: VI-0] 理解しあう
tfakkaṛ [v.i.: V-0] 覚えている
tfarkaš [v.i.: QII-0] つまずく
tfarra^{c} [v.i.: V-0] 分化する
tfarraq [v.i.: V-0] 分かれる
tfarraž [v.i.: V-0] 眺める
tfaššaṛ [v.i.: V-0] 自慢する
*tfāža*ˀ [v.i.: VI-0] 驚く
tġadda [v.i.: V-3] 昼食をとる
tġaṭṭa [v.i.: V-3] 覆われる
tġayyaṛ [v.i.: V-0] 変わる
*thayya*ˀ [v.i.: V-0] 準備する
tḥāṭaṭ [v.i.: VI-G] 金を出し合う
tḥadda [v.i.: V-3] 挑発する
tḥakkam [v.i.: V-0] 医者にかかる
tḥallal [v.i.: V-0] 解放される・外される
tḥammal [v.i.: V-0] 負う・耐える
tḥammam [v.i.: V-G] 入浴する
tḥarkaš [v.i.: QII-0] 挑発する
tḥarrak [v.i.: V-0] 動く
tḥassan [v.i.: V-0] 改善される
tḥassaṛ [v.i.: V-0] 悲しむ
tḥayyaṛ [v.i.: V-0] 困惑する
tibdīl [n.m.] 変化（vn. *baddal*）
tiffāḥ ☞ *tuffāḥ*
tīn [n.m.col.] イチジク
tilyāni [adj.-n.] イタリアの／イタリア人
tinēn ☞ *tnēn*
tiniḥ [n.m.] 頑固さ
tintēn ☞ *tnēn*
tirbāy [n.f.] 教育（vn. *rabba*）
tis^{c}*a, tisa*^{c}*, tis*^{c} [num.] 9
tis^{c}*aṭa*^{c}*iš, tis*^{c}*aṭa*^{c}*šaṛ* [num.] 19
tis^{c}*īn* [num.] 90
tismāy [n.f.] 命名（vn. *samma*）
tišrīn il-awwal 10月
tišrīn it-tāni 11月
titin ☞ *tutun*
tižāṛa [n.f.] 商売
tkahṛab [v.i.: QII-0] 感電する
tkassaṛ [v.i.: V-0] 壊れる
tlāḥaẓ [v.i.: VI-0] 観察される
tlāqa [v.i.: VI-3] 会う
tlaqlaq [v.i.: QII-0] よろめく
tlāša [(OA) v.i.: VI-3] 無くなる
tlaṭṭa^{c}*š, tlaṭṭa*^{c}*šaṛ* [num.] 13
tmanna [v.i.: V-3] 望む・願う
tmassak [v.i.: V-0] 掴む
tmasxaṛ [v.i.: QII-0] バカにする
tnaffas [v.i.: V-0] 呼吸する
tnēn [num.: f. *tintēn*] 2 ：*(yōm) l-itnēn* 月曜日
tōb [n.m.] 上着・マント
tōm ① [n.m.] ニンニク　② [n.m.: pl. *atwām*] 双子
tqassam [v.i.: V-0] 分割される

tqāṣaṣ [v.i.: VI-G] 罰せられる
tqattal [v.i.: V-0] けんかする
tqīl [adj.: pl. *tqāl*] 重い
trabba [v.i.: II-3] 育てられる
traġraġ [v.i.: QII-0] うがいする
trayyaḥ [v.i.: V-0] 休憩する
tražža [v.i.: V-3] 希望する
tsaḥsal [v.i.: QII-0] 滑る
tsalla [v.i.: V-3] 楽しむ
tsalsal [v.i.: QII-0] 連続する
tsāwa [v.i.: VI-3] 等しい
tsāwab [v.i.: VI-0] あくびする
tšaᶜbaṭ [v.i.: QII-0] 登る
tšāʔam [v.i.: VI-0] 悲観的になる
tšābah [v.i.: V-0] 似ている
tšabbat [v.i.: V-0] 固持する
tšaḥṭaṭ [v.i.: QII-0] どっちつかずである
tšaqlab [v.i.: QII-0] ひっくり返る
tšaqqaq [v.i.: V-G] 裂ける
tšardaq [v.i.: QII-0] 飲み込む
tšattat [v.i.: V-G] 分散する
tšāwaṛ [v.i.: VI-0] 相談する
ttafaq [v.i.: VIII-1] 合意する
ttaham [v.i.: VIII-1] 文句を言う
ttaka [v.i.: VIII-3] よりかかる
ttakal [v.i.: VIII-1] 依存する
ttākal [v.i.: irr.] 食べられる
ttāxad [v.i.: irr.] 取られる
ttaxaḏ [(OA) v.t.: VIII-1] 採用する
ttiḥād [n.m.: pl. *ittiḥādāt*] 同盟
ttifaqiyye [n.f.] 合意
ttižāh [n.m.] 方向
tuffāḥ [n.m.col., n.un. *-a*] リンゴ
tulut [n.m.: pl. *tlāt*] 3分の1
tumbāk [n.m.] 煙草
tumm [n.f.] 口
tumun [n.m.: pl. *tmān*] 8分の1
tuqul [n.m.] 重さ
turki [adj.-n.: f. *turkiyye*, pl. *atrāk*] トルコの／トルコ人
turkiyya, turkiyye [n.f.] トルコ
turžumān [n.m.] 通訳
tusuᶜ [n.m.: pl. *tsāᶜ*] 9分の1
tutun, titin [n.m.] 煙草
tū tū tū tū xalṣat il-haddūtu（物語の最後に言う言葉）
tūt [n.m.col.] 桑の実
twaḍḍaḥ [v.i.: V-0] 明らかになる
twaffa [v.i.: V-3] 死ぬ
twaḥḥal [v.i.: V-0] 泥まみれになる
twaldan [v.i.: QII-0] 子供っぽくふるまう
twaqqaᶜ, twaḍḍaᶜ [v.i.: V-0: p.p. *mutwaqqaᶜ*] 期待する
twaṛṛaṭ [v.i.: V-0] 災難に巻き込まれる
twassax [v.i.: V-0] 汚れる
twažhan [v.i.: QII-0] 偽善者になる
twažžah [v.i.: V-0] 対峙する
txabba [v.i.: V-3] 隠れる
txazbal [v.i.: QII-0] 失望させられる
tyattam [v.i.: V-0] 孤児になる

【*ṯ*】
ṯāni ☞ *tāni*
ṯaqāfe [(OA) n.f.] 文化

【*ṭ*】
ṭaᶜam [v.t.: I-0 (a)] 味わう
ṭaᶜim [n.m.] 味
ṭaᶜma [v.t.: QI-4] 食事を与える
ṭāʔife [n.f.] 宗派
ṭab [interj.] よし・さて
ṭāb [v.i.: I-2 (i)] 良くなる・(病気が)治る
ṭabᶜan [adv.] 勿論
ṭabaᶜ [v.t.: I-0 (a)] 印刷する
ṭābe [n.f.] ボール
ṭābiᶜ [n.m.] 切手

ṭaḅaḅān [n.m.] 襲撃（vn. *ṭabb*）
ṭabax [v.t.: I-0 (u)] 調理する
ṭabb [v.i.: I-G (u)] 落ちる
ṭabbal [v.t.: II-0] 太鼓をたたく
ṭabi^c [n.m.] 性格
ṭabī^c*i* [adj.: f. *ṭabi*^{c}*iyye*] 自然な
ṭabīx [n.m.] 料理
ṭabṭīb [n.m.] 治療
ṭabxa [n.f.] 料理
ṭafa [v.t.: I-3 (i)] 消す
ṭaḥan [v.t.: I-0 (a)] 挽く
ṭāḥūne [n.f.] 風車
ṭāl [v.i.: I-2 (u)] 達する
ṭālib [n.: f. *ṭālbe*, pl. *ṭullāb*] 学生
ṭall [v.i.: I-G (u)] 面する
ṭalla^c [v.t.: II-0] 出す
ṭama^c [v.t.: I-0 (a)] 切望する
ṭannaš [v.i.: II-0] 知らんぷりをする
ṭanžaṛa [n.f.] 鍋
ṭāḍa [n.f.] エネルギー
ṭaqiyye [n.f.: pl. *ṭawāqi*] つばなしの帽子
ṭaqs [n.m.] 天気
ṭāṛ [v.i.: I-2 (i)] 飛ぶ
ṭaṛaš [v.t.: I-0 (u)] 耳を聞こえないようにする
ṭarf [n.m.: pl. *aṭrāf*] 端
ṭari [adj.: f. *ṭariyye*] 柔らかい
ṭarīq [n.f.] 道
ṭarīqa [n.f.] 方法：*b-ha-ṭ-ṭarīqa* こんなやり方で・このようにして
ṭaṣaṛṛuf [n.m.] 振る舞い
ṭaṭli [n.m.] ジャム
ṭawāqi ☞ *ṭāqiyye*
ṭawīl [adj.: f. *ṭawīle*] 長い
ṭaxx ① [n.m.] バンバン（いう音）② [v.t.: I-G (u)] 撃つ
ṭayaṛān [n.m.] 飛行（vn. *ṭāṛ*）
ṭayyib [interj.] よろしい・なるほど
ṭāẓa [adj.(inv.)] 新鮮な
ṭīb [n.m.pl. *aṭyāb*] ナツメグ
ṭīn [n.m.] 泥
ṭili^c [v.i.: I-0 (a): a.p. *ṭāli*^{c}] 上る・出る
ṭiṛāz [n.m.] 様式
ṭna^c*iš, ṭna*^{c}*šaṛ* [num.] 12
ṭobāṛ [n.m.] コンクリート型枠
ṭōbaṛ [v.i.: QI-2] コンクリート枠を作る
ṭobarži [n.] コンクリート型枠職人
ṭōq [n.m.] 首輪
ṭōr [n.m.] 雄牛
ṭṛāb [n.m.] 泥
ṭṛuṃḅa [n.f.] 井戸のポンプ
ṭṣādaf [v.i.: VI-0] 出くわす
ṭṣaḷḷaq [v.i.: V-0] 登る
ṭṣāwab [v.i.: VI-0] 撃たれる
ṭṣawwaṛ [v.i.: V-0] 想像する
ṭṭahad [v.t.: VIII-0 (√*ḍ-h-d*)] 迫害する
ṭṭaḷḷa^c [v.i.: V-0] 見る
ṭṭōṭaḥ [v.i.: QII-2] ふらふらする
ṭṭhād [n.m.] 迫害
ṭullāb ☞ *ṭālib*
ṭun [n.m.] トン（重さ）
ṭūl ① [n.m.] 長さ：*ṭūl waqt* [adv.] ずっと ② [prep.] 〜の間（時間）*ṭūl-ma* [conj.] 〜する以上は
ṭuwil [v.i.: I-0 (a)] 長くなる

【 ***u*** 】

uff [interj.] ああ…
unn- ☞ *inn-*
urdni [adj.-n.] ヨルダンの／ヨルダン人
urfa [n.f.]（地名）
ustāz [n.m.: pl. *asādze*] 教授・先生
ustrālya [n.f.] オーストラリア
usum ☞ *isim*
uṣba^c [n.m.: pl. *aṣābi*^{c}] 指
uṭfaṛ [n.m.] 爪

ūzo [n.m.] ウゾ
uxt [n.f.: pl. *xawāt*] 姉妹

【 *v* 】
vīza [n.f.] ビザ

【 *w* 】
w- [conj.] ①そして：②（状況構文を作る）
wa- [conj.]：*la* ... *wa-la* ... [conj.] ～も～もない　*wa-lākin* [conj.] しかし　*wa-law* [conj.] ～だったとしても
*wa*ᶜ*ad* [v.t.: I-1 (i)] 約束する
*wa*ᶜ*id* [n.m.] 約束
wād [n.m.] 渓谷
wadda [v.t.: II-3] 与える・渡す・持って来る
waḏḏaḥ [v.t.: II-0] 説明する
*waḏi*ᶜ [n.m.] 状況
*waḏī*ᶜ [adj.] 謙虚な
wafa ① [v.t.: I-3 (i)]（約束を）守る　② [n.m.: st.cs. *wafāt-*] 死　③ [n.m.: st.cs. *wafa-*]（約束の）実行
wāfaq [v.t.: III-0] 同意する
wāḥad [num.: f. *waḥade, waḥada*] 1
waḥade ☞ *wāḥad*
walad [n.m.: du. *waladēn*, pl. *wlād*] 男の子
wālid [n.m.: du. *wāldēn*] 親
waldane [n.f.] 子供っぽさ
*walla*ᶜ [v.t.: II-0] 火をつける
wallad [v.t.: II-0] 産む
waḷḷa, waḷḷāhi [interj.] 神にかけて・本当に
waḷḷāhi ☞ *waḷḷa*
*waq*ᶜ*a* [n.f.] 落下
*wāqi*ᶜ*i* [adj.] 現実的な
waqit [n.m.] 時・時間：*waqt-ma* [conj.] ～する時　*waqt-illi* [conj.] ～する時　*ha-l-waqit* [adv.] この時
waqqaf [v.i.: II-0] 止まる
waqt ☞ *waqit*
waqtī-ha [adj.] その時
waraq [n.m.col.: n.f.un. *waraqa*] 紙
ward [n.m.col.] バラ
warža ☞ *farža*
waṛa [prep.] ～の後（場所）で
waṛṛāni [adj.: f. *waṛṛaniyye*] 後部の
waṛṭa [n.f.] 面倒事・危機
*wassa*ᶜ [v.t.: II-0] 広げる
wassax [v.t.: II-0] 汚す
waṣaṭ, waṣṭ [n.m.] 中央
waṣṣal [v.t.: II-0] 送り届ける
waṣṭ ☞ *waṣaṭ*
waṣṭāni [adj.] 中央の
watad [n.m.] くさび
waṭani [adj.] 国家的な
wāṭi [adj.: f. *wāṭye*, elat. *awṭa*] 低い
waṭṭa [v.t.: II-3] 低くする
waṯan [n.m.: pl. *awṯān*] 偶像
waṯani [(OA) adj.-n.: f. *waṯaniyye*, pl. *waṯaniyyīn*] 偶像崇拝の／偶像崇拝者
wazīr [n.m.: pl. *wuzara*] 大臣
wazin [n.m.] 重さ
*wazza*ᶜ [v.t.: II-0] 分配する
waẓīfe [n.f.] 職務
*waža*ᶜ [n.m.] 痛み
wāžah [v.t.: III-0] 対面する
wažhane [n.f.] 偽善
*wažža*ᶜ [v.t.: II-0] 痛ませる・痛める
waždah [v.t.: II-0] 向ける
wēl-o [interj.] 何と嫌な…！
wēn [adv.] 何時？：*wēn ma kān* どこであろうと　*wēn-ma* [conj.] ～した時　*wēn-ma* [conj.] ～するところ
*wi*ᶜ*i* [v.i.: I-13 (a)] 起きる・覚醒する

willa [conj.] ① それとも　② さもなければ
wiqi^{c} [v.i.: I-1 (a): a.p. *wāqif*] 落ちる・転ぶ
wiqif [v.i.: I-1 (a)] 止まる
wiqiḥ [adj.] 醜い
wirit [v.t.: I-1 (a)] 相続する
wiski [n.m.] ウイスキー
wišš ☞ *wižih*
wiṣil [v.i.: I-1 (a)] 到着する
wiṭi [v.i.: I-3 (a)] 低くなる
wizari [n.m.]（オスマン時代の硬貨の名称）
wižih [n.m.: st.cs. *wišš*] 顔
wlād ☞ *walad*
wqiyye [n.f.: pl. *awāq*]（重さの単位＝約250g）
wsī^{c} [adj.] 広い
wurte [n.f.] 遺産
wuzara ☞ *wazīr*
wužūd [n.m.] 存在

【*x*】
xāb [v.i.: I-2 (i)] がっかりする
xabariyye [n.f.] ニュース
xabba [v.t.: II-3] 隠す
xabīs [adj.] 悪い
xabiṭ [n.m.] 打撃
xabaṛ [n.m.: pl. *axbāṛ*] ニュース
xadd [n.m.] 頬
xādim [n.m.] 召使
xaḍir [n.m.] ハデル（セント・ジョージ）
xāf [v.i.: I-2 (u/ā)] 恐れる
xaffaf [v.t.: II-G] 軽くする
xafīf [adj.: pl. *xfāf*, elat. *axaff*] 軽い
xāl [n.m.] 母方のおじ
xalaq [v.t.: I-0 (u)] 創造する
xalaṣ ① [v.i.: I-0 (u)] 終わる　② [interj.] おしまい！
xāle [n.f.] 母方のおば
il-xalīl [n.f.] ヘブロン
xalīli [adj.-n.: pl. *xalāyle*] ヘブロンの／ヘブロン出身者
xāliṣ [adj.] おしまいの
xalla [v.t.: II-3] 放っておく・放置する・〜させる
xallaf [v.t.: II-0] 産む
xallaṣ [v.t.: II-0] 解放する・終える
xalqān [adj.: f. -*e*] 生まれている
xamasṭa^{c}*š, xamasṭa*^{c}*šaṛ* [num.] 15
xāmil [adj.] 無気力な
xāmis [adj.] 第 5 の
xamīs: (yōm) il-xamīs 木曜日
xamse, xamsa, xamas, xamis, xams [num.] 5
xamsīn [num.] 50
xān [v.t.: I-2 (u)] 裏切る
xanfaše [n.f.] カサカサいう音
xaraž [v.i.: I-0 (u)] 出る
xarbān [adj.] 壊れた
xāriž [prep.] 〜の外に
xarrab [v.t.: II-0] 破壊する
xarūf [n.m.] 羊
xarxar [v.i.: QI-0] ブンブン言う音を立てる
xarxaše [n.f.] カサカサいう音
xāṣṣ [adj.] 特別な
xāṣṣatan [adv.] 特に
xašab [n.m.col.: n.u. *xašabe*] 木材
xašš [v.i.: I-G (u)] 入る
xaṭa^{ʔ} [n.m.] 過ち
xaṭaṛ [n.m.] 危険
xāṭir [n.m.] 精神
xaṭiyye [n.f.] 罪
xāṭr-ak [interj.] さようなら
xawāža [n.m.: pl. *xawažāt*] 御主人

xawwaf [v.t.: II-0] 怖がらせる
xayāl [n.m.] 想像
xayāli [adj.] 想像の
xayy ☞ *axu*
xayyab [v.t.: II-0] 失望させる
xayyam [v.t.: II-0] テントを張る
xayyāṭ [n.m.] 仕立て屋
xazāne [n.f.] タンス
xazbal [v.t.: QI-0] 失望させる
xažal [n.m.] 恥
xēme [n.f.] テント
xēr [n.m.] 善
xfāf ☞ *xafīf*
xiliq [v.i.: I-0 (a)] 生まれる
xiliṣ [v.i.: I-0 (a)] 終わる
xirib [v.t.: I-0 (a)] 破壊される・破損する
xirqa [n.f.] 台拭き
xisir [v.t.: I-0 (a)] 失う
xišin [adj.] 粗い
xižil [v.i.: I-0 (a)] 恥ずかしがる
xōf [n.m.] 恐れ
xsāṛa [n.f.] 損害
xṭāṛ [v.t.: VIII-2] 選ぶ
xtafa [v.i.: VIII-3] 消える
xtalaf [v.i.: VIII-0] 異なる
xtaṣaṛ [v.t.: VIII-0] 要約する
xtilāf [n.m.] 差異
xtiyār [n.m.: f. *xityāriyye*, f.pl. *xtiyārīyāt*] 老人
xubiz [n.m.col.: n.un. *xubze*] パン
xumūl [n.m.] 無力感
xumus [n.m.: pl. *xmās*] 5 分の 1
xurxēša [n.f.] ガサガサいう音

【*y*】

-y ☞ *-i*
ya [interj.] ～さん！（呼びかけに用いる）
yaᶜni [interj.] つまり
yaˀsān 絶望した
yābis [adj.: f. *yābse*, pl. *yābsīn*] 乾いた
il-yaḅān [n.f.] 日本
yaḅāni [adj.-n.: f. *yaḅaniyye*, pl. *yaḅaniyyīn*] 日本の／日本人
yadd [n.f.] 手
yāfa [n.f.] ヤファ
yahūdi [adj.-n.: pl. *yahūd*] ユダヤ教の／ユダヤ人
yaḷḷa [interj.] さあ！
yamīni [adj.] 右の
yansūn [n.m.] アニス
yarēt [interj.] ～だったらなあ！
yasūᶜ [n.m.] イエス・キリスト
yatīm [n.m.: pl. *aytām*] 孤児
yiˀis [v.i.: I-0 (a)] 絶望する
yibis [v.i.: I-0 (a)] 乾燥する
yimkin [adv.] 恐らく
yoḥanāniya [n.m.]（人名）
yōm [n.m.: pl. *yyām*] 日：*l-yōm* [adv.] 今日　*yōm mi-l-ayyām* [adv.] ある日：*yōm il-arbaᶜa* 水曜日　*yōm il-ḥadd* 日曜日　*yōm il-xamīs* 木曜日　*yōm il-žimᶜa* 金曜日　*yōm is-sabt* 土曜日　*yōm it-talāta* 火曜日　*yōm l-itnēn* 月曜日：*yōm-ma* [conj.] ～した日に・～する時に
yōrgo [n.m.]（人名）
yunāni [adj.-n.: f. *yūnāniyya, yūnāniyye*] ギリシャの／ギリシャ人
yutama ☞ *yatīm*
yya- [prep.] ① ～と　②（目的語の表示）

【*z*】

zᶜūṭ [n.m.] かぎ煙草
zaᶜᶜal [v.t.: II-0] 怒らせる

zaᶜlān [adj.: f. *-e*, pl. *-īn*] 怒っている
zaᶜṭar [n.m.] コリアンダー
zād [v.t.: I-2 (i)] 加える
zafāf [n.m.] 披露宴
zaġġaṛ [v.t.: II-0] 小さくする
zāhre ☞ *bāb iz-zāhre*
zakāʰ [n.f.] 喜捨
zakāwe [n.f.] 賢さ
zakaṛ [v.t.: I-0 (u)] 言及する
zakkaṛ [v.t.: II-2] 思い起こさせる
zāki [adj.] おいしい
zāwye [n.f.] 角度
zalame [n.m.: pl. *zlām*] 男
zalzale [n.f.] 地震
zamān ① [n.m.: pl. *zamanāt*] 時 *min zamān* 以前から：② [adv.] かつて：*b-hadāk iz-zamān* その当時
zann [v.i.: I-G (i)] ぶんぶん言う
zanžabīl [n.m.] 生姜
zaqq [v.t.: I-G (u)] もたらす
zaraᶜ [v.t.: I-0 (a): p.p. *mazrūᶜ*] 種をまく
zatūn ☞ *zetūn*
zaxx [v.i.: I-G (i)] 降り注ぐ
zaytūn ☞ *zēt*
zayy [prep.] ～のように・～のような：*zayy-illi* [conj.] ～するように：*zayy-ma* [conj.] ～するように
zbāle [n.f.] ゴミ
zbūn [n.m.] 顧客
zēbaq [n.m.] 水銀
zēt [n.m.: pl. *zyūt*] 油
zetūn, zatūn, zaytūn [n.m.] オリーブ
zġīr [adj.: f. *zġīre*, pl. *zġāṛ*, elat. *azġaṛ*] 小さい
ziᶜil [v.i.: I-0 (a)] 怒る
ziġir [v.i.: I-0 (a)] 小さくなる
zihiq [v.i.: I-0 (a)] うんざりする
zīne [n.f.] 飾り
ziyāde [n.f.] 追加
zlām ☞ *zalame*
zrāᶜa [n.f.] 農業・耕作
zraqq [v.i.: IX] 青くなる
zumbarak [n.m.: pl. *-āt*] バネ
zzakkaṛ [v.i.: V-0] 覚えている・思い出す

【ẓ】

ẓabaṭ [v.t.: I-0 (u)] 制御する
ẓābiṭ [n.m.] 官吏・将校
ẓabṭ [n.m.] 正しさ：*b-iẓ-ẓabṭ* [adv.] その通り
ẓahaṛ [v.i.: I-0 (u)] 現れる
ẓahṛa [n.f.] カリフラワー
ẓāhṛa [n.f.] 外見
ẓann [v.t.: I-G (i)] 思う・考える
ẓarīf [adj.] 優雅な
ẓarīfe [n.f.]（女性名）
ẓāṛ [v.t.: I-2 (u)] 訪れる
ẓulum [n.m.] 不正

【ž】

žāb [v.t.: I-2 (i)] 持ってくる
žabal [n.m.] 山
žabal [v.t.: I-0 (u)]（コンクリートを）混ぜる
žabaṛ [v.t.: I-0 (u)] 強いる
žabbāle [n.f.] コンクリートミキサー
žaddad [v.t.: II-G] 新しくする
žadde [n.f.] 祖母
žāff [adj.] 乾いた
žaffaf [v.t.: II-G] 乾かす
žahžahūn [n.m.]（*ᶜa-ž-žahžahūn* という表現で）無意味に
žakk [n.m.: pl. *-āt*] ジャッキ
žallād [n.m.] 死刑執行人
žalṭa [n.f.] 心臓発作
žāmᶜa [n.f.: pl. *žāmᶜāt*] 大学

žamāᶜa [n.f.] みんな・衆・グループ
žamād [n.m.] 個体
žamal [n.m.: pl. *žmāl*] ラクダ
žamb [prep.] ～の脇に
žamīᶜ [n.m.] 全ての物
žāmid [adj.] 固い
žamīl il-ᶜāṣ [n.m.]（人名）
žanāze [n.f.] 葬列
žanzīr [n.m.] 鎖
žaradīn ☞ *žardōn*
žaranīl ☞ *žurnāl*
žardōn [n.m.: pl. *žaradīn*] ラット
žāri [adj.] 流れる
žarrab [v.t.: II-0] 試みる・試す
žarw [n.m.] 子犬
žāṛ [n.m.: pl. *žirān*] 隣人
žaṛṛāṛ [n.m.] 引出
žasad [n.m.] 身体
žawāb [n.m.: pl. *ažwube*] 答え
žāwab [v.t.: III-0] 答える
žaww [n.m.] 空気
žawwāle [n.f.] 携帯電話
žawwaz [v.t.: II-0] 結婚させる
žaxx [v.i.: I-G (u)] めかしこむ
žāy ☞ *aža*
žazīre [n.f.] 島
žāž [n.m.col.: n.un. *žāže*] 雌鶏
žbīn [n.m.] 額
ždīd [adj.: f. *ždīde*] 新しい
žēbe [n.f.] ポケット
žēne [n.f.] 来ること（vn. *aža*）
žēš [n.m.] 軍
židd [n.m.] 祖父
židdan [adv.] 非常に
židy [n.m.] 子山羊
žiha [n.f.] 側
žīl [n.m.: pl. *ažyāl*] 世代
žīp [n.m.] ジープ
žild [n.m.] 皮・革
žimᶜa, žumᶜa [n.f.: du. *žumiᶜtēn*] 金曜日・一週間：*(yōm) il-žimᶜa* 金曜日
žinn [n.m.] ジン
žiryis, žuryis [n.m.]（人名）
žisim [n.m.] 身体
žōhara [n.f.] 宝石
žōrž [n.m.]（人名）
žōz [n.m.] 夫
žtimāᶜ [n.m.] 会合
žuᶜān [adj.: f. *-e*, pl. *-īn*] 空腹の
žumᶜa ☞ *žimᶜa*
žumal ☞ *žumle*
žumle [n.f.: pl. *žumal*] 文
žunūb [n.m.] 南
žunūbi [adj.: f. *žunubiyye*] 南の
žurᶜa [n.f.] がぶ飲み
žurnāl [n.m.: pl. *žaranīl*] 雑誌
žuruḥ [n.m.] 怪我
žurzāy(e) [n.f.] ジャージ
žurˀa [n.f.] 勇気・大胆不敵さ
žuwwa ① [n.f.: pl. *žuwwāt*] 内部・内側 ② [adv.] 内部に
žuwwāt [prep.] ～の内部に
žuzˀ [n.m.: pl. *ažzāˀ*] 部分

【著者紹介】
依田　純和（よだ　すみかず）
1964年生まれ。大阪大学世界言語研究センター特任助教。専門はアラビア語方言論。特に北アフリカの非ムスリム方言（ユダヤ教徒のアラビア語方言、マルタ語）を中心として口語アラビア語の歴史研究を行う。趣味は食べること。下戸だが宴会好き。モットーは「食はすべてに優先する。」
主要業績：*The Arabic Dialect of the Jews of Tripoli (Libya)* (Wiesbaden 2005), "“Siffland” and “chuintant” in the Arabic dialect of the Jews of Gabes (south Tunisia)" in *Zeitschrift für Arabische Linguistik* 46 (2006) 7–25, “The vowel system of *Cantilena*” in *Introducing Maltese Linguistcs* eds. B. Comrie, R. Fabri et.al. (Amsterdam/Philadelphia 2009) 279–290,『アラビア語パレスチナ方言入門』（大阪大学出版会, 2011）.

アラビア語エルサレム方言文法研究

2012年3月1日　発　行

著　者　依　田　純　和
発行者　大阪大学世界言語研究センター
「地政学的研究」プロジェクト
発行所　㈱　溪　水　社
広島市中区小町1–4（〒730–0041）
電話（082）246–7909／Fax（082）246–7876
E-mail：info@keisui.co.jp

ISBN978-4-86327-171-5　C3087